Diogenes Taschenbuch 21232

Das Günther Anders Lesebuch

Herausgegeben von Bernhard Lassahn

Diogenes

Nachweise der einzelnen Beiträge
am Schluß des Bandes
Umschlagfoto: © stern/
Klaus Meyer-Andersen

60/84/8/1
ISBN 3 257 21232 1

Inhalt

Gelegenheitsphilosophie

Über prometheische Scham

Der Mensch ist leicht verderblich und von der ›industriellen Re-inkarnation‹ ausgeschlossen – Seine ›Malaise der Einzigkeit‹

Obwohl sturer als seine Produkte, ist der Mensch nämlich auch kurzlebiger, sterblicher als diese. Jedenfalls kommt es für ihn nicht in Betracht, mit der Langlebigkeit, um nicht zu sagen: ›Unsterblichkeit‹, die er, wenn er nur wünscht, seinen Produkten verleihen kann, in Wettbewerb zu treten.

Natürlich, im strikten Sinne ›unsterblich‹ sind auch unsere Produkte nicht; auch die Haltbarkeit unserer eingelegten Früchte, unserer gefrorenen Rühreier oder die unserer Langspielplatten oder Glühbirnen ist begrenzt. Aber in der Mehrzahl der Fälle sind *wir* es doch, wir Menschen, die den Produkten ihre Sterblichkeit zugewiesen, die Begrenzung ihrer Lebensdauer berechnet und dosiert haben. (Zum Beispiel, um die Beständigkeit ihres Absatzes zu sichern oder um diesen zu steigern.) Nur unsere eigene Sterblichkeit ist nicht unser Werk; nur sie ist nicht kalkuliert. Und darum ein pudendum.

Und mit Vorbehalt wäre der Ausdruck ›unsterblich‹ unseren Produkten, selbst den hinfälligsten gegenüber, sogar zu rechtfertigen. Und zwar deshalb, weil es eine neue Spielart von Unsterblichkeit gibt: die *industrielle Re-inkarnation*, das heißt: die *Serienexistenz der Produkte*. Als einzelnes hat zwar jedes Stück (*diese* Schraube, *diese* Waschmaschine, *diese* Langspielplatte, *diese* Glühbirne) seine Leistungs-, Verwendungs- und Lebensfrist. Aber als Serienware? Führt nicht die neue Glühbirne, die die alte, ausgebrannte ersetzt, deren Leben fort? *Wird* sie nicht die alte Birne?* Existiert nicht jedes verlorene oder zerbrochene

* Bei vielen Stücken würde sich übrigens diese Ersatz-Unsterblichkeit bereits erübrigen, da selbst die Einzelstücke so gut wie unzerstörbar sind. Das gilt z. B. für gewisse Rasierklingen, deren Herstellung von Firmen, die die Patente erworben haben, verhindert wird, weil die effektive Unsterblichkeit dieser Produkte den Tod der Produktion nach sich ziehen würde; weil die Produktion vom Tode der (immer

Stück im Bild seiner Modell-Idee fort? Darf sich nicht jedes mit der Hoffnung trösten, von neuem dazusein, sobald eines seiner Geschwisterstücke an seine Stelle getreten sein wird? Ist es nicht ›ewig‹ geworden durch seine Ersetzbarkeit, also durch die Reproduktionstechnik? Tod, wo ist dein Stachel?

So befremdlich das klingen mag, befremdlich ist nur das hier verwendete Vokabular. Die Sache selbst dagegen ist weder ungewöhnlich noch neu. – Beispiel:

Als bei Hitlers Bücherverbrennung 1933 Tausende von Seiten in Asche sanken, verbrannte, im Unterschiede zum Bibliotheksbrand in Alexandria, keine einzige Seite. Denn von jeder gab es hundert oder tausend Geschwister. Wie schmählich die Absicht des Brandstifters auch gewesen sein mochte; wie ominös die Geste seiner Hand, die verriet, daß sie bald anderes als Papier den Flammen übergeben würde – in diesem Stadium war seine Zerstörung noch reine Farce: denn inmitten der johlenden Menge, die den Scheiterhaufen damals umtanzte, tanzte ungesehen eine leichte, den Flammen nicht erreichbare Schar von Spöttern: die der *Buchmodelle*, die »Verbrennt nur unsere Exemplare!« riefen, »verbrennt sie nur! Uns verbrennt Ihr nicht« – um dann in alle Winde zu zerstieben. – Und heute leben die angeblich Verbrannten von neuem in Abertausenden von Exemplaren. –

Gewiß, ein ›Reich der Ideen‹ ist die Welt, in der wir leben, nicht. Aber daß sie *platonoider* ist, als die Menschenwelt je zuvor gewesen, das ist wohl unbestreitbar. Und zwar eben deshalb, weil sie sich aus Dingen zusammensetzt, die zum größten Teil genormte Serienprodukte sind; die als Imitationen oder Abdrücke von Modellen, blue prints oder Matrizen das Licht der Welt erblickt haben; ihr Dasein also *Ideen* verdanken. Da nun aber die Ideen, deren Imitationen sie sind, auch ihren Geschwisterstücken als Vorbilder gedient haben, macht nun *keines der Dinge* mehr den präpotenten Anspruch, kann keines mehr den Anspruch machen, ›es selbst‹ und *in mehr als numerischem Sinne ein Individuum* zu sein. Solange solche nach konstant bleibenden Modellen hergestellten Geschwisterstücke

neu anzuschaffenden) Einzelprodukte lebt; also der Sterblichkeit ihrer Exemplare ihre ›Ewigkeit‹ verdankt. –

vorrätig sind; solange für ein ruiniertes Einzelstück (z. B. für diese ausgebrannte Glühbirne) ein anderes einspringen kann, solange ist es eine reine Geldfrage, ob man das Stück, das man besitzt, für unsterblich hält oder für sterblich. *Für den Mann, der bei Kasse ist, kann sich jedes Stück in einem neuen re-inkarnieren.* Und diese Re-inkarnations-Chance hört erst auf, wenn auch die ›Idee‹ des Stückes abstirbt; das heißt: wenn dessen Marke einer anderen Marke zuliebe fallengelassen wird. Daß dann auch die tausend dem Markenmodell nachgebildeten Stücke allmählich eingehen, versteht sich.

Gewiß: ein Verdienst der Produkte ist dieser Industrie-Platonismus, diese ›Unsterblichkeit durch Re-inkarnation‹ nicht; darüber, daß sie diese ihre Tugend uns verdanken, braucht kein Wort verloren zu werden. Aber ein Gegenargument ist dieses Zugeständnis nicht. Denn die Tatsache, daß wir uns unseren Produkten unterlegen fühlen, *obwohl* wir sie produzieren, ist ja eben der Gegenstand dieser Untersuchung. Was zählt, ist also auch hier allein unsere Benachteiligung: allein die Tatsache, daß wir selbst an der Tugend, die wir unseren Produkten übergeben, nicht teilhaben können; was in diesem Falle bedeutet, daß es keinem von uns vergönnt ist, in mehreren (gleichzeitigen oder sukzessiven) Exemplaren zu existieren; daß keiner die Chance genießt, wie Glühbirne oder Langspielplatte, in der Gestalt eines neuen Exemplars sich selbst zu überleben – kurz: daß wir unsere Frist weiter in obsoleter Einmaligkeit absolvieren müssen. Und das ist eben für denjenigen, der die Tugenden der Gerätewelt als vorbildlich anerkennt, wiederum ein Makel, wiederum ein Grund zur Scham.

Jawohl, zur Scham. Hier so wenig wie vorher meine ich den Ausdruck metaphorisch. Um zu zeigen, daß es sich um die wirkliche Emotion ›Scham‹ handelt, will ich ein Erlebnis einschalten:

Vor etwa zehn Jahren besuchte ich einen hoffnungslos Kranken in einem kalifornischen Hospital.

Auf mein »how are you?« machte er eine Geste, die nicht nur das Krankenzimmer, sondern die ganze Menschheit einzuschließen schien, und murmelte etwas wie: »Mit uns ist nicht viel los, mit keinem von uns.« Meine Frage, was er damit meine, beantwortete er erst mit Achselzucken, so als verstünde sich die

Antwort von selber; dann mit der rhetorischen Gegenfrage: »Well... can they preserve us?« – Das Wort ›they‹ bezog sich auf die Ärzte; ›preserves‹ sind eingekochte Früchte. – »Können sie uns vielleicht einmachen?« meinte er.

Ich verneinte.

»And«, fuhr er fort, »spare men they haven't got either.«

»Spare men?« fragte ich verständnislos.

»Well«, erläuterte er, »don't we have spare things for everything?«

Nun begriff ich. ›Spare men‹ hatte er in Analogie gebildet, etwa zu ›spare tires‹ (Ersatzreifen) oder ›spare bulbs‹ (Ersatzbirnen). »Und Ersatzmänner für uns haben sie eben auch nicht auf Lager«, hatte er also gemeint. Eine andere Glühbirne gewissermaßen, die man, wenn er verlöschte, an seiner Statt würde einschrauben können.

Seine letzten Worte aber lauteten: »Isn't it *a shame*?«

Die Inferiorität, unter der er litt, war also eine doppelte: erstens war er nicht konservierbar, wie eine Frucht; und zweitens nicht ersetzbar wie eine Glühbirne; sondern einfach – die Schande war unleugbar – ein schlechthin verderbliches Einzelstück. –

Leicht war es nicht, diesen Mann zu beruhigen. Wer von uns ist schon darauf vorbereitet, seinen Mitmenschen darunter leiden zu sehen, daß er weder einkochbar noch ersetzbar ist? Die Trostworte, die ich improvisierte, waren also gewiß unzulänglich. Und dabei war die Not seiner Scham und die seines Sterbens natürlich um nichts geringer als die anderer in ihrer letzten Stunde. Und ebensowenig war ja zu leugnen, daß auch er seine Sterblichkeitserfahrung hatte; ja sogar ein ›aeternum‹, mindestens ein ›sempiternum‹, das er als Folie seiner Sterblichkeit verwendete. Nur daß eben, was ihm als Folie diente, nicht Gott war oder der Sternenhimmel oder die Ideen oder das Menschengeschlecht (diese gewiß nicht unbeträchtlichen Unterschiede schienen mir, da ich an seinem Bettrand saß und seine Hand hielt, plötzlich zu verschwimmen), sondern die Welt der eingelegten Pfirsiche und der durch Re-inkarnation unsterblichen Markenartikel. Dies also war die Ewigkeit, die er respektierte; dies die Folie, vor der er sich schämte. Und vor ihr sich schämend verlosch er; und war, da er nicht einging in den Olymp der

Fertigwaren, sondern in den Hades des Rohstoffes, ein Ding, armseliger als alle Dinge, die er in seinem Leben jemals anerkannt hatte. –

Aber es gibt nichts Widerspenstigeres und nichts Listenreicheres als uns Zeitgenossen, wenn wir in Sorge sind, wir könnten um eine Nuance von Unfreiheit betrogen werden. Also lassen wir natürlich auch diesen numerus clausus, unseren Ausschluß aus der Klasse der reproduzierbaren Markenartikel, nicht widerspruchslos über uns ergehen. So wenig wir uns mit unserer ›faulty construction‹ abfinden, so wenig mit unserer Unersetzbarkeit und unserem Einzelstückdasein. –

»Warum«, könnte jemand einwenden, »warum haben wir denn das überhaupt noch nötig? Hat denn nicht, da jedermann ist, was er ißt, und ›ist, was er tut‹, und da Millionen von uns bereits das Gleiche konsumieren und tun, unsere Egalisierung, und damit unsere Austauschbarkeit ihr Maximum erreicht? Sind nicht auch wir bereits nur noch in numerischem Sinne ›Individuen‹? Welchen Anlaß sollten wir noch haben, uns über einen numerus clausus zu beschweren?«

Gesehen aus der Perspektive der Institutionen, der Wirtschaft, der Vergnügungsindustrie, der Politik, der Kriegsführung, die uns als Arbeitsgeräte, als Konsumenten oder als Opfer anderer Art einsetzen und verwenden, ist diese Ersetzbarkeit eine unbestreitbare Tatsache. Und nicht nur eine Tatsache ist sie, sondern eine, die in der öffentlichen Meinung täglich ihre Bestätigung findet, ja von den Wissenschaftlern ausdrücklich gutgeheißen wird: denn selbst die Sozialpsychologen und -ethiker haben ja nichts Wichtigeres zu tun als ›Adaptiertheit‹ und ›Unauffälligkeit‹ zu idealisieren; bzw. jeden, der auf einem Rudiment von Selbstheit und auf einem Rest von personaler Differenz insistiert, als einen ›crank‹, also einen pathologischen Sonderling, hinzustellen.*

* Dieses konformistische Ideal mit den Idealen der ›Freiheit‹ und der ›Individualität‹ (die ja nicht über Bord geworfen sind) in Einklang zu bringen, macht nur dem Logiker Schwierigkeit; in der geschichtlichen Wirklichkeit stören sie einander nicht. Dort wird der Unfreie einfach zum ›Freien‹ *ernannt*. Da er ja die Freiheit genießt, seine glücklich extrovertierte Laufbahn, auf die er ein Recht hat, zu absolvieren, ohne mit seinen Individualitätsecken anzustoßen, ist nun *er* der ›Freie‹.

Daß aus der Perspektive der (die Individuen verwendenden) Einrichtungen unsere Verwandlung in reproduzierbare Serienprodukte bereits gelungen ist, daß (da jeder eben nur sein Platz und sein Handgriff ist) ›*spare men*‹ stets zur Verfügung stehen, wird also nicht geleugnet. Aber wahr ist diese Feststellung doch eben nur aus dieser Perspektive. Nicht aus der der Einzelnen selbst. Zeuge dafür ist ja z. B. unser Patient, der sich nicht etwa über seine Ersetzbarkeit beklagt hatte, sondern eben über seine Unersetzbarkeit.

Und wie ihm geht es nun jedem von uns, jedem Einzelnen: wie ersetzbar meine Leistung im Betrieb auch sein mag; wie sicher verbürgt die lückenlose Fortsetzung meiner Funktionen – ich selbst, meine Identität als XY, kann durch Ersatzmänner nicht fortgeführt werden. Mag auch das »ich bin ich«, das mein Ersatzmann aussprechen wird, mit dem meinem wörtlich übereinstimmen, es wird sich nun auf ein anderes Ich beziehen, eben auf seines; und mein eigenes Ich wird unersetzt und unersetzbar zurückbleiben.

Wer hier nicht genau achtgibt, kann die Pointe, auf die es dabei ankommt, leicht verfehlen. Daß jeder Einzelne als Einzelner, jedes Individuum als Individuum, unersetzbar (›unersetzlich wertvoll‹) sei, war ja schließlich das Credo jeder Humanität gewesen. Es könnte also so klingen, als sprächen wir hier von einem Humanitätsrudiment oder von dem Rest einer Humanitätserfahrung.

Das Gegenteil ist der Fall. Denn entscheidend ist hier eben, *wie* der Einzelne seiner eigenen Unersetzbarkeit gegenübersteht; *als was* er sie empfindet. Also die Tatsache, daß er sie als eine unverdiente Benachteiligung bewertet; als ein Attribut, gegen

›Freiheit‹ wird also mit ›Glätte‹ und ›Reibungslosigkeit‹, ›Individualität‹ dagegen mit ›Widerhaken‹ und ›Behinderung‹ gleichgesetzt. – Im übrigen gibt es keine Gesellschaftsordnung, die sich nicht (im Unterschiede zu theoretischen Systemen) einander widersprechende Ideen leisten könnte. Wenn jede dieser Ideen eine bestimmte für die Ordnung nützliche Funktion ausfüllt, dann ist ihr Nebeneinanderbestehen durch nichts behindert. (Etwa das des ersten Buches der ›Genesis‹ und der Prinzipien der ›Genetics‹.) – Im Gegenteil: als Widerspruchsgeist gilt nur derjenige, der auf solche Widersprüche seinen Finger legt; und sein unhöflicher Wahrheitsfanatismus macht ihn der Intoleranz verdächtig. In der Tat gibt es keinen Widerspruch und keine Inkonsequenz, die nicht durch falsche Berufung auf Toleranz gerechtfertigt werden könnten. –

das er sich sträubt, obwohl er nicht bestreiten kann, mit ihm identisch zu sein – kurz: als einen Defekt und einen *Makel*, dessen er sich schämt. Entscheidend ist also die *›Malaise der Einzigkeit‹*.

Gibt man dieser ›Malaise der Einzigkeit‹ den banalen, einem Schlager nachgebildeten, Wortlaut: »Mich gibt's nur einmal, ich komm nicht wieder«, dann wird sofort deutlich, daß sie aufs engste mit der Todesangst zusammenhängt. Was ja plausibel ist: Denn wenn, wie wir vorhin gesehen haben, Serienprodukte durch ihre Ersetzbarkeit ›Todlosigkeit‹ gewonnen haben; und wenn der Mensch von Serienexistenz und Ersetzbarkeit ausgeschlossen ist, dann ist er eben auch von der Todlosigkeit ausgeschlossen. Die Erfahrung, daß er keine Serienware ist, wirkt also als ein *Memento mori*.*

* Es ist daher auch plausibel, daß in einem Lande, in dem auf Grund seines hohen Industriepotentials die Vorbildlichkeit der Serienprodukte allgemein akzeptiert ist; in dem sich also die Hinfälligkeit des Menschen vor der Folie einer fast ausschließlich aus todlosen Serienprodukten bestehenden Welt abspielt, das Sterben auch auffälliger ist und als unnatürlicher und beschämender gilt als in industriell weniger weit vorgeschrittenen Ländern, in denen die Folie der sterblichen Kreaturen noch nicht abgedeckt ist; und daß dort der Versuch, den Tod zu vertuschen, allgemeiner und vehementer vor sich geht als anderswo. Ich spreche natürlich von den Vereinigten Staaten, die freilich mit ihrer Einstellung zum Tode nur eine Attitüde vorwegnehmen, die vermutlich uns allen bevorsteht. Es ist ja bekannt, daß dort die weit verbreitete Sitte herrscht, die Leichen für die Totenfeier zu schminken, sie also post festum noch einmal in hübsche Fertigwaren zu verwandeln und ihr Totsein abzuleugnen; und daß man dort mit Hilfe verführerischer Reizbilder (im Stile der travel publicity) für die ›lovely sites‹ von Friedhöfen Reklame macht; das heißt also: daß man die Lebenden, die morituros, als ›posthum Unsterbliche‹ anspricht und ihnen einredet, daß sie als Eigentümer ihrer Gräber pensionistengleich die hübsche Gegend täglich würden genießen können. Daß damit, auf wie unartikulierte Art auch immer, eine *Preserviertheit des Lebens nach dem Tode* (und natürlich eine, die mit religiösen Vorstellungen nichts zu tun hat) unterstellt ist, kann man wohl nicht bestreiten. Das diesem makabren Unsterblichkeitsbetrieb gewidmete Büchlein Evelyn Waughs ist ja auch hier bekannt. –

Der Mensch versucht, der Kalamität zu entgehen, und zwar durch ›Ikonomanie‹

Es gibt nun ein geradezu überwältigendes Zeugnis dafür, wie allgemein dieses Gefühl der Benachteiligung, dieser ›Malaise der Einzigkeit‹, heute ist: nämlich die heute herrschende Bildsucht, die *›Ikonomanie‹*.

Daß diese Sucht, was Ausmaß und Intensität angeht, eine in der Geschichte der Menschheit erstmalige Erscheinung darstellt; und daß sie alle anderen heute außerdem herrschenden Süchte weit hinter sich gelassen hat, ist ja wohl unbestreitbar. In der Tat ist sie ein Schlüsselphänomen, ohne dessen Verwendung keine Theorie unseres Zeitalters möglich wäre. Und da allein ein neuer Ausdruck sichtbar machen kann, daß es sich um einen Begriff von philosophischer Tragweite handelt, prägen wir eben den Terminus *›Ikonomanie‹*.

Es gibt eine utopische, einem nicht-irdischen Reporter in den Mund gelegte Beschreibung unserer Welt, in der es heißt, die Menschenwelt sei in erster Linie offenbar »Gefäß und Gelegenheit möglicher Bilder. Zuweilen war ich sogar versucht, zu glauben, sie erschöpfe sich in dieser Funktion. Jedenfalls ist die Rolle der Bilder so ungeheuer, daß mir, wenn ich mir die Welt von ihren Milliarden Bildern: den Photos, Filmen, Fernsehphantomen und Plakaten entleert vorstelle, nur das reine Nichts übrigbleibt. Ich habe kein einziges Wesen kennengelernt, das nicht mehrere Bildduplikate seiner selbst und der Seinen freiwillig vorgewiesen, bei sich getragen oder mindestens besessen hätte.« –

Unter den Gründen, die für diese zutreffend beschriebene hypertrophische Bildproduktion verantwortlich zu machen sind, ist einer der wichtigsten, daß sich der Mensch durch Bilder die Chance erobern konnte, ›spare pieces‹ von sich selbst zu schaffen; also seine unerträgliche Einmaligkeit Lügen zu strafen. Sie ist eine, im größten Stile von ihm durchgeführte Gegenmaßnahme gegen sein »mich gibt's nur einmal«. Während er sonst von der Serienproduktion ausgeschlossen bleibt, verwandelt er sich eben, wenn photographiert, doch in ein *›reproduziertes Produkt‹. Mindestens in effigie gewinnt auch er dadurch multiples, zuweilen sogar tausendfaches, Dasein.* Und lebt er selbst auch

›nur‹ als das Modell, irgendwie existiert ›er‹ eben doch auch in seinen Kopien.

Daß diejenigen unter uns, denen multiples Dasein am eindrucksvollsten gelingt (die also in mehr Augen sind als wir gewöhnlichen Sterblichen): nämlich die *Film-Stars*, unsere beneideten Vorbilder sind, ist ganz folgerichtig. *Der Kranz, den wir ihnen flechten, gilt ihrem siegreichen Einbruch in die von uns als ›ontologisch höher‹ – anerkannte Sphäre der Serienprodukte.* Da sie unseren Traum, dazusein wie die Dinge, Parvenus der Produktenwelt zu werden, am triumphalsten verwirklicht haben, vergöttern wir sie. In der Tat besteht zwischen der, in Tausende von Kopien zerstreuten Star-Schauspielerin und dem, in zahllosen Exemplaren verbreiteten Nagellack kein grundsätzlicher ontologischer Unterschied mehr. Daß in der Reklame Star und Massenware einander stützen (der Star die Ware durch Empfehlungen, die Ware den Star durch der Verpackung beigelegte Bilder), daß sie eine Allianz bilden, ist ganz folgerichtig: sie sind »gleich und gleich, die sich gern gesellen«. Und nicht nur gleichverbreitet sind sie, sie haben auch auf gleiche Weise ihre Sterblichkeit überwunden: Beide können sich ja nach ihrem Tode in ihren Reproduktionen weiterbewähren. Nicht anders als der Nagellack, der auch dann noch seinen Weg machen und weiterglänzen kann, wenn sein Modell nicht mehr existiert, kann auch das smiling des Stars auch dann noch weiterleuchten, wenn das Modell einmal den Weg ›allen Fleisches‹ gegangen sein wird. In gewissem Sinne ist ja die Starschauspielerin sogar schon ›bei Lebzeiten unsterblich‹ (›immortal Garbo‹) und vom Wege allen Fleisches unabhängig: Da die Mehrzahl ihrer pictures die verewigte Version ihres eigentlichen (d. h.: kommerziell allein gültigen) göttinnenhaften und runzellosen Jugendalters darstellt, ist sie jünger als sie selbst; und der Weg ihres effektiven Fleisches ein ungültiger und am besten schamhaft zu verbergender Vorgang. Hier entsteht ein neuer Typus von ›Privatheit‹; die ›Hollywood-Privatheit‹, unter die all das fällt, was der Gültigkeit der Bilder abträglich werden könnte. –

Und trotzdem: letztlich ist, verglichen mit der wirklich multiplen Existenz, die unsere Massenprodukte genießen, unsere Multiplikation durch Bilder doch nur ein Als-ob; und die Befriedigung, die sie uns gewährt, trotz unseres ikonomanischen Hochbetriebs, doch nur eine Ersatzbefriedigung. Der Unterschied zwischen effektiven Exemplaren und bloßen Kopien, die Tatsache, daß wir uns damit abfinden müssen, uns in Form von Photos zu vervielfachen, während es den Produkten vergönnt ist, sich als wirkliche identische Stücke über die Welt zu verstreuen, ist nicht aus der Welt zu schaffen. Vollständig wird also die Scham des Menschen vor seinen ›besseren Dingen‹ durch seine Bilder doch nicht ausgelöscht.

Heißt das also – wird man fragen – daß sich der Mensch in seinem tiefsten Wunschtraum als wirkliches Massenprodukt sehe? Daß er positiv begehre, als Massenprodukt zu leben?

Diese Frage eindeutig und entschieden zu bejahen, ist unmöglich. Und zwar aus dem gleichen Grunde, aus dem es unmöglich wäre, von uns Menschen zu behaupten, wir wünschten uns positiv Ewigkeit – im Sinne von ›sempiternitas‹, nicht von ›aeternitas‹. In unserer Todesangst und in unserer Abwehr des Todes Beweisstücke für diesen Wunsch zu sehen, läge ja sehr nahe. Aber diese Begründung wäre verfehlt. Daß wir *nicht sterben* wollen, ist zwar wahr; unwahr dagegen, daß wir positiv weiter und immer weiter leben, also abermillionen Jahre alt werden wollen. Noch nicht einmal der Vorstellung eines solchen Und-so-weiters sind wir fähig. Das heißt: die Bestimmtheit gehört ausschließlich zur Negation, also zur Abwehr, nicht zum positiven Wunsch. Warum das so ist, warum unserem fundamentalsten Abwehrwunsch keine positive Vorstellung korrespondiert, diese vielmehr *blind* bleibt; ob wir gewissermaßen ›zu sterblich‹ sind, um das Nichtsterben auch nur *›meinen‹* zu können, dem können wir hier nicht nachgehen. Aber es ist so.

Und in diesem Sinne ›blind‹ bleibt auch unser Wunsch nach Multiplizität. Daß jeder von uns sein »mich gibt's nur einmal« loswerden will, ist wahr. Unwahr dagegen, mindestens eine ›philosophische Übertreibung‹, zu behaupten, daß jeder den positiven Wunsch des kalifornischen Patienten teile, sich in ›spare pieces‹ aufzuteilen, also in Form von vielen oder gar zahllosen Exemplaren die Welt zu bevölkern. Und deshalb ist unser ›ikonomanischer Kompromiß‹, die Tatsache also, daß wir durch unsere Bilder an der Serienexistenz der Massenprodukte zwar teilnehmen, aber dennoch wir selbst bleiben, vielleicht doch die beste Lösung.

Die Antiquiertheit der Menschenwelt

Desiderat: Dingpsychologie

Unglaubhaft die Zahl der Spielhöllen. Darunter verstehe ich nicht etwa Speakeasies oder Roulette-Kasinos, sondern die jedermann zugänglichen, zu ebener Erde liegenden, ursprünglich wohl als Kaufhallen geplanten Amüsierzentren, in denen, eine neben der anderen aufgereiht, die verchromten Sirenen stehen, die Gespielinnen der japanischen Bevölkerung, die *›pachinkos‹* – kurz: die pinball-Maschinen, und auf den kleinen Mann warten, um diesem gegen Kleingeld gefällig zu sein. Daß sie auf ihn zu warten hätten, ist freilich ungenau, denn arbeitslos sind diese Sirenen nur selten, an Feiertagen niemals, und an schwülen Abenden, an denen der Gedanke an Schlafengehen unmöglich scheint, sind sie sogar stürmisch umworbenes Jagdwild. Abgesehen von jenen Jägern, die eine der Sirenen glücklich am Handgelenk halten, wimmeln die Säle nämlich von zahllosen Spielhungrigen, die, nervös umherwandernd, Ausschau halten nach einer vielleicht frei werdenden; und die dann plötzlich (scheinbar aus unerfindlichen Gründen, in Wahrheit aber, weil sie es ihren Konkurrenten mit einem einzigen Blick ansehen, ob diese noch mitten im Spielen sind oder bald aufhören werden) hier oder dort Posto fassen, um die noch warme Metallhand sofort zu ergreifen – in anderen Worten: um sich des Hebels im Moment, in dem dieser losgelassen wird, sofort zu versichern. In Yokohama habe ich einmal von einer Straßenkreuzung aus sieben solcher Lokale zugleich sehen können, und vor jedem der sieben stießen sich die Menschen. Und in dem Tokyoer Vergnügungsviertel, das sich von der Shimbashi Station zum unteren Ende der Ginza hinzieht, gibt es neben zahllosen Etablissements normaler Größe sogar ein in Glasarchitektur errichtetes warenhausartiges Gebäude, das von Stockwerk zu Stockwerk nichts anderes enthält als solche synthetischen Gespielinnen; es gleicht einem transparenten Ameisenhaufen. –

Da stehen sie nun also, die Sirenenjäger, den Hebel in der Hand, die Sprünge und Capricen ihrer Partnerinnen parierend.

Von der Umwelt wissen sie nicht das mindeste mehr. Daß sie nicht Ungelernte sind, nicht Passanten, die nur rasch einmal hineinschauen, um ihr Glück zu versuchen, das ist auf den ersten Blick zu erkennen. Denn sie alle reagieren wie Fechter, alle mit jener traumhaften Schnelligkeit, über die nur Routiniers oder Süchtige verfügen. Und daß es zahlreiche Süchtige unter ihnen gibt, Leute, die es einfach physisch nicht über sich bringen, zu Bett zu gehen, ehe sie nicht ihr tägliches Spiel oder ihren täglichen Kampf, oder wie immer man ihre passionierte Tätigkeit nennen will, hinter sich haben, das ist bekannt. Gestern ist es mir z. B. passiert, daß ich einen Spieler (einen Einbeinigen mit Prothese), den ich um sieben Uhr abends versunken spielend vor einem Apparat beobachtet hatte, um Mitternacht vor demselben Apparat wiederentdeckte. Ob er *noch* versunken dastand oder *schon wieder*, weiß ich natürlich nicht. Aber ist es so sicher, daß er es besser wußte?

Warum steht der Mann schon wieder dort? Oder noch? Warum schlägt ihm keine Stunde? Welcher sex appeal zieht ihn in die Arme der verchromten Sirene? Welche magnetische Macht verhindert ihn, sich ihr zu entwinden?

Am nächsten läge natürlich die Antwort: weil er einsam ist, weil eben auch er, wie Hunderttausende oder Millionen anderer Großstädter, auf Ersatzbefriedigung angewiesen ist, weil als Partner-Substitute eben auch Apparate gut genug sind. Aber dem Augenzeugen, dem sich das Bild dieser Spieler einmal eingeprägt hat, den befriedigt diese Antwort nicht. Der Grad der Leidenschaft, die Tiefe der Versunkenheit, die Unfähigkeit abzubrechen – all das spricht gegen die Ersatzhypothese. Und das erste, was in die Augen fällt, ist ja, daß die Spieler nach Partnern aus Fleisch und Blut gar nicht mehr Ausschau halten, daß sie den dinglichen Partnerinnen vor den lebendigen den Vorzug geben. Tatsächlich ist die Ersatzhypothese nicht nur falsch, sondern naiv, da sie etwas voraussetzt, was nicht nur nicht mehr den Tatsachen entspricht, sondern diese geradezu auf den Kopf stellt: nämlich daß menschliche Beziehungen primär noch immer Beziehungen zu Menschen seien. Häufig gilt heute umgekehrt die Inversion, das heißt: daß *die Alltagswelt, mit der Menschen zu tun haben, in erster Linie eine Ding- und Apparatewelt ist, in der es auch Mitmenschen gibt; nicht eine Menschenwelt, in der es auch Dinge gibt und Apparate.* –

Wenn die Psychologie von dieser Inversion Notiz nähme, dann

hätte sie zu prüfen, ob sich nicht unser Seelenleben, auch unser emotionales, namentlich dieses, mehr oder minder auf diese Inversions-Situation umgeschaltet hat. Oder ob es nicht mindestens dabei ist, sich auf diese Inversions-Situation umzuschalten. In anderen Worten: ob nicht heute *ein Großteil unserer emotionalen Energien unseren Apparaten gilt. Erforderlich wäre also eine spezielle, der Sozialpsychologie entsprechende und dieser ebenbürtige psychologische Sonderdisziplin, deren erste Aufgabe darin zu bestehen hätte, unsere Beziehungen zu unserer Ding-, namentlich zu unserer Apparatewelt zu erforschen;* wozu auch die Beziehungen der Dinge zu uns gehören würden – womit freilich nur gemeint sein kann: die Art, in der wir uns von unseren Dingen behandelt vorkommen.

Und zweitens hätte diese neue Disziplin Beziehung zur Sozialpsychologie aufzunehmen, um zu untersuchen, auf welche Weise die Beziehungen zwischen Dingen und uns in unsere zwischenmenschlichen Beziehungen, also in die von der Sozialpsychologie behandelten, eingreifen. Natürlich trägt dieses Desiderat bis heute keinen eigenen Namen. Wenn ich hier den Titel *›Dingpsychologie‹* verwende, so bin ich mir bewußt, daß er mißverständlich ist und nur vorläufig sein kann. Für einen besseren wäre ich dankbar.

Beispiel für eine ›dingpsychologische‹ Beziehung: die des *Wagenbesitzers* zu seinem Wagen. Diese Beziehung ist ein Verhältnis sui generis, keineswegs ein Ersatzverhältnis. Umgekehrt zieht dieses Verhältnis nun seinerseits das Verhältnis des Eigentümers zu seinen Mitmenschen in Mitleidenschaft, z. B. das zu seiner Frau. – Vollends unbestreitbar ist die Spezifität der Beziehung des Arbeiters zum laufenden Band. In diesem Falle auch nur die Frage zu stellen, welches zwischenmenschliche Verhältnis hier seinen Ersatz gefunden haben könnte, wäre unsinnig. –

Unser Einbeiniger steht natürlich noch immer vor seinem Apparat. Und nicht weniger versunken als vorher. Um zu erklären, warum, ist die ›Ersatzhypothese‹ zu einfach. Den Intensitätsgrad seiner Leidenschaft erklärt sie nicht. Aber welche andere Erklärung könnte in Betracht kommen? Fragen wir den Mann selbst.

Wirklich gibt dieser uns einen ersten Hinweis. Und zwar

durch sein Aussehen, durch den Ausdruck seines Gesichtes. Was an diesem nämlich auffällt, ist, daß es nicht nur die spezifischen Monte-Carlo-Erregungen, die uns von den Mienen aller Glücksspieler bekannt sind, widerspiegelt (also nicht nur Spannung und Gehetztheit oder Lust an Spannung und Gehetztheit), sondern außerdem *Wut* und *Rachsucht*.

Aber warum das? Warum ist der Mann wütend? Auf wen könnte er es sein? Und warum rachsüchtig? An wem oder wofür könnte er Rache nehmen wollen?

Geben wir, mindestens heuristisch, diejenige Antwort, die uns von der geforderten neuen Disziplin, von der ›Dingpsychologie‹ nahegelegt wird. Also: Auf Dinge ist er wütend. Auf Geräte. – Aber auf welche?

Das Trauma des Industriezeitalters

Erst einmal negativ: Nicht auf diese Spielgeräte selbst. Und wenn er sich rächen will, so nicht an diesen Maschinen. Diese haben ihm nichts angetan. Und man könnte sie beinahe ›unschuldig‹ nennen. Freilich nur ›beinahe‹, und diese Einschränkung ist wichtig. ›Nur beinahe‹ nämlich deshalb, weil sie Komplizinnen der Schuldigen sind. Komplizinnen sind sie aber deshalb, weil sie keine andere raison d'être haben und nichts anderes zu leisten wünschen als die Wut, die den Schuldigen gilt, auf sich selbst abzuleiten – kurz: weil sie ›*Abreaktionsgeräte*‹ darstellen. »Juckt es dir in den Fingern«, so rät eine molussische Hausregel, »deine Familie zu verprügeln, dann verprügle deine Jungfer! Und hast du keine Jungfer, dann schaff dir zu diesem Zweck eine an!« – Solche ›Jungfern‹ sind diese Geräte. Zu solchem Zweck sind sie geschaffen. Zu solchem Zweck angeschafft.

Wer aber ist in diesem Falle die ›Familie‹, der die Prügel gelten?

Die Maschinen, mit denen sie tagein, tagaus ihr Leben zu verbringen haben. Denen sie tagein, tagaus zu dienen haben. Deren tägliche Sklaven sie sind. Denen gilt ihr Ressentiment. Denen ihr Haß.

Das klingt unglaubhaft. Das klingt so, als knirschte an allen

Ecken und Enden unserer Welt der Sand in den Maschinen und als flögen überall die Maschinen in die Luft. Davon kann keine Rede sein. Tatsächlich ist die Sandmenge in den heutigen Maschinen minimal, direkte Ausbrüche von Maschinenstürmerei gibt es nirgendwo.

Direkte gewiß nicht. Aber das habe ich auch nicht behauptet. Was ich unterstelle, ist vielmehr, daß den Arbeitenden, solange sie an ihren Maschinen arbeiten, ihre eigene Wut unbekannt, gewissermaßen verdrängt, bleibt und sich aufstaut bis zu dem Augenblicke, in dem sie die Arbeitshallen verlassen; daß ihr Ressentiment dann aber, und zwar sofort, ausbreche und an anderen speziellen, allein zu diesem Zwecke erfundenen und aufgestellten Maschinen, eben an den Pachinkos, abreagiert werde.

Wie gesagt, der Antimaschinen-Affekt ist denjenigen, die an diesem kranken, unbekannt. Daß er diesen unbekannt bleibe, ist unerläßlich. Denn wüßten die Maschinenhasser über ihren Haß Bescheid und gäben sie diesem nach – das würde die Grundlagen der gesamten Produktion unterminieren, also die Subversivität, die Sabotage schlechthin darstellen. Die Kenntnis des Ressentiments muß also prophylaktisch mundtot gemacht, die Sabotage verhindert werden.

Im Vergleich mit dieser Verhinderung der Verhinderung wird die ›Sabotage‹ im üblichen Sinne (also die der Maschinen durch uns) zum Sekundärphänomen. –

Bewerkstelligt wird sie durch ›Psychotechnik‹ im breitesten Sinne, also dadurch, daß man unsere Seele bearbeitet. Technisch gesprochen dadurch, daß man den bloßen Gedanken, dieser Affekt sei auch nur möglich, *verpönt*. Oder richtiger (da selbst der Ausdruck ›verpönen‹ zu kraftlos bleibt) dadurch, daß man ihn *tabuiert*. –

In der Tat ist dieser Affekt bei Arbeitern ebenso tabu wie bei Arbeitgebern. *Im Zeichen dieses Tabus sind die zwei Lager Alliierte*, die durch dick und dünn zusammenmarschieren. Und nicht weniger solidarisch sind in dieser Beziehung Westen und Osten. So gewiß wie jeder amerikanische Unternehmer, der vor die Alternative gestellt wäre, zwischen der Anstellung eines eingestandenen Maschinenstürmers und der eines Kommunisten zu wählen, für den Kommunisten entscheiden würde, so gewiß würde umgekehrt jeder sowjetrussische Betrieb, vor ein analoges Entweder-Oder gestellt, den kapitalistischen Kandidaten dem offen maschinenstürmerischen vorziehen. Das heißt: *Das auf Technik bezogene Tabu ist klassen- und systemneutral.* Es ist ungleich machtvoller als alle diejenigen Tabus, die sich aus den hüben und drüben verschiedenen politischen oder wirtschaftlichen Herrschaftsformen oder ›Philosophien‹ ergeben. Es ist global. Es ist das Tabu von heute. Und was dabei tabuiert wird, ist – wir betonen das noch einmal – nirgendwo nur der eventuelle maschinenstürmerische Akt. Die Verbotskraft reicht grundsätzlich tiefer: *Verboten ist immer bereits der bloße Gedanke, daß es Maschinen-Ressentiment überhaupt geben könnte.* Damit weist sich das heutige Tabu auch als ›echt‹ aus, d. h.: als eines, das jenen Tabuierungen, die wir aus früheren Gesellschaften kennen, strukturell entspricht. Denn auch in diesen war es ja stets schon der Gedanke gewesen, der unterdrückt wurde: z. B. der Gedanke, daß es im Menschen (gar in jedem) Libido-Ziele oder -Varianten, die die Grundlage der Familien- oder Clanstruktur erschüttern könnten, überhaupt geben könnte. So etwas »gibt es nicht«, weil »nicht sein kann, was nicht sein darf«. *Perfekte Tabuierungen bestehen mithin nicht nur in Verpönung, sondern in Ableugnung,* und zwar in der denkbar radikalsten. Das heißt: nicht nur in der Weigerung des Verstandes, Tatsachen anzuerkennen, sondern auch *in der Weigerung der Sinne, Tatsachen überhaupt wahrzunehmen.**

Und dies ist nun, wie mir scheint, die Situation, in der wir uns heute befinden. Das Tabu unseres Zeitalters funktioniert perfekt, d. h.: Es gibt niemanden (wie gesagt: weder im Osten noch im Westen, weder unter Arbeitern noch unter Arbeitgebern),

* Diese Weigerungssituation ist heute allgemein, sie herrscht in konformistischen Gesellschaften nicht weniger als in offen totalitären, wenn sie auch – aber das macht ihr Wesen eben mit aus – nicht gesehen wird. Zum Wesen der Verblendung, die hergestellt wird, gehört eben primär, daß sie selbst nicht erkannt, auf keinen Fall aber *als* Verblendung erkannt werden darf. Die Aufregung der Amerikaner über das östliche ›brain washing‹ ist eine konformistischen Konsumenten konform gelieferte Aufregung über Herstellung von Konformismus im Gegenlager. Und die Indignation Sowjetrußlands über kapitalistische Meinungsmonopolisierung ist nicht weniger hypokritisch. Die Tabuierungen der anderen werden zwar gesehen, aber die Erkenntnis, daß man selbst unter analogen Tabus lebt, bleibt immer selbst unbekannt und tabu.

dessen Blick frei und selbständig genug wäre, um das Maschinen-Ressentiment zu erkennen.

Denjenigen, der von der Existenz des Maschinen-Ressentiments überzeugt ist, den macht die Blindheit zuweilen geradezu fassungslos. Denn die Fakten, die dieses Ressentiment bestätigen (oder die ohne Unterstellung dieses Ressentiments undurchsichtig bleiben) sind ja jedermann bekannt, ja sie akkumulieren von Tag zu Tag, und auch das wieder in globalem Ausmaß. Da gibt es z. B. die überall, auch jenseits des ›Vorhangs‹, ausbrechenden, oft in wirkliche Rebellionen ausartenden Halbstarkenkrawalle. Daß diesen Wut und Rachelust auf der Stirne geschrieben stehen, wird von niemandem geleugnet. Die Frage, wogegen die Jugendlichen eigentlich rebellieren, und an wem sie sich eigentlich in ihrem Zerstörungsfuror rächen wollen, ist auch wiederholt gestellt worden. Aber die plausible Antwort: daß *die Zerstörungswut aus den Arbeitsstunden, in denen sie sich nicht austoben darf, in die Mußestunden verlagert* und nun, statt an den Arbeitsmaschinen, *an falschen* und zufälligen, von der Mußewelt zur Verfügung gestellten, *völlig unschuldigen Ersatzobjekten gekühlt* werde, diese plausible Antwort ist niemals gegeben worden.*

Aber die Tatsache der Halbstarkenkrawalle ist natürlich nur ein Beispiel unter anderen, wenn auch deren auffälligstes. Denn es gibt heute – und ich spreche nicht etwa nur vom Kriege – ein gewaltiges Ansteigen positiver Zerstörungslust**, von der Indolenz gegen Zerstörung ganz zu schweigen. Diese ist heute ja,

* Ergänzung dieser Deutung, s. des Verfassers ›Faule Arbeit und pausenloser Konsum‹ in »Homo ludens«, Januar 1959.

** Im *Frieden* (der ja *die Fortsetzung des Krieges mit anderen,* sogenannten ›kalten‹, *Mitteln* ist) ist diese Zerstörungslust um nichts weniger wirksam, nur wird sie durch verschiedene Maßnahmen und Umstände verdeckt. In Massenproduktionsländern, z. B. in den Vereinigten Staaten, bleibt sie durch die Tatsache, daß sie der Produktion nutzt, verdeckt, ja durch diese wird sie geradezu in etwas Positives umfunktioniert. Da es nämlich im Interesse der Produktion liegt, soviel wie möglich herzustellen, ist sie gierig darauf, daß ihre Produkte so rasch wie möglich aufgebraucht, also zerstört werden. Dadurch wird im öffentlichen Urteil Schonungslosigkeit, also auch Zerstörungslust, ehrlich gemacht und sogar zur Tugend erhoben. Ja, die Produktion hat geradezu neue Formen der Liquidierung produziert, eingeführt und verbindlich gemacht, um sich in Gang zu halten: Die jedes Jahr neu aufgezwungenen Mode-Diktate sind nichts anderes als Gebote, gewisse Produkte, selbst dann, wenn diese noch ›halten‹, als liquidationsreif abzustoßen.

zum Beispiel als Gleichgültigkeit gegenüber der Totalvernichtung durch einen eventuellen Atomkrieg, eine beinahe universelle Erscheinung. Ohne die Unterstellung einer allgemein schwelenden Rachelust wäre diese Indolenz schwer begreiflich. Und vollends unbegreiflich wären jene blasierten ›Und-wenn-schon-Apokalyptiker‹, die sich darin gefallen, die Drohung mit einem »und warum nicht?« abzutun. *Auf die Frage, wem dieser ihr Affekt denn gelte, müßte die Antwort wohl lauten: »Der ganzen Maschinerie.«* Das heißt: Der *Maschine der heutigen Welt*, in deren Gang sie hineingezwungen sind, und der zu entrinnen sie alle Hoffnung aufgegeben haben. Vermutlich sind sie von der Tatsache, daß auch diese Maschine ihrer selbst nicht total sicher ist und daß sie sich unter Umständen in einer allgemeinen Maschinendämmerung selbst in die Luft sprengen könnte, fasziniert. Jedenfalls erfüllt sie dieser Gedanke mit so ungeheuer antizipatorischer Schadenfreude, daß daneben die Angst davor, auch mit draufzugehen, nicht zählt.

Effectus transcendit causam

Aber warum? Aus welchem Grunde sollte der heutige Mensch die Maschine hassen?

Antwort: Weil er von ihr betrogen ist.

Diese Anklage klingt selbst antiquiert. In der Tat ist sie ja wiederholt erhoben worden, zum Beispiel von den Heimarbeitern des 19. Jahrhunderts, die, durch die Maschine ausgebootet, ihr Existenzminimum verloren hatten. Oder von jenen ›vorwissenschaftlichen‹ Sozialisten, die sich, als Nichteigentümer der Maschinen, um die *Frucht der Arbeit* betrogen sahen. Zum größten Teil sind diese Vorwürfe heute natürlich überholt. Während es Heimarbeiter, mindestens mit Maschinenarbeit konkurrierende, nicht mehr gibt, ist der Lebensstandard der Fabrikarbeiter ins Märchenhafte gestiegen. Und nicht weniger antiquiert wäre natürlich der Vorwurf, der zur Maschinenarbeit Verurteilte werde um seine physische Gesundheit betrogen. Im Vergleich zu dem Anstrengungs-Quantum, das, solange es menschliche Arbeit gegeben hat, in Land-, Bau- oder Straßenarbeit investiert worden ist, auch heute noch investiert wird, ist

Maschinenarbeit leichte Arbeit. Wo sich die Maschine darauf beschränkt, Steuerungs- und Kontrollgriffe zu verlangen, ist die erforderte physische Investition kaum mehr der Rede wert. Und im vollautomatischen Betrieb schrumpft sie geradezu zu Null zusammen, so daß es nun umgekehrt das Fehlen physischer Anstrengung ist, die Ähnlichkeit der Arbeit mit Nichtstun und Muße, was zum Problem wird.*

Damit sind wir aber in der Nachbarschaft desjenigen Betrugs, um den es sich hier handelt. Betrogen ist der an der Maschine arbeitende Zeitgenosse nämlich weder um seine physische Gesundheit – die ist weniger gefährdet als die seiner vormaschinell arbeitenden Vorfahren – noch um seine physische Weiterexistenz – die wird heute mit massiveren Mitteln bedroht; noch um den Lohn für das von ihm Gemachte – der ist heute höher als der gestrige oder vorgestrige Arbeitslohn. *Betrogen* ist er vielmehr *um sein Machen* selbst. Was heißt das?

Daß, was er heute, um zu leben, zu tun hat und tut, also seine Arbeit, kein ›Machen‹ mehr ist. Und das bedeutet wiederum, wenn man die Wesensdefinition des Menschen als ›homo faber‹ ernstnimmt: daß er um dasjenige betrogen ist, was sein Wesen ausmacht.

Auch das klingt wieder befremdlich. »Machen«, so wird man einwenden, »bedeutet schließlich ›Produzieren‹. Und ›produziert‹ wird heute mehr als früher. Sogar unendlich mehr als früher.«

Richtig. Ökonomisch unbestreitbar.

Aber nur ökonomisch. Behavioristisch nicht.

Und diese Unterscheidung bedeutet wiederum: Die Tatsache, daß bei Maschinenarbeit ›Gemachtes‹, und sogar in unabsehbaren Mengen, abfällt, die ist noch kein Beweis dafür, daß die Tätigkeit, die diese Produkte zur Welt bringt (oder richtiger: ohne die diese Produkte nicht zur Welt kämen) ihrem Typus

* Tatsächlich ist der Typ des Automationsarbeiters ganz neu. Obwohl einsam wie ein Flickschuster arbeitend, hält er doch niemals ein Produkt, geschweige denn ein eigenes Produkt in seiner Hand, vielmehr beobachtet er nur Signale des ohne ihn ablaufenden Prozesses. Und obwohl unangestrengt dasitzend wie ein Buchschreiber, avanciert er dadurch nicht etwa zum geistigen Arbeiter, sondern lediglich zum Polizisten der Maschine, zu einem Polizisten, dessen Arbeit darin besteht, darauf zu hoffen, nichts und niemanden arretieren zu müssen.

nach wirkliches ›facere‹, wirkliches ›Machen‹ darstelle. Wahr ist vielmehr das Gegenteil. Denn es gibt nichts, was für die heutige Produktionssituation charakteristischer wäre, als die *Umkehrung der Proportion von Ökonomischem und Behavioristischem.* Diese Umkehrung ist geradezu die Regel. *Je mehr Gemachtes es heute* nämlich *gibt, um so weniger davon ist, im wahren Sinne des Wortes, ›gemacht‹.* Beziehungsweise: Je geringer unter den heute Tätigen die Zahl derer ist, die, im eigentlichen Sinne des Wortes, etwas ›machen‹, um so größer ist der Ertrag des ›Gemachten‹. – In der Tat ist die klassische Formel »causa aequat effectum« (»der Effekt entspricht der Ursache«) noch niemals so unwahr gewesen wie heute. Heute gilt vielmehr: »Effectus transcendit causam.« Was bedeutet diese Formel?

Sie bedeutet: Der Effekt (das Arbeitsprodukt bzw. dessen Leistung) überholt die angebliche ›causa‹ (die Arbeit des Arbeiters), und zwar nicht nur seiner Größenordnung, sondern auch seiner Art nach. Das ›Gefälle‹ zwischen causa und effectus ist so groß, daß (nunmehr psychologisch gesprochen) der Kausierende (also der Arbeitende) den Effekt seines Tuns gar nicht mehr als seinen erkennt, sich also mit ›seinem‹ Produkt nicht mehr identifiziert.

Aber diese erste Erläuterung der Behauptung: »Effectus transcendit causam« reicht nicht. Denn sie läßt ja noch die Möglichkeit offen, daß der ›Kausierende‹ (also der Arbeitende) eine solche Identifizierung ursprünglich *versuche*, daß dieser sein Versuch nur eben scheitere. Aber auch davon kann keine Rede sein. Nicht nur um die Identifizierung ist er nämlich *betrogen*, sondern auch *um das Scheitern seiner Identifizierung*. Denn er denkt schon gar nicht mehr daran, zu versuchen, den Effekt (also das Schlußprodukt) als Leitbild seiner Tätigkeit zu verwenden.

Aber auch diese zweite Erläuterung unserer These »effectus transcendit causam« reicht nicht. Denn in ihr scheint ja noch unterstellt, daß der Arbeitende, wenn er es nur wolle, versuchen könnte, die Identifizierung durchzuführen; daß er es nur nicht wolle. Aber auch davon kann keine Rede sein. *Nicht nur um die Lust, den Versuch zu unternehmen, ist er* nämlich *betrogen, sondern um die Fähigkeit.* Wahr ist vielmehr, daß er den Versuch, den Effekt als Leitbild zu verwenden, schon gar nicht mehr unternehmen kann; daß er (etwa wenn ihm nahegelegt würde, sich während seiner Arbeit das Endprodukt als Leitbild vor Augen zu halten) gar nicht mehr wüßte, wie er es bewerkstelligen sollte, diese Leitbild-Vorstellung mit seiner effektiven Tätigkeit zu kombinieren. Und selbst diese dritte Erläuterung reicht noch nicht. Denn in ihr scheint noch unterstellt, daß der Arbeitende die Identifizierung durchführen dürfte, wenn er es nur könnte. Aber auch das kommt nicht in Betracht. *Nicht nur um die Lust und Fähigkeit ist er nämlich betrogen, sondern auch um das Recht, die Identifizierung durchzuführen.* Wahr ist also: Da der Identifizierungsversuch, gleich ob er gelänge oder mißlänge, die Arbeit stören, also auf Sabotage hinauslaufen würde, ist es dem Arbeiter nicht erlaubt, den Effekt als Leitbild seiner Arbeit zu verwenden.

In anderen Worten: Jenes ›*prometheische Gefälle*‹, das ich in meiner ersten Einführung des Begriffs* vornehmlich an der Differenz zwischen ›Vorstellen‹ und ›Herstellen‹ exemplifiziert hatte, das *verwirklicht sich*, da das Herstellen mit dem Hergestellten nichts mehr zu tun hat, bereits *innerhalb des Herstellungsvorgangs selbst.* Und damit wäre, wie mir scheint, meine These zur Evidenz gebracht. Denn wo dieser Betrug aufgehoben (also unmöglich gemacht oder verboten) ist, da kann von ›machen‹ natürlich keine Rede mehr sein.

Tun = Machen, Machen = Tun. Das Bedienen

Vollends deutlich wird unsere These, wenn wir für einen Augenblick aus der Dimension des ›Machens‹ in die des ›Handelns‹ hinüberspringen. Denn dort liegen die Verhältnisse ganz entsprechend. Das heißt: Sowenig es noch ›Machen‹ gibt, sowenig gibt es noch ›Handeln‹.

Die Behauptung z. B. daß der Hiroshima-Pilot, als er auf seinen Knopf drückte, ›gehandelt‹ habe, klingt ungenau.** Aber vielleicht könnte man, da die physische Anstrengung, die ihm

* *Die Antiquiertheit des Menschen*, Bd. I, S. 66 ff.
** Ich spreche hier nicht von Claude Eatherly, der ja nur das go-ahead-Signal gegeben hat.

sein ›Tun‹ hätte bestätigen können, ganz geringfügig war, sogar behaupten, er habe nichts getan. Jedenfalls war diese Anstrengung so minimal, daß er das Gefühl gehabt haben mag, nichts getan zu haben. Und gesehen hat er, da der Rauchpilz, den er wahrgenommen hat, mit den Verbrannten nicht identisch ist, den Effekt seines ›Tuns‹ ja gleichfalls nicht. – Nichtsdestoweniger befördert er mit Hilfe dieses seines ›Nichtstuns‹, gewissermaßen in einer ›*annihilatio ex nihilo*‹, zweihunderttausend Menschen aus dem Leben in den Tod. – Angenommen, dieser unselige Mann säße uns gegenüber. Was hätten wir ihn zu fragen? Offenbar nicht »Hast *du* es getan?« Denn daß *er* es gewesen war, das würden wir und er ja wissen. Sondern: »Hast du es *getan*?« Was bedeuten würde: »Kann, was da mit deiner Hilfe vor sich gegangen ist, überhaupt noch als Tun bezeichnet und dir zugerechnet werden?« Was er wohl mit den Worten: »Nein, ›getan‹ habe ich eigentlich nichts, höchstens habe ich nur ›mitgetan‹«, verneinen würde. Und das zu Recht. Denn die Worte ›Tun‹ oder ›Handeln‹ wären ja wirklich schon deshalb unangemessen, weil er den Effekt seines ›Tuns‹ nicht nur nicht gemeint hatte und diesen nicht nur (auf Grund der Limitiertheit seines Vorstellungsvermögens) nicht hätte meinen können; sondern weil es ihm noch nicht einmal erlaubt gewesen war, diesen zu meinen oder auch nur meinen zu können. Die ›Moral von der Geschichte‹ besteht also darin, daß er daran gehindert wurde, die Bewerkstelligung der Aktion, für die er verwendet wurde, wirklich aufzufassen und an deren Moral oder Unmoral teilzunehmen. Sogar von der Teilnahme an der Unmoral der Aktion war er ausgeschlossen, sogar *das Recht auf schlechtes Gewissen war ihm genommen*, nicht einmal unverantwortlich durfte er sich fühlen; durfte er sich fühlen können.

In anderen Worten: Die Tatsache, daß Ursache und Wirkung auseinandergerissen sind, die Diremption zwischen ›causa‹ und ›effectus‹, die wir im heutigen Machen festgestellt haben, die liegt auch hier vor. Wenn ich im ersten Bande die Vermutung ausgesprochen habe,* daß die traditionellen Ethiken heute hinfällig werden, so aus diesem Grunde. Also deshalb, weil in ihnen die Wirklichkeit von ›Handlungen‹ unterstellt worden war und

* *Die Antiquiertheit des Menschen*, Bd. I, S. 290 ff.

auch heute noch unterstellt wird, obwohl es sich bei dem, was heute ›getan‹ wird, mindestens bei denjenigen Tätigkeiten, die moralisch heute zählen, nicht mehr um ›Handlungen‹ im eigentlichen Sinne handelt und nicht mehr um Täter, die ein ›Recht auf Verantwortlichkeit‹ hätten.

Machen ist also nicht mehr Machen, und Handeln nicht mehr Handeln. Daß diese zwei Degenerationen gleichzeitig eingetreten sind, das ist natürlich kein Zufall. Vielmehr liegt hier ein einziges Ereignis vor: beide Tätigkeitsformen sind demselben Feinde zum Opfer gefallen, nämlich einer dritten Tätigkeitsform, die nun, unbekümmert um alle früheren Differenzierungen, die Praxis im ganzen für sich monopolisiert hat: dem *›Bedienen‹*.

Wenn wir etwas hellhöriger wären, dann würden wir wohl täglich darüber staunen, daß wir dasjenige Wort, mit dem wir gestern die Leistungen von Dienstleuten belegt hatten, nunmehr zur Bezeichnung der heutigen Arbeit verwenden – nur daß heute eben an die Stelle jener ›Herrschaften‹, denen die Bedienung gestern gegolten hatte, inzwischen die zur Herrschaft gelangten Maschinen getreten sind. Aber hellhörig sind wir eben nur höchst selten, und kaum je empfinden wir Vokabel-Argwohn, wenn wir das Wort ›Maschinenbedienung‹ in den Mund nehmen.

Viel befremdlicher wirkt dagegen für die meisten die Behauptung, daß, was für das ›Arbeiten‹ (bzw. das ›Machen‹) gilt, auch für das ›Tun‹ (bzw. das ›Handeln‹) gilt: daß also auch Handeln durch die Aktionsform ›Bedienen‹ abgelöst worden ist. Darauf wollen wir noch einmal eingehen.

Beispiel: Wiederum die Tat des Hiroshima-Piloten. – Schematisch beschrieben, bestand diese aus folgenden Bedienungsschritten:

Gewisse Arbeiter (A 1) bedienten gewisse Maschinen (M 1), um mit deren Hilfe eine andere Maschine, das Flugzeug (M 2), herzustellen. In diese Maschine (M 2) stieg, dazu beordert, ein weiterer Arbeiter (A 2), genannt ›Pilot‹; er bediente diese, um dadurch einem anderen, gleichfalls in einer M 2 sitzenden Arbeiter (A 3) die Chance zu geben, eine andere, gleichfalls von den Arbeitern (A 1) mit Hilfe von Maschinenbedienung (M 1) hergestellte Maschine (die Abwurfvorrichtung oder die Bombe,

M 3) zu bedienen; und um durch diese Bedienung einen gewissen Effekt (die Verwüstung Hiroshimas) auszulösen.

Natürlich war es dieser Schlußeffekt, auf den *der Prozeß* als ganzer (vom ersten Handgriff an) *losgesteuert* war – und wenn auch dieser Prozeß in viele, sogar in zahllose Einzelphasen und -schritte zerfiel, er stellte ein Kontinuum dar. Und dies nicht nur im zeitlichen Sinne, sondern eben auch im ›stilistischen‹, d. h.: er enthielt keinen Handgriff, der nicht ein ›Bedienungs‹-Handgriff gewesen wäre. –

Wenn ich soeben sagte, ›der Prozeß‹ sei ›losgesteuert‹ (und nicht: die Menschen seien losgesteuert), so in voller Absicht: eben um zu unterstreichen, daß keiner der Arbeiter den Schlußeffekt wirklich im Auge gehabt hatte, daß diese vielmehr, gleich ob ihre Aufgabe darin bestand, etwas zu ›machen‹, oder darin, eine ›Handlung‹ durchzuführen, ausnahmslos weder etwas ›machten‹ noch eine ›Handlung durchführten‹, sondern ausschließlich, und zwar desinteressiert und zielblind, Bedienungsgriffe durchführten.

Meine These lautet also, daß *die Differenz zwischen den Phasen ›Machen‹ und ›Tun‹ aufgehoben ist.*

Heute ist diese ›Aufhebung‹ vollends deutlich geworden, denn in unserer, der ›push button‹-Epoche, würde ja nun auch der letzte Effekt durch einen Knopfdruck hergestellt werden. Und da dieser Knopfdruck irgendwo im Hinterland, also ferne der Aktionsbühne oder des Kriegsschauplatzes vor sich gehen würde, würde sich dieser (Knopfdruck) von dem in normalen Herstellungsprozessen üblichen button pushing in nichts unterscheiden, würde er mit ›Handeln‹ ebensowenig zu tun haben wie andere maschinelle Bedienungsgriffe. Im Prinzip, in dem, was die Tätigkeitsart betrifft, gibt es zwischen der Durchstanzung eines Eisenblechs und der Verwüstung einer auf einem anderen Kontinent gelegenen Stadt keinen Unterschied mehr.

Soziologisch bedeutet das, daß die zwei Typen ›Machender‹ und ›Handelnder‹ (oder ›Arbeiter‹ und ›Soldat‹), da beider Tätigkeiten in eine einzige eingemündet sind, zu einem einzigen Typus zusammengewachsen sind. Strategisch, daß (da der den letzten Effekt auslösende Knopfdruck genauso in der Etappe stattfinden wird wie bisher das Herstellen von Waffen) – alle Kriegshandlungen in der Etappe ›produziert‹ und ausgelöst werden werden; wodurch natürlich (was ja schon im letzten Weltkriege begonnen hat) die Etappe aufhört, Etappe zu sein und zur Front wird. Alle diese Unterscheidungen sind also aufgehoben.

Wen es – und gewiß mit Recht – aufregt, daß in totalitären Staaten die *Arbeiter* zuweilen quasi-militärischen oder sogar unverblümt *militärischen Organisationen unterworfen* werden, den sollte es nicht weniger aufregen, daß in nicht-totalitären Staaten eine Pendant-Entwicklung vor sich geht: daß sich nämlich *das Militär in eine Arbeiterarmee verwandelt*, und daß diese Entwicklung, obwohl in umgekehrter Richtung ablaufend, zum gleichen Ergebnis führt: daß also die Differenz von Arbeiter und Militär auch hier gelöscht wird. Man braucht sich nur an die Vernichtungslager, in denen die Liquidierung von Menschen als Arbeit durchgeführt wurde, zu erinnern, um einzusehen, daß die Verschleifung dieser Differenz zu den charakteristischsten Zügen des Totalitarismus gehört. Zu glauben, daß solcher Totalitarismus durch ›rein politische Mittel‹ gebremst oder unterbunden werden könnte, ist naiv. Denn letztlich besteht die Wurzel dieses Totalitarismus in einem technischen Faktum, eben in der Tatsache, daß ›Machen‹ und ›Handeln‹ gleicherweise durch ›Bedienen‹ ersetzt und aufgehoben werden; nein, bereits aufgehoben *sind*. –

Das geköpfte Machen

Wer sich eines Instruments, etwa einer Zange, bedient, der bedient nicht die Zange. Im Gegenteil: er beherrscht sie, da er sie ja zu seinem Werkzweck, dem Ergon, das er im Auge hat, einsetzt. Er beherrscht sie beinahe im selben Sinne wie seine eigenen ›Werkzeuge‹: die Organe; wenn auch als deren Verlängerungen, Verfeinerungen oder Verstärkungen. Damit ist nicht gesagt, daß man sich nicht auch der Maschinen auf diese Weise ›bedienen‹ könnte. Im Gegenteil: Der Produzent tut das ja, da er sie als Werkzeuge verwendet, mit deren Hilfe er sein Ergon, die Erzeugung seiner Waren, durchführt. Da er sich aber (selbst dann, wenn er Eigentümer eines vollautomatischen Betriebs ist) nicht allein-laufender Maschinen bedienen kann, muß er sich gleichzeitig Arbeitender bedienen. Dieser bedient er sich also, damit er sich erfolgreich seiner Maschinen bedienen kann. Nicht die Arbeiter bedient er mit Maschinen, vielmehr *bedient er die Maschinen, damit er sich ihrer bedienen kann, mit Arbeitern.* Zu behaupten, daß sich diese Arbeiter der Maschinen bedienen, wäre wiederum unsinnig. Vielmehr dienen die Arbeiter dem erfolgreichen Dienst, den die Maschinen leisten: Sie bedienen diese. Was die Arbeiter im Auge haben, ist dabei nicht das Produkt, sondern der tadellose Gang der Maschine. Um diesen aufrecht zu erhalten, mögen sie sich ihrerseits eines Instruments ›bedienen‹. Aber das steht auf einem anderen Blatte.

Damit ist ein Dreifaches gesagt:

1. Die Arbeit des Arbeiters ist telos-los. – Obwohl der Betrieb, in dem er arbeitet, ein Produktionsbetrieb ist, hat er in ihm, wie die englische Sprache korrekt unterscheidet, nur etwas ›to do‹, aber nichts ›to make‹. Das gilt von allen Arbeitenden in dem Betrieb. Regel: Wenn ein Produktionsprozeß in zahllose Schritte dividiert, und wenn jeder Arbeitende nur in eine Etappe des Machens eingeschaltet wird, dann zerfällt der Produktionsprozeß nicht in Teilproduktionen, sondern lediglich in Teiltätigkeiten; dann ist kein Machender mehr ein Machender, jeder vielmehr nur ein Tuender; und nicht dann ist das telos dieser Tätigkeiten erreicht, wenn ein Produkt fix und fertig da ist, sondern dann, wenn soundso viel getan, wenn soundso lange gearbeitet worden ist, also bei Feierabend. Ob dann ›etwas‹, nämlich ein Produkt, fertig vorliegt, das geht den Arbeitenden nichts an, das interessiert ihn auch nicht: *›man ist fertig‹* für heute, *nicht das Produkt.* –

Nun, an sich ist gegen ›Tun‹ (im Gegensatz zum ›Machen‹) natürlich nichts einzuwenden. Wer gut zu lesen oder anständig Klavier zu spielen (also nur zu ›tun‹) versteht, der ist dem, der etwas ›macht‹, in keiner Weise unterlegen. Aber um ein solches echtes ›Tun‹ handelt es sich bei der Maschinenarbeit durchaus nicht. Während Lesen oder Klavierspielen, aristotelisch gesprochen, ἐντελέχειαι sind, als ihr τέλος und damit auch ihre Genugtuung in sich selbst tragen, ist Maschinenarbeit gewissermaßen ›ἀν-έργεια‹, weil sie vom ἔργον, bzw. vom Interesse an diesem, von dessen Kenntnis ausgeschlossen ist. *Ein Grubenpferd wird nicht dadurch zum Spaziergänger, daß es geblendet seine Arbeit tut.* Das telos des Machens ist in diesen Tätigkeiten abmontiert, das Machen ist gewissermaßen ›geköpft‹. *Arbeit wird* hier *zum ›Tun‹ lediglich auf Grund dieser Verstümmelung.*

Wer sich an das Krisendeutschland vor etwa dreißig Jahren erinnert, der wird noch das Bild jener Notstandsarbeiter vor Augen haben, die Gräben auszuheben hatten, und während der Arbeit genau wußten, daß die nächste Schauflerschicht die Aufgabe haben würde, die Gräben wieder hübsch säuberlich einzuebnen. Kein Wunder, daß diese Arbeiter oft nur so taten, als ob sie täten, daß sie diese ihre telos-lose Tätigkeit oft in ein Spielen ausarten ließen. – Man wird einwenden, dieser Fall sei extrem gewesen. Gewiß. Und trotzdem darf man heute *alle Arbeiter* als *Kollegen* dieser *Notstandsarbeiter* betrachten. Denn auf welche Weise Arbeit telos-los wird: ob so, daß das telos als bloßes Manöverziel vorgespiegelt wird, wie im Falle der Notstandsarbeiter; oder so, daß das telos die Arbeitenden nichts angeht, wie im Falle normaler Fabrikarbeit, das läuft *psychologisch* beinahe auf eines heraus. In beiden Fällen wird Arbeit (sogar die körperlich leichte) zur Zumutung, da sie von den zwei Genugtuungen, auf die der Mensch ein Recht hat, ausgeschlossen ist: sowohl von der Genugtuung, die die sichtbare Entstehung des Produktes dem Produzierenden verschafft; wie von der Genugtuung, die das auf ein äußeres telos nicht angewiesene echte Tun mit sich bringt. Kein Wunder, daß man heute bereits offiziell versucht, das durch die ›Köpfung des Machens‹ entstandene *unechte ›Tun‹ durch Musikbegleitung* und dergleichen schmackhafter zu machen, also es *in eine Art von Tanz zu verwandeln*, um ihm den äußeren Anschein einer manifest telos-losen Beschäftigung, eben wiederum des Spiels, zu verschaffen.

2. Die Arbeit ist anstrengungslos. Das klingt natürlich erst einmal erfreulich. Aber gerade dadurch wird die Arbeit ihres Charakters vollends beraubt. Denn die Freude an Arbeit beschränkt sich ja nicht nur auf die Freude, die der Machende am Entstehen seines Produkts hat. Vielmehr besteht sie mindestens *auch* in der Investition von Anstrengung, darin, daß der Machende sich ausarbeitet. In der Arbeit (etwa der vollautomatisierten), deren Anstrengungsquantum auf ein Minimum reduziert ist, vollzieht sich nun eine potenzierte Degeneration. Denn nun besteht die Entartung nicht nur darin, daß das ›Machen‹ zum

bloßen ›Tun‹ wird, sondern auch darin, daß das ›Tun‹ nun zu einer Art von ›Nichtstun‹ verkümmert. Freilich nur zu einer ›Art von‹. Sowenig das ›geköpfte Machen‹ als echtes ›Tun‹ klassifiziert werden darf, so wenig darf nun das ›geköpfte Tun‹, etwa das des Kontrolleurs im Automationsbetrieb, als ›echte Muße‹ klassifiziert werden. Die Attitüde, in die er hineingerät, ist vielmehr eine *Schein-Muße*, eine verstümmelte Attitüde, ein bloßer Rest. Denn trotz der Tatsache, daß er sich nicht zu rühren braucht (ja, sich unter Umständen nicht einmal rühren darf), hat ja der Automationsarbeiter noch aufs konzentrierteste auf dem qui vive zu sein – genau so wie der Maschinenarbeiter doch aufs energischste tätig zu sein hat, auch wenn er kein Produkt mehr zu machen hat. Nunmehr freilich besteht die Arbeit in *bezahlter Aufmerksamkeit bei physischer Reglosigkeit.* Der Tuende wird zum bloßen Maschinenpolizisten, der, im Sessel sitzend, darauf hofft, nicht eingreifen zu brauchen; sofern er nicht heimlich doch eine Störung erhofft, um doch noch einmal die Chance zum Eingreifen zu haben und um zu spüren, daß er etwas tut.

Und selbst mit dieser Schilderung der zwei Degenerationsstufen der Arbeit ist noch nicht alles gesagt. Kehren wir von unserem avantgardistischen Automationsarbeiter zum heute noch normalen zurück: also demjenigen, der mindestens seine Maschine noch zu bedienen hat. Was hat der durchzuführen, um diese Bedienung anständig zu erledigen?

3. Die *›imitatio instrumenti‹*. Er hat sich nach seiner Maschine zu richten, ja sich zu deren Diener zu machen. Diesen Ausdruck mißverstehe man nicht. ›Nach etwas richten‹ müssen wir uns natürlich in jeder Arbeit, sogar in der gerätelosesten. Da wir ›etwas aus etwas machen‹ wollen, gibt es a priori eine ganze Reihe von Bedingungen (z. B. den Stoff oder die Grenze unserer technischen Fähigkeiten), nach denen wir ›uns zu richten‹ haben. Darüber klagen wir nicht. Machen ist menschlich, gleich ob wir im Machen-müssen einen Fluch oder im Machen-können ein Freiheitszeugnis sehen. Wer bereits in den apriorischen Bedingungen des Machens, also in der Tatsache, daß er, wenn er zu machen beginnt, mit einer Welt zu rechnen hat, aus der er macht, eine Freiheitsberaubung sieht, der beansprucht, ›frei‹ zu sein in einem absurden Sinne, nämlich in dem von ›weltlos‹; und ist einfach ein metaphysischer Querulant. – Gleichviel, nur wenn

der Arbeitende mit dem Gang seiner Maschine Schritt hält, nur wenn er die ›imitatio‹* durchhält, wird seine Bedienung perfekt sein. Das Hegelsche Modell von ›Herr und Knecht‹ darf auf die Beziehung Mensch–Maschine bedenkenlos übertragen werden.

Der Abend der Rache

Damit hätten wir also eine kurze Schilderung dessen, was heute ›Arbeit‹ ist, gegeben. Und damit auch eine Schilderung des durchschnittlichen Tages des einbeinigen Japaners im ›Pachinko‹.

1. Auch er hatte nicht eigentlich etwas hergestellt.
2. Auch er hatte seine Maschine nur bedient.
3. Auch er hatte sich mit deren Gang gleichschalten müssen.
4. Und auch ihn ging es nichts an, wenn trotz alledem etwas zustande kam.

Und dann wurde es Feierabend.

Und nun schlendert er durch das Fabrikportal hinaus, und siehe: Da drüben im Lokal, da stehen auch welche, auch Maschinen. Und er tritt näher, und steht vor einer von ihnen. »Gar nicht so unähnlich«, denkt er. Und was er damit meint, ist: »Gar nicht so unähnlich dem Ding, vor dem ich den Tag über gestanden habe, der Maschine, die ich den Tag über bedient habe, von der ich mehr als genug habe und auf die ich für mein Leben gerne einmal einschlagen würde. Anatomisch gehört dieser Pachinko jedenfalls dem gleichen Geschlecht an wie ihre ölbeschmierten Schwestern in der Fabrik. Und auch ihre Bedürfnisse scheinen sich

* Einführung des Begriffes in Band 1 dieses Werkes (*Die Antiquiertheit des Menschen*. Der Hrsg.), S. 36 ff. Was mit ›imitatio‹ oder ›kategorialer Angleichung‹ gemeint ist, kann man sich an der Analogie mit der Musik klar machen: Wer eine Musik spielt, der nimmt die Struktur dieser Musik an; nicht nur im (unter Dacapozwang ablaufenden) Sonatensatz herrscht zyklische Zeit, sondern auch im Sonatenspieler. Das heißt: solange der Musizierende ›in Musik‹ ist, ist deren Gangart seine Gangart, in gewissem Sinne sogar deren Seinsart seine Seinsart. – Entsprechend wird der Gang der Maschine zum Gang des Maschinenbedieners – nur (dieses ›Nur‹ ist freilich entscheidend) daß sich hier der Mensch mit etwas Nichtmenschlichem auf gleiche Weise und im gleichen Grade identifizieren muß wie der Musiker mit der (ihn nicht entmenschenden) Musik.

nicht wesentlich von den Bedürfnissen ihrer Schwestern zu unterscheiden. Auch sie streckt ihren Hebelarm aus, auch sie verlangt nach Fütterung, auch sie will bedient werden, auch sie will in Gang gebracht sein. Und daß sie sich zum Funktionieren einfach meiner schönen Augen wegen bequemen wird, dafür spricht auch nichts – kurz: eine von ihnen, Maschine ist Maschine.« –

Das also denkt er. Aber doch nicht nur das. Denn gewisse Unterschiede sind da, sie sind unbestreitbar, und sie machen ihn stutzig. Schon daß diese verchromt blitzende Person Spaß daran hat, sich zu zeigen; daß sie weiß, *daß* sie etwas zu zeigen hat; daß sie gelernt hat, was einem Manne Vergnügen macht – schon das macht sie zu einem Wesen sui generis.

Aber das ist noch nicht alles. Denn außerdem – und nun beginnt die Sache wirklich interessant zu werden, und nun erst wird die Maschine zur *Sirene* – außerdem *stellt* sie nämlich *etwas in Aussicht*, eine Genugtuung, die ihm noch niemals zuvor in Aussicht gestellt worden war und zu der sich ihre ölbeschmierten Schwestern (vorausgesetzt, sie wären dazu überhaupt fähig) niemals hergeben würden. Was diese ihm nämlich verspricht, ist, etwas für ihn zu produzieren, jawohl: für ihn persönlich; und zwar etwas, was das direkte Ergebnis ihrer Zusammenarbeit mit ihm wäre, nicht anders als das Brot, das als direktes Ergebnis des Backens aus dem Ofen fällt; und nicht anders als der Krug, der als das unmittelbare Ergebnis des Töpferns auf der Scheibe entsteht – man hält das Ding schließlich in der Hand, es ist, was man gemeint hatte, und es gehört sogar, mindestens vorerst, einem selber. Und das ist, wie gesagt, etwas Unerhörtes, und das macht diese blitzende Person in der Tat zur Königin unter ihren Schwestern. – »Worauf wartest du eigentlich?« flötet diese also den Bewundernden an. »Oder hast du vielleicht Angst vor mir? Wenn du mich anständig in Gang bringst, wenn du mich zuverlässig bedienst, dann wirst auch du zuverlässig bedient werden, von mir nämlich, dann bekommst du etwas, dann bekommst du das, was dir zusteht, und *du* bist der Herr. Freilich nur dann. Denn wenn du mich inkompetent bedienst, das ist dann natürlich etwas anderes, dann hast *du* eben das Nachsehen, und *ich* bin die Herrin.« – So also flötet sie, so also lockt sie ihn heraus, damit er sich beweise. – Und obwohl der siegreiche

Ausgang des Kampfes durchaus nicht feststeht, im Gegenteil, obwohl der Sieg davon abhängt, ob er die verchromt blitzende Person kompetent behandelt oder nicht (oder gerade *weil* diese Bedingung seinen Stolz reizt) – dieser Lockung zu widerstehen, ist unmöglich. »Maschine ist Maschine«, denkt er noch einmal, »schließlich hat man ja gelernt, mit euresgleichen umzugehen, oder vielleicht nicht?«, und reicht ihr bereits das Futter (denn sie verlangt pränumerando-Bezahlung) und »ich werd dir's schon zeigen«. – Und was er ihr zeigen will, ist nicht nur, daß er es versteht, mit ihresgleichen umzugehen, sondern daß ihresgleichen nichts Besseres verdient, als zu gehorchen und das zu tun, was er wünscht, und daß es höchste Zeit ist, daß sie das lerne, denn er ist der Herr. – Und die Wut überkommt ihn und die Lust, sie dazu zu zwingen, das wieder gutzumachen, was ihre ölbeschmierten Schwestern in den Werkstätten und Fabriken ihm sein Lebtag lang angetan haben. Also greift er nach ihr. Und ist auch ihre Hebelhand noch warm von dem Letzten, der sein Mütchen an ihr zu kühlen versucht hat, vergeblich natürlich – die Welt zur Rechten und zur Linken versinkt, die Welt zur Rechten und zur Linken ist versunken, und das Spiel oder die Vergewaltigung oder die Rache (oder wie immer wir das, was nun beginnt, nennen mögen) gerät in Gang. Und wenn ich am Abend wieder vorbeikommen werde, wird die Aktion noch immer in Gang sein. Oder schon wieder.

So also, oder so ähnlich, geht die Begegnung mit der Sirene vor sich. Daß diese *keinen ›verdinglichten Partner‹* für ihn darstellt, daß sie nichts weniger ist als ein Ersatz für einen menschlichen Spielkameraden, das ist deutlich genug. *Umgekehrt* ist sie ein *vermenschlichtes Gerät*, nämlich ein Ersatz und eine Stellvertreterin für Geräte, und zwar für alle, für die ganze Gerätefamilie. Aber eben eine Stellvertreterin, die, im Unterschied zu den anderen Geräten, menschliche Bedingungen stellt; Bedingungen, auf die man sich einlassen kann wie auf die eines Menschen; Bedingungen, unter denen man sie so behandeln kann wie einen Menschen; Bedingungen, unter denen man so besiegt werden kann wie von einem Menschen; Bedingungen, unter denen man sich so an ihr rächen kann wie an einem Menschen. Sich an wirklichen Menschen zu rächen – warum sollte sich unser einbeiniger Spieler an wirklichen Menschen rächen? An welchen denn? An dem Fabrikherrn vielleicht? Nicht mit dem macht er seine täglichen Erfahrungen. Sondern mit den Geräten. Nicht von dem wird er gedemütigt. Sondern von diesen. Diesen also gelten seine Affekte. Ein Spiel mit anderen Menschen? Welch erbärmlicher Ersatz! Hier allein kann er abreagieren. Hier allein ist die Chance.

Wenn von ›Chance‹ noch die Rede sein darf. Denn die Wahrscheinlichkeit, daß er siege, die ist ja minimal. Und auch ihm ist das ja nicht unbekannt. Wenn von einer Chance überhaupt die Rede sein kann, dann besteht diese also lediglich darin, daß er hier einmal das Recht hat, seine Rache an einem richtigen, nämlich an einem maschinenartigen, Objekt zu versuchen. Dies: *versuchen und kämpfen und unterliegen zu dürfen, dies ist der Sieg, der ihm gegönnt ist.* Und selbst für diesen Sieg, der zumeist ja eine Niederlage ist, muß er zahlen, selbst für diese Niederlage, weil er ja die Chance des Kämpfendürfens als einen Sieg, mindestens als eine Genugtuung, genießt. Und er zieht seinen Beutel und zahlt zum soundsovielten Male.

Letztlich ist daher unser Mann kein Spieler, sondern ein Spielball. Wie kompetent er auch spielen mag (und unterstellen wir selbst, einmal habe er die Sirene besiegt, oder sogar mehrere Male) – auch als Sieger ist er stets besiegt, immer schon von vornherein besiegt. Nämlich von den Sirenenmachern. Von denjenigen, die für ihn, den durch das Leben mit den Maschinen Ruinierten, diese Spezialmaschinen gebaut haben, um ihm die Chance zu geben, ein Ventil für seinen Rachedurst zu finden. Wenn er seine Münze der Sirene in den Mund steckt, zahlt er das Geld, das er mühsam oder zu Tode gelangweilt im Maschinensaal gegenüber verdient hatte, wieder zurück. Und wenn in den Nachbarhäusern zur Rechten und zur Linken schon neue Sirenenlokale, neue Spielhöllen, gebaut werden, dann hat *er*, unser Einbeiniger, *er*, das Opfer, diese Häuser mitfinanziert.

Über Verbiederung

Die ins Haus gelieferte Welt wird ›verbiedert‹

Die Wasserstoffbomben-Explosion am 7. März 1955 lief unter dem gemütlichen Namen ›Grandpa‹, also ›Opapa‹. Diesen Vorgang der Pseudofamiliarisierung, der keinen Namen hat, nennen wir die *›Verbiederung der Welt‹* – ›Verbiederung‹ und nicht ›Anbiederung‹, weil, was sich abspielt, nicht darin besteht, daß wir uns Fremdem oder Fremdestem an den Hals würfen; sondern darin, daß man uns fremde Menschen, Dinge, Ereignisse und Situationen so liefert, als wären sie Vertrautes; also in bereits ›verbiedertem‹ Zustande.*

Illustrationen: Während (um zwei beliebige Verfremdungsbeispiele voranzustellen) unser Verwenden und unser Machen auseinandergerissen sind (da, was wir verwenden, immer schon fertig ist, die Bewandtnis dessen dagegen, was wir mitherstellend herstellen, uns entweder undurchsichtig oder unserem Leben fremd bleibt)... während unser Wohnungsnachbar, dessen Etagentür wir täglich Jahre hindurch passieren, uns gewöhnlich nicht kennt und die Entfernung zwischen sich und uns nicht überbrückt – präsentieren sich uns jene Filmstars, jene fremden girls, die wir zwar in persona niemals treffen oder treffen werden, die wir aber doch unzählige Male gesehen haben, und deren physische und seelische Details wir besser kennen als die unserer Kolleginnen, als alte Bekannte, als ›chums‹; so daß wir automatisch mit ihnen auf dem Duzfuß stehen und sie, wenn wir von ihnen sprechen, bei ihrem Vornamen, Rita oder Myrna, nennen. Das Gelieferte ist also *distanzlos gemacht*, wir ihm gegenüber gleichfalls, die Kluft ist abgeschafft. Welche Bedeu-

* Ehe wir Beispiele bringen, betonen wir prophylaktisch, daß, was wir ›Verbiederung‹ nennen, wenn zuweilen die Grenze zwischen den beiden auch verwischt sein mag, nicht etwa mit ›Popularisierung‹ zusammenfällt, da die Verbiederung ihren Gegenstand grundsätzlich respektlos behandelt und aus der Beschädigung und Benachteiligung des Konsumenten ihren Vorteil zieht, während es zur rechten Popularisierung wie zu aller rechten Belehrung gehört, daß sie nicht nur den Lehrgegenstand, sondern auch Respekt vor diesem vermittelt.

tung man der Abschaffung der Kluft beimißt, beweist ja auch der 3D-Film, dessen Erfindung und Einführung nicht etwa nur dem Interesse an technischer Verbesserung oder etwa nur dem Konkurrenzkampf (gegen TV) entsprang, sondern eben dem Wunsche, der Distanzlosigkeit zwischen Geliefertem und Beliefertem ein Höchstmaß an sinnlich-räumlicher Glaubwürdigkeit zu verschaffen. Wäre es technisch möglich – und wer könnte voraussagen, was uns bei der Rasanz heutiger Kunstfortschritte noch bevorsteht? – so würde man uns wohl auch mit ›telepathischen Effekten‹ beglücken, durch die wir dann die Kinnhaken auf unseren Kiefern auch taktil genießen könnten. Erst das wäre ja eine wirkliche Nähe. Aber auch heute verspricht ja der 3D-Film bereits: »You are with them, they are with you.«

Soll diese Du-auf-Du-Beziehung in Gang kommen, soll ich etwas zum Duzen haben, so müssen die Bilder mit dem Duzen anfangen. In der Tat gibt es keine Sendung, der diese Du-Qualität fehlte; kein ins Haus geliefertes Wesen, das sie nicht ausstrahlte. Schalte ich den Präsidenten ein, so sitzt er, obwohl tausend Meilen von mir entfernt, plötzlich neben mir am Kamin, um mit mir zu plaudern. (Daß er die gesendete Gemütlichkeit in Millionen Exemplaren ausstreut, nur am Rande.) Erscheint die Fernsehansagerin auf dem Schirm, dann gewährt sie mir, in absichtlich unabsichtlicher Zu-Neigung, die tiefsten Einblicke, so als hätte sie etwas mit mir. (Daß sie es mit allen Männern hat, nur am Rande.) Beginnt die Radiofamilie ihre Sorgen auszubreiten, so zieht sie mich ins Vertrauen, als sei ich ihr Nachbar, Hausarzt oder Pfarrer. (Daß sie jedermann ins Vertrauen zieht, daß sie da ist, *um* ins Vertrauen zu ziehen, daß sie *die* Nachbarsfamilie schlechthin ist, nur am Rande.) Sie alle kommen also als intime oder indiskrete Besucher, sie alle erreichen mich also in bereits vorverbiedertem Zustande. Unter denen, die mir ins Haus fliegen, gibt es keinen, dem noch ein Stäubchen von Fremdheit anhinge. Und nicht nur von den gesendeten Menschen gilt das, sondern von allem in der Welt; von der Welt als ganzer. Die Zauberkraft der Verbiederung ist so unwiderstehlich, der Spielraum ihrer Metamorphoseleistung so breit, daß nichts sich ihr entziehen kann. Ob Dinge, Plätze, Ereignisse oder Situationen, alle werden verwandelt, um mit spießgesellenhaftem Lächeln, mit einem vulgären tatwamasi auf den Lippen bei uns anzukommen; so daß wir nun letztlich sogar mit den Sternen im Himmel auf nicht weniger vertrautem Fuß stehen, als mit den Sternen am Filmfirmamente; und von ›good old Cassiopeia‹ mit ebensoviel Recht reden dürften wie von Myrna oder Rita. Was nicht als Scherz gemeint ist. Denn wenn es heute in der öffentlichen, ja in der akademischen Diskussion der Untertassen nicht nur als möglich, sondern als wahrscheinlich gilt, daß die angeblichen Bewohner anderer Planeten gleichfalls und gleichfalls gerade heute keine anderen Sorgen haben als interplanetarische Raumschiffahrt und dergleichen, so beweist das ja, daß man alle und alles als ›unsereins‹ auffaßt; einen Anthropomorphismus also, neben dem die Anthropomorphismen der sogenannten ›primitiven‹ Kulturen geradezu verschämt wirken. Für die Lieferanten des verbiederten Weltalls tritt an die Stelle der plotinisch-goetheschen Identitätsformel »Wär nicht das Auge sonnenhaft« die kommerzielle Identifizierungsdevise »Machst du die Sonn' nicht augenhaft«. Denn wer das zu tun unterläßt, der verkauft die Natur nicht und versäumt damit eine virtuelle Ware. – Wir aber werden dadurch systematisch in *Kumpane des Globus und des Universums* verwandelt, freilich eben nur in Kumpane: denn von echter Verbrüderung, von Pantheismus, von Fernstenliebe oder gar von ›Einsfühlung‹, die der so konditionierte Zeitgenosse empfände, kann natürlich keine Rede sein. –

Was vom sozial Fremdesten, was vom räumlich Fernsten gilt, gilt vom zeitlich Abgelegensten, von der *Vergangenheit*, gleichfalls: auch diese wird kumpanisiert. Von den historischen Filmen, in denen das die Regel ist, will ich schweigen. Aber da fand ich z. B. in einem, sonst durchaus nicht unernsten, äußerst lebendig geschriebenen amerikanischen akademischen Buche Sokrates als ›quite a guy‹ bezeichnet; also mit einer Kategorie, die den fernen großen Mann dem Leser scheinbar nahe bringt: denn ›quite a guy‹ ist natürlich auch er, der Leser. Unbewußt erfüllt diesen die Kategorie mit der Genugtuung, daß Sokrates, hätte er nicht zufällig damals gelebt, letztlich auch nichts wesentlich anderes wäre als wir, eigentlich nichts wesentlich anderes zu melden, auf keinen Fall aber andere Autoritätsansprüche anzumelden hätte als wir. – Ganz grundlos denkt mancher, wird ihm das freilich nicht passiert sein, in die damalige, nicht ganz ernst zu nehmende Zeit verschlagen worden und ins Hintertreffen geraten zu sein. Für ihn ist Sokrates also weniger als wir; mehr auf keinen Fall: das zu akzeptieren, verböte ihm sowohl der Fortschrittsglaube wie das Mißtrauen gegen Privilegien jeder Art. – Andere empfinden (wie sie durch ihre Reaktion auf historische Filme und dgl. beweisen) die Figuren der Geschichte geradezu als komische Figuren, nämlich als *Provinzler der Zeit*, als Wesen, die nicht in der Hauptstadt: im Jetzt, groß geworden sind, und die sich deshalb als Dorftrottel der Geschichte oder als abergläubische Hinterwäldler benehmen. Jede damals noch nicht gemachte elektrische Erfindung rechnen sie ihnen als rührenden Defekt an. – Auf manche Zeitgenossen schließlich wirken die Figuren der Geschichte sogar wie Nonkonformisten, wie verdächtige Käuze, da sie offenbar eine Extrawurst nötig haben: es nämlich vorziehen, statt wie jeder anständige Mensch im Heute zu leben, in einer Höhle des Gewesenen zu hausen. – Aber gleich, ob ›quite a guy‹ oder Provinzler – die Kategorien sind Nachbarschaftskategorien und als solche eben Verbiederungsvarianten.

Was aber den Grundfall ›Sokrates, the guy‹ betrifft, so liegt hier offenbar das große politische Prinzip der ›Deklaration der Menschenrechte‹: »All men are born equal« zugrunde, das nun, abenteuerlich erweitert, zu einer »Equality of all citizens of the commonwealth of times past und present«, also zur proklamierten Gleichheit aller Mitbürger der Geschichte geworden ist. Daß solche abenteuerliche Erweiterung des Gleichberechtigungsprinzips nicht nur falsche geschichtliche Nähe vorspiegelt, sondern auch eine falsche Einschätzung des Generalnenners aller Menschen – denn das Wesentliche an Sokrates besteht ja eben in dem, was unsereinem mangelt – das liegt auf der Hand. Der Effekt der vorgeblich den Gegenstand nahebringenden Methode läuft also gerade darauf hinaus, den Gegenstand zu verdecken: ihn zu verfremden oder ihn geradezu abzuschaffen. Jawohl, abzuschaffen. Denn *als* Geschichte ist die auf eine einzige Ebene der Kumpanenhaftigkeit projizierte Vergangenheit abgeschafft. Was vielleicht sogar plausibler ist, als unsere allgemeine These, daß nämlich die Welt, wenn uns alle ihre verschieden weit entfernten Regionen gleich nahe kommen, *als* Welt damit zum Verschwinden gebracht ist.

Das Phantom

Die Welt wird uns ins Haus geliefert. Die Ereignisse werden für uns aufgefahren.

Aber *als* was werden sie aufgefahren? *Als* Ereignisse? Oder nur als deren Abbildungen? Oder nur als Nachrichten über die Ereignisse?

Um diese Frage, die die folgenden Paragraphen leitet, beantworten zu können, übersetzen wir sie erst einmal in eine etwas andere Sprache; und fragen: Wie sind die gesendeten Ereignisse *bei* dem Empfänger? Wie ist der Empfänger *bei* ihnen? Wirklich gegenwärtig? Nur scheinbar gegenwärtig? Abwesend? In welcher Weise gegenwärtig oder abwesend?

Die Beziehung Mensch–Welt wird unilateral, die Welt, weder gegenwärtig noch abwesend, zum Phantom

Einerseits scheinen sie wirklich ›gegenwärtig‹ zu sein: Wenn wir die Radiosendung einer Kriegsszene oder einer Parlamentsverhandlung mit anhören, dann hören wir ja nicht nur Meldungen *über* die Explosionen oder *über* die Redner, sondern diese selbst. – Bedeutet das nicht, daß die Ereignisse, die wir früher weder mitmachen konnten noch durften (noch mußten), nun wirklich bei uns sind? Und wir bei ihnen?

Und doch auch wieder nicht. Denn ist *das* lebendige Gegenwart, wenn zwar den Stimmen der Welt der Zugang zu uns freisteht, wenn diese zwar dazu berechtigt sind, bei uns zu sein; wir dagegen rechtlos bleiben und bei keinem der gelieferten Ereignisse eine Stimme haben? Wenn wir niemandem, wer auch immer spricht, antworten können, selbst dem nicht, der uns anzusprechen scheint; und in kein Ereignis, dessen Lärm uns umtost, eingreifen dürfen? Gehört es nicht zur wahren Gegenwart, daß die Beziehung Mensch–Welt *gegenseitig sei?* Ist diese Beziehung hier nicht amputiert? Ist sie nicht *unilateral* geworden: nämlich so, daß *dem Hörer zwar die Welt, er ihr dagegen nicht vernehmbar ist?* Bleibt er nicht grundsätzlich zum ›don't talk back‹ verurteilt? Bedeutet diese Stummheit nicht Ohnmacht? Ist nicht die Omnipräsenz, mit der man uns beschenkt, die Gegenwart des Unfreien? Und ist nicht der Unfreie, da er eben als nicht-seiend, als Luft, behandelt wird und selbst nichts zu melden haben kann, abwesend?

Offenbar auch abwesend. Und dennoch wäre es auch wieder möglich, die Unilateralität entgegengesetzt zu deuten, nämlich als Sicherung der Freiheit und als Anwesenheit: Bedeutet es denn nicht Freiheit, wenn wir auf Grund der Unilateralität an jedem Ereignis in *Distanz*, also ungefährdet und unverwundbar, teilnehmen können? Mit dem Privileg, es als Genuß und Unterhaltungsgut zu verwenden? Und ist nicht *der* wahrhaft gegenwärtig, der von keinem der Geschehnisse, deren Zeuge er ist, in die Flucht, also in die Abwesenheit, gejagt werden kann?

Auch das klingt wieder plausibel. Und es wäre durchaus begreiflich, wenn ein Zwischenrufer diese Fragen unterbräche und das Hin und Her, ob das Gesendete gegenwärtig sei oder abwesend, für gegenstandslos erklärte. »Was uns Rundfunk oder TV liefert«, höre ich ihn, »sind *Bilder*. Repräsentationen, nicht Präsenz! Und daß Bilder keinen Eingriff erlauben und uns als Luft behandeln, das ist selbstverständlich und eine unter dem Titel ›Ästhetischer Schein‹ längst bekannte Tatsache.«

Aber so einleuchtend es klingt, sein Argument ist falsch. Einmal – und das ist eine grundsätzliche phänomenologische Feststellung – weil es keine ›akustischen Bilder‹ gibt: Auch das Grammophon präsentiert uns ja kein Bild der Symphonie, sondern diese selbst. Kommt eine Massenversammlung zu uns übers Radio, so ist, was wir zu hören meinen, kein ›Bild‹ der lärmenden Menge, sondern deren Lärm, auch wenn die Menge selbst uns nicht physisch erreicht. – Außerdem aber befinden wir uns, es sei denn, es werde ein Kunstwerk (etwa ein Drama) einschließlich seines Scheincharakters übertragen, als Zuhörer in einer nichts weniger als ästhetischen Haltung: Wer den Fußballmatch abhört, tut es als erregter Parteigänger, meint ihn als wirklich stattfindenden und weiß nichts vom ›Als ob‹ der Kunst.

Nein, der Zwischenrufer hat unrecht. Bloße Bilder sind es nicht, was wir empfangen. Wirklich gegenwärtig beim Wirklichen sind wir aber gleichfalls nicht. Die Frage: »Sind wir anwesend oder abwesend?« ist tatsächlich gegenstandslos. Aber eben nicht deshalb, weil die Antwort ›Bild‹ (und damit ›abwesend‹) sich von selbst verstünde; sondern weil das Eigentümliche der durch die Übertragung geschaffenen Situation in deren *ontologischen Zweideutigkeit* besteht; weil die gesendeten Ereignisse zugleich gegenwärtig *und* abwesend, zugleich wirklich *und* scheinbar, zugleich da *und* nicht da, kurz: weil sie *Phantome* sind. –

Bild und Abgebildetes im TV sind synchron. Synchronie ist die Verkümmerungsform der Gegenwart

»Aber«, wird der Zwischenrufer fortfahren, »was für Hör-Sendungen gilt, gilt doch nicht ohne weiteres für Television. Daß diese uns Bilder liefern, kann doch wohl nicht bestritten werden.«

Kaum. Und doch, ›Bilder‹ im herkömmlichen Sinne sind auch sie nicht. Zum Wesen des Bildes hatte es nämlich in der Geschichte des menschlichen Bildens bis heute grundsätzlich gehört, daß es zwischen diesem und dem von ihm abgebildeten Gegenstand eine, wenn auch unausdrücklich bleibende, Zeitdifferenz, ein ›*Zeitgefälle*‹ gebe. Dieses Gefälle wird im Deutschen sinnvoll durch ein ›nach‹ ausgedrückt: entweder malt man ein Bild *nach* einem Modell; oder ein Wirkliches ist *nach* einem Modell hergestellt. Entweder war also das Bild seinem Sujet gefolgt, als *Nachbild* oder Denkmal, um dessen Vergangenheit zurückzurufen, dessen Vergänglichkeit zu widerrufen, also, um es zu retten und dessen Gegenwart festzuhalten; oder es war seinem Gegenstand vorausgegangen, als magisches Provokationsgerät oder als Idee, blue print, *Vorbild*, um dann, vom verwirklichten Ereignis oder Gegenstand eingeholt, zu verschwinden; oder es war schließlich – und selbst dieser Neutralisierungsmodus stellt noch ein Verhältnis zur Zeit dar – ein Mittel gewesen, durch das wir uns in eine Dimension außerhalb der Gegenwart, ja jenseits der Zeit, versetzten oder zu versetzen vermeinten. Es wäre schwer, Bilder zu nennen, in denen keines dieser Zeitverhältnisse des Menschen zur Welt wirksam gewesen wäre; und ob Gebilde, denen dieses Gefälle fehlt, ›Bilder‹ genannt werden dürfen, ist zweifelhaft. Solche Gebilde aber sind die Bilder, die die Television vermitteln:

Denn *von einem Zeitverhältnis zum Abgebildeten kann* bei

diesen, obwohl sie filmisch *in* der Zeit ablaufen, *nicht mehr gesprochen werden*. Was wir ›Zeitgefälle‹ nannten, ist bei ihnen zu Null zusammengeschrumpft; sie treten mit den von ihnen abgebildeten Ereignissen *simultan* und *synchron* auf; sie zeigen, nicht anders als das Teleskop, *Gegenwärtiges*. Und bedeutet das nicht ›Anwesenheit‹? Sind Gebilde, die Anwesendes zeigen, Bilder?*

Unbemerkt ist dieses Problem nicht geblieben; aber seine Benennung blieb unzulänglich. Man griff nämlich, was gewiß nahe lag, auf den bereits bestehenden Ausdruck ›Momentaufnahme‹ zurück und glaubte das Phänomen damit abfertigen zu können. Aber der Ausdruck verschleiert das Problem gerade. Momentaufnahmen sind ja, da sie den vergänglichen Augenblick festhalten wollen, Bilder im legitimsten Sinne: nämlich Denkbilder; ihrer Bildfunktion nach also Denkmälern, ja selbst Mumien, näher als den TV-Phantomen. Von solchem Festhalten ist nun aber bei diesen Phantomen keine Rede mehr, weil sie ja mit den Ereignissen, die sie reproduzieren, nicht nur zugleich auftreten, sondern auch zugleich verschwinden: also, es sei denn, sie würden selbst noch einmal festgehalten, genau so kurzlebig sind wie diese. Sind sie Momentbilder, so höchstens Bilder des Moments *für* den Moment, also den Spiegelbildern verwandt: denn diese sind ja simultan und synchron und mitsterblich mit dem gespiegelten Anblick; also in jeder Hinsicht reine *Gegenwart*.

Aber treiben wir hier nicht ein bloßes Spiel mit dem Wort ›Gegenwart?‹ Benützen wir nicht die Tatsache, daß das Wort zufällig zwischen zwei Bedeutungen schillert, um imaginäre Probleme hervorzurufen? Denn offenbar verwenden wir es ja in zweierlei Sinne: Einmal, um *konkrete Gegenwart* zu bezeich-

* Auf einer TV-Ausstellung hatte ich die fragwürdige Chance, einen Schauspieler, der im Nebenraum einen Sketch spielte, und gleichzeitig dessen sieben TV-Projektionen zu sehen und zu hören. Bemerkenswert war dabei 1., daß der Schauspieler sich fürs Auge zwar in sieben identische Brüder aufspaltete, aber nur eine einzige, durch die zwei Räume schallende, unaufgespaltene Stimme hatte. 2., daß die Bilder natürlicher wirkten als das Original, da dieses, gerade um den Reproduktionen Natürlichkeit zu verleihen, sich hatte arrangieren müssen. Und 3. (und das war mehr als bemerkenswert, nämlich erschreckend), daß die siebenfache Verkörperung des Schauspielers schon nicht mehr erschreckte: mit solcher Selbstverständlichkeit erwarten wir bereits nur noch Serienprodukte.

nen; also die Situation, in der sich Mensch und Mensch, oder Mensch und Welt in tatsächlicher Tuchfühlung befinden, und, einander angehend, treffend und betreffend, zur ›Situation‹ zusammenwachsen (= concrescunt); und dann, um die bloß *formale Simultaneität* anzuzeigen; also die Tatsache, daß Mensch und jedes beliebige Ereignis, auf der Nadelspitze desselben Jetztpunktes stehend, den Weltaugenblick teilen. – Aber daß dem Wort diese Doppelbedeutung zukommt – und nicht nur im Deutschen – ist eben kein Zufall. Vielmehr gründet diese Doppelbedeutung darin, daß die Grenze, an der ein Ereignis oder ein Stück Welt uns nur noch so wenig angeht, daß es nun ›gegenwärtig‹ nur noch im Sinne der Simultaneität ist, wirklich nicht ziehen läßt. Das Gegenwärtige geht ins nur Simultane über; dieses ist der Grenzfall; es ist dasjenige, was mich am wenigsten angeht, also das Fernste; aber was, da es sich noch nicht in ›Ungegebenheit‹ zurückzieht, andererseits beweist, daß es mich doch noch angeht.*

Aber selbst wenn sich eine Grenze zwischen den zwei Bedeutungen ziehen ließe: nicht wir sind es, die mit dieser Doppelbedeutung spielen; vielmehr tut das eben die Television. Ja, dieses Spiel ist geradezu Prinzip der Sendung; denn deren Leistung besteht eben darin, *das nur oder beinahe nur Gleichzeitige so zuzustellen, daß es als echte Gegenwart wirke*; dem nur formal Gegenwärtigen den Schein konkreter Gegenwart zu verleihen; die an sich schon undeutliche Grenzlinie zwischen den zwei ›Gegenwarten‹, damit zwischen dem Relevanten und dem Irrelevanten, vollends zu löschen. Jede Bildsendung spricht, und zwar mit Recht: »Jetzt bin ich – und nicht nur ich, die Sendung; sondern ich, das gesendete Ereignis.« Und durch dieses ›jetzt bin ich‹, durch diese Aktualität, macht sie sich zu einem Phänomen, das über alles rein Bildhafte hinausgeht; macht sie sich also, da sie ein wirklich Gegenwärtiges ja gleichfalls nicht ist, zu einem Zwischending; zu jenem Zwischending zwischen Sein und Schein, das wir

* Ereignisse von unterschwelliger Relevanz, und finden sie selbst in unserem eigenen Leibe statt, sind nicht ›gegenwärtig‹, sondern nur simultan; und das nicht etwa deshalb, weil sie nicht bewußt ›gegeben‹ wären; vielmehr sind sie deshalb nicht ›gegeben‹, weil sie irrelevant sind.

eben, als wir von der Rundfunksendung sprachen, ›Phantom‹ nannten. –

Dabei wäre an sich gegen die Verwischung der Grenze zwischen den zwei Gegenwarten nicht nur nichts einzuwenden, sie wäre sogar, wenn richtig durchgeführt, zu begrüßen. Denn es gibt ja heute viel zu vieles, was wir, obwohl es uns wirklich betrifft und treffen (und von uns getroffen werden) kann; was also *nostra res* und konkreteste und bedrohlichste Gegenwart ist, zu Unrecht als ›nur gleichzeitig‹, also als *adiaphoron*, fortschieben. Die Gefahr der Verprovinzialisierung ist nicht geringer als die der falschen Globalisierung. Techniken zur Erweiterung unseres, weit über unsern sinnlichen Umkreis hinaus in Evidenz zu haltenden, moralischen Gegenwartshorizontes wären also durchaus erforderlich. Aber diese Erweiterung leistet das Fernsehen eben nicht. Vielmehr weicht sie unseren Horizont so vollständig auf, daß wir echte Gegenwart überhaupt nicht mehr kennen; und selbst dem Geschehen, das uns wirklich angehen sollte, nur noch jenes scheinbare Interesse entgegenbringen, das aufzubringen wir von den uns ins Haus gelieferten Scheingegenwarten gelernt haben.

Unnötig hinzuzufügen, daß die Zahl von Gegenwartsphantomen unbeschränkt ist. Da das Prinzip, das Konsumenten und Ereignis auf einen Nenner bringt, abstrakt und punktuell ist, eben im bloßen gemeinsamen Jetzt besteht, ist es auch universal. Ereignisse, die aus dem globalen Jetzt herausfallen, gibt es nicht; also auch nichts, was nicht in ein angeblich Anwesendes verwandelt werden könnte. Aber *je mehr anwesend gemacht wird, desto weniger anwesend wird es gemacht.* Unter den Radio- und Televisionsfans, die mir begegnet sind, wüßte ich keinen einzigen, der durch seine tägliche Portion an Simultaneitäten zum Weltfreund, oder auch nur zum *Zeitgenossen*, erzogen worden wäre. Dagegen so manchen, den diese seine tägliche Speise weltlos gemacht hat, beziehungslos und zerstreut: also zum bloßen *Jetztgenossen*.

Die Wurzeln der Apokalypse-Blindheit

1. Die Streuung

Die sozialistischen Theoretiker des vergangenen Jahrhunderts hatten die ›Chance‹ gehabt, eine Klasse vorzufinden, die sie als die Elendsklasse schlechthin, als die ›Elite der Misere‹ hatten ansehen können. Und dieser Elite: dem Industrieproletariat, durften sie die Rolle zuweisen, als die Kerntruppe und als das wichtigste Handlungssubjekt der von ihnen geforderten Revolution aufzutreten. Ich sage ›wichtigste‹, weil sich, mindestens nach Marx, die Aufgabe des Proletariats nicht in Selbstbefreiung erschöpfen sollte, der Kampf vielmehr der Befreiung der Menschheit als ganzer galt.

Ein perfektes Subjekt war die Arbeiterschaft, die die Theoretiker zur Kerntruppe bestimmten, zwar auch nicht, nichts weniger als das; und es war kein Zufall, daß die Erzeugung des Klassenbewußtseins, also die Subjektwerdung der Masse, als organisatorische Aufgabe und als Ziel stets im Vordergrunde stand, – aber utopisch war der Gedanke, das Amorphe in ein Handlungssubjekt zu verwandeln, nicht.

Wenn ich an diese allgemein bekannte Tatsache erinnere, so weil sie Licht auf unsere heute Situation, die Situation der atomaren Misere, werfen kann. Genauer: auf deren Desiderat. Was unserer ›Anti-Atom-Bewegung‹ fehlt, ist nämlich die, dem Proletariat entsprechende, ›natürliche Kerntruppe‹. Warum fehlt diese?

Deshalb weil sich das heutige Elend gleichmäßig über die Menschheit verteilt. Es gibt kein Land, keine Bevölkerung, keine Klasse, keine Generation, die von der atomaren Gefahr ernster (oder weniger ernst) bedroht wäre als irgendeine andere. Alle sind gleichermaßen treffbar. Natürlich wäre es verlockend, in dieser gleichmäßigen Streuung eine Chance zu sehen. Zuweilen hört man Optimisten argumentieren, die Menschheit werde sich, da sie als ganze gefährdet sei, die Kontinuität des gemeinsamen Risikos auf die Dauer gewiß nicht gefallen lassen. Durch die gleiche Streuung der Gefahr sei die heutige Menschheit als ganze zur ›Elite der Misere‹ geworden, und damit auch zu einer Avantgarde, gewissermaßen zu einer einzigen großen Avantgarde ihrer selbst. – Reinstes Wunschdenken. Zwar trifft es zu, daß es niemanden gibt, der von der Gefährdung ausgenommen wäre, und daß alle Menschen als Passagiere ›in the same boat‹ sitzen, im selben lecken Boot. Und wir dürfen sogar unterstellen, daß sich unter diesen Passagieren, von einer Handvoll Herostraten abgesehen, kein einziger befindet, der positiv den Untergang des Bootes wünschte und auf diesen hinarbeitete. Trotzdem wäre es verhängnisvoll, aus der Millionenzahl der Betroffenen und aus dem Umstand, daß die überwältigende Majorität den Untergang nicht wünscht, die Sichtbarkeit der Gefahr zu folgern, oder aus der objektiven Gemeinsamkeit der Misere die subjektive Solidarität der Bedrohten und das Gelingen einer gemeinsamen Gegenaktion zu erwarten; oder schließlich auch nur zu folgern, daß die Majorität sich weigern würde, für den eigenen Untergang zu arbeiten. Alle diese Folgerungen sind fromme Wünsche. Es kann keine Rede davon sein, daß Millionen oder gar Milliarden von ›Antiatom-Partisanen‹ Schulter an Schulter und tief gestaffelt hinter uns stehen. Vielmehr sind wir, die der Bewegung zugehören, eine klägliche Minderheitsgruppe – nein, da wir nur verstreute Einzelne sind, die sich nicht summieren, noch nicht einmal eine noch so kleine Gruppe.

Die gleichmäßige ›Streuung der Misere‹ bedeutet also nicht nur: »Alle sind vom atomaren Elend gleichermaßen treffbar«, sondern auch: »Alle (oder nahezu alle) sind vom atomaren Elend gleichermaßen unbetroffen, die meisten spüren es überhaupt nicht.« – Das Furchtbare an unserem atomaren Elend besteht tatsächlich darin, daß es als Elend überhaupt nicht oder kaum empfunden wird, auf keinen Fall mit der gleichen Konstanz und mit der gleichen Schärfe, mit der die Misere der Ausbeutung von den Proletariern des 19. Jahrhunderts empfunden und erfahren worden war. Diese hatten es wahrhaftig nicht nötig gehabt, ihr Elend und Elendgefühl erst eigens zu erlernen. Was sie zu erlernen hatten, war allein die Taktik und die Strategie der Überwindung ihres Elends. Unsere Ignoranz reicht tiefer. Also wird auch unsere Schulung an einem tieferen Punkt einsetzen müssen. Schon im Spüren unserer Misere werden wir uns zu schulen haben, schon das werden wir zum ersten Aktionsschritt machen müssen. Daß dieser Schritt, wenn überhaupt, nur dann wird gelingen können, wenn wir uns über alle Gründe unserer Blindheit klar geworden sein werden, das liegt auf der Hand.

Diesen Gründen bin ich schon ein erstes Mal vor Jahren nachgegangen.* Die damals aufgewiesenen Wurzeln der ›Apokalypse-Blindheit‹ werde ich deshalb diesmal nur streifen und diejenigen herausheben, die damals zu kurz gekommen waren. Die Gefahrsituation bleibt aus folgenden Gründen unsichtbar.**

1. Die Gefahr ist universal. Da sich, wie gesagt, die Gefahr auf alle verteilt, hebt sie sich nicht ab, bleibt sie kontrastlos. Das heißt: Es gibt – und das haben wir ja bereits gesehen – keine privilegierte Gruppe, von deren günstigerer Lage unsere eigene Misere abstäche. Gerade die Universalität der Gefahr macht diese also unsichtbar. Könige und Bettler, have-countries und have-not-countries, Ausbeuter und Ausgebeutete sind vor der atomaren Drohung gleich. Da aber erkennbar immer nur Differenzen sind, ist nichts erkennbar.

2. Da kontrastlos, wirkt die Situation auch als feindlos. Man mißverstehe nicht: als feindlos erscheint natürlich nur das eigene nationale Lager, beziehungsweise der Bündnisblock, dem die eigene Nation zugehört.*** In diesem herrscht, da die Gefahr ›gestreut‹ und kontrastlos auftritt, Burgfriede. Da in ihm niemand weniger bedroht ist als man selbst, scheint es auch

* *Die Antiquiertheit des Menschen*, S. 232 ff.

** Natürlich gelten die hier behandelten Gründe ausschließlich für unsere in höchstindustrialisierten Ländern lebenden Zeitgenossen. Wer einmal das Elend unterentwickelter Länder gesehen hat, der weiß, warum dort die Sorge um die atomar bedrohte Menschheit mit der Sorge um das tägliche Minimum nicht konkurrieren kann – kurz: daß für die Hungernden der Gedanke an das Weltende einen Luxus darstellen würde.

*** In einem anderen Sinne über Feindlosigkeit zu klagen, liegt leider kein Anlaß vor. Umgekehrt hat es nie eine Situation gegeben, in der Feindschaft so systematisch kultiviert worden wäre wie heutzutage. Erforderlich geworden ist diese ausdrückliche Kultivierung von Feindschaft aus zwei Gründen:

a) Deshalb, weil Feinde heute, bei dem immensen Zwischenraum, der sie trennt, einander nicht mehr sinnlich treffen, sondern nur noch technisch, z. B. mit Hilfe von long-distance-Raketen. Da sie einander nicht sehen, entsteht auch von sich aus kein Haß. Dieser muß deshalb synthetisch erzeugt werden.

b) Deshalb, weil die Produktion der Bedrohung (die die Produktion der atomaren Waffen ja darstellt) allein dann plausibel ist, wenn sie einem Gegner gilt. Diesen benötigt man zur Rechtfertigung der Bedrohung.

niemanden zu geben, der bedrohlicher oder schuldiger wäre als man selbst, mithin auch niemanden, den zu bekämpfen man einen Grund hätte.

Wie leicht es ist, die Ventilierung der Schuldfrage zu unterbinden und dadurch das Aufkommen von Widerstand zu ersticken, das wissen wir ja aus dem letzten Weltkriege. Gemeinsamkeit der Gefahr scheint immer auch Gemeinsamkeit der Sache zu beweisen. Daß die ›Sache‹, um derentwillen wir in die Gefahr gejagt werden, unserem eigenen Wohl schroff zuwiderläuft, oder daß uns die Übernahme des Risikos gewaltsam aufgezwungen wird, das tut dem Funktionieren dieses Fehlschlusses nur selten Abbruch. Über allen Zweifel erhaben aber wird der Glaube an die Gemeinsamkeit der Sache dann, wenn die Schuldigen die Gefahr, in die sie uns hineinjagen, mit uns teilen. Dadurch gewinnt auch der letzte Zweifler die Überzeugung, daß die Sache, für die diese Männer zu leiden bereit sind, auch seine, und damit eine gerechte Sache sei.

Dieser Fehlschluß feiert heute seinen Triumph. Und zwar deshalb, weil die ›Solidarität‹ der Schuldigen mit ihren Opfern von vornherein gesichert ist. Damit meine ich, daß es für diejenigen, die uns in die Gefahr hineinreißen, überflüssig geworden ist, den Mut zum Sprung in die Selbstmordgefahr noch selbst aufzubringen. Dieser Sprung ist ja, da die Gefahr von Natur aus ›gestreut‹ auftritt, automatisch bereits gemacht, etwas anderes als Mitgefährdet-sein bleibt ja den Schuldigen nicht übrig.

Wirklich gibt es nichts, was uns, die prospektiven Opfer, so entsetzlich irreführt wie die Tatsache, daß die Schuldigen eo ipso mitgefährdet sind.* Statt uns mit jenen Millionen, die der Gefahr genauso ausgeliefert sind wie wir, auch mit den Bevölkerungen der angeblich ›aggressiven Feindländer‹, zu solidarisieren, solidarisieren wir uns mit den uns Gefährdenden im eigenen Lager, die wir als die uns Gefährdenden nicht erkennen, die wir umgekehrt nur als die Mitgefährdeten auffassen. Dies einer der Hauptgründe dafür, daß die Mobilisierung von Widerstand gegen die heutige Situation so unsäglich schwierig ist.

* Zuweilen sickern Nachrichten durch, daß Regierungen für sich spezielle Luftschutzanlagen bauen lassen. Dann freilich ist die Empörung stets allgemein.

3. Die Gefahr ist ›überschwellig‹. Mit diesem Ausdruck bezeichnen wir, im Unterschiede zu den bekannten subliminalen Reizen (die zu gering sind, um die Schwelle des schon Wahrnehmbaren oder Vorstellbaren zu überschreiten) diejenigen Reize, die zu groß sind, als daß sie noch wahrgenommen oder vorgestellt werden könnten. Nicht obwohl sie zu groß sind, bleibt die Bedrohung unsichtbar, sondern umgekehrt, weil sie so groß, nämlich *zu groß* ist.

Diese verhängnisvolle ›Überschwelligkeit‹ kommt allen denen, die an der Aufrechterhaltung der Ahnungslosigkeit der Menschheit positiv interessiert sind, natürlich großartig zupasse. Auf sie können sie sich verlassen, sie können sie ohne weiteres in ihre Taktik einkalkulieren.*

4. Die Übermacht erschlägt, ehe sie uns erschlägt, unsere Schmerzempfindlichkeit. Apokalypse-Erwartungen treten durchaus nicht unter beliebigen geschichtlichen Umständen auf. Und ebensowenig in beliebigen sozialen Gruppen. Jede ›Soziologie der Endzeiten‹ würde zeigen, daß es niemals Apokalypse-Erwartungen gegeben hat, die ihren Ursprung herrschenden Mächten verdankt hätten. Vermutlich noch nicht einmal solche, die von herrschenden Mächten intakt überliefert worden wären. Wer herrscht, der insistiert auf seinem eigenen Bleiben, und damit auf dem Bleiben der Welt. Ans Ende denkt, aufs Ende hofft, mit dem Ende tröstet sich allein derjenige, der ›am Ende‹ ist. Positiv formuliert: Apokalypse-Konzeptionen verdanken ihr Dasein stets Gruppen, die durch einen nahezu absoluten, mindestens durch einen extrem absolutistischen Druck einer weltlichen Macht zur Ohnmacht verurteilt sind. Nur diese benötigen (richtiger: benötigten) den Endgedanken, denn mit dessen Hilfe konnten sie sich über die Entwürdigung, die sie in

* Daß das ›Überschwellige‹ (das unseren Vorfahren allein in der ästhetischen Spielart des ›Erhabenen‹ vertraut gewesen war) im selben Weltaugenblick eine so hervorragende praktische Bedeutung anzunehmen beginnt, in dem auch das ›Subliminale‹ (das im vorigen Jahrhundert nur als theoretisches Problem der Fechnerschen ›Psychophysik‹ aufgetaucht war) als Methode der ›hidden persuasion‹ zum Zwecke der Menschenbewältigung eingesetzt wird, das ist natürlich kein Zufall. In beiden Fällen wird der Mensch Mitteln ausgesetzt, denen er, ohne Stellung nehmen zu können, einfach unterliegt. In beiden Fällen handelt es sich um methodische Freiheitsberaubung.

dieser Welt zu erleiden hatten, hinwegbringen. Und zwar dadurch, daß sie die absolute Gewalt, der sie unterworfen waren, mit einer noch ›absoluteren‹ überboten, eben mit der Gewalt des absoluten Endes, vor der jede weltliche Gewalt vergehen mußte. Niemals hat es eine Apokalypse-Vorstellung gegeben, bei Marx sowenig wie bei Daniel, in der nicht die verurteilte Welt das Gesicht einer bestimmten Gewaltherrschaft getragen hätte. Freilich bedeutet diese Regel nicht auch umgekehrt, daß jede Gewaltherrschaft eine Apokalypse-Erwartung zeitige. Dafür ist unsere heutige Lage eine Illustration. Ohnmächtiger und furchtbarer entwürdigt, als wir es durch die atomare Bedrohung sind, ist wohl noch nie eine Gruppe gewesen, die Menschheit als ganze gewiß nicht. Und trotzdem fehlt die apokalyptische Mentalität. Wie läßt sich das erklären?

Dadurch, daß die Entmachtung *zu groß* ist. – Damit ist gemeint, daß die uns entmachtende Übermacht: nämlich die Technik, so total herrscht, daß sie uns als Übermacht nicht mehr erkennbar ist, uns vielmehr als ›unsere Welt‹, sogar als ›unsere komfortable Welt‹, erscheint. Das bedeutet aber zugleich, daß auch unsere Ohnmacht aufgehört hat, uns erkennbar zu sein, nämlich als Ohnmacht.* In anderen Worten: Ihre Perfektion und Vollständigkeit hat die Freiheitsberaubung dadurch erreicht, daß sie uns auch der Fähigkeit beraubt hat, sie als Freiheitsberaubung zu erkennen, bzw. ihren Druck als Druck auch nur zu spüren. *Seinen äußersten Triumph feiert der Terror durch die von ihm erzeugte Analgie seiner Opfer.* Wenn wir heute ›geschlagene Menschen‹ sind, so nicht deshalb, weil wir Schläge zu spüren bekämen, sondern umgekehrt deshalb, weil wir die Schläge, die uns treffen, nicht spüren, weil sogar unsere Schmerzempfindlichkeit erschlagen ist.** Da dieses Optimum der Terrorisierung restlos gelungen ist, ist Auflehnung unmöglich gemacht, selbst die ohnmächtigste Spielart von Auflehnung, nämlich diejenige, die in der Form einer auch nur fingierten positiven Utopie bestünde.***

* ›Der Mensch ist kleiner als er selbst‹. Siehe *Die Antiquiertheit des Menschen*, S. 264 ff.

** Daß in diesem Zustand Analgetica zur Mode werden, ist völlig folgerichtig.

*** Die heutigen Utopien, z. B. die Huxleys, sind einfache Verlängerungen der heutigen Situation, also rein negativ. Die positiven, die politischen Vorstellungen

5. *Die Gefahr ›geht uns nichts an‹, sie tritt als Angelegenheit anderer Instanzen auf.* Dazu kommt, daß wir die Gefahr, sofern wir diese erkennen und anerkennen, als etwas akzeptieren, was uns nicht betrifft; richtiger: daß wir diese deshalb akzeptieren, *weil* sie uns im Rahmen der Arbeits- und Verantwortungsteilung nichts angeht. Unter ›wir‹ verstehe ich dabei nicht nur diejenigen, die an der Herstellung der Gefahr wirklich unbeteiligt bleiben, sondern auch diejenigen, die die Bedrohung mehr oder minder direkt mitproduzieren. Auch diese, weil es bei der heutigen Arbeitsteilung zum Wesen der Arbeitenden gehört, daß sie auf den Anspruch verzichten, und die Lust und die Fähigkeit verlieren, sich über die Rechtmäßigkeit der von ihnen miterzeugten Produkte (und die möglichen und beabsichtigten Effekte dieser Produkte) Gedanken oder gar Gefühle zu machen.

6. *Das Etikett der Gefahr wird gefälscht.* Wiederholt habe ich früher darauf hingewiesen, daß die Immensität der atomaren Gefahr verbal bagatellisiert, und daß uns dadurch die Auffassung der wahren Größe der Bedrohung vorenthalten wird. Daher hier nur soviel, daß diese Form des Betrugs weder Erfindungskunst noch Einfallsreichtum erfordert. Lange Zeit begnügte man sich damit – und in vielen Fällen reicht das heute noch aus – die atomaren Fakten in der vor-atomaren Alltagssprache weiter zu bezeichnen. Die Atombombe wurde der ›Artillerie‹ zugerechnet und als solche designiert. Die Lüge bestand im Vokabular als solchem. Im Vergleich damit blieb es unerheblich, ob die Aussagen über die atomaren Fakten den Tatsachen entsprachen oder nicht. Das gewohnte Vokabular war für die Hörer das glaubwürdige Vokabular, also fand es Glauben, oder richtiger: also unterband es das Aufkommen von Skepsis. Und noch ehe die Lügner gelogen hatten, war der Betrug schon gelungen. Oft sogar auch der Selbstbetrug.

Dieser Lüge ähnlich ist diejenige, die man ›Etikettfälschung‹ nennen könnte. Was meine ich mit diesem Ausdruck?

Die Produzenten von Coca-Cola werfen ihr Produkt, das durch degoutierende Übersüßung Durst (und dadurch den neuen Griff nach Coca-Cola) erzeugt, als durststillendes Mittel

von ›Reich‹, z. B. die Vorstellung der klassenlosen Gesellschaft, stammen noch aus dem 19. Jahrhundert.

auf den Markt. Entsprechend handeln die Produzenten der atomaren Gefahr. Auch sie versehen ihre Produkte mit falschen Aufschriften, nämlich mit der Aufschrift ›Schutz vor der Gefahr‹, oder ›Maßnahmen gegen die Gefahr‹. Und selbst dann, wenn sie die Vor- und Nachteile eines präventiven Krieges öffentlich durchdiskutieren, fühlen sie sich nicht veranlaßt, auf ihre Etikettfälschung zu verzichten.

Daß Millionen von uns auf das falsche Etikett (und damit auf das falsch Etikettierte) hereinfallen, braucht uns nicht wunderzunehmen, dafür gibt es gleich mehrere Gründe. Natürlich ist uns jeder ›Schutz‹ willkommen. Und das Bewußtsein, daß wir uns ausschließlich der Abwehr widmen, auch Angriffswaffen ausschließlich zum Zwecke der Abwehr herstellen, schmeichelt natürlich unserer Selbstgerechtigkeit. Aber das ist nicht der Hauptgrund für unsere Verführbarkeit. Dieser besteht in der Tatsache, daß der atomare Krieg bis heute noch nicht ausgebrochen ist. Jeder neue atomkrieglose Morgen scheint ein zusätzlicher Beweis für die Zuverlässigkeit, mit der unsere ›Schutzmaßnahmen‹ ihren Zweck erfüllten. Den Weiterbestand des Friedens, der bisher nur trotz der akkumulierenden Rüstung gelungen ist, preisen die Betrüger als deren Alleinverdienst an. Und dieser Ummünzungstrick kommt deshalb so gut bei uns an, weil in unserem Alltagsdenken das konzessive ›Obwohl‹ eine nur minimale Rolle spielt, jedenfalls keine, die mit der Rolle des ›Weil‹ verglichen werden könnte, und weil wir – den psychologischen Wurzeln dieses Denkzwanges kann hier nicht nachgegangen werden – keinen Denkschritt so natürlich und so zwingend finden wie den sinnlosen, der aus dem Stattfinden zweiter Tatsachen folgert, daß die eine der Grund der anderen sein müsse. Jedenfalls gibt es unter den vielen Hindernissen, die sich unserer Aufklärungsarbeit in den Weg stellen, keines, das so schwer zu besiegen wäre wie dieses falsche Denken und dessen systematische Ausnutzung durch die Betrüger.

Da uns die Herstellung der atomaren Gefahr als Herstellung des Schutzes vor der atomaren Gefahr aufgetischt wird, müssen wir auf das Schutzproblem, das wir schon einmal gestreift hatten, noch einmal zurückkommen.

Unwahr ist nämlich nicht nur, daß die Produktion der Atomwaffen defensiv sei, unwahr ist außerdem, daß die Erzeugung jener Mittel, die im engen Sinn ›Schutzmittel‹ heißen (wie Bunker), Schutz bietet. Vielmehr suggeriert auch deren Herstellung bereits die Wahrscheinlichkeit einer atomaren Aggression durch den Feind und befördert damit den Glauben an den Atomkrieg, nein, steigert dadurch dessen wirklichen Wahrscheinlichkeitsgrad. Analog zu Karl Kraus' berühmtem Wort, die Psychoanalyse sei diejenige Krankheit, deren Heilung zu sein sie vorgebe, dürfte man von der atomaren Schutzrüstung behaupten, sie gehöre zu denjenigen Gefahren, deren Abwehr zu sein sie vorgebe. Wenn schon klassifiziert werden muß, dann müßten nicht etwa die atomaren Raketen zusammen mit den Bunkern in die Klasse der Defensivgeräte eingeordnet werden, sondern umgekehrt die Bunker zusammen mit den Raketen in die Klasse der Aggressionsgeräte. Vom Gesichtspunkt des Geschäftsmanns aus gesehen liegt das auf der Hand. Denn die Produzenten der ›Schutzmittel‹ leben ja von der atomaren Gefahr. Bei Ausbruch eines wirklichen Friedens würden sie ja auf ihren (angeblich der Sicherung vor den Gefahren dienenden) Produkten sitzen bleiben. Um dies zu vermeiden, müssen sie genau so wie die Waffenproduzenten für die Sicherung der atomaren Gefahr sorgen. Man mißverstehe nicht: Ich sage nicht ›Sicherung vor der atomaren Gefahr‹, sondern ›Sicherung *der* atomaren Gefahr‹. Schließlich ist auch die Bunkererzeugung nur eine Industrie, und das bedeutet natürlich, daß auch sie, nicht anders als alle anderen Industriezweige, den Postulaten der Produktion zu folgen hat, dem Imperativ: »Produziere außer deinen eigentlichen Erzeugnissen vermittels Reklame auch deren Absatz- und Konsumchance, also den Bedarf!« Beziehungsweise dem: »Befördere wenn möglich dein Erzeugnis zum Range eines sogenannten ›must‹, d. h. zur absolut unentbehrlichen Ware!« Fragt man aber, wie die Konsumchance von Schutzgeräten (nicht weniger als von Angriffswaffen) heißt, dann gibt es nur die eine Antwort: diese Chance heißt *Kriegsgefahr.* In anderen Worten: Wer den Imperativen gehorchen will, dem bleibt nichts anderes übrig, als die nationale Notlage, und damit die Bedrohlichkeit des Gegners durch Meinungsmanipulation überzubetonen, notfalls diese Notlage effektiv zu provozieren. Das Etikett ›Nationale Notlage‹, wenn nicht sogar diese selbst, ist das Nebenprodukt, das die ›Schutzproduzenten‹ benötigen, und das sie als die Vorbedingung ihrer Waffenerzeugung und des Absatzes dieser Erzeugnisse herstellen müssen. Und diese Herstellung führen sie nun durch – teils tun sie das mit den Mitteln der ›negativen Reklame‹ (das heißt: durch Erfindung von Gegnern und deren Verteufelung), teils durch Einängstigung der Bevölkerung (z. B. durch Probealarme). Auf wie hohen Touren sie, namentlich in parlamentarischen Budget-Diskussionen, diese Nebenproduktion laufen lassen, das zu dokumentieren erübrigt sich. Als Beleg würde jede simpelste Schilderung der ›kalten Kriegs‹-Situation genügen. Nur ein einziges Beispiel für solche Produktion und deren Verlogenheit soll hier erwähnt werden. Sein Name ist *›missile gap‹*.

Mit diesem Terminus wurde bekanntlich der Vorsprung der sowjetischen Raketenproduktion vor der amerikanischen bezeichnet, oder richtiger – natürlich ist das ein entscheidender Punkt – der angebliche Vorsprung. Denn bestanden hat dieser Vorsprung niemals. Vielmehr hat die Sowjetunion bis Mitte 1961 3,5% von derjenigen Menge hergestellt, die die CIA-Schätzungen, auf denen die gap-Spekulationen beruht hatten, als die vorauszusehende Menge phantasiert hatte. Daß Präsident Kennedy noch 1960 die auf diesen Phantasien beruhende These zu einem der Hauptargumente seiner Wahlkampagne gemacht hat, mag begreiflich sein. Unglaublich dagegen ist es – oder sollte man lieber sagen: allzu glaublich – daß die alten Phantasieziffern selbst noch nach ihrer Rektifizierung als Grundlage für die Anordnung der 50%-Steigerung der strategischen Bomber und der 100%-Steigerung der minute-man-Raketen verwendet worden sind.*

Aber zurück zum Grundsätzlichen, das, da sich das Bild unserer Gefahrensituation nun direkt auf den Kopf stellt, eine extrem zugespitzte Formulierung beanspruchen kann. Wahr ist nicht, daß die gespannte politische Lage den Aufbau der atomaren Apparatur nach sich zieht, sondern umgekehrt, daß der

* Dazu siehe P.M.S. Blackett, ›The Road to Disarmament‹ in »New Statesman« 2. März 1962. – Und ›The Menace of Preventive War‹ von den Editoren der »Monthly Review«, April 1962.

Aufbau der atomaren Apparatur die gespannte politische Lage benötigt und deshalb herstellt.*

Hier sollten wir wohl einen Moment lang pausieren. Denn der Punkt, den wir soeben erreicht haben, ist widerspruchsvoll. Und davon sollten wir uns wohl Rechenschaft ablegen. Inwiefern widerspruchsvoll?

Wir hatten soeben gesagt, die Industrie müsse, um sich selbst zu sichern, die Existenz der Gefahr sichern, diese also *unterstreichen,* wenn nicht sogar effektiv miterzeugen.

Das aber widerspricht jener Tendenz zur ›Verharmlosung‹, der wir immer wieder, und doch gewiß nicht zu Unrecht, eine so große Bedeutung zugemessen haben. Begreiflich wäre die Gleichzeitigkeit der zwei einander widersprechenden Tendenzen vielleicht dann, wenn es sich hier um zwei verschiedene Gruppen handeln würde, von denen die eine an der Bagatellisierung der Gefahr interessiert wäre, die andere an deren Überbeto-

* Nachtrag 1970. – Unterdessen ist die Methode des Lügens in eine dritte Phase eingetreten. Statt mit Hilfe falscher Etikettierung lügt man nun nämlich – was natürlich erst einmal paradox klingt – mit Hilfe richtiger Etikettierung. Nun tritt die Lüge unverkleidet, nämlich als nackte Wahrheit auf. »Die Wahrheit lügen« nannte man das in Molussien. Während man in der ersten Phase dadurch gelogen hatte, daß man falsche Tatsachen präsentierte; und in der zweiten Phase durch Verwendung von falschem Vokabular log, lügt man nun mit Hilfe des angemessenen Vokabulars. Diese Lügenmethode ist besonders schwindelhaft, denn sie schwindelt uns dadurch, daß sie die Wahrheit spricht, ganz ausdrücklich vor, daß sie nicht lüge. Es handelt sich aber trotzdem um Lüge: und zwar deshalb, weil die Wahrheit nun auf eine so glatte und selbstverständliche oder auf eine so konventionell pathetische Weise geäußert wird, daß sie – und das ist natürlich beabsichtigt – entweder so wirkt, als sei sie nichts Ernstes, oder als sei sie nicht ernst gemeint. Und tatsächlich kommt die so geäußerte Wahrheit nicht bei uns an. Aus diesem Grunde konnte es – was vor einem Jahrzehnt noch undenkbar gewesen wäre – nun zum Usus werden, in öffentlichsten und offiziellsten Ansprachen und Texten unverblümt vom ›apokalyptischen Charakter der Gefahr‹ zu sprechen. Man falle auf die Unverblümtheit, mit der heute die Anwälte der Atomdrohung die ursprünglich von den Warnern geprägten Ausdrücke verwenden, nicht herein. Die eschatologischen Vokabeln fließen heute so leicht von den Lippen der Sonntagsredner, sie wiederholen sich so ständig und sind zu einem so schablonenhaften Vokabular geworden, daß kein Mensch, auch kein ernster Mensch, mehr hinhört und dem Gesagten Glauben schenkt, jeder sich vielmehr langweilt und sich mit einem ›wieder so ein Weltuntergangsgeschwätz!‹ abwendet – eine Reaktion, die natürlich von den Apokalypseschwätzern beabsichtigt wird. Die gewünschte alte Indolenz des Publikums wird nun eben einfach mit Hilfe eines neuen Mittels, mit Hilfe der verlogen verwendeten Wahrheit, hergestellt.

nung. Aber das ist nicht der Fall, es handelt sich um eine einzige Gruppe, die gewissermaßen ›betonend verharmlost‹ und ›verharmlosend betont‹.

Natürlich wäre es unsinnig, anzunehmen, daß diejenigen, die ein *vested interest* am Weiterbestand und an der Steigerung der Gefahr haben, die Katastrophe direkt herbeiwünschen. Aber noch unsinniger wäre es, ihrer Version, daß sie mit dem Aufbau der Vernichtungs- und der angeblichen Schutzindustrie ausschließlich auf die Verhinderung oder die Verminderung der Gefahr abzielten, Glauben zu schenken. Wenn auch nicht Kriegsgewinnler, so sind sie doch *Kriegsgefahrgewinnler.* Was sie wünschen und benötigen, ist weder der wirkliche Krieg noch der wirkliche Friede, sondern die Konstanz der Spannung, also des kalt bleibenden Krieges; ein ›peace in our time‹, währenddessen die Perpetuierung der Gefahr und die Perpetuierung der Steigerung der Gefahr verbürgt bleiben. Am liebsten würden sie, wenn das möglich wäre, die Gratwanderung auf dem am Dullesschen Abgrund entlangführenden Wege ewig fortsetzen, und es kann kein Zweifel darüber bestehen, daß sie die Ewigkeit einer solchen Wanderung dem effektiven Absturz, beziehungsweise dem Ausbruch der Katastrophe vorziehen. Vermutlich träumen sie davon, daß dieser Weg, obwohl minutiös auf einen Katastrophenpunkt ausgerichtet, doch ewig asymptotisch bleibe. Das ist um so plausibler, als ja auch in einem solchen ›Frieden‹, und zwar auf Grund der ständigen Verbesserung ihrer Produkte, also auf Grund der verbürgten Obsoleszenz ihrer gestrigen Produkte, die Konstanz ihrer Produktion und ihrer Profite gewiß bleiben könnte. Unwahrscheinlich freilich, daß sie die für sie profitable Gefahr lieber aufgeben würden als ihre Produktion.

Wie dem auch sei: da ihnen daran liegt, daß die Kriegsgefahr niemals aufhöre, überbetonen sie diese Gefahr. Da sie aber andererseits nicht eigentlich am Atomkrieg selbst interessiert sind, vielmehr nur an der Atomkriegsgefahr, verharmlosen sie die Furchtbarkeit des Krieges, mit dessen Kommen sie ja selbst kaum rechnen. – Und damit ist der Widerspruch, der sich auf Grund der Gleichzeitigkeit von Betonung und Verharmlosung der Gefahr aufzutun schien, aufgeklärt.

7. Durch den Mangel an Mangel verspielen wir die Zukunft. Ein entscheidender Grund für unsere Blindheit gegenüber der atomaren Misere ist – so hatten wir im ersten Paragraphen gesehen – die Tatsache, daß diese (im Unterschiede zu Hunger oder Kälte oder zur Misere des Industrieproletariats des 19. Jahrhunderts) nicht direkt als Misere empfunden wird, daß sie vielmehr (und selbst das nur in günstigsten Fällen) ein nur gewußter Mangel (an Sicherheit) bleibt. Auf diese Tatsache müssen wir noch einmal zurückkommen. Wir tun das erst hier, weil ein hier erforderlicher Exkurs die Reihenfolge der Wurzeln unserer Apokalypse-Blindheit in Unordnung gebracht hätte.

11. Der Lebensstandard

Diese andere Wurzel ist unser heutiger Lebensstandard. Dieser blockiert nämlich unser Verständnis von Mangel.

Warum?

Deshalb, weil wir – was sich ja bereits herumgesprochen hat – in einer ›affluent society‹ leben. Dieser Ausdruck bezeichnet nicht etwa nur eine besonders interessante wirtschaftliche Situation, sondern die revolutionärste, die es überhaupt gegeben hat: das Himmelsreich der Fresser nämlich, den Zustand, in dem der Schlaraffenlandtraum, den die Menschheit seit Adams Tagen bis gestern durchgeträumt hatte, Wirklichkeit geworden ist. In anderen Worten: Wir leben in einer Welt, in der uns alles präsentiert wird, in der alles für uns präsent ist, in einer Welt ohne Mangel.

Der Prozeß, der uns in diesen Zustand versetzt hat, war nun aber dialektisch: *Je weniger uns mangelt, desto mangelhafter wurden* nämlich *wir selbst.* Der heute effektive *Mangel an Mangel* wirkt sich nun als ein Danaergeschenk aus. Der Schaden, den er in uns angerichtet hat, der ist nicht etwa Schaden nur in dem harmlosen Sinne, in dem wir heute von ›Zivilisationsschäden‹ sprechen – die durch unsere Motorisierung verursachte Schwächung unseres Gehvermögens werden wir wohl noch verschmerzen können – vielmehr handelt es sich um einen Eingriff in unsere Fundamente, und selbst die angeblich apriorischen Formen unseres Raum- und Zeitbewußtseins sind dabei nicht unverletzt geblieben.*

Diese letzte Beschädigung: die unseres Zeitbewußtseins, haben wir hier nun ins Auge zu fassen.

Meine These lautet: *Für denjenigen, dem alles präsentiert wird,* beziehungsweise dem alles präsent ist, *für den wird das Präsens alles,* dessen Blick in die Zukunft wird blockiert. Und damit natürlich auch der Blick in diejenige Zukunft, die uns hier angeht: also der Blick in die möglicherweise vor uns liegende Zukunftslosigkeit.

Die zahllosen Dinge von heute: sowohl diejenigen, die bereits unser Eigentum sind, wie diejenigen, die unter der Fahne des Angebots als tiefgestaffeltes Millionenheer pausenlos und von allen Seiten gleichzeitig auf uns losmarschieren – die bilden zusammen eine massive Mauer; und diese Mauer schließt uns ein und macht uns zu Häftlingen der Gegenwart.

Natürlich läßt sich die Zelle, in der wir nun als Häftlinge sitzen, in Kubikmetern nicht ausdrücken; das Gelände, von dem die Zellenwände uns aussperren, ist nicht das des Raumes.** Aber Häftlinge sind wir nichtsdestoweniger. Und das sogar in einem unerbittlicheren Sinne als übliche Häftlinge, da die Mauern, die uns umgeben, fensterlos sind, und da unser Blick, wo

* Daß wir uns des angerichteten Schadens nicht bewußt werden, besagt nichts gegen dessen Realität. Umgekehrt bleibt der Schaden gerade deshalb unsichtbar, weil wir beschädigt sind. – Dazu siehe die Molussische Herrschaftsregel 122: »Wen du des Essens beraubst, den beraube zugleich auch des Hungers!« und Regel 134: »Als tadellos lassen wir allein diejenige Verstümmelung durchgehen, die den Verstümmelten daran hindert, die Tatsache seiner Verstümmelung zu erkennen.«

** Trotzdem sind die verwendeten Gefängnisvokabeln keine bloßen Metaphern. Zu glauben, ›wirklich gefangen‹ sei allein der räumlich Gefangene, wäre ein Irrtum. Vielmehr ist die Zahl der Zellen, die in buchstäblichem Sinne Zellen sind, immer genau so groß wie die Zahl möglicher Unfreiheiten. Wer z. B. einer Ideologie zum Opfer fällt, der sitzt genau so effektiv eingesperrt (und von Erfahrungen ausgesperrt), also in einer Zelle, wie ein Zuchthäusler. – Man mißverstehe also nicht. Natürlich kann diese, ›Gegenwart‹ genannte, ›Zelle in der Zeit‹, in der wir eingemauert sind, räumlich weit ausgedehnt sein. Ich kenne Männer, die, obwohl sie seit langem gewohnt sind, die Welt pausenlos zu durchfliegen, ihre Zeitzelle niemals verlassen haben, und die diese auch dann, wenn ihr Flugzeug die Schallmauer durchbricht, nicht verlassen können. Sowenig lange Dauer räumlicher Gefangenschaft widerspricht, sowenig widerspricht Weiträumigkeit zeitlicher Gefangenschaft.

immer er hinfällt, statt in die Landschaft der Zukunft immer nur auf die uns jeweils präsentierten Waren fällt – kurz: wir sitzen in einer ›Zeitzelle‹, die ›praesens‹ heißt. Und in dieser leben wir so ausschließlich, daß wir der Zukunft gegenüber, und damit auch der, uns eventuell bevorstehenden, Zukunftlosigkeit gegenüber, blind bleiben.*

* Auch die lebenslängliche Gefangenschaft in der Zelle der eigenen Person (in der Kontingenz des Gerade-man-selbst-Seins) kann ja nicht durch Globetrotterei aufgehoben werden. Der Wandertrieb mag zwar versuchen, diese Gefangenschaft durch Ortswechsel loszuwerden, aber diese Versuche bleiben stets vergeblich. (Siehe d. V. ›Pathologie de la Liberté‹ in »Recherches Philosophiques«, 1936)

Thesen zum Atomzeitalter

Hiroshima als Weltzustand. Mit dem 6. August 1945, dem Hiroshima-Tage, hat ein neues Zeitalter begonnen: das Zeitalter, in dem wir in jedem Augenblicke jeden Ort, nein unsere Erde als ganze, in ein Hiroshima verwandeln können. Seit diesem Tage sind wir *modo negativo allmächtig* geworden; aber da wir in jedem Augenblick ausgelöscht werden können, bedeutet das zugleich: Seit diesem Tage sind wir *total ohnmächtig.* Gleich wie lange, gleich ob es ewig währen wird, dieses Zeitalter ist das letzte: Denn seine differentia specifica: die Möglichkeit unserer Selbstauslöschung, kann niemals enden – es sei denn durch das Ende selbst.

Endzeit contra Zeitenende. Unser Dasein definiert sich mithin als ›Frist‹; wir leben als Gerade-noch-nicht-Nichtseiende. – Durch diese Tatsache hat sich die moralische Grundfrage verändert: Der Frage »*Wie* sollen wir leben?« hat sich die Frage »*Werden* wir leben?« untergeschoben. Auf die ›Wie-Frage‹ gibt es für uns, die wir in unserer Frist gerade noch leben, nur die *eine* Antwort: »Wir haben dafür zu sorgen, daß die *Endzeit,* obwohl sie jederzeit in *Zeitenende* umschlagen könnte, *endlos* werde; also, daß der Umschlag niemals eintrete.« – Da wir an die Möglichkeit des ›Zeitenendes‹ glauben, sind wir Apokalyptiker; aber da wir die von uns selbst gemachte Apokalypse bekämpfen, sind wir – diesen Typ hat es zuvor nicht gegeben – *Apokalypse-Feinde.*

Nicht Atomwaffen in der politischen Situation, sondern politische Aktionen in der Atomsituation. Die plausibel klingende Behauptung, in der heutigen politischen Situation gebe es unter anderem auch ›Atomwaffen‹, ist eine Irreführung. Da die heutige Situation ausschließlich durch die Existenz der ›Atomwaffen‹ bestimmt ist, finden umgekehrt die sogenannten politischen Aktionen innerhalb der atomaren Situation statt.

Nicht Waffe, sondern Feind. Was wir bekämpfen, ist nicht dieser oder jener Gegner, der mit atomaren Mitteln attackiert oder liquidiert werden könnte, sondern die atomare Situation als solche. Da dieser Feind *aller* Menschen Feind ist, müßten sich diejenigen, die einander bisher als Feind betrachtet hatten, als Bundesgenossen gegen die gemeinsame Bedrohung zusammenschließen. – Friedensveranstaltungen, die unter striktem Ausschluß derer stattfinden, mit denen es gilt, Frieden zu stiften, laufen auf Heuchelei, Selbstgerechtigkeit und Zeitvergeudung heraus.

Atomdrohung ist totalitär. Eine beliebte, von Jaspers bis Strauß vertretene Theorie lautet: »Die totalitäre Drohung kann allein mit der Androhung totaler Vernichtung in Schach gehalten werden.« Dieses Argument ist hohl. 1. Die Atombombe *ist* verwendet worden, und zwar in einer Situation, in der die Gefahr, Opfer einer totalitären Macht zu werden, für den Verwendenden nicht bestand. – 2. Das Argument ist ein Fossil aus der Urzeit des atomaren Monopols, heute dagegen selbstmörderisch. – 3. Das Schlagwort ›totalitär‹ ist von einem politischen Zustand abgelesen, der sich nicht nur wesentlich gewandelt hat, sondern sich weiter wandeln wird; der Atomkrieg dagegen schließt die Chance solcher Verwandlung aus. – 4. Die Drohung mit dem Atomkrieg, also mit Liquidierung, ist ihrer Natur nach selbst totalitär: Denn sie lebt von der Erpressung und verwandelt die Erde in ein ausfluchtloses Konzentrationslager. Im angeblichen Interesse der Freiheit die extreme Freiheitsberaubung einzusetzen, stellt die Klimax der Heuchelei dar.

Was jeden treffen kann, betrifft jeden. Radioaktive Wolken kümmern sich nicht um Meilensteine, Nationalgrenzen oder Vorhänge. Also gibt es in der Situation der Endzeit keine Entfernungen mehr. Jeder kann jeden treffen, jeder von jedem getroffen werden. Wenn wir hinter den Leistungen unserer Produkte moralisch nicht zurückbleiben wollen (was nicht nur tödliche Schande, sondern schändlichen Tod bedeuten würde), dann haben wir dafür zu sorgen, daß *der Horizont dessen, was uns betrifft,* also unser Verantwortungs-Horizont, *so weit reiche wie der Horizont, innerhalb dessen wir treffen oder getrof-*

fen werden können; also daß er global werde. Es gibt nur noch ›Nächste‹.

Internationale der Generationen. Was erweitert werden muß, ist nicht nur der räumliche Horizont unserer nachbarlichen Verantwortung, sondern auch der *zeitliche.* Da unsere heutigen Taten, z. B. die Testexplosionen, die kommenden Geschlechter mitaffizieren, gehören diese Kommenden in den Umkreis unserer Gegenwart. *Alles ›Kommende‹ ist immer schon ›angekommen‹, nämlich bei uns, da es von uns abhängt.* Es gibt heute eine ›Internationale der Generationen‹, der auch unsere Enkel schon angehören. Sie sind unsere Nachbarn in der Zeit. Wenn wir unser heutiges Haus in Brand stecken, dann greift das Feuer in die Zukunft über, und mit unserem Hause fallen auch die noch nicht gebauten Häuser der noch nicht Geborenen in Asche. – Und selbst unsere Ahnen gehören dieser ›Internationale‹ an: Denn mit unserem Ende würden auch sie – gewissermaßen zum zweiten Male und nun endgültig – zugrunde gehen. ›Nur gewesen‹ sind sie zwar auch heute schon; aber durch ihr zweites Sterben wären sie nun *so* gewesen, als wenn sie niemals gewesen wären.

Das nicht vorgestellte Nichts. Die Apokalypsegefahr, in der wir leben, erreicht den Höhepunkt ihrer Bedrohlichkeit dadurch, daß wir nicht darauf eingerichtet, also unfähig sind, uns die Katastrophe auszumalen. Uns Nichtsein (etwa das Totsein eines geliebten Menschen) vorzustellen, ist an sich schon schwierig genug; aber im Vergleich mit der Aufgabe, die wir als bewußte Apokalyptiker zu erfüllen haben, ein Kinderspiel. Denn diese unsere Aufgabe besteht nicht darin, daß wir uns das Nichtsein von etwas Partikularem innerhalb eines als seiend und weiterseiend substituierten Weltrahmens vorstellen, sondern darin, daß wir diesen Rahmen, also die Welt selbst, mindestens unsere Menschenwelt, als nichtseiend meinen. Diese ›totale Abstraktion‹ (die als Denk- und Vorstellungsleistung unserer Leistung totaler Vernichtung entspräche) übersteigt die Kapazität unseres natürlichen Vorstellungsvermögens. *Transzendenz des Negativen.* Aber da wir als homines fabri dieser Leistung fähig sind, das heißt: da wir das totale Nichts herstellen können, darf uns die

Begrenztheit der Kapazität unserer Vorstellung, also unsere ›Beschränktheit‹, nichts angehen. Wir müssen es mindestens versuchen, das Nichts auch vorzustellen.

Wir sind invertierte Utopisten. Dies also das Grund-Dilemma unseres Zeitalters: *Wir sind kleiner als wir selbst,* nämlich unfähig, uns von dem von uns selbst Gemachten ein Bild zu machen. Insofern sind wir *invertierte Utopisten:* während Utopisten dasjenige, was sie sich vorstellen, nicht herstellen können, können wir uns dasjenige, was wir herstellen, nicht vorstellen.

Das ›prometheische Gefälle‹. Diese Tatsache ist nicht eine unter anderen, vielmehr definiert sie die moralische Situation des Menschen heute: Nicht zwischen Geist und Fleisch und zwischen Pflicht und Neigung verläuft heute der Riß, der den Menschen bzw. die Menschheit zerspaltet, sondern zwischen unserer Herstellungs- und unserer Vorstellungsleistung: das ›prometheische Gefälle‹.

Das ›Überschwellige‹. Dieses Gefälle reißt nicht nur Vorstellen und Herstellen auseinander, sondern ebenso Fühlen und Herstellen und Verantworten und Herstellen. Vorstellen, fühlen oder verantworten könnte man vielleicht zur Not die Ermordung eines einzigen Menschen; die von hunderttausend nicht. *Je größer der mögliche Effekt des Tuns, desto unvorstellbarer,* desto unfühlbarer, desto unverantwortlicher wird er; *je größer das ›Gefälle‹, desto schwächer der Hemmungsmechanismus.* Hunderttausend durch einen Knopfdruck zu erledigen, ist ungleich leichter als einen einzelnen Menschen umzubringen. Dem aus der Psychologie bekannten ›Unterschwelligen‹ (dem Reiz, der zu klein ist, um schon eine Reaktion auszulösen) entspricht das *›Überschwellige‹:* dasjenige, was zu groß ist, als daß es noch eine Reaktion, z. B. einen Hemmungsmechanismus, auslösen könnte.

Sinnlichkeit entstellt Sinn. Phantasie ist realistisch. Da (s. o.) unser Lebenshorizont (der Horizont, innerhalb dessen wir treffen und getroffen werden können) und der Horizont unserer Effekte grenzenlos geworden ist, sind wir, auch wenn dieser

Versuch der ›natürlichen Borniertheit‹ unserer Vorstellungskraft widerspricht, dazu verpflichtet, diesen unbegrenzten Horizont vorzustellen. Obwohl selbst von Natur aus unzulänglich, kommt, wenn überhaupt etwas, als *Organ der Wahrheit allein die Vorstellung* in Betracht. Jedenfalls schaltet die Wahrnehmung aus. Diese ist ›falsche Zeugin‹, und zwar ungleich falscher, als es die griechische Philosophie warnend gemeint hatte. Denn Sinnlichkeit ist grundsätzlich kurzsichtig und beschränkt, ihr Horizont ›sinnlos‹ eng. Nicht das Land der Phantasie ist das Emigrationsziel des Eskapisten von heute, sondern das Land der Wahrnehmung.

Daher unser (berechtigtes) Unbehagen und unser Mißtrauen gegenüber normalen (nämlich in normaler Fluchtpunktperspektive) gemalten Bildern: Obwohl im herkömmlichen Sinne realistisch, sind gerade *sie* unrealistisch, da sie der Realität unserer weithorizontig gewordenen Welt widersprechen.

Mut zur Angst. Die lebendige ›Vorstellung des Nichts‹ ist nicht identisch mit dem, was man sich in der Psychologie unter ›Vorstellung‹ vorstellt; vielmehr verwirklicht sie sich in concreto als *Angst.* Was zu klein ist und der Realität und dem Ausmaß der Bedrohung nicht entspricht, ist also das *Ausmaß unserer Angst.* – Nichts ist falscher als die beliebte Redensart der Halbgebildeten, wir lebten ohnehin schon im ›Zeitalter der Angst‹. Das wird uns nur von den publizistischen Fellow-travellers derer eingeredet, die Angst davor haben, daß wir wirklich die wahre, d. h. die der Gefahr angemessene, Angst aufbringen könnten. Vielmehr leben wir im *Zeitalter der Verharmlosung und der Unfähigkeit zur Angst.* Das Gebot, unsere Vorstellung zu erweitern, bedeutet also in concreto: Wir haben unsere Angst zu erweitern. Postulat: *Habe keine Angst vor der Angst, habe Mut zur Angst. Auch den Mut, Angst zu machen. Ängstige deinen Nachbarn wie dich selbst.* – Freilich muß diese unsere Angst eine von ganz besonderer Art sein: 1. Eine furchtlose Angst, da sie jede Angst vor denen, die uns als Angsthasen verhöhnen könnten, ausschließt. 2. Eine belebende Angst, da sie uns statt in die Stubenecken hinein in die Straßen hinaus treiben soll. 3. Eine liebende Angst, die sich *um* die Welt ängstigen soll, nicht nur *vor* dem, was uns zustoßen könnte.

Produktives Scheitern. Das Gebot, die Kapazität unserer Vorstellung und unserer Angst so zu erweitern, daß sie der Größe des von uns Herstellbaren und Verursachbaren entspreche, wird sich immer von neuem als undurchführbar herausstellen. Selbst daß wir bei diesen Versuchen Fortschritte machen, ist nicht verbürgt. Aber selbst dann dürfen wir uns nicht einschüchtern lassen; das wiederholte Scheitern spricht nicht gegen die Wiederholung des Versuchens. Im Gegenteil: *Jedes Mißlingen ist heilsam,* denn es macht uns wachsam gegen die Gefahr, Nichtvorgestelltes indolent weiter herzustellen.

Verlagerung der Entfernung. Faßt man das über das ›Ende der Entfernungen‹ und das über das ›Gefälle‹ Gesagte zusammen – und allein diese Zusammenfassung verschafft uns ein vollständiges Bild unserer Lage – dann ergibt sich: Die räumlichen und die zeitlichen Entfernungen sind zwar ›abgeschafft‹; aber diese Abschaffung ist durch eine neue Art von ›Entfernung‹ teuer erkauft: eben durch die täglich breiter werdende Entfernung zwischen Produktherstellung und Produktvorstellung.

Ende des Komparativs. Unsere Produkte und deren Effekte sind nicht nur größer geworden, als was wir vorstellen (fühlen, verantworten), sondern auch größer als das, was wir sinnvollerweise *verwenden* können. Daß unsere Produktion und unser Angebot unsere Nachfrage oft übersteigt (und uns zwingt, neue Bedürfnisse und Nachfragen eigens zu produzieren), das ist bekannt; aber unser Angebot *transzendiert* geradezu unser Bedürfnis, es besteht aus Dingen, die wir nicht bedürfen *können;* sie sind *absolut* zu groß. Dadurch haben wir uns in die paradoxe Zwangslage versetzt, unsere eigenen Produkte zu *domestizieren;* sie so zu domestizieren, wie wir bislang die Naturkräfte domestiziert hatten. Unsere Versuche, sogenannte ›saubere Waffen‹ herzustellen, sind ihrem Typus nach erstmalig: denn in ihnen trachten wir, Produkte dadurch zu verbessern, daß wir sie verschlechtern; nämlich ihren Effekt verringern.

Die Steigerung der Produkte ist also sinnlos geworden. Wenn die Zahl und Leistung der heute bereits existierenden Waffen dazu ausreicht, das absurde Ziel einer Ausrottung der Menschheit zu erreichen, dann ist Produktionssteigerung, wie sie auch heute noch im größten Maßstab vor sich geht, noch absurder; und beweist, daß die Produzierenden letztlich nicht verstehen, *was* sie hergestellt haben. *Der Komparativ, das Prinzip des Fortschritts und der Konkurrenz, ist sinnlos geworden.* Toter als tot kann man niemanden töten. Besser vernichten als man es bereits kann, wird man es auch später nicht können.

Berufung auf Kompetenz Beweis moralischer Inkompetenz. Es wäre leichtfertig, anzunehmen (wie es Jaspers z. B. tut), daß die ›Herren der Apokalypse‹: diejenigen, die auf Grund ihrer wie immer gewonnenen politischen oder militärischen Machtposition nun die Verantwortung tragen, diesen Forderungen und Überforderungen besser gewachsen seien, oder daß sie das Ungeheure angemessener vorstellen könnten, als wir, die wir lediglich ›morituri‹ sind; oder daß sie auch nur wüßten, daß sie es eigentlich können *müßten.* Viel eher ist Argwohn berechtigt: der Argwohn, daß sie schlechthin ahnungslos sind. – Was sie gerade dann beweisen, wenn sie betonen, daß wir auf dem ›Gebiete der Atom- und Atomrüstungsfragen‹ *inkompetent* seien, und wenn sie uns anraten, uns doch lieber nicht ›hineinzumischen‹. Die Verwendung dieser Begriffe ist geradezu das Zeugnis ihrer *moralischen Inkompetenz:* denn durch sie beweisen sie, daß sie glauben, ihr Rang verleihe ihnen das Monopol und die Sachverständigkeit, um über das ›to be or not to be‹ der Menschheit zu entscheiden; und daß sie die Apokalypse für so etwas wie ein ›Fach‹ halten. – Manche von ihnen appellieren freilich einfach deshalb an ›Kompetenz‹, weil sie dadurch die antidemokratische Pointe ihres Monopols verbrämen können. – Wenn das Wort ›Demokratie‹ einen Sinn hat, dann gerade den, daß wir das Recht und die Pflicht haben, über Angelegenheiten der ›res publica‹ mitzuentscheiden, also über solche, die *jenseits unserer beruflichen Kompetenz* liegen und uns nicht als Spezialisten angehen, sondern als Bürger oder Menschen.

Davon, daß wir uns dadurch ›einmischen‹, kann gar keine Rede sein, denn als Bürger und Menschen *sind* wir immer schon ›eingemischt‹, auch *wir* sind die res publica. Eine Angelegenheit, die mehr ›publica‹ gewesen wäre als die heutige Entscheidung über unser Überleben, hat es niemals gegeben und wird es niemals geben. Wenn wir auf ›Einmischung‹ verzichten, ist das also ein Versäumnis unserer demokratischen Pflicht.

Abschaffung der ›Handlung‹. Die mögliche Vernichtung der Menschheit scheint eine ›Handlung‹; auch wer zu ihr beiträgt, scheint ein Handelnder. Ist das richtig? Ja und nein. Warum nein?

Weil es ›Handeln‹ im behavioristischen Sinne kaum mehr gibt. Das heißt: weil dasjenige, was früher als ›Handeln‹ vor sich gegangen war und auch vom Handelnden selbst so verstanden worden war, durch Vorgänge anderer Art abgelöst worden ist – 1. durch das *Arbeiten,* 2. durch das *Auslösen.*

1. Arbeit – Ersatz der ›Handlung‹. Schon die Angestellten in den Liquidierungs-Installationen Hitlers hatten deshalb ›nichts getan‹, hatten geglaubt, deshalb nichts getan zu haben, weil sie ›nur gearbeitet‹ hatten. Unter ›Nur-arbeiten‹ verstehe ich diejenige (in der heutigen Phase der industriellen Revolution selbstverständliche und alleinherrschende) Art von Leistung, bei der das eidos der Arbeit für den Leistenden unsichtbar bleibt, nein diesen nichts mehr angeht, nein diesen nichts mehr angehen soll und darf. Kennzeichen heutiger Arbeit: Sie bleibt *moralisch neutral,* ›non olet‹, kein noch so übles Arbeitsziel kann den Arbeitenden beflecken. Dieser alleinherrschenden Leistungsart werden heute nahezu alle den Menschen aufgegebene Handlungen angeähnelt. *Arbeit – die Tarnform der Handlung.* Durch diese Tarnung erspart man es dem Massenmörder, schuldig zu werden, da Arbeit nicht nur nicht verantwortet zu werden braucht, sondern angeblich nicht schuldig machen kann. – Unter diesen Umständen für uns erforderlich: die heutige Gleichung ›alles Handeln ist Arbeiten‹ einfach umzukehren in die: *›alles Arbeiten ist Handeln‹.*

2. Auslösung – Ersatz der Arbeit. Was vom Arbeiten gilt, gilt erst recht von Auslösen. Denn Auslösen ist dasjenige Arbeiten, in dem sogar das Spezifische der Arbeit: nämlich die Anstrengung und das Anstrengungsgefühl, abgeschafft ist. *Auslösung – die Tarnform der Arbeit.* In der Tat kann heute durch Auslösung nahezu alles geschafft werden, sogar Ketten von Auslösungen können durch einen einzigen auslösbaren Knopfdruck in Gang gesetzt werden; also auch das Umbringen von Millionen. Geschieht das, dann ist (behavioristisch gesehen) dieser Handgriff keine Arbeit mehr, geschweige denn eine Handlung. Eigentlich wird, obwohl Effekt dieses Nichtstuns die Vernichtung und das Nichts ist, so gut wie nichts getan. Kein Knopfdrücker (vorausgesetzt, ein solcher wäre noch nötig) spürt noch, *daß* er etwas tut; und da Tatort und Leidensort nicht mehr zusammenfallen, da Ursache und Effekt auseinandergerissen sind, sieht niemand, *was* er tut. – *›Schizotopie‹* in Analogie zur ›Schizophrenie‹. Erneut deutlich (s. o.): Nur wer die Vorstellung des Effektes durchhält, hat die Chance der Wahrheit; die Wahrnehmung leistet nichts. – Diese Spielart der Tarnung ist erstmalig: Während Tarnungen früher darauf abgezielt hatten, das prospektive Opfer der Tat, also den Feind, daran zu hindern, die ihm drohende Gefahr zu erkennen (oder darauf, den Täter vor dem Feind zu schützen), *zielt Tarnung nun darauf ab, den Täter selbst daran zu hindern, daß er erkenne, was er tut.* Insofern ist nun auch der Täter ein Opfer; insofern gehört Eatherly zu jenen, die er umgebracht hat.

Die lügenhaften Formen der heutigen Lüge. Die Tarn-Beispiele belehren uns über den heutigen Typ der Lüge. Lügen haben es heute nämlich nicht mehr nötig, als Aussagen aufzutreten (»Ende der Ideologien«). Umgekehrt besteht ihre Schlauheit gerade darin, daß sie Kostümierungen wählen, denen gegenüber der Verdacht, daß sie Lügen auch nur sein *könnten,* nicht mehr auftauchen kann; und zwar eben deshalb nicht, weil diese Verkleidungen keine Aussagen mehr sind. Während sich Lügen bislang aufs Biederste als Wahrheiten getarnt hatten, tarnen sie sich nunmehr auf andere Weise:

1. An die Stelle der falschen Aussagen treten nackte Einzelwörter, die den Anschein erregen, noch nichts zu behaupten, in Wahrheit freilich ihr (lügenhaftes) Prädikat bereits in sich tragen. – So ist zum Beispiel das Wort ›Atomwaffe‹ bereits eine lügenhafte Aussage, weil es unterstellt, daß von ›Waffen‹ die Rede sei.

2. An die Stelle falscher Aussagen über die Realität treten (damit sind wir bei dem eben behandelten Punkte) *verfälschte Realitäten.* So werden Handlungen dadurch, daß sie als ›Arbeiten‹ auftreten, handlungs-unähnlich gemacht; so handlungsunähnlich, daß sie nun (und sogar dem Handelnden selbst) nicht mehr verraten, was sie sind (eben Handlungen); und diesem dadurch, wenn er nur ›gewissenhaft‹ arbeitet, die Chance geben, mit bestem Gewissen völlig gewissenlos zu sein.

3. An die Stelle falscher Aussagen treten Dinge. – Solange Handeln noch als ›Arbeiten‹ kostümiert auftritt, ist es schließlich noch der Mensch selbst, der tätig ist; auch wenn er nicht weiß, was er arbeitend tut, nämlich *daß* er handelt. Ihren Triumph feiert die Lüge erst dadurch, daß sie auch dieses Minimum abschafft – und das ist bereits geschehen. Denn das Handeln hat sich (natürlich *durch* menschliches Handeln) aus den Händen des Menschen in eine andere Region verlagert: in diejenige der *Produkte.* Diese sind nun gewissermaßen ›inkarnierte Handlungen‹. Die Atombombe ist (einfach durch die Tatsache, daß sie existiert) eine konstante *Erpressung* – und daß Erpressung eine Handlung ist, läßt sich ja wohl nicht bestreiten. – Hier hat die Lüge ihre lügenhafteste Form gefunden: Wir wissen von nichts, wir können anständig bleiben, unser Name ist Hase. – Dies also die absurde Situation: *In demjenigen Augenblick, in dem wir der ungeheuersten Handlung: der Zerstörung der Welt, fähig sind, ist dem Schein nach ›Handeln‹ überhaupt nicht mehr vorhanden.* Da die bloße Existenz unserer Produkte bereits ›Handeln‹ ist, ist die usuelle Frage: was wir nun ›handelnd‹ mit unseren Produkten anfangen sollen (ob wir sie zum Beispiel nur für ›deterrence‹ verwenden sollen) eine Sekundärfrage; ja sogar eine betrügerische, da durch sie unterschlagen ist, daß die Dinge ipso facto ihrer Existenz immer schon gehandelt *haben.*

Nicht Verdinglichung, sondern Pseudo-Personalisierung. Mit dem Ausdruck ›Verdinglichung‹ ist das Faktum, daß Produkte ›inkarniertes Handeln‹ darstellen, nicht getroffen, denn dieser bezeichnet ausschließlich die Tatsache, daß der Mensch auf Dingfunktion reduziert wird; während es sich hier um die andere (von der Philosophie bislang vernachlässigte) Seite desselben Prozesses handelt: darum nämlich, daß, *was dem Menschen durch Verdinglichung entzogen wird, den Produkten zuwächst:* daß diese, da sie durch ihr bloßes Dasein bereits etwas tun, zu Pseudo-Personen werden.

Die Maximen der Pseudo-Personen. Diese Pseudo-Personen

haben ihre eigenen starren Grundsätze. So ist zum Beispiel der Grundsatz der ›atomaren Waffen‹ rein nihilistisch, denn ihnen ist alles eins. In ihnen hat der Nihilismus seinen Höhepunkt erreicht und ist zum schamlosen *Annihilismus* geworden.

Da unser ›Handeln‹ in Arbeit und Produkte verlagert ist, kann Gewissensprüfung heute nicht mehr allein darin bestehen, daß wir der Stimme in unserer eigenen Brust lauschen, sondern auch darin, daß wir in die stummen Prinzipien und Maximen unserer Arbeiten und unserer Produkte hineinhorchen; und daß wir die ›Verlagerung‹ rückgängig machen: also *nur diejenigen Arbeiten leisten, für deren Effekte wir auch dann einstehen würden, wenn sie Effekte unseres direkten Handelns wären; und nur diejenigen Produkte haben, deren Dasein ein solches Handeln ›inkarniert‹, das wir auch als eigenes Tun übernehmen könnten.*

Makabre Abschaffung der Feindschaft. Wenn (s. o.) Tatort und Leidensort auseinandergerissen sind, also das Leiden nicht am Platze der Tat vor sich geht, dann wird Handeln zum Handeln ohne sichtbaren Effekt, Leiden zum Leiden ohne erkennbare Ursache. Dadurch entsteht eine, freilich ganz trügerische, Feindschaftslosigkeit.

Der eventuelle Atomkrieg wird der haßloseste Krieg sein, der je geführt worden ist: Der Schlagende wird seinen Feind deshalb nicht hassen, weil er ihn nicht sehen wird; der Getroffene den Schlagenden deshalb nicht, weil kein Schläger auffindbar sein wird. Es gibt nichts Makabreres als diese (mit positiver Menschenliebe überhaupt nicht verwandte) Friedlichkeit. An den Erzählungen der Hiroshima-Opfer fällt es auf, wie selten (und wenn, mit wie wenig Haß) die Täter erwähnt werden. Freilich wird man Haß auch in diesem Kriege für unentbehrlich halten und ihn deshalb als gesondertes Produkt erzeugen. Um ihm Nahrung zu geben, wird man identifizierbare und sichtbare Haßobjekte herausstellen, beziehungsweise erfinden, ›Juden‹ aller Art; auf jeden Fall innenpolitische Feinde: denn um wirklich hassen zu können, braucht man eben etwas, was einem in die Hände fallen kann. Mit den eigentlichen Kampfakten wird aber dieser Haß gar keine Verbindung eingehen können: das Schizophrenische der Situation wird sich also auch darin zeigen, daß Hassen und Schlagen ganz verschiedenen Zielobjekten gelten werden.

Nicht nur von dieser letzten, sondern von allen hier aufgestellten Behauptungen gilt: Sie sind niedergeschrieben, damit sie *nicht* wahr werden. Denn nicht wahr werden können sie allein dann, wenn wir ihre hohe Wahrscheinlichkeit pausenlos im Auge behalten, und dementsprechend handeln. Es gibt nichts Entsetzlicheres als recht zu behalten. – Denjenigen aber, die, von der düsteren Wahrscheinlichkeit der Katastrophe gelähmt, ihren Mut verlieren, denen bleibt es übrig, aus Liebe zu den Menschen die zynische Maxime zu befolgen: »Wenn ich verzweifelt bin, was geht's mich an! Machen wir weiter, als wären wir es nicht!«

Fabeln

Der Blick vom Turm

Als Frau Glü von dem höchsten Aussichtsturme aus in die Tiefe hinabblickte, da tauchte unten auf der Straße, einem winzigen Spielzeug gleich, aber an der Farbe seines Mantels unzweideutig erkennbar, ihr Sohn auf; und in der nächsten Sekunde war dieses Spielzeug von einem gleichfalls spielzeugartigen Lastwagen überfahren und ausgelöscht – aber das Ganze war doch nur eben die Sache eines unwirklich kurzen Augenblickes gewesen, und was da stattgefunden hatte, das hatte doch nur zwischen Spielzeugen stattgefunden.

»Ich geh nicht hinunter!« schrie sie, sich dagegen sträubend, die Stufen hinabgeleitet zu werden, »ich geh nicht hinunter! Unten wäre ich verzweifelt!«

Der Kiesel

»Wie Sie das nur durchgehalten haben!« bewunderte ich ihn. »Diesen langen Weg zum Friedhof! Und ohne eine einzige Träne!«

»Ich hatte meiner Kraft nicht getraut«, antwortete er bescheiden. »Und da ich es nicht liebe, öffentlich zu weinen, hatte ich mich vorbereitet.«

»Vorbereitet?«

Er nickte, als hätte er eine Schwäche einzugestehen. »Bevor wir loszogen, legte ich mir nämlich einen Kiesel in den Schuh.«

»Einen Kiesel?« rief ich. »Und mit dem Kiesel im Schuh sind Sie zwei Stunden lang gegangen?«

»Gottseidank«, sagte er. »Es war wirklich eine große Erleichterung.« Und da ich ihn argwöhnisch anblickte: »Ja, glauben Sie denn, Sie könnten Trauer spüren, wenn Sie sich bei jedem Schritt einen Stein in die Sohlen treten? Das Verdrießliche verdeckt das Furchtbare.«

»Aber nachher«, warf ich ein, »beim Leichenmahl, da waren Sie doch beinahe heiter.«

»Richtig«, sagte er entschuldigend. »Das hatte ich gleichfalls vorbereitet.«

»Das gleichfalls?«

Er nickte schuldbewußt. »Ehe wir uns zu Tisch setzten, entfernte ich heimlich den Kiesel.« Und meiner Frage zuvorkommend: »Ja, glauben Sie denn, Sie könnten Trauer spüren, wenn Ihr Fuß es genießt, sich zu erholen? Denn das Süße verdeckt das Furchtbare.«

Ich verstand ihn nun. Freilich ob ich ihn als zynisch verwerfen oder als weise bewundern sollte, das konnte ich nicht beurteilen. Unentschieden begleitete ich ihn bis zu seiner Haustüre.

»Nun aber«, meinte er mit einer Stimme, die plötzlich heiser war, und er machte eine Geste, die mich fortwinkte, »nun aber fürchte ich, es ist so weit.« Und bog den Arm vors Gesicht und trat weinend ins Haustor.

Das Ende

Man hatte dem molussischen Grundbesitzer Go erklärt, daß die Entwicklung der molussischen Waffenproduktion den Untergang aller würde herbeiführen können. »Was?« rief Go da fassungslos, und er breitete seine Arme aus, so als wollte er den Stadtteil, dessen Eigentümer er war, mit Wohnhäusern, Fabriken und Brücken an seine Brust pressen, »und wem soll das alles dann gehören?«

»Niemandem«, antwortete man ihm.

Da verstummte Go.

»Nun?« fragte man ihn.

»Das wäre in der Tat das Ende«, gab er flüsternd zu.

Der betrogene Philosoph

Eines Tages entdeckte der molussische Schöpfergott Bamba einen philosophierenden Einsiedler. »Was tust du da eigentlich?« fragte er.

»Ich philosophiere«, antwortete der Einsiedler.

»Und was tust du so, wenn du philosophierst?« fragte Bamba.

»Na«, antwortete der Einsiedler, »zum Beispiel scheide ich Wesentliches von Unwesentlichem.«

»Das was von was?«

»Das Wesentliche«, wiederholte der Einsiedler nicht ohne Berufsstolz, »vom Unwesentlichen.«

»Habe ich also doch richtig gehört!« rief da Bamba. »Wie sonderbar! Denn die Wörter ›wesentlich‹ und ›unwesentlich‹ sind mir beinahe unbekannt. Und ich kann mich nicht daran erinnern, Unwesentliches erschaffen zu haben. Wozu hätte ich denn das auch tun sollen? Sondern nur Seiendes.«

»Ist das wahr?« fragte der Eremit, der sich nun plötzlich zu ängstigen begann. »Denn gerade durch die Grenzziehung zwischen Wesentlichem und Unwesentlichem hatte ich gedacht, den Dingen auf den Grund zu kommen.«

»Den Dingen auf was zu kommen?« fragte Bamba.

»Auf den Grund«, wiederholte der Einsiedler schon erheblich unsicherer.

»Hatte ich also doch richtig gehört«, meinte Bamba. »Und warum wünschtest du das? Ich könnte mich nämlich nicht daran erinnern, einen sogenannten ›Grund‹ erschaffen zu haben. Wozu hätte ich denn das auch tun sollen? Sondern nur Seiendes.«

Da fühlte der Eremit den Boden unter seinen Füßen nachgeben. »Und da hatte ich geglaubt«, meinte er stimmlos, »gerade dadurch würde mein Philosophieren zum wahren Philosophieren werden.« Und nach einer Pause: »Worüber soll ich denn nun philosophieren?«

»Wo steht, du sollst?« fragte Bamba. »Ich wüßte mich nicht zu entsinnen, irgendein Philosophieren geschaffen zu haben. Oder irgendeine Pflicht zu philosophieren. Solltest du nicht vielleicht die Wichtigkeit deiner Tätigkeit ein wenig übertreiben?« Und er zuckte mit den Achseln und ließ den Eremiten stehen.

Freiheit

»Wenn wir die Freiheit genießen«, so schloß der molussische Philosoph Ydd einen seiner Aufsehen erregenden Aufsätze, »in den Kulturteilen der großen molussischen Blätter die Wahrheit zu schreiben, so nicht nur aus dem schändlichen Grunde, weil unser Staat es sich erlauben kann, uns Geistigen Narrenfreiheit einzuräumen, sondern auch aus dem noch schändlicheren, weil unsere Regierung die Produktion von Ventilen für erwünscht hält, wenn nicht sogar aus dem noch schändlicheren, weil sie deren Existenz für notwendig erachtet.«

Diesen Aufsatz schickte Ydd, kaum daß er hinter dem Worte ›erachtet‹ den Schlußpunkt gesetzt hatte, an ein der Regierung nahestehendes Blatt – und siehe da: schon am nächsten Morgen war seine Wahrheit dort veröffentlicht; und schon am übernächsten Morgen traf das Honorar ein, über dessen Höhe er sich nicht zu beklagen brauchte.

Wir

Das Öchslein trottete neben dem Ochsen. Plötzlich sperrte es sich und begann zu würgen.

»Was gibt's?« fragte der Alte.

»Da!« hauchte das Öchslein. Vor seinen Hufen lag stinkend der Kadaver eines Hundes.

»So what!« brummte der Ochse.

»Los!« rief der Knecht, der die beiden vor sich her trieb.

»Los!« wiederholte der Ochse selbstbewußt und setzte sich von neuem in Gang.

»Ich meinte ja nur«, flüsterte das Öchslein, wieder mittrabend, »haben auch *wir* vielleicht etwas Derartiges zu erwarten?«

»*Wir!*« wiederholte der Alte höhnend. »Bist du vielleicht je auf einen toten Ochsen gestoßen?«

»Das ist freilich wahr«, gab das Öchslein zu, obwohl es ihm ganz behaglich bei diesem Zugeständnis doch nicht war.

»Siehst du«, brummte der Ochse.

»Halt!« rief der Knecht, da sie das Tor zur Metzgerei nun erreicht hatten.

»Wir!« brummte der Ochse, seinen Kopf schüttelnd, noch einmal.

»Los!« rief der Knecht, der das Tor nun aufgesperrt hatte.

Die Souveränen

»Wir haben nur Tendenzdichter im Lande«, klagte L. »Wahrhaftig, das ist das Ende!«

»Sie haben gut klagen!« antwortete A. »In unserem Lande sind wir viel schlimmer dran. Wir haben nämlich ausschließlich Tendenzbäcker, die – stellen Sie sich die Barbarei vor – immer nur zu dem Zwecke backen, um uns satt zu machen. Immer haben sie ein Ziel im Auge.«

»Wie Sie das nur vergleichen können!« fand L.

»Und ausschließlich Tendenzärzte, die – man spürt die Absicht und man ist verstimmt – uns immer nur gesund machen wollen. Nichts als das. Und – was sagen Sie dazu? – sogar Tendenzlehrer. Von den Tendenzpfarrern zu schweigen, die unermüdlich wiederholen, was sie für wahr halten und nicht aufhören zu reden, um uns in der Wahrheit zu halten.«

L. runzelte seine Brauen.

»Allein unsere Dichter«, fuhr A. fort, »haben sich von diesem barbarischen Tendenzkult freihalten können. Wie beneidenswert euer Land, in dem offenbar *nur* die Dichter an diesem eigentümlichen Defekt leiden; nur sie Ziele verfolgen; nur sie etwas für wahr halten; nur sie für ihre Wahrheit sprechen; nur sie meinen, was sie sagen; nur sie sagen, was sie meinen. Wie gut es wäre, wenn Bäcker sich um unseren Hunger nicht kümmerten, sondern nur büken, um sich auszudrücken; welchen Kulturgewinn es darstellen würde, wenn die Lehrer monologisieren würden, statt zu unterrichten; und wenn die Ärzte, statt zu kurieren, ihre Rezepte nur aus Freude am Schreiben schrieben! Von den Pastoren zu schweigen! Wie märchenhaft schön es wäre, wenn keiner von ihnen ein Ziel verfolgte! Aber was wollen Sie? Es ist einfach nicht durchzusetzen. Zu backen, ohne die Sättigung der Esser im Auge zu haben, gilt leider bei unseren Bäckern als kraftvergeudend; und wie peinlich auch das Zugeständnis: die Ärzte, Lehrer und Pfarrer haben sich mutantis mutandis diesem lächerlichen Vorurteil der Bäcker angeschlossen, und das Vorurteil scheint nun unausrottbar. – Nur, wie gesagt, nur wir Dichter haben uns unsere Souveränität bewahrt und uns von diesem Vorurteil freigehalten. *Wenn* es aber – denn Käuze gibt es ja schließlich überall – wenn es aber einmal geschieht, daß einer von ihnen sich darauf kapriziert, etwas wirklich zu meinen und das Gemeinte wirklich zu sagen – schon am nächsten Morgen kann er sein Handwerk an den Nagel hängen: denn in heiliger Empörung über die Verletzung des Rechts auf Nichtmeinen und ihrer Pflicht zum Nichtmeinen, werden seine Kollegen aufstehen wie ein Mann und ihm das Etikett ›Tendenzdichter‹ anheften und ihn durch diese Etikettierung ein für alle Male als schlechten Dichter in Verruf bringen. – Aber, wie gesagt, diese bewunderungswürdige Selbstkorrektur funktioniert leider nur bei uns. Bei den Bäckern, den Ärzten, den Lehrern und den Pastoren überhaupt nicht. Die bleiben störrisch! Die bleiben unverbesserlich!«

Woraufhin L., »üble Scherze!« brummend, an einen Nebentisch übersiedelte, sich dort umgehend nach etwas erkundigte, und, als er informiert war, »aha!« ausrief. Kein Zweifel, daß man ihm verraten hatte, daß A. ein Tendenzdichter war. Wenn nicht etwas noch Verruchteres.

Wie lange?

»Sag mal«, fragte der Moribunde, »wie lange ist man eigentlich tot?« Er hatte starr auf dem Rücken zu liegen, und er sprach so, als schwebte sein Gesprächspartner am Plafond.

»Wie meinst du das?« fragte der im Nachbarbett, und gleichfalls dem Plafond entgegen.

»Meine Schwester, schön«, erklärte der Moribunde. »Die ist vor einem Jahr gestorben. Die mag vielleicht tot sein. Aber meine

Mutter? Die vor vierzig Jahren gegangen ist? Würdest du sagen, daß auch die noch tot ist? Und deren Mutter? Und deren?«

Darauf wußte der im Nachbarbett nichts zu antworten.

»Hat es einen Sinn«, fuhr der Moribunde fort, »zu behaupten, Adam und Eva seien tot? Heute noch tot? Jetzt in diesem Augenblicke tot?«

»Das kaum«, gab der Nachbar erstaunt zu.

»Siehst du. Würden wir nicht viel zuviel über die zwei aussagen, würden wir ihnen nicht viel zuviel Sein zubilligen, wenn wir sie auch heute noch unter die Toten rechnen würden? Ist nicht auch ihr Totsein schon gestorben?«

»Du meinst«, fragte der Nachbar dem Plafond entgegen, »zwei Male stirbt man?«

»Eben«, antwortete der Moribunde. »Aber das zweitemal wirklich.«

Das waren seine letzten Worte. Morgens um drei hat man ihn hinausgetragen. Noch ist er tot. Aber wie lange noch?

Namen gibt es

Die Existenz gewisser Städte wird uns erst dann bekannt, wenn diese durch ein Erdbeben zerstört worden sind. »Nicht anders«, heißt es in den ›Molussischen Theologoumena‹, »wird es auch unserer Welt gehen. Erst dann werden die Götter etwas von uns erfahren, wenn sie im ›Himmlischen Morgenblatt‹ die Notiz über unseren Untergang finden werden. ›Wie hieß der Platz?‹ wird der Gott Bamba beim Frühstück seine ihm aus der Zeitung vorlesende Frau fragen. – ›*Welt* oder so, glaube ich.‹ – ›Namen gibt es!‹ wird Bamba dann ausrufen. – Und außer in diesem sofort wieder vergessenen Gespräch wird unser niemals gedacht worden sein.«

Zuviel

Daß es unmöglich ist, etwas aus nichts herzustellen, das gilt heute so gut wie vor dem Schöpfungstage. Daß aber das Unmögliche dem Gotte Bamba trotzdem gelungen ist, das ist unbestreitbar. Unsere Bewunderung dafür verdient er heute nicht weniger als damals. Aber ach!

Ach, der Abers gibt es unendlich viele.

Denn warum um Gottes willen hat der Gott diese Unmengen auf einmal erzeugt? Warum diese Überproduktion?

Warum zum Beispiel diese nicht endenden Ozeane? Hätte nicht ein einziger Tropfen, herrlich strahlend im Universum des Nichts, ebenfalls ausgereicht, um zu beweisen, daß ihm das Unmögliche doch möglich war? Warum? frage ich euch.

Die Stimme des Gewissens

Nachdem Neun von den Zehn dem Kommando, das sie erhalten, widerspruchslos nachgekommen waren und die Gruppe der Kriegsgefangenen gewissenhaft abgestochen hatten, kehrten sie grau im Gesicht und mit blutbeschmierten Händen zu ihrem Kameraden zurück. Dieser Zehnte, der sich, wohl wissend, was er damit riskierte, von der Teilnahme ausgeschlossen hatte, lag nun, gebunden und mit dem Gesicht zur Wand, in der Baracke. Die Neun umstanden ihn im Halbkreis.

»Recht hast du, dich zu schämen«, meinte der Erste und stieß mit dem Stiefel gegen ihn. »Das nenne ich mir Solidarität!«

»Genau!« bestätigte der Zweite, und trat ihm gegen sein Schienbein. »Schön bequem hast du dir's gemacht. Oder glaubst du vielleicht, wir hätten nicht auch lieber saubere Finger behalten?«

»Genau!« bestätigte der Dritte, und trat ihm in sein Geschlecht. »Oder denkst du vielleicht, uns macht solche Schweinerei Spaß?«

»Genau!« bestätigte der Vierte, und er trat ihm in den Bauch. »Oder redest du dir vielleicht ein, du bist der einzige, der diese famose Stimme des Gewissens gehört hat?«

»Genau!« bestätigte der Fünfte, und trat ihm in die Rippen. »Oder willst du uns vielleicht weismachen, du seiest ein freier Mensch, weil du der sklavisch gehorcht hast? Von Widerstandsrecht hast du wohl noch nie etwas gehört?«

»Genau!« bestätigte der Sechste, und zertrat ihm die Hand. »Und von Mißtrauen wohl auch noch nichts? Daß man solche Damen auffordern muß: ›Legitimieren Sie sich gefälligst!‹«

»Genau!« bestätigte der Siebente, und trat ihm in die Gurgel. »Und daß man solche Damen auszufragen hat: ›Warum glauben Sie denn, daß Ihr Dusollstnicht verbindlicher sei als das Dusollst in unseren immerhin amtlich gestempelten und signierten Befehlen?‹«

»Genau!« bestätigte der Achte, und trat ihm, da vom Leibe nicht viel übriggeblieben war, in den Mund. »Und daß man die zu fragen hat: ›Warum verstecken Sie sich eigentlich, gnädige Frau?‹ Und: ›Warum tun Sie denn eigentlich so, als wenn Ihre Stimme aus *meinem* Munde herauskäme?‹«

»Genau!« bestätigte der Neunte, und wandte sich nun, nachdem er den blutigen Klumpen in die letzte Ecke geschoben, direkt an seine Kameraden: »Und selbst *wenn* die Worte der Dame aus *unserem* Munde herauskommen würden, und sogar aus unserem Herzen – bewiese denn das, daß sie wahr sind? Seit wann wären *wir* denn die Quelle der Wahrheit?«

»Genau!« riefen sie da im Chore. Und nur der Zehnte blieb stumm wie zuvor.

Leider ist es nicht zu bestreiten, daß sie, als sie nun, um ihre Hände und ihre Stiefel vom Blut zu reinigen, Arm in Arm der Pumpe entgegenzogen, nicht mehr annähernd so grau im Gesicht waren wie vorher, sondern bereits aussahen wie robuste Männer mit gutem Gewissen.

Der Blick hinauf

»Mach schon!« riefen sie in die Höhe, wo einige Scharfsichtige – sie wiesen mit ihren Spazierstöcken hinauf – winzig und den neu Dazukommenden erst nach einer Weile erkennbar, auf dem Sims des höchsten Turmfensters etwas entdeckt hatten, etwas Schwarzes, das nichts anderes sein konnte als ein Mensch, der dort hinaufgeklettert war, um von dort hinunterzuspringen –
»mach schon!« riefen sie also, weil dieser Mensch, wie sie einander verächtlich mitteilten, schon seit einer geschlagenen Stunde dort oben herumtrödelte und seinen Entschluß nach dieser geschlagenen Stunde noch immer nicht hatte fassen können –
»mach schon!« riefen sie also, und: »spring schon!« und: »wie lange sollen wir uns denn noch die Beine in den Bauch stehen?« – und allmählich flossen ihre Stimmen zu einem allgemeinen Murmeln zusammen, und dann zu einem allgemeinen ungeduldigen und indignierten Johlen, so als hätte er dadurch, daß er nun einmal dort oben stand, die Verpflichtung auf sich genommen, das zu tun, worauf sie nun mit offenen Mündern lauerten: also entweder sich fallen zu lassen wie ein Stein, oder ihnen – was sie wahrscheinlich noch lieber gesehen hätten – einen perfekten Kopfsprung durch die Bläue des Mittagshimmels vorzuführen; und so als hätten sie, da sie ja ihm zuliebe hier stehengeblieben waren und ihm zuliebe ihre Geschäfte versäumt hatten, ein Anrecht nicht nur auf dieses Schauspiel, sondern auch darauf, daß er dieses um keinen weiteren Augenblick weiter hinausschob; und so, als wäre, was da tief unter ihm lag, nicht das metaphorische Dächermeer der Stadt, sondern das wirkliche Meer, in das hineinzuspringen und unterzutauchen an diesem heißen Augusttag nur eine beneidenswerte Erfrischung sein konnte.

Ob er, der so unverzeihlich Pflichtvergessene, dem zuliebe so viele sonst Pflichtbewußte dort unten – was ihnen selbst unbegreiflich blieb – ihre Pflichten versäumten, ob er, während er sich da zum letzten Entschluß sammelte und sich dafür so viel Zeit ließ, die Menge, die tief unten, Kopf an Kopf zusammengedrängt, auf ihn lauerte, überhaupt erkennen konnte, ob er deren Lärm überhaupt vernahm, ob er diesen, *wenn* er ihn vernahm, überhaupt auf sich bezog, ob er ahnte, daß es unter denen, die ihre Geduld verloren, weil ihnen das lange Warten zuviel wurde und die deshalb mitjohlten, daß es unter denen auch Bekannte gab und sogar Freunde von ihm, das muß natürlich alles ungewiß bleiben.

Gewiß ist es dagegen, daß ihre Menge von Minute zu Minute anschwoll, und daß es selbst unter den Eingekeilten, die bereits seit einer Stunde warteten, nicht einen einzigen gab, der auf den Gedanken zu kommen schien, das Schauspiel vor dessen Aktschluß zu verlassen, oder der sich gar, um seinen Geschäften doch noch nachzukommen, aus der Menge herauszuboxen versucht hätte. Jedenfalls blieben sie alle so stehen, als wäre dieser Tag ein Feiertag, an dem niemand irgend etwas hätte versäumen können, und starrten in die Höhe; und wahrscheinlich hofften sie dabei nicht nur darauf, daß er nun endlich abspringe, sondern ebensosehr darauf, daß er doch noch nicht abspringe, nein vielleicht sogar niemals abspringe, weil ja nach dem Springen alles wieder beim alten und todlangweilig sein würde – ein höchst unerfreulicher Zustand, den sie ihm vermutlich jetzt schon genauso übelnahmen wie die Tatsache, daß er noch nicht abgesprungen war.

Erzählung

Der Hungermarsch

Om wird abgeschätzt – sein Unwert wird von vornherein festgestellt

Diese Geschichte von Om, dem ›roten Kardinal‹, von der Hungerprozession nach Barańo und von der skrupelhaften Vernehmung des Bürgermeisters Puerto ist zwar erst knappe zehn Jahre her; sie spielte im Juli 1924, genau: vom zweiundzwanzigsten Juli bis zu den ersten Morgenstunden des dreiundzwanzigsten. Aber sie gehört zu jenen Geschichten, die untergehen, wenn man sie nicht im letzten Augenblicke noch aufgreift. Om selbst, der ehemalige Priester, der Plantagenarbeiter, der Rebell, der den Hungermarsch inszenierte und Puerto füsilieren ließ, siegte zu wenig, siegte zu früh, noch im alten Mexiko, Monate vor Calles' Staatsstreich, und fand selbst den Tod, wenige Stunden nachdem er gesiegt hatte. Seine Leute sind, soweit sie sich retten konnten, über ganz Mexiko, wohl auch über Honduras und Guatemala verstreut. Sie sind nur noch Einzelne, unsolidarisch mit ihrer Vergangenheit, und jeder von ihnen tut gut daran, über seine Mittäterschaft den Mund zu halten. Jene Zeugen, die auf der Gegenseite gestanden und dem tödlichen Verhör ihres Bürgermeisters beigewohnt hatten, die Herrschaften aus dem Städtchen Barańo, die Großbesitzer der Plantagen und die Grossisten, die behalten zwar diesen Tag sehr gut: denn sie verübeln Om, daß er ihnen, wenn auch nur für wenige Stunden, überlegen war. Aber grade deshalb behalten sie ihr Wissen auch für sich. Das Lexikon schließlich sagt bloß:

Om, s. Boladore (Fernandez Paolo)
Boladore (Fernandez Paolo), genannt Om, ehemaliger Priester, geb. 1870 od. 1871 Tampico, absolv. Priesterschule, ab 1916 Plantagenarbeiter, bekannt als politischer Charlatan und Rebell. Starb nach Eroberung der Provinzstadt Barańo (s.d.), zu der er die Tabakpflücker verführt hatte, und wurde nach Ermordung Puertos (Bürgermeister Barańos) ebendort, Juli 1924, erschossen von Regierungstruppen.

Das ist alles. Wenn man also nicht jetzt, da es noch grade Zeit ist, den Zwischenfall Om aufgreift, dann ist es endgültig zu spät; und dann ist es, als wenn Om niemals gelebt und seine Kolonne niemals den Hungermarsch gemacht hätte; und als wenn es Puerto, dem Bürgermeister, niemals eingefallen wäre, sich so aufzuführen, als ob es drei Puertos gäbe. Soll vielleicht die Geschichte Umstände machen und die erstaunlichsten Figuren erfinden, damit nachher alles ist, wie es war? Kann man das zulassen? Auch die Sterblichkeit hat schließlich ihre Grenzen. Daß Oms Coup scheiterte; daß er alles in allem auch nur ein Rebell mit Skrupeln war oder ein Philosoph mit physischem Mut oder ein Revolverheld der Prinzipien, aber kein Revolutionär; daß es kein Zufall ist, wenn seine Unternehmung keinen Tradierer fand, das ist alles gut und schön, und die Rede vom Weltgericht kennen wir ebenso gut wie jeder andere. Aber soll das vielleicht ein Grund sein, Om zu unterschlagen? Glaubt ihr wahrhaftig, weil Om scheiterte, sei nichts von ihm zu lernen? Starb er nicht an seiner Klugheit? An der unklugen Verwendung seiner Klugheit? Glaubt ihr wirklich, weil seine Sache mißlang, sei er unwichtig für euch? Für euch, die ihr auch scheitertet? Für euch, die ihr auf der Seite Oms stehen müßt, wie sehr ihr sein Verhalten auch mißbilligt? Für euch hole ich die Geschichte vor. Sprecht ihr Größe ab, wenn ihr es nicht über euch bringt, dem Vergeblichen Größe zuzugestehen, oder wenn es gegen eure Theorie geht. Was bleibt, reicht noch immer. Denn was wäre wichtiger als die Wissenschaft vom Vergeblichen?

Wie die Reihe von Oms wirklichen Taufnamen gelautet hatte, vor zwanzig Jahren, als er noch im Priesterseminar in Tampico mit den heutigen Würdenträgern zusammen einexerziert worden war, und vor fünfzehn Jahren, als man ihn in Yukatan zum Priester geweiht hatte, und was ihn schließlich umgeworfen hatte, ehe er zu ihnen kam, das wußten seine Genossen von den Tabakplantagen nicht. Wichtiger, nützlicher (wenn bestimmt auch erschwerender) war, daß er eben Priester gewesen war. Das hing ihm noch an. Das gab ihm noch bei vielen (und nicht nur bei den Plantagenherren) Autorität. Er war der einzige unter den Tabakpflückern, der lesen und schreiben konnte, der einzige, der es verstand, mit den Plantagenbesitzern höflich zu verhandeln. Also brauchten ihn die Arbeiter. Diese äußerlichen Dinge sicherten Om ein Vertrauen, auf das er, wie er meinte, durch weit Besseres Anspruch gehabt hätte. Oft wurmte es ihn, seine doch eigentlich legitime Stellung unter ihnen nur auf das ABC und auf Mißverständnisse gegründet zu sehen. Dann nannte er sich, auf seine noch halb theologische Manier, die ›Wahrheit mit den falschen Zeugen‹. Aber er war nicht so töricht, auf seine ›Wahrheit‹ zu verzichten, weil sie sich angeblich und vorerst nur auf Unsolides stützen konnte.

Die Herren mißtrauten ihm. Daß dieser Sprecher ihrer 5000 Arbeiter kein richtiger Arbeiter war, den man reizen, einschüchtern und übervorteilen konnte, sondern ein Kostümierter, ein Kardinal im Plantagenhut, schien ihnen ungewöhnlich. Freilich eher ungewöhnlich als gefährlich. Es war abnorm, daß er sich nicht, wie es sich geschickt hätte, von ihnen hatte kaufen lassen; und daß er alle ihre Anspielungen auf seinen ›doch eigentlich gleichen gesellschaftlichen Rang‹ einfach überhört hatte: offensichtlich boykottierte dieser Mann jede Landessitte. Dieses ihr anfängliches Befremden war durch Oms Hartnäckigkeit im Laufe der Jahre zu einer kleinen verläßlichen Feindschaft gegen ihn ausgereift, zu einer Feindschaft, die, wenn auch nur dosiert (um den Namen Oms nicht allzu wichtig werden zu lassen), vom Klerus auf dem Umwege über die Damen frischgehalten wurde. Klerus und Plantagenherren sicherten mit dieser Antipathie (die Om gern übertrieb) indirekt Oms Stellung: ein eindeutigeres und dauerhafteres Leumundszeugnis als die ›Feindschaft ihrer Feinde‹ hätte Om seinen Leuten nicht liefern können. Mit seiner ›Verhaßtheit‹ solidarisierten sie sich; zu ihr hatten sie Vertrauen. War zwar auch dieser Vertrauensgrund noch nicht so legitim, wie Om es sich gewünscht hätte, so war er jedenfalls dauerhaft und dauerhafter als die Verdächtigungen, denen er im eigenen Lager ausgesetzt war.

Das Mißtrauen im eigenen Lager (das die Herren natürlich gern begünstigten) kam aus der gleichen Wurzel, aus der seine Autorität herstammte: aus seiner klerikalen Vergangenheit. Die Halbwüchsigen, die auf ihren Pfeifen trillerten, wenn Om zu reden anfing, hatten recht, wenn auch sie ihn den ›Kardinal‹ nannten und wenn sie behaupteten, er sei ein Schönredner. Denn Om führte wirklich stets Weisheitssprüche im Munde. Bei den einfachsten Gelegenheiten gab er sich ›grundsätzlich‹, auf die alltäglichsten Fragen antwortete er mit Maximen; zwar nicht mit denen, die er in Tampico, in der Priesterschule, gelernt hatte, sogar mit radikal entgegengesetzten; aber eben doch mit Lebensregeln, die zu allgemein waren, als daß jeder sie sofort hätte verstehen und anwenden können. So gab es immer wieder Ungeduldige und Anarchisten, die bei aller Hochachtung vor Oms physischer Kraft seine Regeln für ausredehaft, blumig, feige, ja für bestellt hielten. Aber sie mißverstanden Om doch ganz und gar. Denn Om kam es wirklich auf das Grundsätzliche an, auf das Allgemeine und auf alle. Aber sie waren zu sehr gewöhnt, und seit zu langem, daß das ›Allgemeine‹ das war, für das man sie einspannte, und ›Alle‹ immer die anderen, die Besitzer der Tabakplantagen; und daß, wer Grundsätze ausgab, letztlich für die Herrschenden und gegen sie arbeitete. Diese ihre eingewurzelte Meinung, wenn ihr Mißtrauen überhaupt noch etwas von Meinung an sich hatte, schien durch Oms Verhalten auch tatsächlich immer wieder bestätigt zu werden: jede einzelne Genugtuung, jede kleine Augenblicksrache, jeden individuellen Gewaltakt, der ihm zu Ohren kam, suchte er noch rasch zu unterbinden. Und wenn seine Argumente oder der Nachdruck seiner Leute nichts fruchteten, wurde er sogar handgreiflich. »Uns mißgönnt er das Schwarze unter dem Nagel«, mäkelten sie dann, »aber die Herren schützt er vor Schrammen.« Diese Jüngsten, Heftigsten und Ungeduldigsten suchten sich zeitweilig, was früher niemals geschehen war, mit den Gemäßigtsten und Resigniertesten zu verbünden, meist älteren, abgeschufteten Indios, die endgültig genug hatten und die, wenn sie überhaupt noch auf etwas aus waren, ihren Herren nur noch kleinste Vergünstigungen abbettelten. Die einen fühlten sich durch Om um ihre Rache betrogen, die anderen um ihre Almosen. Ihr Bündnis konnte kein sehr festes sein. Schließlich hatten sie nichts Gemeinsames außer Om selbst, der also auch ihr, wenn auch uneingestandener und feindlicher Mittelpunkt war. Om tat sie ab mit den Worten, daß *ein* Feind noch nicht *eine* Front sei. Dabei war er es gewesen, der sie erst eigentlich zusammengebracht hatte; er, der lange vor dem unnatürlichen Bündnis von ›kleiner Rache und kleinen Vergünstigungen‹ wie von *einer* Sache gesprochen hatte, oder jedenfalls wie von zwei Dingen, die letztlich auf eines hinausliefen, und beide nur den Herren nützten.

Konnte also Om für ›irgendeinen Fall‹ auch nicht auf alle Leute rechnen, so hatte er doch auch keine eigentliche und solide Gegenpartei unter seinen Leuten zu befürchten. »Alle braucht man gar nicht, um für alle da zu sein«, war seine Maxime. »Stünden sie alle zusammen, das wäre schon der Sieg. Kann man siegen vor dem Siege?« –

Das ist alles gut und schön, richtig gesehen, und die Maximen Oms sind nur zu unterschreiben. Aber sind sie nicht schrecklich theoretisch? Wo und was ist ›irgendein Fall‹? Wer ist ›man‹? Kann man das durchgehen lassen? Kurz: wie stand es mit Om, dem Revolutionär?

Er glaubte, *der* Revolutionär zu sein. Nicht irgendeiner – das kam ihm nicht in den Sinn –, denn mit irgendeinem anderen kam Om überhaupt nicht in Berührung. Sondern *der*. Ohne Anmaßung, aber grundsätzlich. Schätzen wir ihn ab. Hatte er recht?

Ja und aber.

Ja: Wir sahen schon seine Liebe zu den Grundsätzen und seine Antipathie gegen die kleinen Affekthandlungen. Und wir werden noch sehen, daß er sogar eine ausgebildete Lehre besaß. Die hatte er nirgendwo gelernt, im Ganzen jedenfalls nirgendwo. Das spricht stark zu seinen Gunsten. Aber.

Aber: Wie war es, wenn er von seinen Grundsätzen aufblickte und von seiner Lehre? Sehr bedenklich; denn dann fand er, daß seine Tabakpflücker eigentlich eben doch nicht ›seine‹ waren, sondern Einzelne, Irgendwelche, Nichtvollzunehmende, Unprinzipielle, Laien; und daß sie ja doch nicht verstehen konnten, ›um was es im Grunde ging‹. Damit hatte er natürlich vollkommen recht. Damit fängt es schließlich immer an. Aber bei Om fing es damit nicht nur an: Für ihn hatte die Sache der Arbeiter mit den wirklichen Arbeitern – sagen wir es ruhig – nichts zu tun. Wie man das erklären will, ist gleichgültig. Von außen kommen schließlich auch andere Führer. Er aber blieb Priester der Revolution, bloßer Priester.

Daher kann man ihm auch kaum nachsagen, daß ihm das allein Wesentliche: seine Leute zu Instrumenten der Revolution und die Vielen zur Masse zu machen, daß ihm das mißlungen sei. Scheitern kann nur, was man in Angriff nimmt. Aber Om (und das ist weit schlimmer als Scheitern), Om bemühte sich nicht eigentlich darum. Er nahm seine Leute als Gemeinde und als Publikum, vor dem er seine Revolutionstheologie predigte. Was er ihnen predigte, war weise. Wie und wann, töricht.

So hatte er, obwohl er selbst Pflücker war und äußerlich unter seinen Pflückern lebte, obwohl er (aus vielen falschen Gründen) sogar als ihr Vertrauensmann auftrat, doch nicht die mindeste Beziehung zu den wirklichen Pflückern. Als er, der sich stets und ausschließlich mit Grundsätzlichkeiten abgegeben hatte, verführt wurde (weil, wie er arglos meinte, sonst seine Leute eine bloße Rebellion angezettelt hätten), als er verführt wurde, seine Rebellion zu machen, war es eigentlich das erste Mal, daß er auf die Wirklichkeit sich einließ, daß er handelte. Also war seine Aktion fragwürdig, unvorbereitet, eine Extratour. Und grade weil sie sich als *die* Revolution gerierte, war sie ungrundsätzlicher als jeder kleinste Bruchteil einer größeren revolutionären Unternehmung. Sie war die einzige Umsturzaktion der Weltgeschichte, die in nichts bestand, als in Diskussionen. Was um so furchtbarer ist, als das, was Om sagte, wahr war. Aber er vergeudete eben seine Zeit mit Wahrheiten, um deren Anwendung er sich brachte durch ihren Vortrag. Sehr zu seinen Ungunsten.

Wenn Om nicht sogar etwas noch Befremdlicheres tat. Denn alle Einzelheiten seiner Aktion scheinen dafür zu sprechen, daß er die Aktion nur nahm als Beispiel für seine Lehre. Om hätte diese Unterstellung bestimmt erstaunt von sich gewiesen. Aber ohne sie wäre nichts an seiner ganzen Unternehmung erklärbar. Wir unterstellen also: Seine Aktion war ihm die Gelegenheit, seinen Leuten die Lehre praktisch zu demonstrieren; die Gelegenheit, sogar seine Feinde als Kursusteilnehmer vor sich zu bringen: an den ihnen zustehenden Lernplatz, in der ihnen zustehenden Funktion, also als wirklich und deutlich Angefeindete. Wir behaupten, daß er die Wirklichkeit benutzte als Chance für seine Lehre, die Lehre nicht als Chance der Wirklichkeit. Und daß sein Putsch nichts war als *ein in der Sprache der Aktion gehaltenes Kolleg über Revolution.* So stand es mit Om, dem Revolutionär. So schlecht, so ungünstig. Wie steht es mit der Wirklichkeit?

Die Wirklichkeit erkennt Exempel als Exempel nicht an. »Auf

Flausen«, spricht sie zum Putsch, »auf Beteuerungen, Etiketts und Eigentlichs lasse ich mich nicht ein. Wie du heißt, als was du verstanden sein willst, und ob du dich Beispiel nennst oder Illustration, das läßt mich völlig kalt. Für mich bist du ein kleines Ereignis, ein isoliertes und mißglücktes. Ich nenne es gar nicht. Nenn du es ›kleine Rebellion‹. Und wer Rebellionen macht, ist ein Scharlatan.« So spricht die Wirklichkeit, und das Lexikon ist ihr Zeuge.

Präzisieren wir: ein Scharlatan der Wahrheit. Besser wird Om dadurch nicht. Aber verwendbarer für die Nachwelt.

Hunger reicht nicht, Hunger zu bekämpfen

Als im Juli 1924 Om eine Woche vor den neuen Lohnkürzungen den Hunger seiner Leute nicht mehr mitansehen wollte, als er begriff, daß sie heute oder morgen Sinnloses unternehmen würden, jeder etwas anderes, und sich ins Ungefähr rächen würden, zur Genugtuung bis morgen, aber nicht zur Besserung ab übermorgen, da beschloß er, die Sache ›grundsätzlich‹ in die Hand zu nehmen. Durch Kuriere ließ er allen Plantagenarbeitern rund um Barano bestellen, soweit sie noch bei Kräften seien, sollten sie am Sonnabend, dem 22. Juli, früh um sechs, statt zur Arbeit zu gehen, auf der mittleren Plantage sich versammeln, um den Hungermarsch nach Barano mitanzutreten. Die aber nicht mehr bei Kräften wären, die sollten zurückbleiben, wenn auch die Arbeit niederlegen. Er erwartete gegen zweitausend Mann.

Um fünf Uhr morgens erschienen die ersten Trupps. Sie hatten große leere Kochtöpfe auf den Rücken geschnallt und waren allein schon siebenhundert.

»Woher kommt ihr?« fragte Om.

»Aus Jikagu.«

Om besichtigte sie. »Seid ihr die Ausgesuchten?« fragte er voller Argwohn. »Wie seht ihr aus?«

»Gefallen wir dir nicht?« fragten sie gereizt zurück. »Hungrig sehen wir aus.«

»Das sehe ich alleine«, erklärte Om. »Euch habe ich nicht gerufen. Ihr seid unbrauchbar.«

»Wer braucht wen?« fragte herausfordernd eine Stimme aus den siebenhundert.

»Wir werden dich schon lehren, zu rufen«, eine andere.

»Wer Hunger hat, bestimmen wir«, eine dritte.

»Und wer ihn abschafft, wir«, eine vierte.

»Ganz andere bestimmen das«, behauptete Om.

Indessen kamen zwei weitere Trupps. Die aus Coahu und aus Sinistra. Schon um halb sechs war die Zahl der Angekommenen dreimal so groß wie die Zahl, die Om im ganzen ausgerechnet hatte. Sie brachten aber alle nichts mit als Kochtöpfe ohne Essen, Gereiztheit ohne Ziel und einen schlimmen Durst von dem Wege, den sie schon hinter sich hatten. Denn die Straßen waren staubig, und die Sonne brannte schon mittäglich, obwohl sie noch flach fiel. Alle schienen bereit, Hitze, Hunger und Staub Om anzurechnen. Was da umherlag zwischen den Baracken und Pflanzungen, war ein Heerlager des Elends, aber kein Regiment. Sie richteten sich ein auf bloßer Erde, als wenn sie niemals wieder aufstehen wollten, und verlangten zu trinken.

»Für Tausende haben wir zu trinken nichts da außer Wasser«, erklärte Om, »und kalt ist es auch nicht.«

»Dafür hast du uns also gerufen!« schrien sie feindselig. Einige aber begannen auf ihre Kochtöpfe zu trommeln, und in wenigen Minuten war es ein Trommeln aller Töpfe. Sie trommelten aus Protest und trommelten aus Wut und aus Hunger und wegen Om und wegen ihrer Ansprüche und trommelten aus Freude am Lärm und trommelten, weil man nicht sprechen konnte währenddessen, und trommelten, weil sie überrascht waren über ihr eigenes Getöse, und trommelten, damit keiner spreche, und trommelten mit den Fäusten und trommelten mit ihren Messergriffen – und wenn sie sich auch nicht das Geringste ertrommelten, so waren sie doch herrlich solidarisch im Trommeln und voller Triumph.

Da tat Om, der wirklich klug war, wenn er weniger Kluge vor sich hatte, das einzig Angemessene: er holte sich gleichfalls einen Topf, stieg auf das Teerdach des Geräteschuppens, setzte sich hin mit verschränkten Beinen und trommelte gleichfalls. Alle Minuten aber unterbrach er das Trommeln, wendete den Topf um, ob vielleicht etwas Essen in ihm sei, jedes Mal machte er ein enttäuschtes Gesicht, drehte den Topf von neuem und trommelte weiter. Nach einigen Malen legte er den Topf beiseite, weil sein Trommeln offenbar nichts gefruchtet hatte. Da hörten einige andere ebenfalls auf, und der Trommelwirbel legte sich.

»Trommeln ist gut«, begann Om. »Gut gegen den Feind. Wer ist euer Feind?«

»Du auch«, antworteten einige und trommelten sich eins.

»Macht ihr mich verantwortlich?«

»Wer spielt sich denn auf hier?« fragten sie sinnlos zurück.

Da kamen weitere Trupps und viel zuviele von überall her.

»Sucht euch einen andern, der euch führt!« rief er nun vom Dach herunter. »So viele kann ich nicht führen. Wählt! Mich geht das nichts mehr an«, und er legte sich lang hin aufs Teerdach, den Kopf in der Hand, und war vielleicht wirklich nahe daran zu verzichten.

Da setzte kein Getrommel ein, und es erhob sich kein Gebrüll. Es flogen keine Namen auf und keine Vorschläge. Es begann nur ein ungeheures Gemurmel zwischen den Baracken und den Tabakstauden, denn sie hatten keinen Namen, den sie hätten präsentieren können, und sie waren sich nicht einig, wen sie Om hätten entgegensetzen können.

»Wir finden schon allein nach Baraño«, rief einer.

Da aber Om die Sechstausend im Unklaren gelassen hatte, was Absicht und Erfolg des Hungermarsches sein sollte, Streiken oder Demonstrieren, Lernen oder Vergelten, oder vielleicht sogar wirklich Siegen, und da jeder jedem mißtraute und Sabotage fürchtete und Benachteiligung durch den andern – da also die Sechstausend, die da umherlagen, wirklich nur sechstausend Einzelne waren, hatte der Ruf ›Allein nach Baraño‹ wenig Glück. Das Murmeln stieg an, schien bedrohlich, nun aber offenbar nicht für Om, der unbehelligt wartete, was daraus werden würde. Aber es wurde gar nichts.

Keiner hatte für alle etwas zu sagen. So sprach auch keiner aus, daß sie uneinig waren. Jeder erwartete, daß der andere den Mund aufmachen würde. Da war also Om doch der einzige, der übrigblieb unter ihnen, und seine Lage schien schon wieder etwas günstiger.

»Om schlagen wir vor«, riefen jetzt seine Leute. Om wartete. Keiner sprach direkt dagegen. Es war nur ein neues

Anschwellen des Gemurmels, aber geringer und kürzer als zuvor, und kein einziger Trommelschlag.

»Ihr seid wirklich viel zuviele«, begann nun Om. »Ihr findet, ich betrüge euch um die Rache, wenn ich euch nicht mitnehme. Und um den Raub. Aber ihr seid viel zu hungrig, und ihr seht viel zu hungrig aus, um noch glaubhaft und aussichtsvoll den Hunger vertreten zu können.

»Vertreten?« wiederholten einige Jüngere. Aber zwischen den gereizten Stimmen waren schon einige, die klangen, als wünschten sie wirklich Auskunft.

»Wir wollen keinen Hunger vertreten. Wir haben Hunger. Und wir wollen es ihnen zeigen.«

»Das Wichtigste ist unsichtbar«, belehrte sie Om, und er verfiel wieder in seine unangebrachte allgemeine Manier. »Die Stärke der Schmerzen ist niemals zu erkennen. Für den Beschauer hat der Tod kein anderes Aussehen als die Ohnmacht.«

Das klang nach Kanzel. Seine Anhänger sahen betreten zu den Heftigen. Und die Heftigen sahen sich an, ob sie sich vielleicht wieder etwas trommeln sollten. Da überschrie sie Om und versuchte es etwas weniger allgemein. Eine zweite Schlappe durfte er nicht wagen. Und zweimal durfte man nicht siegen müssen.

»Die Damen von Baraño«, fuhr er also fort, »verübeln es euch, daß sie eurem Hunger nicht nachloten können bis auf den Grund eurer Mägen. Was ihre Unfähigkeit ist, nennen sie eure Verstellung.«

»Wir werden es ihnen schon zeigen«, riefen sie zum zweiten Mal.

»Was wollt ihr ihnen schon zeigen? Hunger kann man nicht zeigen, sondern nur Kraft. Die Drohung des Zitternden ist unschicklich und ohne jeden Nutzen. Ihr erschreckt nicht, sondern erregt Ekel oder Lachen. Hätte ich auch nur hundert blühende und wohlgenährte Männer, ich ließe sie zum Hungermarsche antreten. Einem Sterbenden glaubt man die Drohung nicht, er ist zu bedroht. Die erhobene Stimme des Lahmen klingt verdächtig, seine Forderung bleibt nachdrucklos und ohne die Kraft der Bedingung. Gesunden aber glaubt man. Richtig, geraten und gefährlich wie der Sprecher klingt sein Spruch. Er ist der Vertreter des Hungers, aber nicht hungrig, wie die gelbe

Göttin Sunga die Göttin der Pest ist, aber hoch zu Pferde und selbst nicht pestkrank.«

Sunga war den Indios noch ein Begriff. Sie verstanden Om und vergaßen darüber seinen Kanzelton.

»Wer also noch kräftig ist, geht mit. Und jeder mit einem Essenstopf. Zum Trommeln in Baraño.«

Da wählten sich die Leute langsam aus, und Om sprang vom Dache des Geräteschuppens. Er blieb stehen und ließ noch einmal letzte reichliche Portionen an Broten, Büchsenfleisch, Eiern und kaltem Kaffee verteilen. Das war eine gute und ungewohnte Mahlzeit für sie. Om riet ihnen, sie sollten es sich schmecken lassen. Aber er war der einzige, der sich seines Appetites nicht schämte. Die übrigen kauten unlustig und schweigend. Die Zurückbleibenden standen um sie und lutschten betreten an ihren Pfeifen.

»Wie sollen sie euren Hunger nach Baraño tragen«, erklärte ihnen Om kauend, »wenn sie vorher liegen bleiben? Und wie sollen sie nachdrücklich sein, wenn sie nichts im Magen haben? Schließlich wird ihr Sattsein auch euch sattmachen.« Er nahm einen Schluck Kaffee.

»Wann ist ›schließlich‹?« fragte ein Junger. »Aber nicht bloß so ungefähr.«

»Immer morgen«, antwortete einer, der nicht mitkommen durfte.

Als aber Om seine Kolonne formiert hatte, nahm er seinen Esel und ritt an die Spitze der Kolonne. Von den Segenswünschen der Zurückgelassenen war der Zug nicht begleitet.

Nach hundert Schritten hörten sie eine Männerstimme zwischen sich und der Plantage. Da war ein Nachzügler hinter ihnen, der ihren Staub schluckte und hustete und ihnen zurief und zuwinkte, sie sollten warten. Sie dachten nicht daran. Sie erkannten in ihm den Pflücker Cepero. Da aber Cepero keinen Anspruch auf Mahlzeit gehabt hatte und auch gar keine hatte haben wollen (weil er vorhatte, der Stadt seinen wahrhaftigen Hunger zu zeigen), war er bald schlapp. Von der zweiten Marschstunde an blieb er immer weiter hinter ihnen zurück, und um acht, als die Häuser und die Agaven aufhörten und der Marsch im völlig Schattenlosen begann, da war er verschwunden.

Dreizehn Stunden lang zogen sie auf den Wegen, die nach Baraño führen. Sie marschierten zuverlässig, denn das war besser als liegenbleiben. Sie zogen nicht in vollster Begeisterung, sondern wie Leute, die nichts zu verlieren haben, und die es eben noch einmal versuchen.

Sie glaubten Om nicht eigentlich, aber wenn sie im Marschieren überhaupt an ihn dachten, so mißtrauten sie ihm nicht so, wie sie einander mißtrauten.

Die Wege waren weiß, rechts und links war es braun; und oben ein schwarzes Blau. Aber sie sahen gar nichts, denn Blau und Braun blendeten sie nicht weniger als das Weiß der Chausseen, und der Staub brannte unter ihren Lidern.

Sie sahen nicht sich, nicht ihren Nebenmann, nicht ihren Vordermann; sie sahen nicht Om, wie er entgegenzog der Stadt Baraño, zusammengesunken auf seinem Esel. Und wenn Om etwas sah, so war es nichts als der Hals seines Esels, der auf- und abschwebte.

Um zwei Uhr stand die Sonne nicht mehr rechter Hand, sie stach ihnen jetzt in den Nacken. Sonst unterschied sich nichts vom Vormittag, denn Durst hatten sie schon seit den ersten Marschstunden. Gegen fünf kamen sie auf Straßen, die geteert waren, und der Teer war zäh. Da wurden ihre Füße noch schwerer. Um halb sieben sagte einer: Baraño. Da sahen sie langsam auf, Baraño war schon sehr nahe, und sie hätten es schon seit langem sehen können. Sie atmeten aber nicht auf, denn nun, da die Häuser nur langsam größer wurden, schien es ihnen, daß sie es nie schaffen würden.

Puerto, der Bürgermeister von Baraño, hatte auf die Nachricht von der nahenden Kolonne in aller Eile Speisen zusammentragen lassen in den Laubengängen der Vorstadt, um die Hungrigen aufzuhalten und zu ködern, ehe sie das Innere der Stadt betreten hätten. Jeder Bürger hatte sich beteiligt an dieser Aktion, besonders die Damen, von denen einige es sich nicht hatten nehmen lassen, die gestifteten Speisen, Fleisch, Brot und Kaffee, persönlich auf den Tischen nett herzurichten. »Es ist an uns«, sagten sie, und dergleichen. Das Kloster San Sebastiano hatte Weinfässer und zwei Küfer zur Verfügung gestellt. Der Magistrat Heu zum Nachtlager. Und Wannen mit Wasser standen da zum Trinken oder gar zum Waschen. Denn man dachte an alles.

Der Fleisch- und Kaffeegeruch stand schon in der Luft, als die Kolonne noch auf der Landstraße war. Oms Esel hob den Kopf und begann zu traben: ihn zog der Heuduft. Die Leute hielten nicht Schritt. Aber auch sie hoben die Köpfe und fanden: Baraño riecht gut. Und da es nun acht Uhr abends war und sie seit morgens nichts gegessen hatten, wurde es ihnen etwas schwindlig.

Als der Esel (und Om mit ihm) den ersten der Laubengänge erreicht hatte, sprang er rechts und links, war außer sich und warf hier etwas um und dort. (Was, konnte Om nicht erkennen, denn er spürte nur den Schatten, die Kühle und das unwiderstehliche Bedürfnis, zu rasten.) Dann hörte Om etwas wie Raufen, und er roch Heu. Er beachtete es nicht. Als dem Raufen aber ein Schlürfen folgte, das Geräusch von Wasser, Steigen und Niedertropfen, es gibt etwas Trinkbares, da faßte er sich fest am Halse seines Tieres; denn er war tief erschrocken, wie man erschrickt, wenn man sich gerettet findet, plötzlich und unvermutet.

Er stieg ab, sein Kreuz schmerzte ihn, er konnte sich kaum aufrechthalten. Aber nun sah er: die Tische voller Kaffee, Brote, Fleisch, Wasser. Und er sah die Gefahr, in die sein Unternehmen geraten war.

Da drehte er sich heftig um, ging zurück, stellte sich seinen Leuten in den Weg und befahl zu halten. Der Befehl wanderte weiter, und da die Letzten noch marschierten, während die Vorderen schon standen, war es wie ein Zug, der langsam in sich selbst hineinfuhr. Om blieb nichts übrig als die volle Wahrheit. »Hier steht Essen«, schrie er, um seinen Zweifel und den Hunger und die Müdigkeit seiner Leute zu überschreien. »Massenhaft. Als Köder. Weitersagen.«

Bis diese Worte durchgegeben waren und das letzte Glied seiner Kolonne erreicht hatten, dauerte es ziemlich lange. Om erwartete jeden Augenblick, überrannt zu werden. Eine einzige Reihe brauchte nur den Anstoß zu geben, dann wäre alles vorbei gewesen. Aber es geschah nichts dergleichen. Als auch die Letzten instruiert waren, befahl er zu trommeln.

»Und dieses Mal werdet ihr euch sogar etwas ertrommeln können«, fügte er hinzu. Da warfen die ersten Reihen ihre Kochtöpfe, die sie auf den Rücken trugen, nach vorne, nahmen ihre Messer aus der Tasche und ihre Löffel, die sie stets bei sich trugen, und begannen auf die Topfrücken zu schlagen. Eine Reihe tat wie die andere. Als ihre Schläge sich anglichen und als einige erste den Takt auf der Stelle traten, gab er das Zeichen zum Abmarsch, drehte sich um und marschierte zum Takte der Trommelnden. Zwei Männer in Küferkleidung, aufgescheucht, verschwanden in Nebenstraßen. Die Kohorte aber zog hindurch durch die Kühle, vorbei an den Tischen, auf denen Schüsseln voll Salzfleisch standen und Brote, Fische und Tomaten, zwischen den Weinfässern hindurch und vorbei an den Tüten und Säckchen, die man aufgestellt hatte, um die Kolonne aufzuhalten. Von den letzten Tischen stieg der Duft von kaltem Kaffee.

Om sah sich nicht um: so provozierte er nicht. Sie marschierten offenbar vorbei an den Tischen, wie er vorbeimarschiert war. Vielleicht sahen sie krampfhaft fort, er hatte es auch getan. Vielleicht hielten sie ihren Atem an. Das ging ihn nichts an. Sie trommelten, und das Trommeln blieb.

Nach etwa zehn Minuten war es sicher, daß nun auch die letzten die Laubengänge hinter sich haben mußten. Er selbst stand schon, obwohl niemand ihm auf der Straße begegnete, in der Stadt Baraño. Aber Baraño schien keine Einwohner zu haben. Die Straßen lagen wie bereit für sie. Die Läden waren geschlossen, die Jalousien heruntergelassen. Erst als sie nach San Antonio kamen, dem Stadtviertel der Zucker- und Tabakarbeiter, stand jemand auf der Straße. Er sah Om argwöhnisch entgegen.

»Habt ihr auch Köder aufgestellt?« fragte ihn Om.

»Wie können wir ködern, wo wir selbst nichts haben?« fragte der zurück und betrachtete Om von oben bis unten, um ihn abzuschätzen. Dann steckte er die Zeigefinger in den Mund und pfiff lange und ausgiebig. Da kamen die Leute aus den Häusern, und der Mann, der gepfiffen hatte, erklärte: »Wir gehen mit euch.« »Sie gehen nämlich mit uns«, wiederholten sich die Kolonnenleute. Als die Kolonne vor dem Stadthaus angekommen war, hatte sie sich verdoppelt. Alle aber waren erstaunt über den Mut Puertos, des Bürgermeisters, der auf dem Balkon des Stadthauses stand, um sie in Empfang zu nehmen.

»Barañier!« rief Puerto herunter vom Balkon, und er machte seinem Rufe, der hinterhältigste aller Mexikaner zu sein, alle Ehre, »Barañier, ich weiß sehr genau, es ist wirkliche Not, die euch hierhertreibt. Der Hunger steht geschrieben auf euern Gesichtern. Dem Verstehen wird Verstehen antworten, und nicht Gewalttätigkeit. Ihr seid nicht arbeitsunwillig, ihr seid keine Klageweiber. Und die Kampfesfreude der Mexikaner, die ansteigt, wo ansteigt die Größe der Schwierigkeit, ist eure Tugend so gut wie jedes anderen Mexikaners. Aber wer könnte heute noch von Kampfesfreude reden, da der Feind unsichtbar ist und der Raum gesperrt ist für den Wettstreit der Tüchtigen? Ein Narr, wer heute mit Phrasen euch abspeisen wollte. Ihr werdet freilich denken – und ich gestehe, nicht ohne den Anschein einer Berechtigung – auch ich gehöre zu ihnen...«

Da unterbrach ihn Om und provozierte jenes Gespräch, das sich (wenn auch mit einer gewissen Unterbrechung) stundenlang hinziehen sollte, bis zu Puertos Tod und knapp bis zu seinem eigenen.

»Du speist uns mit Phrasen ab«, rief er also hinauf zum Balkon, und er sprach die lautere Wahrheit. »Wir denken es, Puerto, obwohl du es aussprichst. Was plant die Lüge, die die Wahrheit ausborgt? Deine Anleihe ist verdächtig. Willst du unsern Hunger stillen mit dem markigen Zugeständnis unseres Hungers? Unser Vertrauen anlocken durch das Aussprechen der einfachen Wahrheit? Daß wir hungerten, Puerto, wußten wir schon draußen, und die Mägen der Unwissenden wissen es gleichfalls. Deine Einsicht bürgt uns für keine Besserung. Wird die Wahrheit annehmbarer in deinem Munde, weil wir sie von dir nicht erwarteten? Erhoffst du das Klatschen der Anerkennung, weil *du* anerkennst unsern Hunger, und weil *wir* ihn gleichfalls anerkennen? Sind wir *eine* Front, Puerto? Haben wir uns geeinigt, weil wir beide ihn anerkennen? Sollen wir dir die Hilfe glauben, weil du Glauben schenkst unserer Schwäche? In Gegenseitigkeit, in Loyalität? Wir werden dich verlachen, Puerto, und schlimmer als jene, die dich als barmherzigen Stadtvater verlachen. Wir werden dich verlachen als den, der nicht die Lüge log, sondern die Wahrheit. Als den Überschlauen, der auch der Wahrheit die Ehre gab, eine Lockung unter anderen, eine Phrase unter anderen zu sein. Denn deine Wahrheit ist Phrase, Puerto, und dein Zugeständnis Lüge. Unseren Hunger kennen wir auswendig. Hier handelt es sich um die Stillung des Hungers.«

»Das sagst du?« fragte Puerto mit gespieltem Erstaunen. »Um

die sofortige Stillung geht es, Om. Du aber vertust die Zeit, die meines Wissens für Dringlicheres da ist, mit Verleumdungen. Ich bin sie gewohnt.«

»Ich habe euch Essen bereitgestellt«, fuhr er fort, und er sprach nun über Oms Kopf hinweg und direkt zur Kohorte. »Dringender Hunger erfordert meines Wissens nicht Theorien, nicht Reden, nicht Programme, nicht Verleumdungen. Er erfordert die Tat. Den Überzeugungen eures Führers mag das entgegen sein. Euer Essen wird kalt, Leute.«

Die Kohorte wurde unruhig. Om erwiderte, auf seine geistliche Art: »Wir werden dich verlachen nicht nur als den Stadtvater, der Wahrheiten log, sondern als den, der auch Taten log.«

Puerto ließ sich ein auf Oms Priesterton. »Der Ertrinkende ist zu retten«, sprach er. »Der Trauernde zu trösten. Der Hungernde ist zu sättigen. Wer mehr tut, tut weniger. Nur der Zugriff ist die Tat.« Er glaubte die Kohorte gewonnen zu haben. Aber die Kohorte schwieg.

»Ihr wollt das Angebot nicht annehmen?« fragte Puerto herunter, da Oms Leute sich nicht rührten. »So habt ihr keinen Hunger?«

»Man hat uns nichts angeboten«, antwortete die Menge, die der Kohorte gefolgt war.

»Ihr seid nicht gefragt, und es handelt sich nicht um euch«, rief Puerto herunter. »Ihr seid morgen noch da. Es handelt sich um die Kolonne.«

»Die Kolonne ist hier«, rief Om zur Antwort hinauf, »als Vertretung und als Botschaft der Hungernden. Den Hungernden hat man nichts angeboten.«

Der Ton Oms mißfiel dem Bürgermeister. Om aber fuhr fort:

»Eure Mahlzeit in den Laubengängen wäre unser Hunger von morgen. Unsere Sättigung vor euren Augen wäre Aufschub der Sättigung für jene, die uns herschickten. Unsere Verdauung würde nicht uns den ruhigen Schlaf geben, sondern euch. Wer zehn Monate wenig aß, kann zehn Stunden nichts essen, ohne Schwierigkeit, ohne Gefahr. Wir verzichten auf das Heutige. Wir lieben die lange Sicht. Denn auch du gabst das Heutige, Brote, Salzfleisch und Kaffee, damit wir es nicht haben – auf lange Sicht.«

So gut kannte Om die Wahrheit. So gut wußte er zu reden von der langen Sicht.

Als Puerto merkte, daß er nicht Diebe vor sich hatte oder andere Verbrecher, wurde er ängstlich. Leute kamen auf den Balkon, die leise, aber mit erregten Bewegungen auf ihn einsprachen, und die offensichtlich unzufrieden waren, daß Puerto sich eingelassen hatte auf diese Diskussion. In zweien der Herren erkannten die Kohortenleute Plantagenbesitzer, sie riefen ihre Namen hinauf. Da verließen sie mit Puerto den Balkon, nach wenigen Minuten erschienen an ihrer Stelle zwei Wachtposten.

Om blieb schweigend auf dem dunkel werdenden Platze mit seiner Kohorte; und immer mehr von der verarmten Bevölkerung stießen zu ihm. Einige brachten ihnen die Speisen aus den Laubengängen; und Om ließ sie nun essen, hier auf dem Platz, denn er war, wie er sagte, gewillt, »nicht nachzugeben« und »die Nacht durchzuhalten«. Aber er hatte gar keinen Widerstand zu erwarten. Baraño war keine Garnisonstadt.

Sie brachten auch Cepero, den Nachzügler, an, den sie unter einem der Tische gefunden hatten. Seine Finger waren verklebt von Cornedbeef, und seine nassen Kleider rochen nach Kaffee. Sie erkannten ihn im Dunkeln nicht. Gegen Mitternacht ließ Puerto, wahrscheinlich instruiert durch Colima und Gracia, die benachbarten Garnisonen, die Zufahrtstraßen der Stadt absperren, um Om den Rückzug unmöglich zu machen; aber die Menge, die nun schon auf den Beinen war, war so gewaltig, daß die Stadt nicht eigentlich von außen blockiert, sondern von innen belagert war. Gegen elf besetzten sie das Stadthaus; das heißt sie traten ein, fanden keinen Widerstand und blieben dort. Das gleiche geschah mit den Fabriken, den Banken, den Speichern und dem Bahnhof. Um Mitternacht fanden sie Puerto, fast unkenntlich in unscheinbarer Kleidung, die er in der letzten Minute der Ausweglosigkeit eingetauscht hatte gegen seine Amtsrobe. Er war im Begriff, die Stadt zu verlassen. Om, der annahm, schon gesiegt zu haben, ließ ihn zu sich bringen auf den Stadthausplatz, um ihn zu inquirieren vor seinen Leuten; und um ihm ein Kolleg zu lesen, deutlich und rücksichtslos: was besiegt sein heißt, und was ein Sieger zu tun hat.

Das unendliche Gespräch
Puerto behauptet, es gebe drei Puertos
Om richtet ihn im Ganzen hin,
weil es doch nur einen gibt

»Hoffe nichts von dem dünnen Tuch«, sprach Om zu Puerto, »und von der Unscheinbarkeit deiner Kleidung. Sie sollte den Bürgermeister verbergen, sie sollte den reinen Menschen vortäuschen. Aber ein Bürgermeister im Hemd ist kein Mensch, sondern eine Lächerlichkeit. Wenn es hell wird, wirst du auffallen, Puerto, denn die um dich sind, sind keine Menschen, die zu zeigen vorhaben, daß sie Menschen sind, sondern Menschen, die etwas Bestimmtes zu tun haben. Nimm auch deine Amtsrobe zurück, damit auch du ein Bestimmter bist wie wir; wenn auch ein Feind.«

Aber Puerto wies seine Amtsrobe zurück wie eine falsche Verdächtigung.

»Erhoffe auch nichts«, fuhr Om fort, »von der uns allen gemeinsamen Dunkelheit. Daß du im Finstern nicht anders aussiehst als jeder, als wir; daß wir beide frösteln vom gleichen Morgenwind und von der gleichen morgendlichen Müdigkeit – diese Gemeinsamkeit, Puerto, ist keine Tugend, kein Vorteil, keine Verführung, kein Argument, keine Rettung. In einer Stunde wird es Tag sein. Nichts ist beschämender als die Verständigung der Nacht, die der Morgen bloßstellt.«

Aber Puerto war taub und schien an nichts zu denken als an seine Rettung. Om führte ihn durch seine Kohorte hinauf auf die Estrade des Stadthauses und verkündete: »Puerto will sprechen.«

»Von Mann zu Mann«, begann Puerto, und er machte eine wischende Bewegung, als beseitige er alle Unterschiede und jeden Widerspruch, »von Mann zu Mann hege ich die wärmsten Sympathien für dich, Om. Die Disziplin und Ritterlichkeit deiner Kohorte ist bewunderungswert.«

»Zu keiner Hoffnung gibt sie Anlaß«, berichtigte ihn Om. »Es geht nicht um mich, es geht nicht um die Kolonne, sondern um die, für die wir hier sind. Wir sind Boten, aber keine Privatmänner.«

»Ich verstehe sehr wohl«, entgegnete Puerto. »Euer Fall ist der meine: Auch ich handelte nicht als Privatmann. Was ich tat, tat ich als Bürgermeister Baraños, als Vertreter der Ordnung, als Mexiko.« Nach einer Pause aber fügte er hinzu: »Was nichts zu tun hat mit mir als Privatmann.«

»Der Fall lag ungünstig für euch«, fuhr er fort und mit einer Bewegung, die alles zugab. »Als Privatmann bedaure ich euren Hunger aufs tiefste. Heute stehe ich vor euch als Privatmann.«

Die Leute hörten schweigend zu.

»Besiegte lieben die Gleichheit«, erklärte ihnen Om.

»Nicht als Privatmann«, fuhr Puerto fort, »verrammelte ich gestern abend die Tore von Baraño, um euch in der Falle zu halten. Sondern als Beamter. Als Soldat. Als Soldat Mexikos. Als Privatmann bedaure ich euer Schicksal aufs tiefste.«

»Das ist nicht nötig«, sagte Om.

»Ich unterscheide meine Pflichtkreise auf das Peinlichste. Nichts ist mir zuwiderer als ihre Vermengung. Was des Bürgermeisters ist, ist des Bürgermeisters. Was des Privatmanns, des Privatmanns. Ohne Scham und freudigen Herzens bekenne ich mich zur mexikanischen Tugend der Sauberkeit.«

»Auch wir scheiden«, erwiderte Om, »wir meinen dich nur als Magnaten, also als Feind. Uns nur als Pflücker, also als Proleten.«

»Magnat, Magnat«, rief Puerto verächtlich, und er winkte ab. »Worte, Worte! Für mich als Beamten, schon als Beamten, und um wieviel mehr für mich als Menschen, haben die Worte Magnat und Proletarier ihre Schrecken eingebüßt. Und Freund und Feind – die Worte des Soldaten – sind ohne Furchtbarkeit, wenn ich dastehe als Privatmann, wie hier, wie jetzt, wie vor euch.« Und er streckte die Hand aus, als seien nun die Schwierigkeiten aus dem Wege geräumt. »Ich habe das feste Zutrauen – und ich spreche von Mann zu Mann –, daß ihr unterscheidet zwischen Amt und Mensch, und daß ihr die saubere Linie zieht zwischen meinem Posten und mir als Mensch unter euch Menschen.«

Om nahm Puertos Hand nicht an. Sie sank langsam hinunter.

»Waren denn *wir* je Privatmänner?« fragte Om. »Rochen wir nicht als Mensch, wie wir als Arbeiter rochen? Konnten wir je als Privatmänner Hände reichen? Jemals hingehen hierhin und dorthin als Privatmänner? – Zu dir, Puerto, wie du auf Ferien zu uns kamst – als Privatmann? Wir lebten als das, wozu man uns machte: als Arbeiter. Und die Muße war nicht die Freiheit, sondern Schlaf und Essen des Arbeiters. Du aber, Puerto, ziehst dich zurück auf etwas, was du uns nicht ließest: auf das Allgemeinmenschliche. Es war dein Monopol, das Monopol der Regierenden, die Freiheit der Herrschaften. Nun aber pochst du auf dein Monopol, als sei es das allgemeine.«

Puerto unterbrach ihn kein Mal.

»Ich erinnere mich gut deines Landbesuches, Puerto. Als Privatmann sprachst du mich an, als Privatmann und Mensch tätscheltest du meine Kinder: Hoffte nicht der Mensch, seine Leutseligkeit werde den Namen des Bürgermeisters verklären?«

»Ich erinnere mich nicht«, sagte hoffnungslos Puerto. »Aber niemals war es Arglist.« Man durfte ihm glauben. »Darf man nicht menschlich sein?«

»Wir sind empfindlich, Puerto, denn wir durften nicht menschlich sein. Von Mensch zu Mensch kann man hinuntersprechen, nicht hinauf. Menschlichkeit auf die Schulter schlagen kann man nur von oben, nicht von unten. Unsern Schmutz nahmt ihr für Niedrigkeit, so nehmen wir eure Arglosigkeit für Niedertracht. Und es *war* niederträchtig, auch wenn du das kindlichste Gemüt hast, Puerto.«

»Ihr appelliertet an ein Gemeinsames, das ihr uns vorenthieltet. Die gute Wallung ist kurz; sie ist unsichtbar; sie ist wirkungslos; sie ist nicht wirklich. Wirklich aber war: du bist Puerto, der Bürgermeister, und ich Om von den Plantagen.«

So gut kannte Om die Wahrheit. So vertat er seine Zeit.

Puerto wußte nichts Besseres zu antworten als: »Du bist nicht ritterlich, Om.« Das war sinnlos.

»In guten Tagen wünschtest du nicht, ritterlich behandelt zu werden«, entgegnete Om. »Und nicht menschlich.«

»Ich verlangte es sogar«, widersprach Puerto.

»Höchst unritterlich wäre es«, erklärte Om, »für nichts zu nehmen die Rollen, die du bis gestern spieltest und die Ämter, die du ausübtest.«

Puerto schwieg daraufhin.

»Beides ist gleich auf gleich, Puerto: Ritter mit Ritter, Mensch mit Mensch. Von *uns* wünschtest du so nicht behandelt zu werden. So nicht.«

»So gerade vielleicht nicht«, gab Puerto zu.

»Seht ihr«, sprach Om zu den Leuten und wies auf Puerto wie auf ein Lehrbeispiel.

»Aber als Mexikaner!« fuhr Puerto auf, gereizt durch Oms Zeigefinger. »Sind wir denn nicht gleich auf gleich als Mexikaner?«

»Wir sind nicht verwandt«, fand Om. »Dein plötzlicher Patriotismus für uns ist aufdringlich.«

»Du bist also nicht Mexikaner?« fragte Puerto zurück, aber er fragte mehr Oms Leute als Om selber.

»Wer ist Mexiko?« fragte Om.

»Ihr so gut wie wir«, antwortete Puerto. Und mit einer Wendung zu Oms Leuten: »Sind wir nicht Mexikaner allesamt?«

Die Kohorte schwieg.

»Natürlich sind sie Mexikaner«, sagte Om. »Und mehr als von Geburt. Der kleinste Mann weiß das. Was nichts zu tun hat mit jenem Mexiko, an das du appellierst.«

»Zwei Mexikos gibt es also«, sprach breitspurig Puerto. Dann schüttelte er seinen Kopf. »Wieviel kennt ihr, Leute? Ich kenne nämlich nur *eines*. Unser Vaterland.«

»Ich weiß«, antwortete Om. *»Aber zwei Puertos* gibt es. Den Bürgermeister und den Menschen.«

Da war Puerto so verwirrt, daß er nicht mehr wußte, was er beweisen wollte und ob er etwas hatte beweisen wollen. Om aber ließ nicht locker. Und begann den zweiten Teil seiner Inquisition.

»Wessen Interessen«, fragte er also weiter, »vertratst du als Bürgermeister?«

»Naturgemäß aller«, erwiderte Puerto. Als Behörde kenne ich nichts als das allgemeine Wohl. Als Behörde *kann* ich nichts anderes kennen.« Aber er ahnte nicht, wo Om hinauswollte.

»Du besitzt Plantagen?« fragte Om weiter, scheinbar ohne Zusammenhang.

»Privatangelegenheit«, sagte Puerto.

»In die ich mich jetzt also einmische?«

»Offenbar doch wohl«, sagte Puerto, wenn auch höflich und angemessen seiner augenblicklich etwas heiklen Situation.

Om aber hatte vor, aus seinem Gegenüber sogar noch einen *dritten* Puerto herauszulocken.

»Kennst du vielleicht den da?« fragte er ihn, während er einen der größten aus seiner Kolonne nach vorne zog und ihn vor Puerto aufpflanzte. Dieser Mann aber war Tabakpflücker auf einer der Puerto gehörigen Plantagen.

»Ich habe ihn mein Lebtag nicht gesehen«, sagte Puerto, und er war etwas eingeschüchtert durch des Mannes Größe. Puerto sprach die Wahrheit.

»Er ist von deinen Plantagen«, erklärte Om. »Von deinem Privatbesitz.«

»Das kann schon sein«, gab Puerto vorsichtig zu.

»Mischt er sich auch ein in dein Privates, dieser Mann? Oder ist er nicht längst hineingemischt durch dich selbst? Täglich? Mit Händen und Füßen hineingemischt?«

»Äußerst schwierig«, gestand Puerto, und sah genau vorbei an seinem baumlangen Privatbesitz.

»Einfach wie ein Bilderbuch«, fand Om. »Sieh ihn dir nur gut an. Er ist ein Eingemischter, der sich heute einmischt.«

Puerto besah nun seinen Privatbesitz, wenn auch etwas ängstlich.

»Privatbesitz nennt ihr nämlich«, erklärte Om dem Betrachter an Hand seines Beispiels: »Privatbesitz nennt ihr, worein ihr uns einmischt unter der Bedingung, daß wir uns nicht einmischen.«

Puerto zog seine Brauen zusammen. Anfangs, weil er nicht begriff, dann, weil er uneinverstanden war. »Kurz und bündig«, sprach er unsicher, »liegt die Sache so: den Mann kenne ich erst jetzt – also als Privatmann. Mit den Plantagen hat das nichts zu schaffen, nicht das mindeste.«

»Du trennst sauber«, sagte Om.

»Als Plantagenbesitzer kenne ich ihn nicht persönlich. Da ist er Partner, und ich bin Partner. Kontraktlich. Gleich auf gleich.«

»Macht zwei Puertos«, zählte Om seinen Leuten vor.

»Als Bürgermeister schließlich kenne ich keine Kontrahenten mehr – nicht ihn und nicht mich –, da kenne ich nur Kontrakte, schwebend über den Personen. Das Höhere. Das mir Anvertraute. Mexiko.«

»Drei«, zählte die Kohorte.

»Bisher«, sagte Om bescheiden, »hatte ich dich nur für zwei Personen gehalten. Es freut mich zu hören, daß du sogar drei enthältst. Und daß du jeden andern gleichfalls zu Dreien machst.

Jeder kann das nicht. Wir zum Beispiel nicht. Wenn das nicht Zauber ist, ist es Betrug. Der Betrug der Herrschenden.«

Puerto schüttelte den Kopf. »Es ist nichts«, sagte er, »als die mexikanische Tugend der Sauberkeit. Der auch ich mich füge.«

»Mit welchem Puerto, wenn ich fragen darf, habe denn ich die Ehre? Ich meine: jetzt? hier? im Augenblick?«

Ob Puerto nun eigensinnig war oder beschränkt, oder ob er wirklich an den Menschen glaubte, oder ob er das Gespräch nur in die Länge ziehen wollte: er antwortete: »Hier stehe ich als Mensch und Mexikaner. Als dies und sonst nichts.«

Oms Geduld schien unerschöpflich. »Und welche Folgen«, fragte er, »erwartest du nun von deinem mexikanischen Menschentum? Und von der Ableugung des Plantagenbesitzers und des Bürgermeisters? Soll ich vielleicht auf die Macht verzichten, weil ich sie innehabe? Meinst du, die Macht sei Vorsprung, der Vorsprung unfair? Niedrig sei die Macht, die sich beweise durch Macht? Erhebst du Ansprüche, weil du die Macht *nicht* innehast? Siegte ich, um den Sieg aus der Hand zu geben? Weil Kampf ehrenvoll ist nur unter gleichen Gegnern? Kämpft man nicht, daß sie ungleich werden? War nicht einst ich der Ungleiche, der friedlich Besiegte? Ist es schändlich, Sieger zu sein? In guten Tagen schien es dir keine Schande, Puerto. Und für uns bleibst du Puerto, der besiegte Bürgermeister, Puerto, der Plantagenbesitzer, und niemals Puerto, der nur Puerto ist.« Om kam Puerto nun sehr nahe und fragte ihn ins Gesicht: »Den Bürgermeister kannte der Magnat nicht, den Magnaten der Mensch nicht?«

Puerto wischte sich Oms Atem vom Gesicht.

»Einen haben wir gefangen. Du aber sprichst von Dreien. Ist der Bürgermeister nicht du? Der Magnat nicht du? Du willst nur der Mensch sein, ohne Rolle, weil wir deine Rolle auslöschten?«

Puerto antwortete immer noch nicht.

»Bequem ist es«, fuhr Om fort, »im Notfall zu vertreten die ungefährdete Eigenschaft. Übrig bleibt im Notfall der Notfälle der Mensch. Neugeboren. Schuldlos. Jedermanns Freund. Einer von uns. Bruder Puerto.«

Puerto verzog geniert seinen Mund. Es war nicht möglich, vorbeizusehen an Oms Gesicht.

»Entließe ich Puerto den Menschen, den Bruder, jedermanns

Freund, den Schuldlosen, den Neugeborenen, so würde der Freigelassene der Magnat sein von morgen und der Machthaber von übermorgen. Machthaber! Magnat! Mensch! Seid ihr einer, seid ihr zwei, seid ihr drei? Könnt ihr loslösen, den ihr frei wünscht, den ihr für unschuldig haltet, so löst ihn los, denn wir, wir suchen nur Puerto den Verantwortlichen.«

»Soll der Mensch leiden, weil der Bürgermeister fehlte?« fragte Puerto langsam. »Oder weil der Magnat etwas verschuldete?« Er lehnte aber den Kopf zurück, denn Oms Gesicht hing noch immer vor ihm.

»Soll der Bürgermeister begnadigt sein«, antwortete Om, »weil der Mensch schuldlos ist? Weil der Mensch ableugnet den Magnaten und den Bürgermeister und was die verschuldeten? Ist nicht der Bürgermeister die Schuld des Menschen? Und der Magnat die Schuld des Menschen?«

Puerto suchte etwas nach rückwärts zu treten. Da hob Om die Hand, um ihn zurückzuhalten, aber er berührte ihn nicht.

»Sieh dich um«, sagte er, »der Bürgermeister läßt dich im Stich. Der Magnat läßt dich im Stich. So wirst du für sie sterben müssen. *Zähle dich, Mensch, du bist einer.*«

Puerto sah sich um. Es war keiner da, der für ihn einsprang. Und er merkte, daß Om selbst im leisesten als sein Feind gesprochen hatte. Da schrie er laut: »Faßt mich an, sucht mich ab, visitiert mich«, und hob die Arme in die Höhe, »nichts von ihnen ist an mir.«

»Seine Taten hängen niemandem an«, stellte Om richtig. »Nackend ist der Dieb nicht unschuldiger als bekleidet mit dem gestohlenen Mantel: der Bestohlene friert weiter.«

»Was soll ich bereuen?« schrie Puerto noch einmal.

»Du irrst dich«, antwortete Om, und er setzte ihm noch immer zu. »Du sollst nicht bereuen: das hülfe höchstens dem Täter. Du sollst nicht gestehen: es ist nichts Verborgenes da. Du sollst nicht in dich gehen: wer in sich geht und sucht das Eigentliche, der findet den Menschen und ist froh, den Bürgermeister nicht zu finden und nicht den Magnaten; die er durch nichts besser vergißt als durch die Reue. Geh den entgegengesetzten Weg, Puerto. Laß das Eigentliche, das Menschliche. Finde den Bürgermeister. Sei der Bürgermeister. Den werde ich hinrichten.«

Er hielt ihm die Bürgermeisterrobe noch einmal hin. Er

glaubte fertig zu sein. Aber Puerto verweigerte die Robe auch dieses Mal.

»Ich habe drei Kinder«, sagte er, und nun war er es, der die Inquisition weitertrieb. »Drei Kinder und eine Frau. Habe ich auch die als Magnat oder als Bürgermeister?«

»Nein«, antwortete Om. »Aber *wir* haben Frau und Kinder noch nicht einmal als Menschen: wir können ihnen die Liebe nur antun aus der Löhnung des Arbeiters.«

»Wenn du mich tötest, Om, werden mich Frau und Kinder verlieren als Bürgermeister?« Puerto fragte so leise, daß nur die Vordersten der Kohorte ihn verstanden: »Hast du nicht auch Frau und Kinder?«

»Als Menschen gleichen sich alle Feinde«, antwortete Om. »Sie bekämpfen sich nicht als Menschen, sondern als Feinde.«

»Wo ist der Unterschied?« fragte Puerto. »Atmen, Sichfreuen, Sichwärmen, Sichausruhen, Gehen, Hören.«

»Das tun auch Tiere«, sagte Om.

Puerto schüttelte den Kopf.

»Lebe ich nicht, wie du lebst? Könnte ich nicht du sein, Om?«

»Gewiß«, gab Om zu. »Aber das ist unwirklich.«

»Könntest du nicht stehen, wo ich stehe? Wenn du nicht gerade lebtest als Tabakpflücker?«

»Gewiß«, und »unwirklich«, wiederholte Om.

»Und was hättest du getan, wenn du an meiner Stelle stündest?« insistierte Puerto. »Und es wären die Tabakarbeiter angerückt – *ich zum Beispiel als Om gegen dich als Puerto?«*

»Das soll dich retten, glaubst du?«

»Nein«, sagte Puerto. »Nur was du getan hättest?«

»Was *du* tatest«, antwortete Om, als verstünde sich das von selbst. »Ganz und gar das gleiche. An deiner Stelle.«

Puerto glaubte einen kleinen Schritt weitergekommen zu sein.

»Dies Wenn kann ich wirklich nicht durchgehen lassen«, erklärte darauf Om. »Es ist unwirklich.«

Ob nun Puerto aus Beschränktheit weiterfragte oder aus Schlauheit, er blieb bei seinem Wenn.

»Wenn ich aber zum Beispiel nicht gerade zufällig höher geboren wäre als ihr?«

»Ich möchte gern wissen, seit wann du etwas auszusetzen hast an diesem Zufall? Du warst zufrieden mit ihm. Du warst solidarisch mit ihm. Also hast du ihn ausgelöscht als Zufall. Also trag seine Folgen.«

»Jeder hatte den Platz, der ihm zufiel. Was kann ich für meinen?«

»Nichts«, antwortete Om. »Nur daß ihr früher versichertet, auf jeden sei jeder eingesetzt von Gott: die Lehre der gut Sitzenden.«

»Was kann ich für die Stelle, die ich einnahm?«

»Es geht nicht gegen dich«, antwortete, unendlich geduldig oder unendlich gern redend, Om. »Du hast gewiß kein schlechtes Herz, aber die Stelle war schlecht, die du einnahmst. Es geht gegen deine Stelle. Und du warst die Stelle, die du einnahmst.«

»Wenn du das Gleiche getan hättest wie ich, an meiner Stelle, bist du um ein Haar besser?«

»Wer sagt, daß ich besser bin? Wer sagt, daß ich ich wäre, wenn ich an deiner Stelle stünde? Dann wäre ich du. Verstehst du, Puerto? Du, der hier steht, denn du bist die Stelle, die du einnimmst. Geht es der Stelle zu Leibe, so geht es dir zu Leibe. Und die Stelle bist nun einmal du.«

Nach einer Weile aber fügte er hinzu: »Also sind wir unaustauschbar!«

Wir sind nicht vertauschbar

Wenn wir stünden, wo Sie stehen,
wären wir, Herr Bürgermeister,
nichts als Sie und spielten nichts als
Ihre festgelegte, anders
gar nicht durchspielbare Rolle:
Menschgewordner Bürgermeister.
Also wären wir vertauschbar.

Wenn Sie stünden, wo wir stehen,
wären Sie, Herr Bürgermeister,
nichts als wir und spielten nichts als
unsre festgelegte, anders
gar nicht durchspielbare Rolle:
Hungermarschgewordner Hunger.
Also wären wir vertauschbar.

Wenn wir stünden, wo Sie stehen,
(und Sie standen gern und waren
schließlich fast dafür geboren),
wären wir nicht weniger gerne
Bürgermeister und nicht weniger
schon geborene Bürgermeister.
Also wären wir vertauschbar.

Doch dies Wenn ist ohne jede
Wirklichkeit, Herr Bürgermeister.
Wer die Rollen einst verteilte,
ist heut gleich: Solang Sie siegten
hatten Sie nichts einzuwenden
gegen Ihre Rolle. Also
sind Sie wirklich Bürgermeister.

Wenn ist also nichts als Wenn. Und
ohne Trost. Wer heut zu fallen,
wer zu fällen hat, ist lang schon,
nicht zuletzt durch Sie, entschieden.
Daß nur einer zum Schachmatt kommt,
und daß Weiß nicht plötzlich Schwarz wird,
weil Schwarz siegt, ist meine Schuld nicht.

Wenn ist also nichts als Wenn. Und
Ohne Hoffnung, Bürgermeister.
Denn Sie stehen, wo Ihr Stand ist.
Und besteht der Stand in Ihnen,
kann der Stand in niemand anders
stürzen als in Ihnen. Also:
Letztlich sind wir unaustauschbar.

Austauschbar und Unaustauschbar
sollte jeder vor dem Sterben
gut bedenken, Bürgermeister.
Bringt auch dies Bedenken keinen
Trost und Nutzen, soll doch rechtens
niemand blind und ohne letztes
Öl das Unsrige verlassen.

Om hätte nicht sagen können, weshalb er sich so lange um Puerto bemühte, den er nach kurzer Zeit hinrichten würde, und er schien sich einen Augenblick lang zu schämen. Es war inzwischen schon hell geworden, und alle stellten fest, daß sie sich schon erkennen konnten. Sie fürchteten die Sonne, die bald Puerto scheinen würde und ihnen, denn es war im Gespräch etwas Gemeinsames zwischen ihnen aufgetaucht wie etwas Verbotenes: daß sie überhaupt mit ihm hatten reden und ihn hatten verstehen können.

Puerto stand unruhig da. Das Gespräch, das ihn bisher gerettet hatte, schien nun wirklich zu Ende. Er sah, daß die Leute an Om herantraten; daß einer fortgeschickt wurde hinter das Stadthaus; und daß andere in ihre Taschen griffen.

In diese Pause schrie Cepero hinein, der Nachzügler, der letzte Verzögerer: »Seht sie an, seht sie euch an, wie sie sich gleichen aufs Haar: Puerto, Bürgermeister, privat lebend als Mensch, und Om, unser Om, Herrscher der Kohorte, privat lebend als Tabakpflücker. Seht sie euch an mit der erlauchten Idee ihres Als Als Als. Als Bürgermeister, als Privatmann, als Bote. Was tatest du als Bote, Om? Aufgefressen hast du die letzten Reserven, und nicht ungern fraß mit dir die Kohorte. Es sank aber, natürlich, der Fraß durch die Gurgel der Privatmänner und sättigte die Privatmägen. Oder wurdet ihr satt als Boten? Natürlich bedauert ihr den Hunger der Zurückgebliebenen – als Privatmänner. Aber als Boten? Der Privatmann kannte die Boten nicht? *Bist du einer, Om, oder bist du zwei?* Einen hat deine Mutter geboren, und siehe, es brach auseinander, und es lebt einer als Bote und einer als Privatmann. Und ihr solltet euch nicht streiten, denn ihr seid eines und dasselbe.«

Nach diesem Geschrei Ceperos sahen sich einige Frauen betroffen an, denn sie verstanden nicht, wo er recht hatte und wo unrecht. Oms Leute aber nahmen Cepero an Armen und Beinen, um ihn fortzuschaffen. Er schlug um sich und rief noch, während man mit ihm verschwand, er habe gehungert, und ganz bestimmt nicht als Bote, und nicht als Arbeiter, und nicht als Privatmann, sondern einfach gehungert, und er sei losgezogen als niemand, er selbst. Und in den Laubengängen habe er gefressen nicht als Arbeiter, nicht als Privatmann, nicht als Bürgermeister, als niemand, er selbst, er selbst.

Während dieses wüsten Geschreis griff Puerto an sein linkes Handgelenk. Om kam einen Augenblick lang der Gedanke, Puerto sehe auf die Uhr. Die Geste schien ihm ungehörig; schließlich stand der Mann direkt vor der Hinrichtung. Daß Puerto vorhaben konnte, ihn aufzuhalten, daß er (wenn vielleicht auch nicht von Beginn an) einen Wettlauf der Langsamkeit gemacht hatte, um zu einem bestimmten Zeitpunkt nicht dort zu sein, wo Om ihn hinwünschte, dieser Gedanke kam Om freilich nicht. Er selbst war es, der sich bemüßigt fühlte, Puerto noch einige Augenblicke zu schenken.

»Wir sind so weit«, meldeten die Leute, die Cepero fortgebracht hatten, und sie griffen in die Taschen.

»Cepero war *nicht* er selbst«, dozierte Om, »auch er hungerte als einer von uns. Jawohl: als als als. Aber er wollte es nicht wahrhaben. Er hielt sich für einen anderen als er war. Schönes Selbst – von Gnaden des Hungers!«

»Wir sind so weit«, sagten die Männer zu Om, und nun schon etwas bedrohlich.

»Gleich, gleich«, winkte ihnen Om zu, denn er war immer noch nicht fertig mit seinen Wahrheiten.

»Schönes Selbst!« warf er Puerto ins Gesicht. »Von Gnaden der Niederlage! Cepero ist dein Zerrbild.«

»Und ihr?« fragte Puerto gedehnt und sinnlos und nur, um die Zeit zu gewinnen, die Om vertat. Er meinte aber gar nichts und hatte keinen Erfolg mehr.

»Wir?« fragten die Leute an Oms statt. »Wir sind so weit.« Sie bewegten ihre Hände in den Taschen.

»Wir?« fragte nun auch Om zurück. »Wir? Was ist mit wir?« Er hatte sich ausgegeben.

Da konnte auch Puerto nicht mehr antworten.

»So schlage ich also vor«, sagte Om und wandte sich zur Kolonne, »Puerto als Privatmann freizulassen, Puerto als Magnaten festzusetzen und Puerto als behördlichen Vertreter auf der Stelle hinzurichten. Die Aufteilung war meine Sache nicht. Er hat sie eingeführt. Sie wird sich bestätigen müssen.«

Probe aufs Exempel: Om stirbt, denn es gibt weit mehr als drei Puertos

Während Om dieses von Anfang an feststehende Urteil aussprach, senkte Puerto seinen Kopf zum zweiten Male. Wer nahe bei ihm stand, konnte sehen, daß die Bewegung der rechten Hand an sein linkes Handgelenk die Uhr meinte.

»Vier Uhr neunundvierzig«, sagte einer aus der Kolonne. Da dankte Puerto, erklärte, seine Uhr sei stehengeblieben und zog sie bis zu Ende auf. Om wartete ohne Widerspruch, bis das winzige Knirschen vorbei war. »Wir beginnen mit der Exekution des dritten Puerto«, erklärte er. »Wer Schußwaffen hat, antreten.« Aber sein Befehl hatte nichts von einem Kommando an sich.

Da hob Puerto seinen Kopf. Den Zeigefinger hielt er schräg in der Luft. Aber er zeigte auf nichts, und seine Aufmerksamkeit galt keinem Dinge und nicht dem Urteilsspruch: er lauschte. Irgendwo in der Ferne mußte er einen Ton aufgefangen haben. Einen Augenblick lang, da er Om betrachtete, zeigte er ein völlig verändertes Gesicht: etwas wie eine erste Überlegenheit, wie eine erste Bereitschaft zu Hohn. Dann hob er den Kopf ein zweites Mal, vergewisserte sich noch einmal und schien Bestätigung zu finden. Von nun an war er endgültig ein anderer.

»Bitte schön«, sagte er höflich und ging langsam voraus. Denn er war sicher, mehr Zeit zu gewinnen, wenn er selber ging, und selbst das Tempo angab, als wenn er Widerstand leistete. Om folgte ihm. Und acht Mann der Kohorte, soviel als Schußwaffen bei sich trugen, begleiteten sie zum Stadthaus.

»Los, Privatmann Puerto, los!« rief jetzt eine Stimme hinter ihnen. »Du bist entlassen.«

Da drehte Om sich umständlich um, sie sollten schweigen. Der Frau hielt man den Mund zu. Puerto tat erstaunt.

»Bist du noch immer feierlich?« fragte er. »Warum sollte sie nicht schmähen ohne Einsicht, wo du doch sogar lehrtest ohne Einsicht? Warum sollte sie nicht noch rasch unfein sein zur falschen Stunde, da du doch sogar fein warst und deine Allgemeinheiten an den Mann brachtest zur falschen Stunde? Seid großmütig oder schadenfroh, doktrinär oder roh – beides kommt auf eines heraus, denn beides ist fehl am Ort.«

»Was willst du damit sagen?« fragte Om. Er war erstaunt, daß

Puerto jetzt nicht anders sprach, als er selbst zuvor gesprochen hatte.

»Sie fangen noch einmal an«, sagten die Leute.

Puerto schien indessen wieder in die Ferne zu hören. »Du tötest mich als Bürgermeister«, erklärte er nun lehrhaft und Om nachahmend. »Aber was wäre schon *ein* Bürgermeister?«

»Ein Prinzip«, erwiderte Om, ging langsam weiter und zeigte seinem Gesprächspartner den Platz an der Mauer, an dem er sich aufstellen sollte. Aber er schien nicht abgeneigt, das Gespräch noch einmal aufzunehmen.

Puerto hatte gehört, wiewohl er offenbar noch anderswohin lauschte.

»Was ist schon ein einziger Bürgermeister?« fragte er noch einmal genauer, und er ging langsam zu der bezeichneten Stelle. »Bin ich nicht nur *ein* Exemplar, Om? Irgendeines? Nur *ein* Vertreter des Prinzips?«

Nun war es Om, der es vermied zu antworten. Ihm war nicht wohl dabei.

Puerto lauschte noch immer, als erwarte er etwas. »Ob du aus Prinzip einen einzelnen tötest«, sprach er geduldig, und er horchte hinaus, »oder aus Wut – was ist da für ein Unterschied? Das Prinzip ist größer, Om. Das Prinzip lautet: alle Bürgermeister: Alle Puertos. Es gibt mehr als drei. Sind alle in deiner Hand?«

»Jetzt noch nicht«, antwortete Om mit schlechtem Gewissen. »Aber schließlich.«

»Und wann ist schließlich?« erkundigte sich bescheiden Puerto. Er grenzte aber selbst voller Höflichkeit die mögliche Antwort ein, »nur so ungefähr, natürlich.«

Diese Frage kannte Om, diese Frage hatte er im Ohr gehabt als er loszog vor etwa vierundzwanzig Stunden. Ihm wurde übel. War er noch immer um keinen Schritt vorwärtsgekommen?

»Da brauchst du nicht lange zu warten auf dein Schließlich«, versicherte einer dem Frager. »Wir werden schon einen Punkt machen.«

Dieser sinnlosen Antwort schämte Om sich derart, daß er unsolidarisch wurde und Puerto einen komplicenhaften Blick zuwarf. Und dieser Blick besagte nichts weniger als ›was verstehen *die* schon‹.

Ob alle seine Leute diesen Blick gesehen oder gar verstanden haben, ist nicht mehr auszumachen. Jedenfalls war auch Om von nun an nicht mehr der Alte. Er sprach kein Wort mehr. Schweigend stellte er seine Leute auf. Aber, was er tat, tat er offensichtlich ohne Überzeugung, ja ohne das Gefühl der vollen Realität. Und er endete nur, was er begonnen hatte.

Er besah seine Pistole: das war nur eine matte Wiederholung. Illustration dessen, was er längst gewußt hatte. »Was Totsein ist«, dachte er, »lernt Puerto nur im Sterben. Nicht im Totsein. Ich beraube mich eines Schülers.« Und er dachte: Schade.

Puerto aber kämpfte ums Äußerste. »Nur so ungefähr«, schrie er, »wann ist ungefähr Schließlich?«

Während er schrie, ertönte ein Schuß, wenn auch ziemlich ferne.

Da stieß sich Puerto von der Mauer ab, rannte durch die neun Männer hindurch und war erst getroffen, als er die gegenüberliegende Häuserwand erreicht hatte.

»Macht, daß ihr fortkommt«, rief er jetzt, »ihr Unbelehrbaren, ihr Revolverhelden, ihr Prinzipienreiter!« Und er rutschte auf den Knien, »los, los, los!« Nach einer Pause aber fügte er noch hinzu: »Und auch du, Om.«

Die Leute sahen ratlos auf Om.

»Los, los!« schrie Puerto weiter, »das rate ich euch als Mensch. Hört ihr? *Doch* als Mensch.« Dann rutschte er ganz nahe an die Mauer, knickte etwas ein und hatte wohl nun um fünf Uhr früh des dreiundzwanzigsten Juli neunzehnhundertvierundzwanzig weder als Mensch noch als Magnat noch als Bürgermeister das mindeste zu sagen.

»Doch als Mensch?« fragte einer gedehnt. Sein Nachbar stieß ihn in die Rippen: »Weil er ohnehin stirbt.«

»Aus Rechthaberei«, erklärte ein anderer.

Om aber äußerte sich gar nicht. Er hob nur seinen Kopf und sah aus, als wenn er Puertos Lauschen nachahmte. Hätte er erklärt: »Weil er sowieso siegt, nicht er, Puerto, wer ist er schon, sondern die vielen Puertos«, dann hätte er immerhin etwas berichtigt. Hätte er festgestellt (was er wahrscheinlich nun, da er dastand und seine Leute vergaß, ganz und gar einsah): »Meine Sache war auch nur eine Einzelaktion, ein

Putsch, vielleicht unterschieden von euren kleineren, aber nur wenig«, so hätte er einigen sogar eine Lehre für später gegeben.

Hätte er schließlich sogar zugestanden: »Puerto haben wir behandelt wie siegreiche Revolutionäre, obwohl wir nur als Putschisten vor ihm standen, darum behält *er recht*«, so wäre alles soweit in Ordnung gewesen, als hier von Ordnung noch gesprochen werden kann. Om aber tat nichts dergleichen, sondern handelte nur symbolisch: er schoß drei weitere Schüsse, verschoß damit seine Pistole, warf sie dann in den Sand und ließ seine Hände hängen.

Seine Leute verstanden noch nicht. Aber was kam es jetzt noch darauf an, ob sie ihre Niederlage etwas früher oder etwas später begriffen? Als auf seine drei Schüsse drei weitere antworteten, da horchten sie noch hin, wie eine Minute zuvor Puerto hingehorcht hatte, und als könnten sie sie nachträglich noch prüfen und ihnen auf den Grund kommen. Als aber ein vierter Schuß klatschte und ein fünfter, schon sehr nahe und nun mehrere auf einmal, da hörten sie auf zu zählen. Sie blickten auf Om, der wortlos dastand neben dem kauernden Puerto. Sie erwarteten für sofort irgend etwas: einen Befehl, einen Rat, eine Erklärung, eine Rechtfertigung, wenn nicht gar eine Entschuldigung.

Man kann nicht sagen, daß es Om in diesem Augenblick vollkommener Verlassenheit, da er umzingelt war und gestellt von seinen eigenen Leuten und umringt von den Regierungstruppen aus den Garnisonstädten, daß Om es in diesem Augenblick an persönlicher Tapferkeit hat fehlen lassen. Er zeigte keine Panik. Er entschuldigte sich nicht. Er rechtfertigte sich nicht. Er schob nicht ihnen die Schuld zu, ihnen, die kleine Racheaktionen unternommen hätten, wenn er sie nicht zu dieser etwas größeren geführt hätte.

Aber es fehlte Om doch durchaus an Einsicht. Denn selbst jetzt noch, da seine Unternehmung ihr offenbares Ende gefunden hatte, jetzt noch, da die Beweise vollständig beisammen waren, daß auch seine Eroberung der Stadt Baraño durchaus nur eine Einzelaktion gewesen war und keine allgemeine – selbst jetzt hatte er noch nichts gelernt, denn er griff (was auch immer zu sagen er vorhatte) zur sträflichsten Allgemeinheit; und wenn er nicht zu ihr griff, so verfiel er ihr wieder aus ältester Gewohnheit, denn er begann mit den vielsagenden Worten:

»Eigentlich müßte man stets wissen ...«

Aber während er das sprach, knallte es und einer fiel. Da wurde dieses ›Eigentlich‹ und dieses ›Müßte‹ und dieses ›Man‹ und dieses ›Stets‹, da es nun ankam auf ›Muß‹ und aufs ›Jetzt‹ und aufs ›Hier‹ und auf ›Jeden‹ – da wurde ihnen Om zu viel. Sie überrannten ihn, schossen mehrere Male, und »was man eigentlich stets wissen müßte« (vielleicht eine Wahrheit, wissenswert, nötig und erstaunlich wie die übrigen Sätze Oms, nur wie diese eben eine Wahrheit am falschen Ort und zur falschen Stunde) und »was man eigentlich stets wissen müßte«, das blieb ebenso im Sande liegen wie der Körper Oms neben dem kauernden Puerto.

»*Eine* Sorte beide«, sagte einer und schob mit seinem Fuß Om noch dichter an Puerto heran. Aber da klatschte es schon wieder, und sie flohen.

Wie viele gerannt sind auf anderen Wegen, durch die anderen Vorstädte Baraños, kurz nach fünfe, mit klappernden Kochtöpfen, fluchend auf Om, wie viele sich haben retten können vor den Regierungstruppen und wo sie jetzt sitzen in Guatemala und Honduras, ist mit Bestimmtheit nicht auszusagen. Gewiß ist allein, daß am fünfundzwanzigsten, beschmiert mit Kaffee und mit Fett, in ungewöhnlicher Rundheit, und als erwarte er weitere Verwendung, Oms Esel auf die Plantage zurückkehrte; daß einen halben Tag nach ihm, gleichfalls frisch und gutgenährt, wenn auch etwas zugerichtet, Cepero eintraf; daß Puerto, nachdem er in voller Amtsrobe und angetan mit allen zivilen Auszeichnungen zwei Tage zur öffentlichen Besichtigung aufgebahrt zwischen den Kerzen der Kirche San Josefo gelegen hatte und feierlich beweint worden war von der gesamten Bevölkerung von Baraño, am sechsundzwanzigsten Juli, gewürdigt als Bürgermeister und als Mensch, unter den Ehrensalven der Regierungstruppen zur letzten Ruhe gebettet wurde; und daß schließlich, am siebenundzwanzigsten Juli Om eingegraben wurde auf Kosten der Stadt: er nun freilich weder als Priester, noch als Revolutionär, noch als rebellischer Tabakarbeiter, noch als Mensch, noch als großer Feind, noch als Scharlatan der Wahrheit, sondern eben nur als einer jener kleinen Reste, die man länger nicht mehr überlassen konnte der Julihitze und den Fliegen von Baraño.

Tagebücher, Briefe

Warnbilder

»Du? Du führst Tagebuch?« fragte mich ungläubig ein Freund, dem gegenüber ich beiläufig eine meiner Eintragungen erwähnt hatte. Er kannte mich seit Jahren, und trotzdem war er sprachlos. »Du? Und da habe ich mir immer eingeredet, daß du der Inbegriff des Extrovertierten seiest. Und nur für *eines* lebst: für die Bekämpfung der atomaren Gefahr; und für eine Welt, in der es uns nicht mehr passieren kann, daß wir in unübersehbare Apparate hineingeraten und zu Teilnehmern oder zu Opfern von Auschwitz- oder Hiroshima-Aktionen werden. Heute treibst du dich in Japan herum und morgen in Mexiko. Dafür, dachte ich, lebst du. Und daß du an deinem sogenannten Innenleben überhaupt nicht interessiert seiest und für dich selbst überhaupt keine Zeit hast.«

»Habe ich auch nicht«, bestätigte ich.

»Und trotzdem macht es dir Spaß, den Strindberg-Enkel zu spielen und in den Kavitäten deines Egos herumzustochern?«

»Ob ich solche Kavitäten habe«, antwortete ich, »das weiß ich nicht. Und von ›Spaß‹ kann kaum die Rede sein.«

»Sei doch kein Wortklauber! Und trotzdem hast du also Tagebuch geführt.«

Ich schüttelte meinen Kopf. »Nicht trotzdem. Sondern deshalb.«

»Versteh ich nicht. Also weshalb führst du Tagebuch?«

»Nicht so rasch!« bat ich. »Denn ob du den Ausdruck Tagebuch in meinem Falle überhaupt gelten lassen würdest, das steht doch gar nicht fest. Erstens ist mein Konvolut – das Wort stammt von meinem verstorbenen Freunde Berthold Viertel – ein ›Nächtebuch‹, kein Tagebuch – denn wer käme schon tagsüber dazu, abzurechnen? Und zweitens darfst du nicht glauben, daß ich etwa Tag für Tag Eintragungen gemacht hätte. Oft wochenlang nicht, zuweilen Jahre lang nicht. Nennst du auch sowas ein Tagebuch?«

Er nickte.

»Gut. Dann kannst du fragen: Warum?«

»Warum also führt unsereins Tagebuch?

Erst einmal negativ: nicht aus Interesse an der eigenen Person. Und auch nicht, um die Chance zu gewinnen, im Rückblick das Kontinuum unseres eigenen Lebensweges vor uns zu sehen, um uns also, akademisch gesprochen, als biographisch einheitliche Persönlichkeiten zusammenfassen zu können. Wer hätte davon etwas? Sondern allein deshalb, weil dasjenige, was wir erleben (und damit meine ich nicht nur das, was uns zustößt, sondern auch, wie wir auf das Zustoßende reagieren oder nicht reagieren), charakteristisch ist für das, was Menschen überhaupt heute passieren kann.

Was uns, jedem von uns, heute zustoßen kann, ist z. B. *Entrechtung*. Die haben Millionen unserer Zeitgenossen aufs Entsetzlichste, teils mit-tuend, teils mit-leidend, durchmachen müssen; und ich, als vertriebener Jude, bin darüber nicht gerade uninformiert. Darüber etwa habe ich Tagebuch geführt. – Oder passieren kann uns zum Beispiel (›können‹ ist freilich ein bescheidener Ausdruck, denn das passiert uns allen jeden Augenblick), daß uns Ereignisse, die jedermann betreffen müßten, weil sie effektiv jedermann treffen können – du siehst: ich spreche schon wieder von Auschwitz und Hiroshima –, gleichgültig bleiben; und zwar deshalb, weil sie sich zu weit entfernt von uns, außerhalb der Peripherie unseres eigentlichen Lebenskreises abspielen; oder weil sie einfach zu groß sind, als daß wir sie auffassen, auf sie reagieren oder sie im Gedächtnis bewahren könnten. Und über dieses Desinteressement, das für den heutigen Menschen nicht nur ungeheuer charakteristisch, sondern einfach verhängnisvoll ist, und von dem wohl kaum ein einziger Zeitgenosse sagen dürfte, daß er an ihm nicht teilhabe – über diesen Defekt habe ich in meinen Tagebüchern wiederholt Aufzeichnungen gemacht. Versteh mich recht: in solchen Notizen habe ich also gerade nicht dasjenige fixiert, was ich erlebt hatte; sondern umgekehrt – ich könnte geradezu von einem *negativen Tagebuch* sprechen – dasjenige, was ich nicht erlebt hatte: den Skandal, daß Dinge nicht zu Erlebnissen geworden sind, vielleicht nicht hatten werden können; den Skandal, den ich ja mit Hunderten von Millionen meiner Zeitgenossen teilte und teile und der ungleich wichtiger ist als alle meine wirklichen Erlebnisse, wie interessant oder originell diese vielleicht auch sein mögen. Aber Interessantes oder Originelles hat uns nicht zu interessieren, das heute Alltägliche ist das, was entscheidet – freilich das Alltägliche, das wir aus einer unalltäglichen Perspektive anvisieren; das Alltägliche, mit dem wir uns, obwohl auch wir an ihm teilnehmen, doch nicht identifizieren, so daß wir es niederschreiben und anprangern können.«

Mein Freund kratzte sich den Kopf.

»Was ist?« fragte ich.

»Ein Bestseller wird das nicht gerade werden«, meinte er.

»Da hast du vollkommen recht. Was allgemein interessiert, ist immer nur das Privateste. Und dies fehlt. Nach Mitteilungen wie, daß ich trotz klirrenden Dezemberwetters ein schwüles Augustgedicht gemacht hätte, oder daß ich mit Bestürzung feststelle, wie tief auch heute noch mein erotischer Geschmack durch die erste Nacktheit, die ich vor fünfzig Jahren auf einem Breslauer Hinterhof gesehen hatte, geprägt ist – nach derartigen Privata, die vor gar nicht so langem ruhig in Tagebüchern hätten stehen dürfen, würde man vergeblich blättern. Aber derartiges auszukramen oder gar einem Publikum vorzulegen, das würde mir vor der Folie der Dinge, die heute zählen: vor Auschwitz und Hiroshima, nicht nur läppisch vorkommen, sondern unanständig; und unanständig nicht etwa deshalb, weil es sich um Sexualia handelt, sondern deshalb, weil es sich um Privata handelt, weil es nämlich schamlos ist, in apokalyptischer Zeit eigene Privata, und wären diese noch so keusch, als Wichtigkeiten vor anderen auszubreiten. – Kurz: was mich interessierte und was niederzuschreiben mir nicht nur nicht schamlos, sondern legitim schien, sind diejenigen Erlebnisse und Erfahrungen, die *obwohl meine, nicht nur meine sind.* Wenn ich Interesse an diesen Erlebnissen nehme und auf das Interesse anderer hoffe, so deshalb, weil ich, wie jeder andere, ein *Barometer* bin, von dem ich, und zwar ständig, den Wetterstand der Epoche ablesen kann. Ich wiederhole: *Jedermann* ist solch ein Barometer. Ipso facto seines Lebens trägt jeder ein Stück Gegenwartswelt mit sich herum, beziehungsweise ein ihm kostenlos zur Verfügung gestelltes Material, aus dem er jederzeit schöpfen kann, nicht so sehr um sich selbst, sondern um die Welt und Mitwelt von heute zu erkennen und zu informieren: nämlich *sich selbst.* – Es gibt ein dem Diogenes in den Mund gelegtes Wort: ›*Omnia mea mecum porto*‹, zu deutsch: ›Alles Meinige trage ich mit mir.‹ Vielleicht darf man dieser großartigen Autarkie-Maxime für einen Augenblick eine andere zur Seite stellen: die Maxime: ›*Omnia vestra mecum porto*‹, die besagt: Alles Eure, alles was euch allen passieren könnte, kann auch mir passieren; alle eure möglichen Reaktionen oder Reaktionsdefekte lassen sich auch von mir ablesen – kurz: wer in sich selbst hineinschaut, der findet auch die anderen und auch die Welt; wer über sich selbst Rechenschaft ablegt, der legt damit auch über die anderen Rechenschaft ab; und vielleicht darf der sogar auch darauf hoffen, damit auch *für* die anderen Rechenschaft abzulegen, dadurch nämlich den anderen zu helfen. Diese Maxime kann freilich nur derjenige befolgen, der sich trotz seiner Selbstbeobachtung nicht für eine Extrawurst hält oder gar für den Mittelpunkt der Welt – wozu Tagebuchschreiben verdammt leicht verführen kann. Ausnahmen haben solche Beobachter nur insofern zu sein, als sie eben, statt nur einfach zu ›erleben‹, versuchen müssen, sich über ihre (von den anderen ebenfalls gemachten) Erfahrungen auf dem laufenden zu halten und diese zu fixieren. Zu Spezialgeräten werden Spiegel nicht durch das, *was* sie widerspiegeln, sondern allein durch die Tatsache, *daß* sie die Welt widerspiegeln.«

»Deine Tagebücher handeln also gar nicht von dir?!«

»Zu einfach«, antwortete ich. »Sie handeln, obwohl von mir, nicht von mir. Und nur diejenigen Eintragungen, die nicht nur von mir handeln und nicht nur über mich selbst etwas aussagen, halte ich für gerechtfertigt. Das ist wahrhaftig keine Paradoxie. Du brauchst dich ja nur an jene Versuche zu erinnern, die gewisse Mediziner an ihrem eigenen Leibe durchführen. Wenn diese ihre Reaktionen auf unerprobte Mittel beobachten und registrieren, so tun sie das ja niemals deshalb, weil sie sich für sich selbst oder für ihre individuell-psychologischen Reaktionen interessieren; sondern allein deshalb, weil sie wissen, daß sie ›omnia vestra‹ mit sich herumtragen; daß also dasjenige, was sie an sich selbst feststellen, auch auf andere zutreffen, und damit vielleicht auch für andere nützlich werden könnte. –

Und nun noch eine letzte Bemerkung über das, was meine Tagebucheintragungen *nicht* sind: niemals steht hinter ihnen die Absicht oder auch nur die Hoffnung, Erlebtes (und das heißt ja stets: Gewesenes) seiner Gewesenheit und seiner Vergänglichkeit zu entreißen, es also zu *verewigen*. Das muß ich deshalb betonen, weil die Hoffnung, Gewesenes als Gegenwart zu erhalten, es also zu *retten*, hinter den meisten Tagebuchseiten der Weltliteratur steht, genauso wie hinter den meisten Geschichtsdarstellungen, Monumenten oder Fotos. Für mich spielt dieses ›Rettungsmotiv‹ überhaupt keine Rolle. Im Gegenteil: in den meisten Fällen wäre es mir tausendmal lieber, wenn es in meiner Macht läge, das Gewesene durch dessen Fixierung – wieder ungeschehen zu machen, wenn ich es also, statt es zu retten, *fortbeschwören* könnte. Da ich das aber nicht kann, sollen die Niederschriften doch mindestens dazu beitragen, *Künftiges ungeschehen* zu machen, *Künftiges zu retten:* nämlich zu verhüten, daß das, was ich schildere, sich wiederhole. Fast jedes ›So war es‹, fast jedes ›Dies hat sich so oder so abgespielt‹, meint letztlich: ›So oder so darf es nicht noch einmal sein. Nicht noch einmal.‹ – Nicht Preis- oder Pietätstücke sind also die Bilder, die ich aufzeichne; viel eher entsprechen sie jenen bildlichen Darstellungen von Katastrophen, die, hie und da am Rande von Autobahnen aufgestellt, als Warnungen gemeint sind. Und Warnungen sind auch meine Bilder. Für schwarz umflorte Aufnahmen meiner, ach, schon vergangenen oder gar wirklich schon total versunkenen Vergangenheit fehlt es in meiner Lebenswohnung an Platz. Denn deren Wände sind bis in den letzten Winkel hinein mit solchen Warnbildern austapeziert; und manche von diesen habe ich sogar schon übereinander kleben müssen.«

Leichenwäscher der Geschichte

Los Angeles 1941

Vor zwanzig Jahren sah ich in Kansas einen Musikclown, der das Mundstück seiner dreifach verknoteten Tuba, so als hielte er diese für ein Fernrohr, vors Auge setzte, den Trichter auf den Mond richtete und sich in scheinbarer Verzweiflung darum bemühte, das gewundene Röhrensystem mit seinem Auge zu durchdringen. Um schließlich, mit den Achseln zuckend, dem Publikum mitzuteilen, es herrsche Neumond. – Wenn ich Deiner Bitte nachkommen und versuchen würde, durch das Ganze meines Lebens hindurchzublicken, der Erfolg meiner Bemühung wäre um nichts größer.

März

Vita brevis! Nein, daß das Leben kurz sein soll, das kann mir niemand weismachen. Nicht etwa durch Langeweile ist es lang, sondern wirklich durch lange Dauer. Mindestens nach rückwärts ist es endlos. ›Meine‹ Breslauer Kindheit reicht in Tiefen paläontologischer Urzeit. Daß mein damaliger Namensvetter und ich einer und derselbe sein sollen, nur für Sekunden kann mir der Verstand das einreden. Ein Urahn muß der gewesen sein. Dagegen sind etwa die Athenäumsfragmente erst ›soeben erschienen‹ und eigentlich, trotz des Ozeans von Literatur, der sich zwischen damals und heute ausbreitet, kaum noch aufgeschnitten. Das Haus des Lebens mag winzig sein. Von außen gesehen. Aber tritt man durch die Türe in die eigene Wohnung, und blickt man nach drei Schritten zurück, dann ist die Türe bereits verschwunden, und die Wohnung erweist sich als endlos.

7. März

Da hätte ich also, obwohl als enemy alien und als unskilled worker eingestuft, doch noch eine Arbeit gefunden. Freilich eine, die als Job reichlich ›odd‹ ist: Leichenwäscher der Geschichte bin ich nämlich geworden. Seit einer Woche gehöre ich zur Reinigungskolonne des HOLLYWOOD CUSTOM PALACE.

Mit Zoll hat das Wort Custom hier nichts zu tun, vielmehr bedeutet es Kostüm. Denn der zwölfstöckige Kasten, der ›Palast‹, in dem ich nun meine Tage verbringe, ist ein Museum der gesamten Kleidervergangenheit der Menschheit, ein Arsenal, das, zur Vermietung an die großen Film Companies, alles enthält, was unsere Vorfahren und Zeitgenossen, einschließlich ihrer Sklaven und ihrer Haus- und Prunktiere, jemals auf ihren Leibern getragen haben oder heute noch tragen. Von Evas Feigenblatt-Gadget an (in zweifacher Ausführung: ›Wachstuch opak‹ und ›Durchbrochene Arbeit‹) bis zu den Stiefeln der SA, die hier also – welch atemberaubender Optimismus – bereits neben dem Schuhzeug aus anderen Epochen herumhängen, so als seien sie bereits Geschwister der griechischen Sandalen und kaiserlichen Kürassierstiefel, also Vergangenes. Wenn man von mir verlangen würde, diese Stücke zu schmieren, als ungelerntes Mitglied der Reinigungskolonne könnte ich das natürlich nicht abweisen. Da ist man also vor den Originalen geflohen, um dann, ein paar Jahre später am anderen Ende der Welt in die Gefahr zu geraten, deren Duplikate gegen Bezahlung zu säubern. Gleichviel, auch lernen kann man hier manches, sogar *die* Grundwahrheit aller Klamottenphilosophie: nämlich daß wir Menschen unsere Blöße nicht deshalb zugedeckt haben, weil wir ohne Kleider zu Tode erfroren wären, sondern deshalb, weil wir ohne sie unfähig gewesen wären, uns als Personen von Rang aufzuspielen, Hierarchien zu statuieren, Mitmenschen anzulokken und andere einzuschüchtern. Gewiß, Bedürfnisse hatten hinter der phantastischen Erfindung, die ›Kleidung‹ heißt, gestanden, aber physiologische zu allerletzt. Unter den Stücken, die hier herumhängen, ist kaum eines ein Erwärmungsgerät und nur das; fast durchweg sind sie Würde-, Schreck- und Schmeichel-, also Sozialinstrumente. Diese Wahrheit wird mir hier nun in täglichem Achtstunden-Kursus eingebläut, nämlich während ich die Stücke einschmiere, bürste oder aussauge.

10. März

Natürlich hatte ich, als ich den Job antrat, erwartet, daß dieses für die Lügenwelt des Films aufgebaute Arsenal von nachgeahmten Altertümern ebenfalls total lügenhaft sein würde. Aber das scheint nicht der Fall zu sein. Jedenfalls sind diejenigen Stücke, die ich überprüfen kann, bis in ihre verborgensten Knopflöcher hinein geschichtlich treu, wer weiß, vielleicht sogar treuer als jene sogenannten ›echten Stücke‹, die, unterdessen so und so oft repariert, in kulturhistorischen Museen in Europa zu Staub zerfallen oder bereits verbrannt sind. Die Ursache dieser Geschichtstreue ist sehr sonderbar. Der für die historische Zuverlässigkeit der Stücke verantwortliche research staff setzt sich nämlich zum größten Teile aus europäischen, zumeist jüdischen, Historikern und Archivaren zusammen, die, von Hitler verjagt, erst hier an der Grenze der westlichen Welt zur Ruhe gekommen sind. Als diese Akademiker nun das Glück hatten, hier Jobs zu finden, sogar Jobs in ihren eigenen Forschungsgebieten, da waren sie viel zu unelastisch, um ihre alte Arbeitsmoral über Nacht abzulegen. In seinem zweiten oder dritten Leben kann man nicht mehr viel zulernen. Mogeln gewiß nicht. Ich könnte das wohl auch nicht mehr. Göttingen und die Sorbonne sitzen also diesen Hollywood Custom Palace-Angestellten in den Knochen. Und obwohl sie nun sehr vulgären Herren dienen, und einer Industrie zugehören, deren Produkte zu genießen sie sich voreinander schämen würden, kommen sie doch gar nicht auf den Gedanken, die Unbestechlichkeit und Genauigkeit, die sie sich drüben im Dienste an der angeblich reinen Wissenschaft angewöhnt hatten, nun aufzugeben. Der Devise ›right or wrong – my country‹ entspricht nun die nicht weniger blamable ›right or wrong – my company‹. – Ob sich auch nur einer von ihnen klarmacht, daß er als Flüchtling nun zum Boten wird, und daß er nun als ›Verjagter‹ das Erbe derer kultiviert, von denen er eben herausgeprügelt worden ist? Ob auch nur einer spürt, wie lächerlich und wie gespenstig das ist? Wohl kaum. Auf keinen Fall aber spüren das die Nutznießer, für die umgekehrt durch diese akademische Genauigkeit alles in der schönsten Ordnung ist. Denn jene Schauspieler, die in morgigen oder übermorgigen historischen Hollywood-Schinken als Gladiatoren, Kreuzritter, Kardinäle, Dragoner, Jakobiner oder SS-Männer auftreten werden, die dürfen schon heute ruhig schlafen, da sie sicher sein können, daß kein Knopf an ihren Kostümen falsch sitzen, und keine Krause um ihren Hals ein Fältchen zu viel aufweisen werde. – Das also ist nun meine Arbeitswelt. Während drüben Millionen einander abschlachten.

11. März

Nein, ganz stimmt das mit der ›Treue‹ dieser Stücke doch nicht. Und zwar deshalb nicht, weil wir ja in einem Zeitalter leben, mindestens in einem Lande, in dem heutige Produktion bereits als virtueller Abfall zur Welt kommt, und allein allerneueste, am besten morgige, Produkte für voll genommen werden. Auch die Leihwaren hier sind, obwohl sie Vergangenheit abbilden, dieser Regel unterworfen. Auch sie müssen, wenn sie konkurrenzfähig bleiben, den Kunden befriedigen und nicht als antiquierte Antiquität beiseitegeschoben werden wollen, in der denkbar letzten Version angeboten werden; und kein Stück würde als seriös gelten, das nicht auf der ihm umgehängten Etikette sein sehr rezentes Geburtsdatum angeben würde. Selbst von Kostümen aus der Antike gilt das, selbst die müssen in der neuesten Auflage zur Verfügung stehen, selbst das Verstaubteste muß funkeln. Unterstellt, daß eine Produktionsfirma von Rang, sagen wir MGM, demnächst karthagische Elefantensättel für einen Salambo-Film benötigte (und das Gerücht, daß das drohe, geisterte gestern durch die Stockwerke) – die drei Elefantensättel aus dem Jahre 1930, die ich gestern (wohl weil sie zum Verleih an kleinere Firmen doch noch ausreichen würden) mit Schuhcreme so lange zu bearbeiten hatte, bis sie wirklich zugleich uralt und brand new aussahen – diese bereits zwölf Jahre alten und deshalb antiquierten Antiquitäten einer so großen Firma wie MGM zu offerieren, käme natürlich nicht in Frage. Aus Prestigegründen würde MGM es ablehnen müssen, Produkte zu mieten, die vor dem Stichjahr 35 erzeugt worden sind (›that's the lowest date we could consider‹), und im Notfall würde sie sogar neue alte Sättel in New York bestellen und hierher fliegen lassen. –

14. März

Gestern abend mit L. im Kino gewesen, in einem imbezillen Madame-Pompadour-Film, um einmal ›unsere Kostüme‹ in actu zu sehen. Wären wir dazu fähig, wir hätten auf ›unsere Stücke‹ stolz sein können, denn sie waren tatsächlich das einzig ›Echte‹. – Besprachen nachher zwei Punkte, denen nachzugehen lohnen würde. Erstens: daß es sich hier, da als Material bereits Fertigwaren dienen, um *›Produktion aus Produkten‹* handle. Sowenig der Fabrikant von Brotpudding sein Produkt aus Mehl herstellt, vielmehr aus selbst bereits fertigen Broten, sowenig verwendet der Producer bei der Herstellung seiner Ware das Mehl der Geschichte, vielmehr bereits fertig vorliegende Romane. Beide beginnen ihre Erzeugung damit, daß sie Fertigwaren aufweichen, gewissermaßen in *Material zurückverwandeln*. Sollte vielleicht dieser sonderbare Vorgang für die gesamte Kulturindustrie charakteristisch sein? – Sprachen zweitens über diejenigen – und die sind ja Millionen – denen solche ›Brotpuddings‹ als einzige Quellen ihrer Geschichtskenntnisse dienen; und über das Paradox, daß solche in gigantischem Maßstab vor sich gehenden Fälschungen ihrerseits wiederum massive Stücke Geschichte darstellen, daß wir nämlich die Wahrheit über unsere heutige Welt gar nicht gewinnen können, wenn wir das Faktum dieser Geschichtsfälschungen auslassen. – Überlegten schließlich, ob nicht vielleicht Geschichte immer schon das Kontinuum ihrer eigenen Selbstverfälschung gewesen sei.

15. März

Daran, daß Geschichte und Konfektion hier ineinander übergehen, gewöhnt man sich rascher, als man erwarten würde. Daß alle Stücke, wie in Museen, nach Herkunftsländern und -zeiten geordnet hängen, andererseits aber, wie im Warenhaus, auf ihren Etiketts Größe, Taille, Kragenweite und dergleichen verraten, das ist mir bereits selbstverständlich geworden. Dito, daß auch Raubritterrüstungen, eine neben der anderen auf (natürlich eisernen) Bügeln hübsch ordentlich aufgereiht sind. Desgleichen, daß spartanische Speere und polynesische Giftpfeile, zu zehn oder zwanzig gebündelt, in schirmständerartigen Gefäßen auf Vermietung warten. Woran ich mich (obwohl es eine logische Konsequenz dieses Geschäfts darstellt) nur schwer gewöhnen kann, ist, daß man soviel Wert darauf legt, das effektiv Gewesene zu *übertreffen*. Aber das ist hier Prinzip. Offensichtlich will man damit den Eindruck erwecken, daß die wirkliche Vergangenheit, im Vergleich mit den hiesigen Beständen, kümmerlich gewesen war. Wer an ›Progreß‹ glaubt, für den ist es eben auch selbstverständlich, daß heute hergestellte Nachahmungen des Mittelalters oder der Antike besser, größer und reichhaltiger (vielleicht sogar mittelalterlicher und antiker) zu sein haben als die mittelalterlichen und antiken Originale. Jedenfalls sind sie das hier. Da steht man zum Beispiel im ›Rittersaal‹: eine Rüstung immer strahlender als die andere; und alle so herrlich geräumig, daß damalige Ritter (die ja bekanntlich knirpshaft gewesen waren) ohne Schwierigkeit Versteck in ihnen hätten spielen können. Dem Originalmittelalter waren derartige Luxusgehäuse natürlich unbekannt, erst heute ist es den damaligen Objekten gelungen, uns Heutige einzuholen; oder richtiger: erst uns Heutigen ist es gelungen, das Mittelalter auf eine diskutable Höhe heraufzuziehen. – Noch befremdlicher, wenn man, wie ich gestern, den Auftrag erhält, fünf Ottonenkronen (›10th Century, head size 11 ½ to 15, made 39‹), also viermal mehr, als es in der bescheidenen Wirklichkeit der Ottonenzeit gegeben hatte und je hätte geben können, zu scheuern (übrigens mit der gleichen Spezialsilberseife, mit der ich zu Hause Messer putzte – künftig werde ich sie nur noch ›Geschichtsseife‹ nennen); oder wenn einem, wie mir für morgen, die Weisung gegeben wird, die drei ›identischen‹ Napoleons (›1812, Beresina, mit aufgenähtem Schnee‹) gründlich in Ordnung zu bringen.

16. März

Heute also die drei Napoleons. Den ersten und die untere Hälfte des zweiten hätte ich geschafft. Meine Attitüde gegenüber den Dreien scheint sich aber zu wandeln.

Natürlich leugne ich nicht, daß die drei Napoleons verschiedene Maße haben, daß Nr. 2 um eine Handbreite länger ist als Nr. 1, und Nr. 3 um eine Handbreite länger als Nr. 2; und daß es sich, da man die Beinlänge und die Brustweite des nächsten Napoleondarstellers nicht voraussehen kann, geschäftlich lohnt, verschiedene Größen auf Lager zu haben. Aber daß das die raison d'être dieser Dreiergruppe sei, das leugne ich. Im Hintergrunde der Multiplikation steht höchstwahrscheinlich etwas total anderes: nämlich die Angst, in die wir Söhne des Reproduktionszeitalters geraten, wenn wir mit einzigen Exemplaren konfrontiert werden. Nun, heutigen Produkten gegenüber bricht diese Angst ja nur selten aus, sie braucht da ja kaum je auszubrechen. Denn wenn wir vor einem Auto A oder vor einem Bombenflugzeug B stehen, dann wissen wir ja, daß zehn oder hundert oder tausend identische A und B existieren, daß also der Fortbestand der Idee dieses Wagens oder dieses Bombers auch dann gewährleistet bliebe, wenn diese individuellen Exemplare zugrunde gehen würden. Nicht so, wenn wir den Kopf wenden und unseren Blick in die Vergangenheit zurückwerfen, zum Beispiel auf den Brand der zum großen Teile aus Unicis bestehenden Alexandrinischen Bibliothek – dann geraten wir, wie sinnlos es auch sein mag, sich so verspätet aufzuregen, in Panik; und das erst recht, wenn wir es uns klarmachen, daß dieser Brand keine Ausnahme, keine unglückselige Einzelkatastrophe gewesen war, daß vielmehr die gesamte Geschichte nichts anderes darstellt als eine Unica enthaltende gigantische Alexandrinische Bibliothek, oder richtiger: nichts anderes als die ununterbrochen wütende Feuersbrunst, in der diese Unica, gleich, ob Bücher, Gesetze, Einrichtungen oder Menschen, zu Asche zerfallen sind. Ein einziger Caesar! Nicht auszudenken! Ein einziger Perikles! Nein, ich glaube kaum, daß es heute noch jemanden gäbe, der wie unsere Vorfahren das Risiko auf sich nehmen würde, ein so unbestreitbar unentbehrliches Objekt wie Napoleon – take him or leave him – als solistisches Stück herzustellen, statt ihn, wie es sich gehört, in Serien oder mindestens in Auswahl zu erzeugen und auf den Markt zu werfen. Geradezu übel wird mir bei dem Gedanken an diesen Leichtsinn. Man male sich doch einmal aus, was aus der Geschichte des Neunzehnten Jahrhunderts geworden wäre, wenn diesem einzigen Napoleon-Exemplar vorzeitig, etwa schon im Jahre 1800 oder im Jahre 1801, etwas zugestoßen wäre. Nun, geschehen ist das zwar nicht, dem Mann ist ja nichts passiert, sein ihm zugedachtes Pensum hat er ja programmgemäß absolviert. Gottlob. Aber beweisen kann das nichts, das ist niemandes Verdienst, die Gewissenlosigkeit unserer Vorfahren wird dadurch um nichts geringer. Und damit bin ich wieder bei den drei Beresina-Uniformen. Wenn die Direktion unseres Klamottenpalastes, gleich ob bewußt oder unbewußt, mit dieser

Verdreifachung Napoleons dem Drang nachgegeben hat, sich von der damaligen Gewissenlosigkeit zu distanzieren und, wie nutzlos das auch sein mag, Reservestücke bereit zu halten, dann kann ich dieses ihr Motiv nicht nur nicht verurteilen, dann hat sie mir damit sogar geradezu aus der Seele gesprochen.

17. März

Vor allem ist es natürlich die Qualität, die unsere Imitationen hier auszeichnet. Verglichen mit diesen durchweg reellen und massiven Stücken müssen die Originale wie Attrappen ausgesehen haben, und neben der Wirklichkeit dieses ganzen Palastes ist die Vergangenheit wahrscheinlich nur ein Reich des schönen Scheins gewesen. Aber gleich, ob es erlaubt ist oder nicht, das Verhältnis von Sein und Schein so auf den Kopf zu stellen – so viel darf man auf jeden Fall fragen, ob sich nicht die gesamte vergangene Geschichte, namentlich die Kriegsgeschichte, völlig anders abgespielt hätte, wenn die damals verwendeten Waffen, Rüstungen und Schilder schon damals so reell und so solide gewesen wären wie unsere Stücke hier. Viele Kriege, so scheint mir, wären dann total überflüssig gewesen, zum Beispiel der Zweite und Dritte Punische und der Zweite und der Dritte Schlesische. Mindestens hätte die Geschichte ein ganz anderes Tempo angenommen und ihren mühselig erarbeiteten und erkämpften Stand schon viel früher erreichen können. Wahrhaftig, entsetzlich altertümlich hat das Altertum sich aufgeführt, entsetzlich mittelalterlich das Mittelalter, entsetzlich schwerfällig sind die Jahrhunderte vorwärtsgekrochen, ehe sie an ihrem Ziele, also bei uns, anlangten. Wieviel wertvollste und niemals wieder einzubringende Zeit dabei vergeudet worden ist, das läßt sich schon gar nicht mehr ausrechnen. Unterstellt, ein gnädiger Gott würde es uns heute erlauben, das Spiel der Weltgeschichte von A an noch einmal anzufangen, mindestens die letzten zwei Jahrtausende noch einmal durchzuspielen – wer weiß, ob wir nun nicht imstande wären, diese Zeitstrecke innerhalb eines einzigen Jahrhunderts zu absolvieren? Aber was hilft's? Gewesen ist gewesen. Und dem kann selbst unser Klamottenpalast nicht mehr abhelfen.

Manche Stücke hier noch merkwürdiger. Diejenigen nämlich, die durch nichts verraten, warum sie da sind, das heißt, welche Geschäftswerte ihnen innewohnen und ihre Existenz rechtfertigen könnten. Da hatte man mir gestern zum Beispiel einen Posten von zehn Karmeliterinnen (›big and very big sizes, made 1930‹) zugeschoben – was, da diese zehn Kostüme unvorstellbar eingestaubt waren, den ganzen Tag in Anspruch nahm. Vergeblich versuchte ich mir während der Klopf- und Saugarbeit auszumalen, in welchem ›historical picture‹ diese zehn beleibten und sehr beleibten Karmeliterinnen hatten verwendet werden können oder später einmal würden Verwendung finden können. Aber wahrscheinlich waren diese Fragen ganz sinnlos, genau so sinnlos wie die Existenz dieser zehn Stücke. Auch im Reiche der Dinge gibt es eben Arbeitslose, um nicht zu sagen Lumpenproletarier, die, obwohl sie noch nicht einmal die Gunst genießen, als Sklaven, also zum Nutzen für anderes, da zu sein, dennoch dazu verurteilt sind, herumzuexistieren. Daß solche unseligen Kreaturen – und meine zehn Karmeliterinnen sind natürlich nur Beispiele – schließlich einmal an ihrer Sinnlosigkeit zugrundegehen werden, das zu erhoffen, scheint mir ganz unbegründet, denn wenn es zuträfe, daß Sinnlosigkeit die Chance des Daseins und des Überlebens ruiniere, dann müßte ja dieser Ruin längst schon stattgefunden haben. Umgekehrt bin ich davon überzeugt, daß es in diesem Reiche keinen Widerruf gibt, daß wer oder was als Einwohner des Kostümpalastes einmal registriert worden ist, nie mehr zurück kann; daß meine Karmeliterinnen dem ehernen Gesetz des ›Costume Palace‹ genauso unterstehen wie ihre glücklicheren, nämlich verwendbareren, Geschwister; daß sie also, so weit von ›Ewigkeit‹ hier gesprochen werden darf, ewig hier bleiben werden; und daß es ihnen erst an demjenigen Tage erlaubt sein wird, den Weg allen Tuches anzutreten, an dem zehn funkelnagelneue ihrer Art bereit sein werden, sie abzulösen und ihr Dasein zu übernehmen. Und selbst dafür würde ich mich nicht verbürgen. Denn die ontologische Frage, ob diese zehn neuen dann wirklich ›andere‹ sein werden oder nicht letztlich doch identisch mit den zehn alten, die ist so heikel, daß ich ihre Beantwortung der Direktion überlassen muß.

So also sehen hier die Sorgen, Tragödien, Probleme und Hoffnungen aus, während drüben, jenseits der Ozeane, fern aber wirklich, Hunderttausende einander abschlachten.

21. März

Las die Eintragungen durch. Meine Behauptung vom 11., daß keine unserer Antiquitäten antiquiert sein dürfe, jede sich vielmehr up to date halten müsse, die trifft zwar zu, aber sie war doch nur die halbe Wahrheit. Außer den elektrisch schmiedenden Vulkanen und den elektrisch nähenden Penelopes, die hier täglich neue und immer schönere und immer antikere Schwerter und Gewebe erzeugen, und die dafür sorgen, daß das Abendland nicht untergehe, daß das Erbe bleibe, nein – und was will man mehr? – daß es sogar anschwelle, außerdem gibt es noch eine andere Klasse von Arbeitern und Arbeiterinnen. Denn außerdem gilt – und hier beginnt die Sache nun wirklich dialektisch zu werden – daß jedes nagelneue Stück, wenn es nicht unecht und unglaubwürdig wirken soll, auch wieder *schäbig* aussehen muß. Eine gewisse Schäbigkeit wird natürlich jedem Stück von vorneherein mitgegeben, es gibt keine Rüstungen, Helme oder Krönungsmäntel, die hier als fertig gelten würden, wenn ihnen diese primordiale Schäbigkeit (in Form von Grünspan, von Sprüngen und von fransenden Stellen) fehlen würde. Aber diese erste Mitgift reicht nicht, für die Ewigkeit hält sie nicht vor, auch Schäbigkeit wird im Laufe der Monate und Jahre unansehnlich, um nicht zu sagen: schäbig. Kein Wunder also, daß man sich hier Spezialarbeiter hält, die keine andere Aufgabe haben als die, die erforderliche Schäbigkeit laufend zu konservieren, und Schäden, die morgen schon zu verlöschen drohen, in frischem Zustande zu erhalten. Diese Tätigkeit findet in einem eigenen Saale statt, in einem Raume, den man (sofern man dabei im Auge behält, daß die Objekte hier nicht ›auf jung‹, sondern ›auf alt‹ geschminkt werden) den *Schminkraum der Dinge* nennen könnte. Die dort Arbeitenden benutzen freilich einen anderen Namen, nämlich den ›conservation room‹ – und das sogar mit Gusto und mit Stolz, was begreiflich ist, da sie hier, so als stünde ihre sonderbare Beschäftigung etwa auf derselben Stufe wie die Ausbesserung von Correggios oder wie das Neuweben von verschlissenen

Gobelin-Ecken, in den Listen als ›conservators‹ geführt werden. Im Ernst ist diese Gleichsetzung natürlich nicht aufrechtzuerhalten. Irreführend ist sie nicht nur deshalb, weil unsere Leute ihre Arbeit als völlig Ungelernte leisten können, echte conservators die ihre dagegen nicht; sondern auch deshalb nicht, weil unsere ungelernten Angestellten, da sie Defekte retten, eine *dialektische Arbeit* leisten, während die Spezialisten, die Gemälde gesundmalen oder Gobelin-Ecken gesundweben, von Dialektik gewiß niemals etwas gehört haben. Gleichviel, als ich den ›conservation room‹ zum ersten Male betrat, da sah ich das Folgende: Frauen (unter ihnen angeblich ehemalige Bauhaus-Studentinnen) die sich mit dem fanatischen Ausdruck von Kunststopferinnen darauf konzentrierten, ausgeblichene Blutflecken auf ›antiken Wäschestücken‹ (römischen Legionärshemden oder dergleichen) zu erneuern und die dann die behandelten Stücke säuberlich aufschichteten, so als handelte es sich dabei um frischgebügelte Familienhemden. – In einer anderen Ecke des Schminksaales beschäftigten sich währenddessen fünf ältere Herren damit, den künstlichen Grünspan, der auf Rüstungen und auf etruskischen oder kretischen Schildern allzu schäbig geworden war, neu zum Leben zu erwecken. An der Spitze dieser nicht alltäglichen Malerkolonie steht, obwohl deren Jüngster, der Berliner R., der vielversprechende Kokoschkaschüler, dem noch vor fünf Jahren eine große Zukunft vorausgesagt worden war. Seine große Zukunft – da hätte er sie nun also. R.'s kränkelnde Mutter war mir übrigens in den zwanziger Jahren in Berlin flüchtig bekannt gewesen, sie hatte schon immer ungleich mehr getaugt als ihr Sohn. Wenn ich bedenke, daß diese Frau im Ersten Weltkrieg ihren Sohn empfangen, ausgetragen, und bereits als Kriegswitwe zur Welt gebracht hatte, und sich nach dem Kriege, obwohl bereits tuberkulös, das Brot vom Munde abgespart hat, um ihrem Einzigen die Chance zu verschaffen, ein Rembrandt zu werden; und daß sie ihm nun statt dessen mit allen ihren Opfern nur die Chance verschafft hat, als Vorarbeiter in God's own country die Erneuerung römischer Blutflecken und abgeblätterter Grünspanstellen zu überwachen, dann wird mir speiübel. Hiermit gelobe ich, den idiotisch-feierlichen Ausdruck ›Sinn des Lebens‹, den wir früher so unbedenklich verwendet hatten, in Zukunft nur noch unter Nötigung über die Lippen zu bringen.

Sic transit gloria mundi. Und dennoch, ganz unglorios ist R.'s Grünspanstellung nicht. Denn da diese angeblich ein Spezialkönnen erfordert, verdient er natürlich erheblich mehr, als ich mit meinem Besen- und Staubsauge-Job, den ich tatsächlich heute schon und ohne alle Vorkenntnisse perfekt beherrsche. Kurz: R. gehört hier zur Palast-Elite, mindestens zur Elite der Angestellten. Und davon macht er auch Gebrauch. Als ich heute nachmittag, stöhnend unter meinen diversen Säuberungsgeräten, und die Metallschlange des Staubsaugers hinter mir herschleifend, in die Nachbarschaft dieser Malerkolonne geriet, da bewies sein böser Blick, daß er mich nicht kenne, also von mir unter keinen Umständen erkannt zu werden wünschte. Offensichtlich hatte der Ärmste eine Heidenangst davor, vor den ihm Unterstellten zu zeigen, daß er durch den Zufall seiner Herkunft mit solchem Mob wie mit mir bekannt sei. Und da ich keine Lust hatte, den Mann für sein Inferiorwerden, das mir schon Strafe genug schien, noch zusätzlich zu bestrafen, tat ich ihm den Gefallen und spielte, obwohl ich meine Putzarbeit nun beinahe ihm zu Füßen fortzusetzen hatte, den total Fremden. – Dies also sind die hiesigen Freuden und Leiden, während drüben, und in jedem Augenblicke, Hunderttausende einander abschlachten.

23. März

Wenn nun aber in Rom, Florenz, Paris, Chartres, Nürnberg und Krakau, wenn nun aber drüben – was ja durchaus denkbar ist – alles zu Schutt und Asche zerfallen würde; und wenn als Zeugnis des einmal gewesenen Europa nichts anderes übrigbliebe als dieses Klamotten-Arsenal hier – würde dieses nicht über Nacht, auch wenn sich physisch hier nichts veränderte, eine totale Metamorphose durchmachen? Würde nicht unser Palast am Morgen plötzlich als ein Museum dastehen? Würden nicht diese zusammengenähten und -gekleisterten Leihstücke plötzlich beanspruchen dürfen, Bildungsgüter zu sein? Sogar echte Stücke?

Ja, selbst das. Denn es wäre kindisch, zu glauben, daß die Welt der geschichtlichen Dokumente ein für alle Male in zwei hermetisch voneinander abgeschlossene Kästen, in den Kasten des Echten und den des Unechten, in den der Originale und den der Imitationen, zerfalle; daß, was einmal Talmi gewesen, unter allen Umständen Talmi bleiben müsse. Zwischen den beiden Kästen hat es seit Menschengedenken ein ununterbrochenes Hin und Her gegeben, und diese Fluktuation spielt sich heute genau so ab wie gestern und vorgestern. Immer wieder ist es im Laufe der Geschichte passiert, daß dreifach vermittelte und zehnfach derivierte Stücke, Stücke sogar, die einfach Kopien waren, zu Originalen wurden, jawohl: *wurden*. Das geschah immer dann, wenn solchen Stücken eine kanonische Vorbildrolle zufiel. Und diese fiel ihnen immer dann zu, wenn die Vorbilder, denen sie nachgebildet waren, total untergegangen, das heißt: nicht nur verloren, sondern auch vergessen waren. Dann also rückten sie (und nicht etwa nur die Kopien ersten Grades, die den Originalen zeitlich am nächsten benachbart gewesen waren, sondern auch solche zweiten oder dritten Grades, zuweilen sogar ganz späte, zufällig gerettete, einzige Exemplare von in Massenproduktion hergestellten Mustern) – dann rückten also die Kopien an die Stelle der Originale, dann wurden sie Originale. Nicht nur gilt: Originale werden kopiert, sondern ebenso: *was kopiert wird, wird dadurch zum Original.* Ob Stücke Originale sind oder nicht, das entscheidet sich also oft erst im Laufe der Geschichte selbst, manche Statuen oder Vasen, die unecht und zweitrangig ihren Lebensweg angetreten hatten, sind erst nach Jahrhunderten zu ›echten‹ aufgeblüht; und nur dadurch, daß sie ihre Vorbilder (die meistens selbst schon Nachbilder gewesen waren) überlebten und selbst zu Vorbildern wurden. Der Eltern Tod macht Kinder respektabel. (Andererseits kommt es natürlich auch vor, daß dieses oder jenes nachträglich echt gewordene Stück eines schönen Tages wieder auf seinen niederen Rang relegiert wird, dann nämlich, wenn sein, lange Zeit über verlorenes Original auf der Schaufel eines Tiefbauarbeiters oder im Netz eines Fischereidampfers unverhofft wieder auftaucht.) Gleichviel, je rascher die Verwüstung drüben in Europa weitergeht, je systematischer die Originale drüben in Trümmer sinken, um so rapider wird sich das hiesige Katzengold in lauteres Kulturgold verwandeln. Wer weiß, ob nicht unser Kostümpalast seine besten Jahre als ein Arsenal *›echter Stücke‹* erleben wird, als eine Art von Louvre, und das noch zu meinen Lebzeiten? Das hängt ausschließlich von Hitler ab. Ausschließlich davon, wieviel er drüben stehen läßt. Schon heute kann ich mir Rudel von

Schulkindern und Enkeln vorstellen, die, ehe sie unter Führung ihrer cultural value-Lehrerinnen unsere Klamottenställe betreten, dazu ermahnt werden, respektvoll zu verstummen; so zu verstummen, wie wir einmal in grauer Vorzeit verstummten, als wir (war es in Breslau oder in Berlin?) zum ersten Male an der Schwelle eines Antikensaales standen, in dem griechische Plastiken (die vermutlich angeschlagene Gipsabgüsse römischer Kopien waren) auf uns warteten.

26. März

Las das Bisherige durch. Noch immer nicht ausreichend. Erschöpft ist die Dialektik von neu und alt noch immer nicht. Denn dazu kommt (und diese zwei Geschichtsparadoxe sind natürlich nicht mein Werk, sondern das der Geschichte selbst), daß es hier in Amerika nichts Älteres gibt, als den ›good old progress‹, während es andererseits nichts Neueres gibt als die Vergangenheit – womit ich meine, daß sich die echten Amerikaner, da sie seit Generationen, und mit Recht, auf ihre neue Welt stolz gewesen waren, für die alte Welt, zum Beispiel für das europäische Mittelalter, erst seit sehr kurzem interessierten. Diese zweite Tatsache ist es, die hier zählt. Für ›true Americans‹ stellt zum Beispiel ein vom Metropolitan Museum erworbenes altes Stück in einem ganz anderen, in einem viel konkreteren Sinne, eine *›Neuerwerbung‹* dar als für uns: nicht nur ein neuerworbenes Stück ist dieses für ihn, sondern eine *›neuerworbene Vergangenheit‹*. Auch emotional stehen sie dem Alten ganz anders gegenüber als wir. Vielen ist das Vorgestrige, das sie nicht kennen, geradezu suspekt, auf ähnliche Weise suspekt, wie unseren Bauern das zu moderne Übermorgige. In jenen jüngeren ›intellectuals‹, die sich Giotto-Reproduktionen oder gar Abbildungen archaischer Kunstwerke über ihre Couch hängen, sehen sie nicht nur nicht Konservative, sondern geradezu Avantgardisten, sogar Verräter. Verräter nämlich am alten, guten, nur der Zukunft geltenden Pioniergeist. Bekanntlich war die Liebhaberei für das Frühe oder das angeblich Frühe drüben in Europa unzweideutig von politisch rechtsstehenden Kreisen kultiviert worden. Hier gilt das nicht. Im Gegenteil. Wer sich Platten mit vor-Bachscher Musik kauft, der ist in ihren Augen ›too continental‹, ›esoteric‹, ›undemocratic‹, ein fragwürdiger Amerikaner – um die Sache kurz zu machen: ›pink‹, das heißt: kommunistisch angehaucht. Die FBI-Männer, die sich neulich, um herauszufinden, ob ich Bomben stets oder nur gelegentlich in den Hosentaschen zu tragen pflege, harmlos danach erkundigten, ob ich gerne die Bücher eines gewissen (›what do you call him?‹) Hegel lese (denn in ›Logistics‹ bedeutet Hegel Marx, und Marx: von Stalin persönlich bestochen sein) – die hätten mich ebensogut fragen können, ob ich gerne Platten von (›what do you call him?‹) Telemann höre. *Interesse für das Vorgestern beweist Lust auf Umsturz.* Und wer dieses Paradox nicht versteht, dem wird das Spezifische des hiesigen Anti-Intellektualismus niemals aufgehen. –

Was von ihrer Einstellung gegenüber wirklich alten Zeugnissen gilt, das gilt von ihrer Attitüde gegenüber diesem Ramsch hier ebenfalls. Auch der ist für sie nicht im gleichen Sinne wie für uns nur altes Talmigerümpel, sondern außerdem, mindestens auch, *neueste Vergangenheit*, eine Vergangenheit, die ihren Eltern und Voreltern noch unbekannt gewesen war. Ein wenig mag sich das zwar in den sechs Jahren, seit ich in New York gelandet bin, verändert haben. Hie und da sprießen bereits Antique Shops auf. Aber die Vergangenheitsindustrie, die diese Läden einmal verläßlich mit täglich frischen alten Resten zu beliefern haben wird, die ist noch unterentwickelt, ihren boom wird die erst in einiger Zeit erreichen. Um sich zur populären, das heißt zur geschäftlich lohnenden Massenmode zu entwikkeln, dazu benötigt der bisher esoterische Geschmack Zeit, und während eines Krieges gilt das natürlich erst recht. Kurz: das Gewesene steht uns hier noch bevor. Und hoffentlich bin ich, wenn das Angebot an Gewesenem hier stürmisch ausbrechen wird, längst schon wieder im alten Europa. Sofern es das dann noch geben wird. Oder wieder.

4. April

Verlor gestern B. gegenüber, als ich ihn nach Hause begleitete, ein paar nervöse Worte über meinen miserablen Job.

»Da sind Sie am falschen Schalter«, sagte er abweisend. Und als ich ihn erstaunt anblickte: »Dafür habe ich nicht das mindeste

Verständnis.« Und dann legte er los: »Wer die richtige Frau nimmt, der verspielt die Chance der Erfahrung. Wer ›seinen‹ Beruf findet, der bleibt nur bei sich selbst. Wer nur auf Klaviaturen spielt, die ihm nach Maß gearbeitet sind, dessen Finger lernen nichts mehr.«

»Aber?«

»Jawohl aber!« rief er. »Denn nur was *nicht* paßt, nur was *nicht* für Sie gemacht ist, nur was hier *zu kurz* ist oder dort *zu lang, nur das Falsche ist das Richtige!* Nur das macht erfahren! Nur das ist die Welt!« Er sah nicht ironisch dabei aus. »Wirklich«, fuhr er fort, »Sie haben Ihr Leben entsetzlich falsch in die Hand genommen. Denn wonach haben Sie gejagt? Immer nur nach dem Richtigen. Immer nur nach dem Passenden. Immer nur nach der Erfüllung. Und dann und wann hatten Sie sogar das Pech, daß Ihnen das gelang, daß Sie die Erfüllung zufällig fanden. In dieser Frau. In diesem Freund. In dieser Sache. In dieser Arbeit. In zufälligen Stücken Welt, die so aussahen, als wären sie nach Maß gearbeitet, für Sie und nur für Sie bereitgelegt worden. Aber wenn Sie mich fragen, mein Lieber, diese Episoden waren die allerunrichtigsten Stücke in Ihrem Leben. Richtig waren allein die Durststrecken dazwischen. Die Jahre, die mit Zufällen angefüllt waren. Die Berufe, die Sie verflucht haben. Und wenn Sie ein Minimum von Erfahrung erworben haben sollten, zu danken hätten Sie das ausschließlich diesen Zeiten des angeblichen Zeitverlustes.« – Er zeigte auf die Mexikaner, die vor dem Hause die Straße teerten: »Glauben Sie vielleicht, die da hätten nicht auch ihre ›inneren Tendenzen‹ gehabt? Und Begabungen, zu denen andere Tätigkeiten besser gepaßt hätten als ausgerechnet hier in South Los Angeles die Straßen zu teeren? Und die hätten nicht auch ›Berufungen‹ gefühlt, zu denen es vielleicht Berufe gäbe, die wie Handschuhe für Hände passen würden? Aber die da, die mußten eben das tun, wozu sie nicht berufen waren, was ihnen nicht paßte, was ihnen zufiel – kurz: das Falsche. – Und wer kennt die Welt? Sie? Oder die da?«

Lieben gestern
New York 1948

24. Januar

Gestern Einladung zu L.s fünfzigstem Geburtstag. Sechs Paare. Alle nahezu gleichen Alters. Die Männer um die Fünfzig, die Frauen um die Vierzig. Alles war bereits gut in Gang und in bester Laune, als hochrot Mrs. D. in der Türe stand, ihr Zuspätkommen mit ihren vier Kindern entschuldigte, übersprudelnd einen Unfug nach dem anderen zum Besten gab und einen ganzen Sack voll Allotria über uns ausschüttete. – Um den Tisch wurde es totenstill.

Erst einmal sprudelte es weiter. Aber nach einer Weile begann Mrs. D. die Windstille zu spüren. Und nachdem sie in ein fragendes Ritardando übergegangen war, brach sie mitten im Satz ab. »Ist hier jemand krank zuhause oder was?«

»Nichts dergleichen«, versicherte L. höflich. Es sei ungeheuer unterhaltend.

»Honestly?«

»Honestly.«

Nur stockend kam ein neues Gespräch in Gang. Über etwas ganz anderes. Auf Englisch, aus Rücksicht auf Mrs. D. Aber unsere Liebesmüh war vergeblich, die englische Unterhaltung bestritten ausschließlich *wir*. Halb mißtrauisch, halb erschreckt blickte sie sich währenddessen im Kreise um, schwankend, ob man ihr etwas verschwieg, oder ob sie ahnungslos einen *faux pas* begangen hatte; und wahrscheinlich stieg in ihr, der Freundlichen, Hilfsbereiten, Vorurteilsfreien, so etwas auf wie Ressentiment gegen »those queer refugees«. Noch ehe sie ihr Stück Torte berührt hatte, war sie verschwunden.

Die aber zurückblieben und nur langsam wieder in Gang kamen, waren sechs kinderlose Emigranten-Ehepaare.

Aufklärung des Zwischenfalls. Die sechs Paare waren zwar durchweg gebildete Leute, aber doch insofern in einem engen Sinne ›gebildet‹, als sie 1933 unfähig gewesen waren, ihre Flucht als (winzigen) Bruchteil eines weltgeschichtlichen Ereignisses aufzufassen; sie verstanden sie vielmehr als katastrophenhaften Zwangs-Umzug. Gekränktheit war ihre einzige Stellungnahme zur Weltlage. Und grundsätzlich hat sich darin nichts bei ihnen verändert.

Mindestens während der ersten Emigrationsjahre, vor der Ankunft in Amerika, in den verschiedenen europäischen Ländern, hatten sie aus der Hand in den Mund gelebt; zumeist aus *ihrer* Hand in *seinen* Mund. Lebenskonstanten hatten sie nicht mehr gekannt; womit man in vierzehn Tagen sein Essen bezahlen würde, war stets ungewiß gewesen; ebenso ungewiß, ob man im nächsten Monat noch das Recht haben würde, sich ›aufzuhalten‹; ebenso ungewiß, wo man in einem halben Jahre leben würde; und schließlich ebenso ungewiß, ob man in einem Jahr überhaupt noch dasein würde. Natürliche Folge: Alle waren – und alle programmwidrig – *kinderlos* geblieben. In den zehn, fünfzehn Jahren, die folgten, ist dieser Zustand zum ›Normalzustand‹ geworden; er wird von niemandem erwähnt; ebensowenig wie etwa von den Insassen einer Taubstummenanstalt ihre Taubstummheit erwähnt wird. Aber zuweilen kann es eben vorkommen, daß jemand ahnungslos die zugedeckte Wunde aufdeckt. Und das hatte Mrs. D. soeben getan.

Die Folgen dieses unnatürlichen Zustandes: Trotz jahrelanger, täglicher neuer Sorgen sind sowohl Männer wie Frauen ›jünger‹ geblieben als Gleichaltrige früherer Generationen. Aber ›jünger‹ in einem trügerischen Sinne; im Sinne von ›weniger erwachsen‹. Denn Erwachsenheit, erst einmal beim Manne, ist weder nur ein biologischer Zustand noch das, was wir in Universitätsseminaren (wieviel Äonen ist das her?) bei der Analyse von Erziehungsromanen das »Stadium geistig-sittlicher Entwicklung« zu nennen liebten. ›Erwachsenheit‹ ist vielmehr ein gesellschaftlicher Status; wozu zum Beispiel Vater-sein gehört. Erwachsen ist derjenige Mensch, der mit seiner bestimmten Rolle innerhalb einer bestimmten Gesellschaft rechnen darf; der daraufhin bestimmte Dispositionen treffen kann; und mit dessen bestimmter Funktion auch die Gesellschaft rechnet. Kurz: Erwachsenheit ist gesellschaftliche Identität.

Um diese Identität sind diese Sechs also betrogen worden.

Obwohl zum Bersten gefüllt mit Erfahrungen – von Dingen, die keiner ihrer Väter oder Großväter auch nur geahnt hatte – sind sie nicht eigentlich ›Männer‹, sondern überanstrengt aussehende Jünglinge, Knaben mit Charakterköpfen. Daß viele wie Künstler des vorigen Jahrhunderts wirken, ist kein Zufall: Denn auch die hatten sich eben, als Außenseiter, um das Erwachsenwerden betrogen. Selbst der Langweiligste von ihnen trägt markante Züge... was nur die Gedankenlosigkeit beweist, mit der die Geschichte ihre Egge durch alle Gesichter zieht.

Drei von den Sechsen arbeiten noch heute (oder: weil sich nichts bisher bewährt hat: schon wieder) für einen Beruf. ›Für‹ einen Beruf, nicht ›in‹ einem Beruf. Noch immer sind sie also dabei, sich für das Leben *vorzubereiten*; was nicht weniger peinlich wirkt, als wenn sie erst jetzt begännen, ihre Pubertätssymptome zu entwickeln. Fünf Jahrzehnte Ouvertüre, ein Jahrzehnt Oper. – In einem Alter, in dem unsere Väter und Großväter sich in Sicherheit befanden, mindestens auf der Höhe ihrer Kraft standen oder bereits (gleich, ob gern oder ungern) dem Alter entgegenlebten, blicken die Drei also noch ›vorwärts‹. Hierzulande, wo man das Sterben unterschlägt, und wo, wie die Buchtitel beteuern, ›life at seventy‹ beginnt, mag dieses ›Vorwärts‹ zwar als fesch gelten. Aber Männern, die alt zu werden verstanden, hätte der Anblick die Kehle zugeschnürt.

Mehr noch als auf die Männer trifft der Ausdruck ›falsche Jugend‹ auf die Frauen zu. Bei ihnen, den leichter Veränderbaren, wirkt das noch peinlicher: wie kosmetisch hergestellte Kunstjugend. Einen sonderbaren Zwischentypus stellen sie dar. Daß sie mit alten Jungfern nichts gemein haben, ist zwar klar. (Die wären neben ihnen eindeutige Typen.) Aber mit Müttern eben auch nichts. Nicht nur um Kinder sind sie betrogen, sondern um ihren natürlichen Habitus der Mütterlichkeit; darum, als das zu leben, als was zu leben jeder Frau zukommt; ›zukommt‹ sowohl im Sinne von ›gebührt‹ wie von ›ziemt‹. Also sind sie täglich älter werdende ›junge Frauen‹. Wie sie mit sechzig aussehen werden, das sich vorzustellen, vermeidet man. Daß Zwei der Sechs, obwohl für diesen Typ durchaus nicht angelegt, ins Blaustrümpfige hineingeglitten sind, ist ihre Schuld nicht. Aber leugnen kann man es auch nicht. – Eine wirkt bereits sonderbar: Ihrem Habitus und Interesse nach ist sie eigentlich ausschließlich Familienmensch. Aber Familie hat sie eben nicht: ihre Eltern sind vergast; Kinder konnte man sich nicht leisten, und ihr Mann ist weder väterlich noch kindlich genug, um das Fehlende zu ersetzen. So gehen ihre liebenden Impulse einfach ins Leere. Ihre Gesten ähneln den Bewegungen jener Tänzerinnen, die ›Tragen‹ tanzen, ohne etwas in der Hand zu halten, oder ohne Seil uns einreden wollen, daß sie ›schleppen‹. Daß die furchtbare Diskrepanz zwischen Anlage und Wirklichkeit, zwischen Nachfrage und Angebot so wenige dieser Frauen im psychiatrischen Sinne krank gemacht hat, ist wirklich ein Wunder.

Trotz allem: Was die Weltweite dieser Frauen anlangt, so übertrifft sie die ihrer Mütter und Großmütter um ein schlechthin Unendliches. Und sie haben während der Emigration mehr Erfahrungen gemacht und mehr Einblicke gewonnen als die Männer. Wie viele von ihnen haben in Emigrationsländern, in denen die Männer der Arbeitserlaubnis nachjagten, als wäre die Erlaubnis bereits eine Lebensstellung, doch noch schwarz arbeiten dürfen: als Sekretärinnen, Kinderfräuleins oder Scheuerfrauen; und so Länder, Milieus, modus vivendi und die tausend Nuancen der Demütigung kennengelernt. – Während die Männer mit den ehrenden Worten: »Aber ich bitte Sie, Ihnen kann man doch so etwas nicht anbieten« vor die Türe gesetzt und dazu verurteilt wurden, sich als legitime Gigolos ihrer Frauen den Luxus schriftstellerischer oder anderer Misere zu leisten. Zwischen den Paragraphen ihrer für Niemanden geschriebenen Bücher lauschten sie dann, ob die Hotelwirtin ausgegangen war. War sie es, so standen sie heimlich auf, um hinter dem Waschtisch auf dem Spirituskocher Spaghetti zu kochen. Da die Frau ›hinaus‹ mußte ins ›feindliche Leben‹, verstand es sich, wirtschaftlich sowohl wie moralisch, daß die Männer die Hausfrauen der möblierten Hoteldachstuben wurden. Aber bekömmlich für das Verhältnis von Mann und Frau ist das gewiß nicht gewesen.

Da stehen sie also, die sechs Paare: Ergraute junge Paare. Die schiefe Verteilung der wirtschaftlichen Lasten hat sich zwar mit den Jahren ausgeglichen. Aber die, nie beabsichtigte, Kinderlosigkeit hat sie in eine Zweisamkeit hineingezwungen, die in diesem Alter (in dem normale Paare bereits ihre Kinder in die Welt hinausschicken), völlig unüblich ist. Kein Wunder also, daß bei einigen von ihnen das Verhältnis der Geschlechter untereinander, also das Liebesproblem, noch immer als *Problem* eine Rolle spielt; also wiederum in einem Alter, in dem sich das einfach nicht schickt, und in dem für frühere Generationen das Problem längst im Guten oder im Bösen erledigt war. Selbst wo Gewöhnung oder gemeinsame Arbeit die gegenseitige Unentbehrlichkeit längst bewiesen hat, fehlt es eben an der Familie, die früher die Ehe post festum immer fester zementiert hatte.

Manchen Zärtlichen und Erfinderischen mag es zwar gelungen sein, mehr füreinander zu sein, als Mann und Frau früher einander gewesen waren oder hatten sein müssen: einander das Kind zu ersetzen oder die Kinder; das drei- oder vier-rollige Familienstück in zweistimmiger Besetzung aufzuführen und einander (wie im Wilhelm Meister) mindestens den *Schein* dessen zu schenken, was man miteinander versäumt hatte. Aber wie viele gibt es schon, die aus moralischen Gründen verspielt sein können, die ihre Phantasien mobilisieren können, um zu trösten; und die sich zu verkleiden verstehen aus Liebe und aus Rücksichtnahme?

Nein, für die meisten dieses Alters war die rein duale Beziehung etwas zu Schwieriges. Und für die Beilegung dieser Schwierigkeiten fehlte es an Vorbildern. Immer wieder glaubten sie zwar, die Schwierigkeiten endgültig begraben zu haben. In Wirklichkeit aber lagen diese so flach verscharrt, daß jeder Windstoß sie wieder freilegen konnte.

Von der übersprudelnden Mrs. D. zu erwarten, das alles zu durchschauen, wäre natürlich unsinnig. Aber daß sie sich plötzlich beengt gefühlt hat, als wäre sie unter Gespenstern, das ist wahrhaftig begreiflich. Ist es ein Wunder, daß sie sich so überstürzt zurückzog zu ihren vier Gören?

27. April

In der deutschen Hamlet-Übersetzung kommt die deutsche Sprache nicht vor: Jedes Wort ist deutsch; keines ›meint‹ Deutsch. – Im Klavier-Arrangement des Berliozschen *Harold* kommt die Instrumentenfarbe ›Klavier‹ nicht vor: Alles ist

Klavier; kein Ton ›meint‹ Klavier. – In der Rötelzeichnung kommt die Farbe ›Rot‹ nicht vor: Alles ist rot; kein Strich ›meint‹ Rot. –

Es gibt eine ganze Reihe von Schriftstellern, beruflichen Antipuritanern, die literarisch vom *épater le bourgeois* leben ... also davon, in ihren Gedichten oder Romanen Sexualtabus zu brechen – wobei sie natürlich auf die Stärke der Tabus rechnen, denn ohne Kollision mit diesen würden sie ja niemals ihre beabsichtigte Schock-Wirkung erzielen können; wer Türen einrennen will, braucht Türen.

Es gibt eine Dichtung, die (obwohl geschrieben in Sexualsprache) doch so wenig Sexualität ›meint‹, wie die deutsche Hamlet-Übersetzung die deutsche Sprache meint; oder (da das Werk nicht gelungen ist) richtiger: es gibt eine Dichtung, die solchem Motiv ihr Dasein verdankt: Schlegels *Lucinde*. Denn was Schlegel in diesem seinem notorischen Roman vorgehabt hatte, war nicht etwa die Emanzipierung des Indezenten gewesen, sondern umgekehrt dessen Abschaffung. Nach einundeinhalb Jahrhunderten teils argloser, teils ängstlicher, teils böswilliger Mißdeutungen (an denen keine Geringeren als Hegel und Dilthey teilnahmen) mag es abstrus klingen: aber wenn Schlegel die Frau emanzipieren wollte, so eben gerade nicht die Frau als Geschlechtswesen, sondern die Frau trotz ihres Geschlechts. In gewissem Sinne war Schlegel der Erste jener modernen Intellektuellen, die es rasend macht, neben ihrem Leben im Geist auch ein Geschlechtsleben zu führen (einfach ›neben‹ und einfach ›auch‹). Also suchte er verzweifelt, einen Generalnenner zu finden für die zwei Stücke seines Doppellebens. Diesen Generalnenner fand er in der ›geistigen Frau‹, in der Frau, die von der ›Menschheit‹ (im kantischen Sinne) nicht ausgeschlossen war; die also, mindestens durch seine Hilfe, an der Vernunft und Philosophie teilnehmen konnte. Stillschweigend (bald lärmend genug) veränderte er durch diese Promotion der Frau zum Menschen auch die Beziehung des Mannes zur Frau, auch die körperliche: auch sie ›beförderte‹ er nun: Geschlechtsverkehr wurde ihm nun zur humanen, geistigen, ja, religiösen, Angelegenheit. (»Wir umarmten einander mit ebensoviel Ausgelassenheit als Religion« ... und: »hoher Leichtsinn unserer Ehe«.) Da er sie zur humanen, geistigen, religiösen Angelegenheit machte, konnte er über sie sprechen; da er über sie sprach, galt er als indiskret; da er indiskret war, mußte er als lüstern gelten: Denn Lüsternheit ist die Begierde, die sich coram publico keinen Zwang antut...

Daß solch ein Buch mißlingen müsse, ist durch das Mißlingen dieses bekanntesten Versuches nicht bewiesen. Um so weniger, als mir scheint, daß Goethe ein vollkommenes Muster einer solchen Dichtung geschaffen hat. Wenn er die fünfte seiner *Römischen Elegien* schließt:

Oftmals habe ich auch schon in ihren Armen gedichtet, / und des Hexameters Maß leise mit fingernder Hand / ihr auf den Rücken gezählt. Sie athmet in lieblichem Schlummer / und es durchglühet ihr Hauch mir bis ins Tiefste die Brust. / Amor schürte die Lamp' indess und denket der Zeiten, / da er den nämlichen Dienst seinem Triumvirn getan –

dann erhebt sich aus der Enge der intimsten Situation die ganze Welt; selbst die Gräber der Antike öffnen sich; und, um zu unserem ersten Bilde zurückzukehren: Die Rötelzeichnung, so rot sie auch ist, meint nicht mehr nur Rot, sondern alle Regenbogenfarben des Universums. –

29. April

Was die Schlegel und Schleiermacher als Revolutionäre der Liebe unter dem Entsetzen und dem Gelächter ihrer Zeit proklamiert hatten: Daß nämlich auch die Frau ein Mensch sei und als Mensch ›Gleiches‹ beanspruchen dürfe – das neunzehnte Jahrhundert, das die beiden mit ihren Manifesten eingeleitet hatten, hat das in ungeahntem Maße zur Wirklichkeit gemacht... in so ungeahntem Maße, daß uns heute die nun hundertfünfzig Jahre alten Proklamationen veraltet und leicht komisch vorkommen.

Freilich hat die ›Gleichberechtigung‹ eine sehr un-Schlegelsche Bedeutung angenommen. Bei Schlegel sind beide: Mann und Frau, darum gleich, weil sie beide *nichts als Menschen* sind. Von beiden beteuert er zwar, sie seien Künstler; aber da seit dem Wilhelm Meister der Künstler nicht als der in einem Beruf eingeengte Mensch gemeint war, sondern als die Verwirklichung und die äußerste Erweiterung des Menschen, ist ihr Beruf nur die Umschreibung ihrer Berufslosigkeit.

Es war genau das Negativ dieser Chance, das die Frau ›gleich‹ gemacht hat: Der Unterschied zwischen den beiden Geschlechtern verengte sich, weil auch *sie* Berufsmensch werden mußte. War sie vorher rechtlos gewesen, so war sie doch immerhin miternährt worden. Nunmehr erwarb sie das männliche Recht, erwerben zu müssen: das Recht, ins ›feindliche Leben hinaus‹ gehen zu müssen, um nicht zu verhungern; und das Recht (da sie durchweg schlechter bezahlt wurde als der Mann) ihren Brüdern unfaire Konkurrenz zu machen. Überspitzt formuliert, hat ihr die Gleichberechtigung nicht das gleiche Menschenrecht, sondern das gleiche Recht auf Verdinglichung gebracht. Verglichen mit dieser Situation (die sie freilich in die ›Welt‹ hinausführt) war sie früher vielleicht mehr Mensch: denn die hundert Arbeiten in ihrer eigenen Welt sind gewöhnlich reicher, als die eine spezialisierte Fabrik- oder Büroarbeit in einer ihr fremden ›Welt‹.

Aber gleich, ob gleiches Menschenrecht oder gleiches Recht auf Verdinglichung, das Monopol des Mannes war dadurch gebrochen. Der Hochmut, den jeder Mann *als* Mann gehabt hatte, wenn er nach Hause kam, ist heute kaum mehr vorstellbar: er war Herrscher, nicht Herr; und zwar nicht nur, weil er hinaus mußte ins feindliche Leben, sondern weil er *hinaus durfte;* und nun gewissermaßen mit der Weltbeute in der Spinnstube erschien. Vom Bauer galt das natürlich weniger als vom Bürger, da bei ihm gemeinsames ›Interesse‹ und Zusammenarbeit ›draußen‹ viel selbstverständlicher war als in der Stadt. Die Trennung der Frau vom Beruf des Mannes ist wohl im großen Ganzen eine Stadterscheinung.

Diese Situation ist nun vorbei. In die Welt hinaus geht zwar auch der Mann nicht, sondern in die Fabrik oder ins Büro; aber dieses Doppelleben führt nun auch die Frau, auch sie hat darauf nun ›das gleiche Recht‹. Aber wie abhängig auch ihre Arbeit sein mag, in neunzig Fällen von hundert arbeiten sie nun unabhängig voneinander. Das heißt: Auch die Frau führt nun ein Doppelleben (das sie nicht zum Leben kommen läßt); auch sie hat nun außer dem Zuhause eine Welt, in die der Mann nicht nur nichts hineinzuriechen hat, sondern in die er gar nicht hineinriechen kann. – Die topographische Differenz der Eheleute, die sich früher durch den Unterschied ›sie drinnen, er draußen‹ so schön als Apriori hatte formulieren lassen, ist ersetzt worden durch

›beide draußen und beide drinnen‹. Ich rede noch gar nicht von dem häufigen Vorkommnis, daß *sie* eine höhere Position hat als er; oder daß sie, obwohl unselbständige risikolose Angestellte, mehr oder sicherer verdient, als er beim Versuche selbständiger Arbeit; daß sie mehr nach Haus bringt; daß er früher nach Hause kommt, wo nun logischerweise die häuslichen Pflichten auf *ihn* warten – die völlige Gleichheit genügt schon, um aus der Beziehung der Geschlechter zueinander etwas vollkommen Neuartiges zu machen. Da sich aber nichts so langsam entwickelt wie die, einer neuen Realität angemessenen Gefühle und Benehmensformen (viel langsamer als Ideologien), ist die heutige Situation eigentlich noch immer, emotional sowohl wie moralisch, vollkommen anarchisch.

29. Dezember

Bekanntlich hat die klassische Philosophie das *Sein* im engsten Zusammenhange mit dem, später zum ›singulare‹ gewordenen *Eins* diskutiert. Die dem gesamten Nominalismusstreit zugrundeliegende, heute wie damals brennende Frage lautet: »Darf man ›Sein‹ von einem ›Etwas‹ aussagen, das nicht *›ein‹* Etwas ist? Also zum Beispiel von der ›Gattung‹?« Diese, nach wie vor rechtmäßige, Frage aufzufassen, ist nicht ganz einfach. Niemand aber, der sie aufgefaßt hat, oder sie sogar in Angriff zu nehmen gedenkt, darf an der Tatsache ›Sexus‹ vorbeigehen. Denn *der Sexus ist Gattung in actu;* oder, anders ausgedrückt: Als *Begattung ist Gattung nicht nur ein nomen, sondern ein Ereignis;* als Trieb ist Gattung nicht etwas an dem Einzelnen, denn er treibt ja gerade den Einzelnen als seinen Funktionär; und kein Einzelner (kein Individuum) kommt zum Sein, ohne daß die Gattung als Trieb und Begattung dafür Sorge getragen hätte.

24. Februar

Ist der Geschlechtstrieb ›gemein‹, in dem Sinne, daß er primär nicht auf ein ›dieses‹, sondern auf ein ›solches‹ aus ist, dann ist er in einer geordneten Gesellschaft die schlechthin anarchistische Macht. Also muß er rigoroser geregelt und abgegrenzt werden als irgend etwas anderes. Je reißender der Strom, desto dringlicher die Ufer-Regulierung. Daß fast alle Gesellschaftsordnungen erst einmal als ebenso schroffe wie komplizierte Regulierungen des Geschlechtslebens eingesetzt haben, wird von allen Anthropologen zugegeben. Nichts benötigt so rigorose Einsäumung und Lokalisierung wie das ›Gemeinste‹.

Wahrscheinlich verdankt das ›Private‹ (mit dem zu ihm gehörigen Tabu-Affekt der ›Scham‹) seinen Ursprung diesen, von der Gesellschaft sich selbst auferlegten, Restriktionen. ›Scham‹ bedeutet ja, zum Beispiel im Griechischen, Scheu vor der Verletzung der Tabu-Vorschriften; zugleich Scheu vor dem Öffentlichmachen dessen, was man mit anderen ›gemein‹ hat; das ›sich gemein machen‹; schließlich (zeitlich vermutlich ›erstens‹) etwas Anatomisches.

26. Februar

Eigentlich gibt es nur zwei Typen, die sich um das, mit der ›Gemeinheit‹ der Sexualität mitgegebene, Problem herumdrükken: Erstens den *Asketen*, der in jedem Individuum, in jedem Liebespartner *nur* das Allgemeine, in jeder Frau nur das Weib überhaupt sieht; und der diese ›Gemeinheit‹ als so hoffnungslos endgültig betrachtet, daß er den Versuch einer Kanalisierung oder Individualisierung bereits vor dem Versuch aufgibt. – Und zweitens den *Don Juan*, den es rasend macht, *das* Weib immer nur im Plural vorzufinden, des allgemeinen Singulars niemals habhaft zu werden, und der sich deshalb mühselig von Individuum zu Individuum entlangliebt... natürlich ohne je durch die jämmerlich endlich bleibende arithmetische Reihe zur Idee des Weibes, zu jenem ›Weib im Allgemeinen‹, das der Trieb ihm versprochen hatte, vorstoßen zu können: Denn die ›Idee‹ erreicht man natürlich nicht durch Summierung.

5. März

»Aber Moral ist doch etwas ganz Künstliches!« rief eine der am laufenden Bande hergestellten Studentinnen.

»Richtig. Aber warum ist das ein Vorwurf? Moral *will* künstlich sein. Und *muß* künstlich sein. Genau so künstlich wie Ihr Wagen, den Sie auch nicht vom Baum gepflückt haben; oder wie

Ihre Schreibmaschine; oder Ihre Theorie. Künstlichkeit ist nicht die Schande, sondern die Ehre der Moral. Da wir Menschen nämlich nicht fertig geschaffen sind: zwar gesellschaftlich geboren werden, aber ohne daß eine bestimmte Gesellschaftsform für uns vorgesehen wäre, haben wir die Form und ihre Regeln selber herzustellen; das heißt also ›künstlich‹. Vielleicht gehört solche ›Künstlichkeit‹, wenn wir Menschen eine ›Natur‹ haben, sogar zu unserer ›Natur‹. Aber die Idee, daß die Moral, weil sie nicht ›natürlich‹ sei, ein ›Vorurteil‹ darstelle, ist Vulgaer-Rousseauismus, wie er nur in den allerkünstlichsten Gesellschaften zur Blüte kommt. Stünde ich an Ihrer Stelle, ich wäre etwas weniger kühn. Ihre Apotheose des ›Natürlichen‹ ist Ihnen derart künstlich eingebläut, daß, verglichen mit dieser Künstlichkeit, die überlieferten Moralgefühle, zum Beispiel Scham oder Rücksicht, geradezu wie Feldblumen wirken.«

»Aber die sind doch Vorurteile«, rief das weibliche Vorurteil.

»Richtig. – Aber könnte es nicht ein Vorurteil sein, daß Vorurteile an sich von Übel sind?«

»Ein Vorurteil?« Ihr Mund blieb offen. So eingehämmert war ihr das Vorurteil über Vorurteile. Natürlich nur das theoretische Vorurteil: Denn ihr Aussehen, ihre Redewendungen enthielten Nicht-Vorurteilshaftes höchstens zufällig, so wie ein in Massenproduktion hergestelltes Objekt ›Individuelles‹ höchstens als einen Fabrikationsfehler enthält.

»Sie verteidigen Vorurteile«, stöhnte das Vorurteil ungläubig.

»Was sind denn Vorurteile?« fragte ich nüchtern.

Sie blickte um sich, um rauszufinden, ob die Frage zu denen gehörte, die man beantworten können muß.

»Was sind sie denn anderes«, antwortete ich an ihrer Statt, »als Urteile, die Menschen für andere Menschen bereits gefällt haben... so daß nicht jeder noch einmal bei A anzufangen braucht. Vorurteile können gut sein oder schlecht. Wie nennt man denn gute, die das Leben erleichtern?«

Von neuem blickte sie sich im Kreise um. Sie wurde unsicher.

»Es ist ein Vorurteil«, meinte ich, »daß man nur dasjenige wisse, was auch den anderen eingepaukt worden ist. Blicken Sie sich einmal vorurteilslos in der Welt um. Also: Was sind Vorurteile, die das Leben erleichtern?«

»In der Welt?«, wiederholte sie befremdet, daß sie etwas

wissen sollte, was nicht zum Pensum gehörte; und ein Faß anzapfen sollte, das nicht zu den von der Schule empfohlenen Erkenntnisquellen gehörte.

»*Sitten*«, antwortete ich schließlich selber.

»Ach so«, meinte sie. Dann zuckte sie mit ihren Schultern, als fände sie die Frage läppisch, weil außerhalb der Schule jeder sie beantworten kann.

»Aber entscheidend«, schloß ich, »ist hier etwas anderes. Daß nämlich Ihre Verwerfung des Künstlichen ganz und gar künstlich ist: daß Sie sie mitmachen, weil es heute so Sitte ist. Zur Verteidigung der Natur und des Triebes sind Sie durch die Gesellschaft getrieben. Und wenn Sie glauben, daß Sie weniger durch Vorurteile bestimmt seien als Ihre Großeltern, dann irren Sie sich gewaltig. Nur daß Sie eben das Vorurteil haben, keines zu haben, weil man keines haben darf. ›Man‹. ›Darf‹. Subjektiv ist das gewiß keine Verlogenheit Ihrerseits. Aber geschichtlich gesehen wird diese Haltung einmal als kollektive Unehrlichkeit gebucht werden.«

Zum dritten Male blickte sie sich im Kreise um, um sich zu vergewissern, wie die anderen auf diese, ihr unverständliche, Rede reagierten. Aber die anderen reagierten genau so wie sie: sich vergewissernd, wie die anderen reagieren würden. Und da keiner aus dem Benehmen des anderen ein Vor-Urteil über meine Thesen entnehmen konnte, waren sie alle wie erlöst, als die Stunde aus war.

7. März

Kam zufällig durch den Zoo im Zentralpark. – Auch wer nur ein einziges Mal Tiere in flagranti ertappt hat, müßte begreifen, daß unser Geschlechtsleben nicht weniger menschliches Monopol ist als unser seelisches und geistiges.

Natürlich gibt es Sexus dort wie hier, im tierischen wie im menschlichen Leben. Aber uns deshalb ›tierisch‹ zu nennen, ist ein kläglicher Trugschluß. Schon der Platz, den der Apfel der Erkenntnis bei uns einnimmt, macht ihn zu einer Frucht sui generis. Da er bei uns in den Ästen der Sprache hängt, in den Ästen der Wählerischkeit, der Scham, der Rücksicht, der Erinnerung, der Kunst, der Freiheit; und da er von allen diesen Ästen miternährt wird, wird er geradezu zum Triumph der Humanität. Nichts beweist die Kraft des Menschen überzeugender, als daß er das mit den Tieren Gemeinsame in die Sphäre des Spezifischen hinaufheben kann. Mit hundert Einzelzügen könnte man die Humanität des Sexus belegen: Daß wir dabei einander *ansehen*, nicht nur einander sehen können; daß wir *jemanden* lieben, nicht nur zu lieben lieben oder gar nur lieben müssen; daß wir nicht zwei Vorderläufe haben, sondern Arme, frei für Zärtlichkeiten; daß wir frei sind, den Winter zum Frühling, den Tag zur Nacht zu machen, statt uns von der plötzlichen Flutwelle der Brunstzeit hochwerfen zu lassen; daß wir, durch Tabuierung, die körperliche Spannung raffiniert steigern, und daß wir die Entspannung in Heiterkeit verwandeln. Es gibt nichts Menschliches, das nicht sein Licht oder seinen Schatten auf jene Wurzeln würfe, die wir teilen mit dem vor-menschlichen Leben.

Fände ein Wesen nach dem Untergange der Menschheit kein einziges Werkzeug, keine Vasenscherbe, keinen Religionsrest und nichts, was von Satzungen meldete – ein einziger mumifizierter Liebesbrief, und wäre er noch so banal, würde ihn zwingen, uns als einem Sonderwesen, als *animal amans*, eine eigene Nische anzuweisen.

4. Mai

Wichtigste Folge unseres aufrechten Ganges: *Freiheit der Hand*. Ohne diese Freiheit, die die gesamte Humanität des Menschen bedingt (nämlich sein Verhältnis zur Welt, das in ›Behandlung‹ besteht) wäre auch die menschliche Liebe, gleich, ob wir an die tröstende Hand denken oder an die verführende, niemals human.

Keinen hoffnungsloseren Anblick gibt es, als den von Tieren, denen Körperbau und Körperhaltung das verwehrt, was ihre Zärtlichkeit verlangt. – Neulich im Zoo das Pony, das ausgestreckten Halses über den Nacken seines Zwillings hin- und herkosend, verzweifelt schien, eben weil ihm nicht *mehr* gegönnt war, als nur anzudeuten, was es meinte. Wie tröstlich war es danach, zu den Bären zu kommen, denen aus unerfindlichen Gründen mehr gewährt ist: Die Bärin hielt ihre zwei Kleinen in ihren Armen. Wenn uns der Bär, trotz seiner notorischen

Gefährlichkeit ›näher‹ scheint als Löwe oder Tiger, wenn er uns rührt wie ein tölpelhaftes Kind, so eben, weil er schon beinahe ›frei‹ ist für Zärtlichkeiten. Und siehe da: Im Unterschiede zu Löwe oder Tiger gehört es bereits zu ihm, sich aufzurichten; wenn auch nur halb und vorübergehend, so als habe er das letzte Examen im aufrechten Gang eben doch nicht bestehen können. –

Und nun *wir*. Gibt es auch nur eine einzige Liebesgeste ohne den für die Liebe freien Arm? Ohne die für die Liebe freie Hand? Wo soll man da anfangen? Damit, daß wir uns schon aus der Entfernung entgegenwinken können? Oder damit, daß wir einander die Hand reichen oder einander bei den Händen halten können? Also Nähe und Distanz verbinden können? Denn Hand in Hand, oder Arm in Arm – das ist ja mehr, mindestens anderes, als nur augenblickliches Aneinanderdrängen: Nämlich Zusammengehörigkeit; Zusammengehörigkeit, die jeden doch noch als ihn selbst ›freiläßt‹. Nichts dergleichen habe ich je bei Tieren gesehen.

8. Mai

Für weit mehr macht uns die Hand ›frei‹. – Verfluchte Wort-Tabus. – Also für die Zärtlichkeiten im *faire l'amour*, für die Zärtlichkeiten, die nun das Zusammensein zu etwas völlig Untierischem machen, zu etwas, was sich von der ›Begattung‹ genau so unterscheidet wie, sagen wir, Lyrik sich unterscheidet vom Lockzirpen der Grille.

Wiedersehen und Vergessen

Wien 1950

Philister der Apokalypse

Nicht ein einziger von denen, mit denen ich bisher hier in Hietzing gesprochen habe, war ein Nazi. Das meine ich nicht ironisch. Nicht in dem Sinne, daß hier alle, besonders Fremden gegenüber, leugnen, aktiv gewesen zu sein; sondern in dem Sinne, daß sie ›noch nicht einmal‹ Nazis gewesen waren.

Das heißt: Sie waren überhaupt außerstande, eine allgemeine Sache als ›Sache‹ zu verstehen, sie zur ›eigenen Sache‹ zu machen, für sie zu leben. Daß die Sache des Nationalsozialismus eine Barbarei war, ihre ›Allgemeinheit‹ ein Betrug, ist dabei belanglos. Sowenig für den Blinden die Unterscheidung zwischen Wahrnehmung und optischer Täuschung gilt, sowenig gilt für diesen Typ die Unterscheidung zwischen einer erlogenen Sache und einer nicht erlogenen.

Der Ausdruck ›keine Sache haben‹ kann so klingen, als hätten diese Leute ausschließlich ihrem Privatleben gelebt: was natürlich auch nicht der Fall war. ›Keine Sache haben‹ bedeutet noch lange nicht eigenes und eigentümliches Privatleben. Im Gegenteil: Konventioneller als sie, die von den ausgelaugten Sitte-, Kultur- und Religionsgütern anderer Epochen und anderer Klassen zehren, kann kein Mensch sein. Sie waren die Sumper einer apokalyptischen Zeit.

Geschichtlich gesehen, sind sie die letzten Enkel der Metternichwelt: Immer weiter bestand ihre erste Bürgerpflicht in ›Ruhe‹; und ihre Tugend sahen sie noch immer im ständigen und ständig beteuerten Nicht-Opponieren... wobei es ihnen vollkommen egal war, *wem* sie nicht opponierten. Was sie tun konnten, um kein Schicksal zu haben, das taten sie. Also taten sie, da *nichts* das beste Alibi zu sein schien, grundsätzlich nichts. – Und dann, geschah, unter Hitler, das nie Dagewesene:

Weil sie nämlich nichts getan hatten, erreichte sie nun ihr Schicksal; mindestens einige von ihnen. Begreiflicherweise. Denn im nationalsozialistischen Staate war eben Nicht-Opponieren und Nichtstun nicht genug, ja, es sah verdammt wie Sabotage aus. Völlig fassungslos waren sie dann, wenn ihnen etwas zustieß. Da sie noch immer überzeugt davon waren, daß Loyalität grundsätzlich in Nicht-Einmischung bestand, begriffen sie nicht die Bestrafung ihrer Nicht-Einmischung. Daß auch in ihnen nun eine dumpfe Wut gegen das Regime entstand, ist kein Wunder. Aber was *sie* betonen, ist ihre eigene grundsätzliche Unschuld (gestern gehörtes Zitat: »dabei hatte ich doch gar nichts getan«)... während der *Antifaschist* sowohl die Schuld des Feindes betont wie die eigene, weil er zu wenig ›getan‹ hat.

Nur wer diese Erben der Metternichwelt kennengelernt hat, begreift die verzweifelten Worte, die gestern aus dem Munde eines kenntnisreichen Mannes, eines leidenschaftlichen Hitlerhassers, kamen. »Welche Chance das wäre«, rief der gestern nämlich, »einmal einen richtigen Nazi zum Gesprächspartner zu haben. Immerhin eine *Sache* hatte der doch, wenn auch eine falsche und entsetzliche und barbarische. Seinem Irrtum könnte man doch vielleicht den Star stechen; die falschen Ziele vielleicht doch berichtigen; die falsche Leidenschaft vielleicht doch in einen besseren Kanal leiten.«

Ich weiß, das klingt skandalös. Auch in meinen Ohren. Aber begreiflich war dieser Ausbruch.

Welch eine Zeit, in der ernsthafte Menschen dem Todfeinde von gestern den Vorzug vor anderen Menschen geben! Aber Watte kann man mit Hämmern nicht bearbeiten, sondern nur Eisen. Und die anderen sind Watte.

Juni

1938 *beraubte* Juden erwähnt man mir wiederholt; *geraubte* Juden kaum je. Wenn aber, dann so, wie es L.'s Putzmacherin gestern getan hat. »Und stellen Sie sich vor, Herr Doktor, da stand dann die Bücherei und das Pianino von Direktor Cohn einfach herum. Und kein Mensch im Hause.«

Das heißt: Mitleid hatte sie zwar, aber letztlich war es Mitleid mit dem herrenlosen Gut. Das Gebot, das sie anerkannte, war nicht so sehr: ›Du sollst nicht töten‹; auch nicht: ›Du sollst nicht stehlen‹; sondern: ›Du sollst Eigentum nicht seines Eigentümers berauben – denn was soll dann aus den vereinsamten Objekten werden?‹

Als ich nach diesem Ausruf der Putzmacherin beiläufig bemerkte, daß man die fünfzehn Emigrationsjahre auch ohne jedes Eigentum habe leben können, wurde sie mißtrauisch; und plötzlich schien es auch ihr, die noch eben Mitleid verspürt hatte (wenn auch nur mit dem verwaisten Mobiliar der Deportierten), daß irgend etwas mit uns nicht in Ordnung gewesen sei.

Uns geht es hier wie dem Manne in der molussischen Fabel, den ein Straßenräuber um die Hälfte seiner Kleidung erleichtert hatte, und der, als er nun halb nackt im nächsten Dorfe erschien, lächelnd meinte: »Im Notfall geht es eben auch ohne Hemd.« Durch diese seine Behauptung machte sich nämlich dieser Mann so verdächtig, daß die Dörfler nun fanden: ›Ganz so Unrecht hatte der Räuber wahrscheinlich nicht, als er dem Kerl einen Denkzettel gab‹; und ihn aus ihrem Dorfe vertrieben.

Ja, diese Fabel ist das Modell ihres Denkens. *Wer Unglück hat, der beweist dadurch, daß er nichts Besseres verdient hat.* – Außerdem erwarten sie freilich, nein, verlangen sie geradezu von uns, daß wir dem damals verlorenen Gut unermüdlich nachjagen. Denn das ist durch die Heiligkeit des Eigentums erforderlich. Auch L.'s Putzmacherin erwartete das von uns.

»In einem Lande«, fragte ich zurück, »das selbst in Trümmern liegt, soll ich Kleinigkeiten nachjagen?« Aber aus dieser Antwort hörte sie nur einen Angriff auf die ihr heiligen Prinzipien heraus. – Freilich, Erfolg sollen wir bei unserer Jagd auch nicht haben. Wenn es nämlich jemandem wie zum Beispiel Dr. N. nach großer Plackerei gelingt, sein damals eingebüßtes Gut, seine Wohnung, wieder zu beziehen, dann beweist er durch seinen Eifer und durch seine Geschicklichkeit, wie berechtigt Mißtrauen ihm gegenüber und seine Enteignung gewesen waren.

Juli

Park von Schönbrunn. – Auf einer Bank Gespräch mit einem kleinen Beamten N., etwa vierzigjährig, altjüngferlich, besserer Mittelstand, Gymnasialbildung. – Als er merkte, daß ich kein Hiesiger bin, begann er ungebeten zu erzählen. Und obwohl er wiederholt dazwischenfragte, ob er mir nicht Zeit raube, wurde er von Satz zu Satz umständlicher. In drei Sätzen der Tatbestand:

Während der Beschießung hatte er das Unglück, seine uralte Mutter zu verlieren. An Altersschwäche. Auf einer Pferdekarre ließ er die Leiche aus der Stadt schaffen und sie draußen begraben.

In diese drei Sätze läßt sich seine weitläufige Erzählung zusammenfassen. Fehlt nur, nachzutragen, daß ihn der Tod seiner Mutter in die schlimmste Lage gebracht hat: Vom Tage der Beerdigung an haben ihn nämlich seine Nachbarn mit Hohn überschüttet und *en canaille* behandelt. Und tun das offenbar auch heute noch.

Warum, und auf Grund welcher Affekte, will ich gleich untersuchen. Vorher nur noch, daß N. selbst das Urteil, er habe sich etwas zuschulden kommen lassen, nicht eigentlich von der Hand wies, wie er denn überhaupt ein unsicherer Mensch zu sein schien, ein Mensch, in dessen Augen das Urteil anderer sich bereits durch seine bloße Existenz legitimiert. Andererseits hatte ich den Eindruck, daß er mir, dem Fremden, die Sache nur deshalb so breit vorlegte, weil er aus meinem Munde ein Lob erhoffte, mindestens ein Urteil, das anders klang. –

Nun das Problem: Warum seine Nachbarn ihn *en canaille* behandelt haben.

1. Der ursprüngliche Affekt galt vermutlich gar nicht ihm, sondern seiner Mutter. Wahrscheinlich verübelten sie der alten Frau, daß sie überhaupt da war. Vieles hier spricht dafür, daß die schauerliche Nazidoktrin, nach der der wirtschaftlich nicht mehr Profitable lebens-unwert sei, gerade in solchen verzweifelten Situationen wie der Belagerung, ihre letzten Triumphe gefeiert hat. Die alte Frau war für sie nichts als ein ›Esser mehr‹, also eine Belastung.

2. Zugleich aber fanden es seine Nachbarn vermutlich lächerlich, daß ein Erwachsener in solchen Höllentagen noch eine Mutter *hatte*. N. war unverheiratet, in der Umgebung vielleicht als Muttersöhnchen bekannt. Die Vorstellung, daß er während der Bebombung oder des Beschusses seine Mutter um Rat fragte oder gar bei ihr Schutz suchte, muß etwas Unwiderstehliches für sie gehabt haben.

3. Schon die Lebende war ihnen also ein Dorn im Auge. Aber mehr, als daß sie da-war, mehr als daß N. sie noch hatte, verbitterte es nun die Nachbarn, daß sie eines *natürlichen* Todes starb, zu sterben die Unverschämtheit hatte. An ihr selbst konnte man die Verbitterung darüber nicht mehr auslassen. Da aber nicht nur Tun den Menschen schuldig macht, sondern auch das, was ihm *passiert*, war nun *er* schuldig. Daß er sich, in den Tagen der verstümmelten und verschütteten Menschen, den Luxus herausnahm, seine Mutter wie in den Tagen des tiefsten Friedens ›entschlafen‹ zu lassen, mußte ihr äußerstes Mißtrauen erregen. Das gleiche Mißtrauen, das unser Nachbar erregte, als er in den Hungertagen aus seinem Küchenfenster Gulaschgeruch aufsteigen ließ. Irgendwie, so schlossen sie mit der Logik der Herzlosigkeit, irgendwie mußte N. unsolidarisch sein; sich heimlich etwas aufgespart haben, was sie nicht hatten: Besaß er nicht einen, ihnen gegenüber niemals erwähnten und ihnen niemals gezeigten Raum, der gegen die Hölle so gut abgedichtet war, daß er die gewaltsamen Tode noch fernhielt und vom natürlichen Tode als Heimstätte noch akzeptiert werden konnte? –

4. Herr N. hatte, wie gesagt, die unblutige Leiche in einem von einem Gaule gezogenen Karren fortschaffen lassen. Die Verladung hatten sie mit ihren eigenen Augen beobachtet, in jenen Pausen zwischen den Beschüssen, die sie dazu benutzten, um ihre Toten in ihren Gärten rasch zu verscharren. – Und daß er das nicht gleichfalls tat; daß er sich auch davon ausschloß, daß er in der Lage war, in den Tagen, in denen man die Straßen kaum übersteigen konnte, in denen Karren nicht existierten, in denen Pferde mythologische Wesen waren (von Hilfskräften ganz zu schweigen) – also, daß er an einem solchen Tage ein Leichenbegängnis hatte arrangieren *können,* das setzte seiner Unsolidarität die Krone auf. Ein furchtbar tiefes Wasser mußte er sein, außerordentliche Beziehungen haben und über ungeheure Resourcen verfügen.

In ›normalen Zeiten‹ mag es zwar abstrus sein, jemanden darum zu beneiden, daß er seine Mutter begraben kann. Aber ganz Unrecht wird Herr N. nicht gehabt haben, als er die Reaktion seiner Nachbarn in die einfache Formel zusammenfaßte: ›Nix wie neidisch wans.‹ (Übrigens fügte er *ad hominem* mit einem um Solidarität bettelnden Blick hinzu, um meine Bestätigung zu erzwingen: ›Wie sie eben auf die Juden neidisch gewesen waren.‹ Und ich nickte, um mich nicht in Komplizierteres einlassen zu müssen.)

Juli

Tag darauf. – Eigentlich ein Skandal, daß der Neid auf das Begräbnis der Mutter den N. gar nicht stutzig machte. Als wenn es selbstverständlich wäre, daß Affekte, unfähig, sich zu verändern, auch in der totalen Umwälzung die gleichen blieben wie im Alltag. Aber wahrscheinlich hat er recht. Und dem Neid ist es vermutlich vollkommen gleich, ob er sich auf einen Wochentag oder auf eine Apokalypse, auf ein Käsebrot oder auf die Beerdigung einer Mutter bezieht.

Ob nicht gerade darin, also in der entsetzlich weiten Kluft zwischen Ereignis und Affekt, das Höllische aller ungeheuren Ereignisse besteht?

Juli

Tag darauf. – Der Eindruck, den N.'s Handlung und seine Motive auf mich machen, ist nicht ungemischte Bewunderung. Aber bevor ich erkläre, warum nicht, schreibe ich unzweideutig nieder, daß seine Jagd durch die brennende Stadt nach Wagen, Pferd und Kutscher nicht nur Unermüdlichkeit bewies, nicht nur ungewöhnliche Organisationsfähigkeit, sondern auch wirklichen Heroismus.

Aber *warum* er heroisch war, das ist eben eine andere Frage. Wenn es sich einfach um Ehrfurcht vor der Mutter gehandelt hätte oder um Respekt vor einer Toten, dann wäre Kritik natürlich unerlaubt. – Aber wer ihn wie ich gesehen hat: den ängstlichen und servilen Mann, der ununterbrochen grüßt und dankt (sogar schon *praenumerando*, wenn einer seiner Bekannten am Ende der Allee erscheint) und dessen schiefe Haltung die fleischgewordene Entschuldigungsgeste ist, dann weiß man: Aus dem Geschlechte der Antigone stammt er nicht. – So widersinnig es klingt: Sein Heroismus war ein Kind der Feigheit, mindestens der Unselbständigkeit. –

Hätte er vor Beschuß und Feuer die entsetzlichste Angst gehabt, das wäre normal gewesen. Und das würde ich um so weniger kritisieren, als ich selbst im Beschuß ja nicht gewesen bin, und *er* diese Angst ja überwunden hat. Aber vor etwas anderem hatte er eine größere Angst, eine Angst, die ihn die Todesangst besiegen ließ: davor, an einen Usus *anzustoßen.* »Ja«, meinte er nämlich wörtlich, »hätte ich damals gewußt, wie üblich das bereits war, die Anverwandten im eigenen Garten zu bestatten« – er wischte seine Stirne – »wie viel ich mir damals hätte ersparen können.« (Geste des unwiderruflichen Verlustes.) »Und jetzt«, fuhr er nämlich mit schlecht verhehlter Reue fort, – und plötzlich begriff ich, warum er seinen Nachbarn nicht ganz und gar unrecht gab – »und jetzt sitze ich da und kann den Plafond im Musiksalon nicht richten lassen. Preise verlangen die.« –

Nein, ein Enkel der Antigone war er nicht. Nicht um, wie Antigone, der Toten die letzte Ehre zu geben, *nicht* um die *Gesittung* zu retten, war er von Pontius zu Pilatus durch brennende Straßen und über entwurzelte Bäume gestolpert; sondern *nur,* um den Usus nicht zu verletzen. Wenn er sich heroisch benahm, so, weil er starr war, weil er schlechthin unfähig war, etwas zu unterlassen, was *man* tat. (Unglücklicherweise wußte er damals eben nicht, daß *man* das eben nicht mehr tat.) Daß es Situationen geben konnte, die den Usus aufhoben, hatte er eben noch nicht aufgefaßt. –

»Und stellen Sie sich vor, Herr Doktor«, schloß er plötzlich, als gehörte das in den engsten Zusammenhang (und für ihn gehörte es eben wirklich in den engsten Zusammenhang), »im Anfang der Belagerung gab es im Speisezimmer einen Riß; und, Herr Doktor, hätten wir nicht ein Bücherzimmer, wir hätten im Schlafzimmer speisen müssen.« Und wieder seine Stirne wischend: »Unsereins.« –

Juli

Tag darauf. – Vielleicht kann man doch versuchen, den Fall etwas geduldiger zu beurteilen. Vielleicht sind die Situationen, in die Menschen hineingestellt werden, Zumutungen in einem absoluten Sinne, schlechthin zu schwierig, als daß der durchschnittliche Mensch ihnen seelisch gewachsen sein könnte. So gesehen war dieser Herr N. einfach ein Don Quichotte. Freilich ein *negativer Don Quichotte: er kämpfte nicht gegen Windmühlen, als wären sie Armeen, sondern gegen Armeen, als wären sie nur Windmühlen:* Brand und Bomben der zusammenstürzenden Stadt faßt er auf, als wären sie alltägliche Verhinderungen. Wahr und wirklich war ihm allein *die* Welt, in der *man* dies und jenes tat, nein: tut – verglichen mit ihr war die Weltgeschichte, selbst die Apokalypse, ein ungültiges, unglaubhaftes, unwirkliches Intermezzo.

Da aber in seinen Augen die Welt der Usancen die einzige wirkliche ist, ist sie auch die einzig öffentliche; daher kann er das ›Intermezzo‹, also die *apokalyptische Situation*, in die er da hineingeriet, *ausschließlich als privates* Ereignis, beinahe nur wie einen ungültigen Traum auffassen; also als *Unterbrechung* dessen, was man sich (›unsereins‹) und der wirklichen Sitte schuldig ist. Die Unterbrechung ist aber empörend und skandalös, weil man sie nicht ›verdient‹ hat, weil man die Welt ja durch nichts provoziert hat. Die Weltgeschichte faßt er also als unfairen Partner in einem Privathandel auf, in einem Privathandel, den man vorsichtshalber gar nicht eingegangen war. »Daß es auch *uns* hat treffen müssen«, klagte er kopfschüttelnd, »wo wir uns doch immer so ruhig verhalten haben. Und wirklich niemandem Grund zur Gereiztheit gegeben haben.« –

»Und wissen Sie nun«, fragte ich im Aufstehen, »wo Ihre Frau Mutter liegt?«

»Das ist es ja eben«, brummte er und bohrte seinen Stock tief in den Kiesboden. »Aber die ihre Leute in ihren Gärten verscharrt haben wie die toten Hunde – *die* wissen's, die Lumpen.«

Da ging ich. Aber in meinen Ohren klang mir noch: »Nix wie Neid!«

August

Schlenderte zu der Bank, auf der ich neulich N. kennengelernt hatte. Wirklich saß er wieder da, vermutlich war er täglich gekommen; und war wild darauf, loszulegen. – Diesmal erzählte er von einem Herrn Dr. R. (den Doktortitel ließ er nicht aus), der ihn während des Rußland-Feldzuges bei der Gestapo denunziert hatte, weil er nach einem Siege die Fahne nicht gehißt habe, mindestens nicht rechtzeitig. »An sich«, fügte N. ausdrücklich zu, »war Dr. R.'s Schritt natürlich nicht inkorrekt.« (›Schritt‹ nannte er das.) »Aber es hing damals wirklich nur an einem Haar, und die Sache hätte eine schlimme Wendung genommen. Wäre meine Schwägerin nicht eingesprungen, im allerletzten Moment, und hätte sie nicht an Eides Statt erklärt, daß ich bei der Siegesmeldung mit einer Gallenkolik zu Bett lag und unfähig war, zu hissen... was natürlich der Wahrheit entsprach...«

Das alles erzählte er ohne geringstes Zeichen von Empörung. Etwa wie einer, der in eine Gletscherspalte gefallen ist und dabei beinahe umgekommen ist. Nicht um meine Entrüstung bettelte er, sondern um die Anerkennung und Bewunderung; um Bewunderung für das, »was einem so passieren konnte«. Und die verschaffte ich ihm wohl einfach dadurch, daß ich zuhörte. Bei den Hiesigen, die ja Ähnliches durchgemacht haben, kann er auf Publikum nicht rechnen, geschweige denn auf Applaus. –

Oktober

Sofort notiert; und, soweit die erratische Kurve eines unlogischen Gesprächs nachgezeichnet werden kann, wörtlich aufgeschrieben. –

Traf an der Ecke N. von der Parkbank in Schönbrunn. Da er den gleichen Weg hatte wie ich, begleitete er mich. Kurz vor seiner Haustür grüßte ihn jemand von gegenüber, und zwar ostentativ und übertrieben. N. gab den Gruß ebenso übertrieben zurück, und auch ich zog nun den Hut. Mein Eindruck war: die beiden haben Ursache zu besonderer gegenseitiger Achtung; oder sie teilen gar ein Geheimnis. »Ein Freund von damals?« fragte ich.

N. sperrte nervös auf, komplimentierte mich eilig in den dunklen Hausflur und schloß die Türe von innen. »Das ist nämlich Herr Dr. R.«, flüsterte er.

»Was heißt nämlich?« fragte ich. Der Name bedeutete mir nichts.

»Aber ich bitte Sie, Herr Doktor. Habe ich Ihnen nicht neulich erzählt von dem Herrn, der seinerzeit angemeldet hatte, daß ich die Fahne nicht gehißt hatte?« (›Angemeldet‹ sagte er; nicht: ›angezeigt‹.)

Da dämmerte es mir. »Und *den* grüßen Sie? Diesen Denunzianten?«

N. hob seine Rechte, um diesen Ausdruck aufzuhalten. Dann schüttelte er seinen Kopf und sprach nachsichtig: »Lange sind Sie noch nicht hier, Herr Doktor.«

»Was hat das mit der Länge meines Aufenthaltes zu tun?«

»Herr Doktor, seien Sie erst einmal ein volles Jahr hier.«

»Warum?«

»Dann werden Sie zugeben, daß solche Ausdrücke alles verderben.«

»Welche Ausdrücke?«

»Sie wissen schon.«

»*Denunziant* meinen Sie?«

»Pss!«

»Und was verderben solche Ausdrücke?«

»Alles.«

Ich verstand gar nichts. – »Schön«, meinte ich schließlich, um die Sache auf die einfachste Formel zu bringen. »Ich sehe, Sie tragen es ihm nicht nach. Warum nicht?«

Prompt: »Weil man nach sieben Jahren nicht mehr nachtragen darf.«

»Darf«, wiederholte ich. »Und woher wissen Sie das so genau?«

Da gab er mir einen tiefen Blick und sprach: »*Er* trägt ja auch nicht mehr nach.«

›Er‹ war der Denunziant.

Im ersten Augenblick hatte ich gezweifelt, recht gehört zu haben. »*Er?*« frage ich. »Was sollte *er* denn nachtragen?« – Und dann, in plötzlichem Verdacht: »Oder seid Ihr zwei quitt? Und Sie haben ihm damals auch etwas angehängt?«

»Ich?« Er schüttelte seinen Kopf. »Nein, Herr Doktor, daß Sie mich so verkennen können!« Und dann kam, im Tone überheblichster Traurigkeit, sein Trumpf: *»Soll ich vielleicht unchristlicher handeln als er?«*

Die Sinnlosigkeit dieser Frage war einen Augenblick lang betäubend. Ich konnte mich nur noch wiederholen. »Aber *so* wiederzugrüßen«, murmelte ich.

»Deine Rede sei ja ja – nein nein«, zitierte er. Dabei schnitt seine kraftlose Hand knapp durch die Luft, um Entschiedenheit und Charakter vorzutäuschen. Vermutlich meinte er: Wenn schon würdelos, dann mit Konsequenz. Dann ganz würdelos.

Ich blieb stumm.

»Sie finden nicht?« fragte er.

»Aber *so* zu grüßen«, wich ich aus, »das ist doch schließlich weit mehr als Nicht-nachtragen. Hätten Sie ihn nicht höflich ignorieren können?«

»Nein«, antwortete er milde. »Das ginge nun wirklich nicht.«

»Und warum nicht?«

»Schauns, Herr Doktor, Herr Dr. R. und ich, wir kennen uns schließlich seit Jahren. Seit Jahrzehnten sogar. Und vor Hitler war er ein wirklich feiner Mensch. Wirklich ein Gentleman. Und jetzt auch wieder.«

Nur dazwischen eben nicht.

Da sah ich ein, daß ich aufzugeben hatte, verabschiedete mich rasch, ging nach Hause, schrieb das Gespräch nieder und fasse nun zusammen:

Er wäscht die Hände seines Feindes in Unschuld. Und zwar

1. weil er Angst hat, unter Menschen zu leben, die ihm Unrecht getan haben, denen gegenüber er also recht hat, die er also durch sein Rechthaben verstimmen könnte;

2. weil er wahrscheinlich mehr oder minder deutlich auch heute noch seine damalige Unterlassung als Schuld anerkennt. –

Oktober

N.'s Würdelosigkeit ist deshalb so interessant, weil sie weder einfach in Vergessen besteht, noch einfach in Vergeben, sondern in etwas Drittem, in einer Aktion, die in den üblichen Moralschemata nicht vorkommt: nämlich in einer *Irrealisierung.* – Womit ich meine, daß N. R.'s Denunziation und die ganze Zeit, in der diese stattfand und stattfinden konnte, ihrer Konsequenzen entkleidet und moralisch unwirklich gemacht hat. Obwohl es reiner Zufall war, daß N. dem R. nicht zum Opfer gefallen ist, und obwohl N. die Denunziation als solche, von der er mir erzählt hat, nicht vergessen hat – *als* Denunziation bewertet er sie nicht mehr, als emotionales und moralisches Faktum hat er sie ausradiert. Tatsächlich zeigte er während des Gespräches nicht das geringste Zeichen von Gehässigkeit oder Empörung, und die einzige Spur von Ungeduld galt *mir*, eben weil ich ihm eine Haltung zumuten wollte, die ihm zuwider war.

Das Erbärmlichste an seiner Haltung ist natürlich, daß er sie (wohl auch sich selbst gegenüber und bona fide) als ›Vergebung‹ und ›Nächstenliebe‹ hinstellt... was natürlich Falschmünzerei ist: denn nicht darin gründet christliche Vergebung, daß man die Schuld des Mitmenschen leugnet; sondern darin, daß man es sich auf Grund der eigenen verbietet, den Stein auf den anderen zu werfen. –

Sind sie verändert?

Sonntagnachmittag. Volles Gartenlokal. Familien, oft drei Generationen, um die Tische, mitgebrachte Brote, Kracherl, Biere.

Wie freundlich sie miteinander reden; wie hilfsbereit sie Alten und Invaliden gegenüber sind; und wie reizend mit ihren Kindern. –

Vormittags hatten wir von den Greueln gesprochen. Und was wohl aus denen geworden sein mochte, die an ihnen mitbeteiligt gewesen waren.

Prüfend blicken wir von einem Gesicht zum nächsten: Welcher war es? Welche waren es? Denn auch unter ihnen müssen ja schließlich ein paar von jenen sitzen, die die Greuel mit auf dem Gewissen haben. Oder mindestens einer. –

Aber bei keinem kann ich mich entschließen, zu sagen: *der;* oder *wahrscheinlich der;* oder auch nur: *vielleicht der.*

Sind sie wirklich andere Menschen als anderswo? Und so verschieden von den Menschen, die sie früher gewesen waren? Wirklich veränderte Menschen?

Hiroshima ist überall

Hiroshima und Nagasaki 1958

Wer sich heute auf die Wahrnehmung dessen beschränkt, was der Augenblick gerade an Sichtbarem bietet, der verfehlt die Realität. Denn die Realität ist schwanger mit Phantastischem. Wessen Phantasie heute nicht ausreicht, oder wer heute aus Angst seine Phantasie daran hindert, sich das Phantastische angemessen vorzustellen, der bleibt ein Träumer. Die angebliche Wahrnehmungswelt ist ein Elfenbeinturm, Empirismus ist Eskapismus. – *Wirkliches Sehen ist heute nur möglich bei geschlossenen Augen; und nur* der *ist heute ›Realist‹, der Phantasie genug hat, sich das phantastische Morgen auszumalen.*

Im Zug nach Hiroshima

Die Bombe – ihrer Sprengkraft nach vergleichbar mit einer heutigen ›taktischen‹ Atomwaffe – explodierte am 6. August 1945, um 8.30 Uhr, 66 m über dem Shima-Krankenhaus in Saiku-machi. – Hitzeentwicklung 50 Millionen Grad.

Einwohnerzahl am Katastrophentag:	250000
	150000 stationierte Soldaten und Fremde
	400000
Tote (einschließlich der Toten bis 1950)	282000
Überlebende (einschließlich Verwundete)	158000
Zeitliche Verteilung:	50 % am Katastrophentag
	35 % in den folgenden drei Monaten
	15 % seit November 1945

Krankheiten der Überlebenden:	Blutkrankheiten (Perniziöse Anämie, Leukämie) Keloide (durch Verbrennungen verursachte tumorhafte Hautwucherungen) Lebererkrankungen Katarakte Neurosen

Diese Ziffern soeben ›überflogen‹. Und sie selbst im Kopieren nicht aufgefaßt. Wie furchtbar das Wort ›überfliegen‹. Denn so, ohne aufzufassen, überflog auch das Bombenflugzeug die zurückgelassenen Opfer.

Hiroshima

Nächtliche Bahnfahrt, 38 Grad Hitze, zu sechsen im Liegewagen, mir gegenüber burmesische Novellistin, selbst sie vor Hitze stöhnend. Für Stunden von Froschquaken begleitet, das aus den bewässerten Reisfeldern steigt. Blendend heller Bahnhofsplatz, moderne Los-Angeles-hafte Häuser. Skandalisierend, da nichts Hiroshima beweist. Burbank könnte das sein oder San Fernando. Busfahrt. Unerkennbarkeit des Ortes geht so weit, daß R., obwohl der Bus über zweihunderttausend Verbrannte rollt, zu singen beginnt. Was er nur weiß, macht ihn nicht heiß. – Name des Hotels: ›New Hiroshima‹. Ob von Naiven so getauft oder von Zynikern, unbekannt. Vermutlich falsche Frage. Weil es eben Umstände gibt, in denen naiv zu sein auf Zynismus herausläuft.

In der Mittagshitze, zusammen mit Jungks Freund K., vorbei an dem Mahnmal über die Brücke hinein in die Stadt, die nichts von der Katastrophe verrät, mir jedenfalls nichts. Anderen vielleicht, den Einwohnern gewiß. Denn O., der von hier stammt, aber am Tage der Katastrophe junger Soldat war und irgendwo durchs Chinesische marschierte, erklärt, ›hier‹ nicht aufgewachsen zu sein. Eigentlich stünde an dieser Ecke etwas ganz anderes, und dort drüben bei der Brücke ebenfalls etwas anderes. Das alles sei fremd, das alles stimme nicht.

Wie vertraut mir O.'s Fremdheit ist! Denn seine Erfahrung,

»nicht dort zu sein, wo er ist«, die ist uns, den Bewohnern der wiederaufgebauten Städte, ja so bekannt, daß sie ihre Schrecklichkeit schon fast verloren hat. Ja, verwöhnt sind wir mit Grauen. Denn auch als O., mitten auf der Brücke stockend, ausrief: »Ja, als ich die Stadt wiedersah, als sie noch in Trümmern lag, da *war* sie es noch. Aber jetzt!« – da war mir das vertraut. Denn *der Wiederaufbau ist eben die Zerstörung der Zerstörung, und damit die Kulminierung der Zerstörung*. Die Ähnlichkeit zwischen ihrer und unserer Situation, zwischen ihren und unseren Erfahrungen ist einfach unglaublich. Es gibt einen Generalnenner aller derer, deren Vergangenheit verwüstet worden ist; aller derer, die um ihre Vergangenheit betrogen worden sind. Als ich ihm einen traurigen Augurenblick gab, da flüsterte er (man bedenke: der Japaner zum ehemaligen Emigranten, und das auf englisch): »Betrogene aller Länder, vereinigt euch!« Wahrhaftig, die Wege des Globalismus sind sonderbar.

Nein, *ich* kann vom Geschehenen nichts sehen. Die sichtbaren Dinge: die *neuen* Häuser, die unterschlagen das Gewesene genau so, wie die Zeitungen es tun oder die Alltagsgespräche. Alles scheint ›zeitneutral‹, das heißt: alles sieht so aus, als hätte es seit eh und je so gestanden; das Gegenwärtige tarnt sich als ›immer schon so gewesen‹; und dieses scheinbar Gewesene überwächst das wirklich Gewesene. Geschichte wird nach rückwärts gefälscht; und zwar (denn der Wiederaufbau ist ja schließlich auch Geschichte) von der Geschichte selbst. Geschichte – die Geschichte ihrer Selbstfälschung.

Wenn ich durch die Straßen und Bazare der Stadt schlendere – wie gesagt: sie könnten die Straßen und Bazare jeder anderen japanischen Viertelmillionenstadt sein –, gibt es für mich nur das »es« und die »sie«. Andere Ausdrücke finde ich dafür nicht. »Es« ist, was heute vor dreizehn Jahren hier geschehen ist; »sie« sind die zweihunderttausend, die unter mir liegen; das menschgemachte und kaum ausgegrabene Pompeji. Weder vom »es« ist das mindeste sichtbar, noch von den »sie«. Um es zu ›erleben‹, ist man auf sich selbst angewiesen; auf die Fähigkeit, die Gleichung: ›hier ist es, wo ...‹ pausenlos zu verwirklichen. Jede Minute hat man sich daher zur Ordnung zu rufen. Denn ununterbrochen wird man von dem angeblich Wirklichen daran gehindert, das wirklich Wirkliche in Evidenz zu halten.

Man kann sich fragen, ob es nötig war, hierher zu kommen. Denn von der Wahrnehmung wird das Gefühl, das sich hier gebührt, ja nicht diktiert. Sondern eben vom Wissen – und das hat man ja auch, ohne physisch dazusein. Möglich sogar, daß manche, die hierher kommen, gerade durch den Anblick des heutigen Hiroshima daran gehindert werden, das richtige Wissen, den richtigen Schmerz, die richtige Empörung zu leisten. Weil sie sich, gewöhnt daran, daß die Wahrnehmung die bloße Vorstellung an Schärfe und Einprägsamkeit übertrifft, nunmehr auf die Wahrnehmung verlassen und diese ihnen nurmehr Harmloses übermittelt. *Die moralische Bedingung der Wahrheit ist heute die Vorstellung.* Welche Umkehrung normaler Verhältnisse! Welche Absurdität! Da hatte ich in nicht endenden phänomenologischen Seminaren als Student gelernt, daß sich jede Vorstellung in dem ›original gebenden‹ Akte der Wahrnehmung zu ›erfüllen‹ habe. Was hätte Husserl gedacht, wenn er von Tatsachen gehört hätte, die sich (wenn überhaupt) nur durch Vorstellung »als sie selbst geben«? Und von Wahrnehmungen, die erst dann ihren Evidenzpunkt erreichen, wenn Sie sich in Vorstellungen erfüllen? Auch ich bin sprachlos, obwohl ich doch schon vor Jahren die ›Erziehung zur Phantasie‹ als *die* Aufgabe von heute bezeichnet hatte. Was erforderlich ist, ist also die Disziplin des ›Ständig-daran-Denkens‹, das ›Bei-der-Stange-Bleiben‹, das sich durch keine Wahrnehmung irritieren oder irreführen läßt. Außer V. und mir ist diese Aufgabe wohl keinem hier bekannt. Immer wieder fallen sie (und oft auch ich) in das Vergessen zurück. In der Hotelhalle spielen sie zum Beispiel Karten. Aber welches Recht habe ich, sie zur Ordnung zu rufen? Und wem wäre damit geholfen? Denn wirklich geholfen worden ist ja niemandem durch die Aufmerksamkeit unseres Denkens; und lebendig gemacht hat aufmerksamer Schmerz ja auch noch niemanden.

Gelingt es einem aber, keinen Augenblick zu vergessen, wo man ist, dann geschieht das Sonderbare, daß einem dieser Boden zu *geweihtem Boden* wird. Warum das so ist, ist schwer zu beantworten. Denn warum sollten Menschen dadurch, daß an ihnen das äußerste Verbrechen begangen worden ist, sakral werden, mindestens der Boden, in dem sie liegen? Aber die Stellen, auf denen Konzentrationslager gestanden, haben ja eine ähnliche Verwandlung durchgemacht. – Erklärungsversuch, aber ein wohl unzulänglicher: Vielleicht ist die Untat so maßlos, daß sie nur noch mit religiösen, wenn auch negativ-religiösen, Kategorien bewältigt werden kann, also als *luziferisches Ereignis*; und die unschuldig diesem luziferischen Ereignis zum Opfer gefallen sind, die sind nun von der religiösen Qualität der Untat gewissermaßen infiziert. Jedenfalls ist mir nie zuvor die Nachbarschaft des Grauenhaften und des Heiligen so offenbar gewesen wie hier. Aber auf *mein* Erlebnis kommt es nicht an, sondern auf die Allgemeinheit dieses Erlebnisses und auf deren Dauerhaftigkeit. Die herzustellen, ist die Aufgabe.

Als ich, im Gespräch mit einem hiesigen Zeitungsredakteur, einem ausgezeichneten, hochintelligenten und ebenso feinfühligen Menschen, der mich über dies und jenes ausfragte, den Ausdruck ›alle hier‹ verwendete, und dabei nicht nur die übliche nach rechts und links weisende Bewegung, sondern anschließend, da die ›Toten hier eben größere Heere‹ sind als die Lebenden, die Bewegung nach unten machte, da sagte er, den Kopf senkend, »arigató gozaimasu«, was, wie man mir sagt, das höflichste »danke« bedeutet.

Die Ähnlichkeit mit Los Angeles war nicht nur im ersten Augenblick frappierend, im Gegenteil: von Augenblick zu Augenblick wird sie unerträglicher. Und erreicht ihren Höhepunkt, wenn man das symbolische Zentrum Hiroshimas überquert, also den Platz, an dem es geschehen ist, »es«. Und auf dem nun das Mahnmal steht.

Dieses ›Mal‹, der aus zahllosen Photos bekannte Betonbogen, ist kein ›Turm‹, kein ›Peace Tower‹, wie die Amerikaner es nennen; eher (wenn man ein von nirgendwo nirgendwohin führendes Etwas so nennen kann) eine Brücke. Aber gleich, wie man es nennt, es ist moralisch unangemessen und als Mahnmal unzulänglich. Ein eingezäuntes Nichts würde sehr viel tiefer beeindrucken und ungleich nachdrücklicher mahnen. Nein, es ist einfach ein sinnloses Ding. Zwar daß es etwas bedeuten soll, das sieht man ihm an; aber doch nur deshalb, weil Funktionslosigkeit stets den Eindruck des Symbolischen macht; und weil, so denkt man, was auf so offensichtliche Weise unverwendbar ist, mindestens ›tief‹ sein muß. *Was* es bedeutet, bleibt freilich rätselhaft. Gerade dadurch aber wirkt das Ding amerikanisch. Aus folgendem Grunde:

Wie erinnerlich, hat Amerika in den vierziger Jahren den höchsten Wert darauf gelegt (und das sogar in amtlichen, ja vom War Department herausgegebenen Zeitschriften) *gegenstandslose Kunst* zu propagieren; und seinen Stolz darein gesetzt, durch diese Kunstwerke (also durch die Nachahmung einer Manier, die zwanzig Jahre früher in Europa entstanden war und die dort und damals als warnende Voraussage der in Scherben fallenden Welt ihr unbestreitbares Recht gehabt hatte) zu beweisen, daß es kulturell up-to-date war. Daß diese verspätete offizielle Vorliebe für Zerstörung von Gegenstandsformen in der Kunst (bzw. die Propaganda für den Genuß an dieser Zerstörung und die Verhöhnung derer, die diesen Kunstfortschritt nicht mitmachten) mit der effektiven Zerstörung der Welt geschichtlich synchronisiert aufgetreten ist, war kein Zufall. Und ebensowenig ist es ein Zufall, daß die Zerstörung der Welt, für die hier in Hiroshima die Generalprobe abgehalten wurde, ihr Monument in einem ›non objective object‹ gefunden hat.

Ich weiß, der Entwurf für dieses Monument ist auf keinem amerikanischen Reißbrett entstanden, sondern auf einem japanischen. Aber das läuft auf eines hinaus. Daß Besiegte, um ihre innere Bereitschaft für die Kulturwerte ihrer Eroberer zu beweisen, deren Stil übernehmen, das ist geschichtlich ja normal. Als Vorwurf ist diese Feststellung nicht gemeint. Und natürlich wußten die Japaner auch nicht, daß sie, als sie diese ›Brücke‹ bauten, eine Nachahmung nachahmten; um so weniger, als sie dabei auf eine alte heimische Haus- oder Brückenform zurückgriffen; sich also einreden konnten, auf dem Platz des Todes mindestens ihre Kunst überleben zu lassen. Als desillusionierendes Beispiel dafür, wie Kunstgeschichte vor sich geht, ist dieses Objekt unüberbietbar. Als Mahnmal dagegen einfach ein Nichts.

Dies Nichts ist der Mittelpunkt von Hiroshima. Denn die anderen ›musts‹: das fashionable Hotel ›New Hiroshima‹ und das nicht weniger fashionable Atommuseum, die stehen ja gleichfalls hier. Daß diese zwei als einander hübsch ergänzende Zwillingsgebäude errichtet worden sind, wirkt besonders sinnig. Gleichviel: Alles liegt praktisch nebeneinander, damit es der Besucher nicht zu unbequem habe, und damit er an demjenigen Orte, der das Ende der Zeiten ankündigt, um Gottes willen nicht zuviel Zeit verliere. Mit Mahnmal, Hotel und Museum hat er alles beisammen, was er braucht, um dagewesen zu sein. Er kann ›make Hiroshima‹ in einer einzigen Stunde; wovon er die Hälfte auf das Museum berechnen sollte, namentlich – die Wahl dieser Stadt für diese Bildabteilung ist wahrhaftig ingeniös – auf dessen fortschrittfreudige Abteilung, in der die unvergleichlichen Schönheiten der friedlich verwendbaren Atomenergie illustriert werden. Was nach diesem herzerwärmenden ›shot in the heart‹ vom Tage übrigbleibt, das kann er dann dazu verwenden, um auf der malerischen, an der Inlandsee entlangführenden Straße südwestlich nach Miyajima zu fahren, wo er seinen Wagen stehen lassen kann, um in der Fähre zu der mit Basaren dicht besäten Insel Itsukushima überzusetzen; und um auf dieser schließlich die ins Wasser direkt hineingebaute Shinto-Tempelanlage zu photographieren. Pfahlbau. Drei Sternchen.

Nein, Wanderer, verzichte auf Miyajima, verzichte auf Itsukushima und bleibe hier! Bleibe hier und wandere durch die Straßen und wandere über die Brücken! Und bedenke,wo du wanderst, und über was und über wen! Und bedenke, daß nichts von dem, was du siehst, das Wirkliche ist; sondern daß wirklich allein die Tatsache ist, daß du das Wirkliche nicht mehr siehst, daß du das Wirkliche nicht mehr sehen kannst. Schließe deine Augen und verlaß dich auf deine Phantasie. Denn auf ihre Augen verlassen sich heute nur die Indolenten.

Hiroshima, 6. August

Zeitrechnung: Der 6. August 1945 war der Tag Null. Dieser Tag, an dem bewiesen wurde, daß die Weltgeschichte vielleicht nicht mehr weitergeht, daß wir jedenfalls fähig sind, den Faden der Weltgeschichte durchzuschneiden, der hat ein neues Zeitalter der Weltgeschichte eingeleitet. Ein neues Zeitalter, auch wenn dessen Wesen darin besteht, vielleicht keinen Bestand zu haben.

Wir leben im Jahre 13 des Unheils. Ich wurde geboren im Jahre 43 vor. Vater, den ich im Jahre 1938 begrub, ist im Jahre 7 vor gestorben. In einem anderen Zeitalter.

Hiroshima – Jahrestag. Beginn des Jahres 14

Komme soeben von der öffentlichen Gedenkfeier. Im Freien, unter blendend blauem Himmel. Auf dem sonst leeren, nun von Menschen zugedeckten Platze, wo »es« geschehen war. Und um acht Uhr morgens beginnend, also in demjenigen Augenblick, da »es« geschehen war.

Vorne auf Bänken Geladene, Vertreter der Provinzen, Städte, Kirchen, des Hofes, wir offiziellen Gäste, unter uns indische Marineoffiziere (wohl von Nagasaki heraufgekommen). Über uns, entsetzlich symbolisch, Flugzeuge. Als der Moment eintrat, völliges Verstummen. Dann Musik. Chopins Marche Funèbre. Welch sonderbare Unsterblichkeit! Aber als Trauermusik für Zweihunderttausend unangemessen. Die Musik scheint einen einzigen Toten, und zwar einen Würdenträger, zu begraben. Kranzüberreichungen, Reden, Chöre. Alles vollzieht sich mit ritusartiger Starre. Die gut ist. Denn sie sichert gegen die Maßlosigkeit dessen, was vielleicht losbrechen könnte. –

Beklemmender aber als all das war dasjenige, was *nicht* geschah. Was nicht geschieht, kann nämlich zu einem Geschehen von so unerträglicher Gewalt werden, daß es alles effektiv Geschehende einfach auslöscht. Und das war hier der Fall. Obwohl sich die Zeremonie nahtlos abwickelte; obwohl die Luft von der Musik und dem Schwirren der Flugzeuge angefüllt war; obwohl die Kranzüberreichungen und die Reden pausenlos einander ablösten; obwohl die Lebenden keinen Fußbreit Boden freiließen, und die Toten keinen Fußbreit des Grundes – dennoch fand das Nichtgeschehen Lücken und Ritzen, um in dieses dichte Geschehen einzudringen, und zwar mit solcher Macht, daß es den ganzen Platz ausfüllte und die ganze Dauer der Feier. Als das Ereignis des Tages zu berichten: *Die Täter gedachten dieses Tages mit keinem Kranze, und die Opfer der Täter mit keinem Worte.*

Dies ist die Rache des Negativen: Was nirgendwo ist, das ist überall; und was in keinem bestimmten Augenblick geschieht, das geschieht in jedem Augenblicke.

Hiroshima

Die Toten sind tot. Die Lebenden aber: die Hiroshima-Einwohner von heute, die Neuen (die natürlich die überwältigende Majorität darstellen), die haben »es« nicht miterlebt. Und dieser ›zweiten Belegschaft‹ von Hiroshima wird es offenbar zuviel, immer wieder »davon« zu hören. Das Thema der Katastrophe ist also unpopulär geworden. Daher gehören weder die Opfer, die als Inkarnationen des ›Themas‹ und als Mahner wider Willen herumlaufen, noch diejenigen, die dem Thema willentlich keine Ruhe lassen, zu den Lieblingen der Stadt. Da sie unbeliebt sind, sind sie scheu geworden und verschämt. So entsetzlich diese Entwicklung ist, begreiflich ist sie.

K. erzählt mir folgenden Fall:

»Mein Nachbar leidet an Leukämie. Da er wegen immer wiederkehrender Müdigkeiten immer wieder von der Arbeit fortblieb, verlor er seinen Fabrikplatz. Daraufhin entschloß er sich, odd jobs anzunehmen. Arbeitslosen-Arbeiten. Die fielen ihm natürlich noch schwerer als die verlorene Fabrikarbeit. Kein Wunder, daß er dort erst recht nicht durchhielt. Folge: Ihm wurde sein Arbeitslosen-Schein entzogen, er war als arbeitslos nicht mehr anerkannt.«

»Und was tat er dann?«

»Heimarbeit. Die nichts einbringt.«

»Bekommt er denn gar keine Unterstützung?«

»Doch. Endlich. Aber auch das erst seit dreiundeinhalb Jahren.«

»Sie meinen, acht Jahre lang hat es keine staatliche Regelung der Misere der Atomopfer gegeben?«

»Richtig. Wir sind froh, daß wir das endlich haben durchdrükken können.«*

* Gesetz betreffend die ärztliche Behandlung von A Bomb-Opfern, April 1955.

»Und warum geht er nicht ins Hospital? Würde er dort nicht frei aufgenommen werden?«

»Doch. Aber er weigert sich.«

»Weil er nicht wieder herauskäme?«

»Nein. Weil seine Familie: seine Frau und sein Junge, dann verhungern würden.«

»Die würden nicht unterstützt werden?«

»Nein.«

»Die gelten nicht als Familie von Kriegsopfern?«

»Nein.«

»Da ist noch viel zu tun.«

»Richtig. Und darum ist es ja in der Verhandlung, aus der sie eben kommen, so leidenschaftlich zugegangen.«*

»Und nimmt Ihr Nachbar an diesen Verhandlungen teil? Ist er auch dort drinnen?«

»Nein. Den können wir nicht mehr dazu gewinnen.«

»Und warum nicht?«

»Weil er bereits aufgerieben ist. Weil er schon beinahe asozial geworden ist.«

»Sie meinen, er sieht keine Menschen mehr?«

»Kaum mehr. ›Hat ja doch keinen Zweck‹, meint er. Außerdem glaubt er – und ganz unrecht geben kann man ihm da nicht –, daß er als mahnende Reliquie unbeliebt sei. Andere Opfer trifft er zwar noch dann und wann. Aber mit Gesunden zu reden hält er für zwecklos. ›Die verstehen einen ja doch nicht‹, sagt er. ›Die wissen ja doch nicht, was es heißt, atomkrank zu sein‹«.

»Und ist der Mann ein Einzelfall?«

»Sie meinen sein Sichverkriechen? Nein.«

»Und seine Weigerung, ins Hospital zu gehen?«

»Ebensowenig. – Daß von zehn Schwerkranken sich mehr als einer dazu entschließt, sich ins Krankenhaus zu legen, scheint mir ganz unwahrscheinlich.«

* Kongreß des Zweigs ›Hiroshima Präfektur‹ des ›Japan-Council‹.

»Als ich zu mir kam, war ich schlimm verbrannt. Und auch meine Frau war furchtbar zugerichtet. Wir stiegen durch den Schutt. Dann stolperte meine Frau über etwas. Über einen Mann. Wir erkannten ihn nicht. Und konnten nicht sehen, ob er noch lebte oder ob er schon tot war. Er aber erkannte uns. ›Laßt mich, Kinder‹ flüsterte er, ›flieht!‹ Die Stimme war gaumig und fremdartig, aber ich wußte, daß es die Stimme meines Vaters war. Aber als ich ihn ansah, da sagte ich mir: Er ist es doch nicht. ›Fort!‹ rief er nun, (nein, ich glaube nicht, daß er gerufen hat, aber es klang wie ein Befehl) ›fort! Sonst bleibt auch ihr liegen!‹ Er ist es *doch*, dachte ich da, und rannte und holte eine Scherbe voll Wasser. Als ich ihm aber das Wasser einzuflößen versuchte, und als ich sah, wie er es wieder von sich gab, da sagte ich wieder zu mir: Er ist es *doch nicht*. Und bekam Angst. Und sprach zu meiner Frau: ›Gehorchen wir!‹, und zog sie hinter mir her, und so verließen wir ihn, und ließen ihn liegen. Auf dem Wege haben wir noch viele andere liegen gesehen und liegen lassen. Bei jedem habe ich gedacht: Er ist mein Vater.«

»Amen«, dachte ich.

Jeden dieser kurzen Sätze hatte der Mann mit einer Geste begleitet, die zu besagen schien: Wenn Ihr glaubt, ihr *könnt* es, dann verurteilt mich. Und nachdem er geschlossen, machte er eine zweite Geste, die in der Luft stehen blieb, und die besagte: Ich danke Ihnen, denn keiner von Ihnen scheint einen Stein auf mich zu werfen. Aber fertig werde ich mit dem, was ich da getan oder unterlassen habe, nicht. Und Sie würden wohl auch nicht damit fertig werden.

»Er und seine Frau wären nämlich gleichfalls zugrunde gegangen« erläuterte der Dolmetscher, »wenn er es versucht hätte, sich seinen Vater aufzupacken.«

Aber diese Erläuterung erübrigte sich. Wirklich hat es wohl niemanden unter uns gegeben, der daran gedacht hätte, einen Stein auf diesen Mann zu werfen; und keinen Europäer, Inder, Amerikaner, Australier, Japaner, der es gewagt hätte, das Benehmen des Mannes zu beurteilen oder gar zu verurteilen. Wir alle benahmen uns auf völlig gleiche Weise: Wir alle hielten nun unsere Köpfe gesenkt, nicht nur, weil unser Schmerz zu groß war, als daß wir ihn zu zeigen gewagt hätten, sondern auch, weil unsere Scham zu groß war: *Unsere Scham darüber, Menschen zu sein;* unsere Scham darüber, daß Menschen Mitmenschen in Situationen zu bringen vermögen, in denen menschlich zu handeln, diesen nicht mehr möglich ist. Was die Inderin neben mir, wohl mehr zu sich selbst als zu mir flüsterte: »Do we know how we would have behaved?«, das hat wohl jeder von uns gedacht. Und als sich der Erzähler, um seinen Platz dem nächsten einzuräumen, mit einer Verbeugung verabschiedete, da war keiner, der sich nicht vor ihm verbeugt hätte: aus Respekt vor dem Mann, den es ohne Schuld getroffen hatte, solche Schuld zu tragen; und aus Scham darüber, daß dieses Unglück gerade *ihn* getroffen hatte und nicht uns.

Was an Entscheidungen den Menschen in solchen Situationen zugemutet wird, ist schlechthin zuviel. Die beliebte forsche Redensart: »Was man tut, ist schief«, nimmt hier, da richtig zu handeln dem Menschen nicht mehr gegönnt ist, schauerlichste Wahrheit an. Wenn sich unser Mann entschlossen hätte, statt seinen Augen seinen Ohren zu trauen; wenn er, statt sich aus der Hölle herauszuschlagen, bei seinem Vater geblieben wäre, oder wenn er gar den Versuch gemacht hätte, diesen, wie einst Aeneas den alten Anchises, auf seinem Rücken fortzuschaffen, er hätte seine Frau geopfert und sich selbst. Was er auch nicht gedurft hätte.

Das moralische Postulat, das sich daraus ergibt, ist sehr eigentümlich. Was in früheren Moralen als selbstverständlich unterstellt werden durfte, nämlich daß moralisch oder unmoralisch zu handeln möglich ist, das kann nunmehr nicht mehr vorausgesetzt werden. Die Wiederherstellung dieser Situation ist daher erst einmal das Haupterfordernis. Das Postulat lautet daher: Unterbinde das Entstehen von solchen Situationen, in denen moralisch zu sein nicht mehr möglich ist, und die sich daher der Kompetenz moralischer Beurteilung entziehen.

Wenn von Unmoral hier gesprochen werden kann, dann ist unmoralisch nicht dieser oder jener Schritt, den die Opfer solcher Situationen tun, sondern das Handeln derer, die (wie indirekt und unwillentlich auch immer) solche Situationen herstellen oder auslösen, und die durch deren Herstellung oder Auslösung Mitmenschen um die Möglichkeit moralischen Handelns betrügen. Und unmoralisch ist, wie menschenfreundlich immer wir *sonst* auch handeln mögen, *unser* Benehmen, sofern es nicht darin besteht, diese Situationen zu unterbinden.

Ich hasse Hassen. Und ich hasse diejenigen, die mich zwingen zu hassen. Wenn ich Hitler gehaßt habe, so auch deshalb, weil er mich gezwungen hat, zu hassen; ja hassen zu können; ja pausenlos hassen zu können.

Aber hier – hier gibt es mir zu wenig davon. Von der Katastrophe sprechen sie durchweg wie von einem Erdbeben, wie von einer Überschwemmung oder von einer explodierenden Sonne. Die Konsequenz, mit der sie den Täter auslassen, mit der sie unterschlagen, daß das Ereignis menschgemacht war; und mit der sie, obwohl Opfer des größten Verbrechens, nicht das mindeste nachtragen – das ist mir zuviel, das geht nicht mit rechten Dingen zu. Daß jeder aus der zufälligen Gruppe der Opfer, die uns am Abend gegenübergesessen hat, ein Genie der Liebe, der Nachsicht oder der Weisheit sei, das ist schließlich undenkbar. Was geht da vor? Was steckt da dahinter?

1. Hypothese: Die ersten Interessenten, die als Interviewer der Opfer auftraten, waren amerikanische Delegationen, also Sieger, also ›Täter‹. Daher mußten die Erzählenden damals einen Berichtmodus finden oder erfinden, den sie für tragbar hielten; von dem sie also annahmen, daß sie ihn nicht nur ihren Zuhörern zumuten konnten, sondern auch, ohne sich selbst ins Fleisch zu schneiden, sich selbst.

Nun scheint es mir denkbar, daß sich diese in den ersten Erzählungen entstandenen Versionen zu Mustern verhärtet haben, auf die dann die Erzähler, ohne sie noch wesentlich abzuwandeln, immer wieder zurückgriffen. Nicht undenkbar sogar, daß sie sich bald nur des einmal Erzählten entsannen. Das Verhältnis von Sich-Erinnern und Berichten ist ja umkehrbar. Das heißt: nicht nur gilt, daß man dasjenige berichtet, woran man sich erinnert; sondern auch, daß man sich schließlich nur noch an dasjenige erinnert, was man einmal (oder gar mehrere Male) durch sein Berichten festgelegt hat.

Wenn diese erste Hypothese zutrifft, dann wäre es den Amerikanern, gleich ob sie das beabsichtigt hatten oder nicht, gelungen, die Erinnerung der sich Erinnernden zu ihren Gunsten zu prägen. Gegen diese Hypothese spricht allerdings die Scheu, mit der die Erinnerungen vorgetragen wurden.

2. Hypothese: Die Opfer haben – so sonderbar das auch klingen mag – die Katastrophe als solche überhaupt nicht ›erlebt‹. Sondern nur das Leben, das der Katastrophe vorauslag, und das Leben oder Sterben, das ihr nachfolgte. Nicht dagegen den Blitz dazwischen. Der war zu ungeheuer; und der war zu plötzlich da und zu plötzlich auch wieder vorbei, als daß sie ihn als ihn selbst überhaupt aufgefaßt hätten. Diese Unauffaßbarkeit hält ja auch jetzt noch an: denn selbst jetzt können sie das Ereignis nicht in Worte fassen oder benennen, noch jetzt umschreiben sie es gewöhnlich durch ein »it« (»Then it happened«). Vielleicht auch ein Euphemismus.

3. Hypothese: Der Blitz wurde nicht als Tat eines Täters erlebt. Und zwar deshalb nicht, weil kein Feind mehr sichtbar war. Was man heute immer wieder betont: Daß der Feind anonym geworden sei, das bleibt als Charakterisierung unzulänglich und ist bereits veraltet. Wahr ist dagegen, daß heute überhaupt kein Feind mehr zu sehen ist; und daß auch schon im Falle Hiroshima keiner mehr zu sehen war. Daher konnte die Kongruierung des Schlages mit einem Schläger nicht stattfinden; darum wurde eine solche Kongruierung noch nicht einmal versucht. Und deshalb blieben die Opfer haßlos.

Wenn diese dritte Hypothese zutrifft, dann ist sie wohl die für heute, also für die nächste und weitere Zukunft, folgenreichste. Im Zeitalter der Fernstreckenraketen ist es ja wahrscheinlich, daß überhaupt nichts mehr sichtbar sein wird: Nicht nur nicht der Schläger; nicht nur nicht die Waffe; nicht nur nicht der ›schlägerlose Schlag‹; nein, da das Verderben ja momentan einschlagen und alles erschlagen würde, noch nicht einmal der Effekt des Schlages.

Im Wichtigsten wird die morgige Welt unsichtbar, und dadurch ihr Geschehen *unzurechenbar* sein. (Nicht nur, wie heute allgemein betont wird, unberechenbar). Alles wird mit ›Alibi‹ geschehen. Das heißt: Derjenige, *dem* angetan wird, wird sich stets ›anderswo‹ aufhalten, nicht an dem Platz des Täters, nicht an dem Platz der Tat, da diese ja, durch einen Knopfdruck ausgelöst, irgendwoanders stattfindet. Schlagender und Geschlagener werden so weit voneinander entfernt sein, daß der Geschlagene unfähig bleiben wird, sich selbst als Opfer einer Tat zu verstehen. Während früher jeder ›Tatort‹ zugleich der Ort des Täters und des Opfers, zugleich der Aktions- und der Passions-Ort gewesen war, wird er nunmehr dividiert, wird er nun in zwei Orte zerfällt. Diese

Zerfällung ist eine der ›Seinsbedingungen‹ der Bewußtseinsspaltung des heutigen Menschen. *Nicht nur die Seele des Menschen ist heute ›schizoid‹, sondern die Ereignisse selbst sind es.**

Mehr oder minder gelten diese Überlegungen bereits für hier, für Hiroshima. Denn unterstellt selbst, das Flugzeug, das die Bombe abwarf, wäre gesehen worden (und vermutlich *ist* es von diesem oder jenem gesehen worden) – diesen winzigen schwirrenden Punkt im Himmel mit der maßlosen Katastrophe, die nachfolgte, zusammenzuerleben, das war eine psychologische Überforderung, das war unmöglich; und ist es auch heute noch.

Wenn ein Mann seine Faust erhebt, um sie auf mich niederfallen zu lassen, dann bilden Geste, Akt und Effekt ein einziges Ganzes, ein so evidentes Ganzes, daß, was ich wahrnehme, von vornherein als ein *Wirkungszusammenhang* erlebt wird. Die den Aktionsphasen entsprechenden Gefühle: Schrecken, Abwehr, Haß usw. bilden gleichfalls ein unmittelbares Ganzes. Diese Zusammenhänge erst eigens zu konstruieren, erübrigt sich.

Um dieses unmittelbare Erleben von Zusammenhängen und um diese Erlebniszusammenhänge ist unsereins nun betrogen. Vorbereitung, Akt und Effekt sind auseinandergerissen, und zwar nicht nur in räumlicher Hinsicht. Was wir wahrnehmen, bleibt stets Fragment: entweder ist es *nur* die Vorbereitung oder *nur* der Effekt. Und das gilt gerade für die wesentlichsten Situationen, also für diejenigen, in denen wir über Sein oder Nichtsein der anderen entscheiden oder in denen es um unser eigenes Sein oder Nichtsein geht. Dieser Wahrnehmungsverstümmelung entspricht die Verstümmelung unserer Emotionen. Was ich nicht weiß, macht mich nicht heiß. Was wir vorbereiten, ohne daß wir den Effekt der Vorbereitung oder das Opfer sehen; oder was uns trifft, ohne daß wir die Vorbereitungsgeste des Täters vorhersehen, das bleibt für unser Gefühl unverarbeitbar. Um solche

* Das alles gilt auch vom Täter: Auch der verweilt ja stets an einem ›Alibi‹; und das sogar in einem prononzierten Sinne, da in seinem Falle ›Alibi‹ außer seinem räumlichen Sinn nun den anderen bekannten moralischen (bzw. unmoralischen) annimmt. Gleichviel, da er sich an einem Tatort aufhält, der nicht zugleich der Leidensort ist, bleibt er unfähig, *sich selbst* seine eigene Tat zuzurechnen; unfähig, seine Tat als seine *Tat* und als *seine* Tat, seinen Schlag als seinen *Schlag* und als *seinen* Schlag zu erkennen. Er ist also der Zwillingsbruder seines Opfers: Auch er unfähig gemacht, noch moralisch zu handeln.

Unverarbeitbarkeit handelt es sich hier in Hiroshima. Und deshalb können die Opfer nicht hassen.

Mit all dem ist natürlich nicht behauptet, daß die Hiroshima-Opfer nicht wüßten, wer die Katastrophe verursacht hat, wer die Schuldigen sind. Sie wissen es. Aber emotional hat ihr Wissen kein Gewicht, jedenfalls keine Konsequenzen. Als die GI's nach der Kapitulation ins Land kamen und den Kindern Schokolade und bubble gum zusteckten, da blieben sie für die Japaner als die ›Täter‹ unerkennbar. Was freilich nicht nur begreiflich, sondern in gewissem Sinne auch wieder berechtigt war. Denn diese boys mit jenen Männern, die den Abwurf der Bombe angeordnet hatten, gleichzusetzen, das wäre moralisch natürlich auch schief gewesen. Was ich meine, ist etwas anderes: Nämlich die Gefahr, daß auf Grund der Unsichtbarkeit der Schuldigen auch das Faktum der Schuld selbst unsichtbar werde. Sofern von ›Gefahr‹ überhaupt noch gesprochen werden kann. Denn es handelt sich eben bereits um ein fait accompli: Der Haßlosigkeit hier entspricht das absolut reine Gewissen dort, nämlich in Trumans Hause. Die beiden gehören zusammen. Die Unwahrhaftigkeit der Situation ist einfach atemberaubend. In demjenigen Augenblicke, in dem die Welt, und zwar durch uns, apokalyptisch wird, bietet sie den Anblick einer fata morgana dar, den Anblick eines Paradieses, das von arglosen Mördern und haßlosen Opfern bewohnt wird. Nirgends eine Spur von Bosheit, lediglich Trümmer. Aber diese allgemeine Liebe ist eben nichts als ein Defekt; nichts anderes als die fürchterliche Konsequenz unseres technologischen Zustandes; Die Folge der Tatsache, daß wir durch die Zerfällung des ›Tatorts‹ unfähig geworden sind, diejenigen Gefühle aufzubringen, die der Faktizität unserer Welt angemessen wären.

Auch dem Delegierten S. ist es aufgefallen, ja er ist geradezu fassungslos darüber, daß in den Berichten der Opfer kein einziges Wort gegen die Amerikaner gefallen ist. Aber er deutet diese Tatsache völlig anders. Als Christ. Und als Christ ist er nun aufs tiefste beschämt darüber, daß in einem Lande, in dem die Christen nur eine Minorität darstellen, ein Grad von Rachelosigkeit herrscht, den es im christlichen Europa niemals gegeben habe: Ich halte seine Beschämung für gegenstandslos. Man kann kaum sagen, daß die Bevölkerung Deutschlands gegen die ins Land kommenden Besatzungstruppen rachsüchtig gewesen wäre. Daß aber ihre Mentalität damals christlich gewesen wäre, wird man wohl ebensowenig behaupten dürfen. Auch dort wurden eben Tat und Täter nicht mehr zusammengesehen; auch dort war eben die ›Deckung‹, die ›Identifizierung‹, bereits undurchführbar geworden.

Nagasaki

Unterwegs wieder versucht, mir das Geschehene vor Augen zu rufen; an die Stelle des Seienden das Nichtseiende zu schieben. Aber vergebens. Die neuen Häuser, die nun einmal dastehen, bleiben undurchsichtig; den Trümmerzustand, den ich zu sehen verlangte, ließen sie nicht durchscheinen. Wandere also durch die Straßen, als wären sie die Straßen irgendeiner fremden Stadt. Die Erschütterung, die in Hiroshima so überwältigend gewesen war: das Bewußtsein, sich über einem von uns selbst zugeschütteten Pompeji zu bewegen, wiederholt sich nicht. Wie unfrei wir sind als Fühlende! Von Analphabeten des Fühlens diese Gefühlsleistung zu verlangen, wäre einfach sinnlos; und vollends ungerecht, sie von denen zu fordern, die hier zu Hause sind.

Nagasaki

Dies schreibe ich im ich weiß nicht wievielten Stockwerk des Hochhauses von Nagasaki: Tief unter mir rauchen Werkstätten, Fabriken, Häuser; hinten schiebt sich die Bucht in die Stadt; und, dreiviertel des Bildes einrahmend, erheben sich die Hügel, die so absolut kalifornisch aussehen, daß ich mir immer wieder zurufen muß: Du bist nicht in Los Angeles! – Hier sitze ich also mit einem Coca-Cola, vor mir stehen Imitationen von Drugstore-sandwiches; und wäre ich Amerikaner, wahrhaftig, ich müßte das Gefühl haben: Reisen ist überflüssig. Wo ich hinkomme, ist Amerika.

In einer der unteren Etagen würde ich mich freilich, wenn ich Amerikaner wäre, nicht allzugerne aufhalten. Denn dort ist die

›Sammlung‹ untergebracht, das heißt: die Kollektion derjenigen Stücke, die aus der Katastrophe übriggeblieben sind. Und obwohl diese Sammlung, was die Art der Aufstellung und die Zahl der Objekte betrifft, erheblich anspruchsloser ist als das repräsentative Atom-Museum in Hiroshima, kann sie doch, um im Museumsidiom zu reden, mit ›Stücken ersten Ranges‹ aufwarten. In der Tat sind diese Stücke so ungeheuerlich, daß wir (mindestens diejenigen von uns, deren Seelen nach Hiroshima überhaupt noch erreichbar und verwundbar geblieben waren) uns in die Saalecken verdrückten, um (wie Kurzsichtigste damit beschäftigt, irgendein Trümmerphoto aus der Nähe zu studieren) unsere Fassung wiederzugewinnen und um uns so lange wie möglich der Beobachtung zu entziehen.

Es ist eine surrealistische Ausstellung. Warum surrealistisch?

Was surrealistische Bilder so schockierend macht: daß in ihnen nicht nur verschiedenartige Dinge zusammengerührt werden, sondern daß Dinge verschiedener Seinsweisen zum Zusammenwachsen gezwungen, ja Seinsweisen ausgetauscht werden – hier kann man lernen, daß diese Künste des Surrealismus dem Zeitalter absolut angemessen waren. Davon, daß der Surrealismus seine Hybriditäten oft mit Gusto am Grauen darbietet, will ich hier nicht sprechen, das gehört selbst zum Grauenhaften unseres Zeitalters. Sonst aber muß man ihm zubilligen: Nicht erfunden hatte er diese Hybriditäten, sondern gefunden. Auf seine Weise war er durchaus realistisch; realistisch gerade deshalb, *weil* er die Welt entsetzlich schilderte – womit ich nicht nur meine, daß er *uns* entsetzte, sondern daß er eine ›entsetzte‹ Welt darstellte: Daß er nämlich alles Lebendige und Menschliche absetzte: das humanum von den Stellen, auf die es gehört, fortsetzte; auf Stellen, auf die es nicht gehörte, versetzte: und es durch rein Dingliches ersetzte.

Und all das ist nun hier, obwohl wir uns wahrhaftig in keiner modernen Kunstgalerie aufhalten, zu sehen. Denn da ist zum Beispiel ein – ja, wie soll ich es nennen? – ein Gegenstand, der beim ersten ahnungslosen Hinblicken unkenntlich bleibt; aber nach der Lektüre der erläuternden Unterschrift langsam eine Verwandlung durchmacht, bis er plötzlich identifizierbar wird – tritt fort! Nein, auch wenn es kein ›Gegenstand‹ ist, sondern ein Monstrum – tritt *nicht* fort, du *hast* es zu sehen, und du *hast* es beim Namen zu nennen. Denn was dir da vor Augen liegt, nur zehn Zentimeter vor dir, nur durch eine Scheibe von dir getrennt, so nah wie dein eigener Leib, das ist eine mit dem Glas einer Bierflasche zusammengeschmolzene Hand. Wo die Flasche aufhört, Flasche zu sein, und wo die Hand beginnt, Hand zu sein, das ist nicht auszumachen – aber den Bruchteil einer Sekunde vorher war da einer gewesen, der durstig die Flasche an seinen Mund hatte führen wollen, den ersten Zug hatte er vielleicht schon getan, mindestens zu Ende hätte man den Mann trinken lassen sollen – aber dann fiel die Schneide dieses jüngsten Gerichts dazwischen; und genausowenig, wie es diese Schneide interessierte, ob die Handlung zu Ende war oder nicht, genausowenig interessierte es sie, wo eine Hand aufhört, Hand zu sein, oder eine Flasche anfängt, Flasche zu sein – den Schnitt legte sie, wie es ihr beliebte – was ist schon der Unterschied zwischen Hand und Flasche, was geht sie schon die Verschiedenheit der Seinsweisen an – wo ihr ja doch ›alles eins‹ ist, wo beides ja auf gleiche Weise schmelzbar ist, wo beides ja ›nichts als‹ zerstörbares Material ist – wahrhaftig, wenn es eine sinnvolle Definition des Nihilismus gibt, nicht, daß er alles als ›nichtig‹, sondern daß er alles als auf gleiche Weise vernichtbar ansieht, macht Nihilismus aus.

Dies also geschah im Blitz dieses Augenblickes. Und was der Blitz dieses Augenblickes hervorbrachte, das blieb stehen, das gerann zum Gegenstande, das wurde ewig – sprich: zum Glück ewig. Denn es wurde dadurch zum Zeugnis und, hoffen wir, zum ewigen Zeugnis.

Genug davon! Nein, nicht genug! Denn Entrinnen ist dir nicht gegönnt, man schiebt dich von Schaukasten zu Schaukasten.

Was du zuerst siehst, das scheint zwar erkennbar. Aber was du erkennst, das ist nur die Hälfte, nein, das ist nichts. (Ich spüre, die Beschreibung wird nun gemein, aber: schreib weiter! Und wer das einmal lesen sollte: lies weiter! Denn nur das Gemeine erreicht das Grauenhafte) – was du also vor dir siehst, das ist, es klingt wie eine patentierte Erfindung, ein *Stahlhelm mit doppeltem Boden*; und das heißt: Von der Hohlwand dieses Stückes, das als Schutz gemeint war, als Schutz eines ›Ebenbildes‹, von der Hohlwand dieses Stückes nicht mehr ablösbar, liegt, gut hineinpassend wie eine Suppenschale in eine andere, eine Schädeldecke. Und irgendwo, längst vergessen, irgendwo verbrannte, was sonst an dem Mann gewesen sein mochte. Offenbar gehörte eben für diesen Blitz die Schädeldecke mehr zum Helm als zum Menschen; und so teilte er eben auf seine surrealistische Manier, und so verbuk er eben die Teile auf seine surrealistische Manier.

Genug davon! Nein, auch jetzt noch nicht genug! Denn man schiebt dich weiter, Beschwerden werden nicht entgegengenommen. Wo Siebzigtausend auf einmal zusammenbrachen unter dem Blitz dieses Augenblicks, da ist es schon das größte Entgegenkommen, wenn du nur von Schaukasten zu Schaukasten gestoßen und für einige Minuten nicht losgelassen wirst.

Zuerst scheint es nur ein Nichts. Eine Reliquie kann es jedenfalls nicht sein. Denn es ist ja nur ein Photo. Nur ein Bild. Nur das Bild einer Mauer. Was soll ich damit?

Blick sorgfältiger hin. Vielleicht hast du es nicht sorgfältig genug angeschaut. Was siehst du auf der Mauer?

Richtig. Da gibt es etwas. Eine Silhouette, oder einen Schatten. Den Schatten eines Mannes. Was ist daran so erstaunlich?

Entdeckst du andere Schatten auf dem Bilde?

Nein.

Und siehst du einen Mann, der den Schatten werfen könnte?

Auch nicht.

Also?

Was heißt ›also‹? Das gibt es doch nicht. Einen Peter-Schlemihl-Schatten. Einen Schatten ohne Mann. Einen Schatten, der sich selbständig macht. Einen verewigten Schatten.

Doch, genau das gibt es. Und deshalb stehst du hier. Lies die Erklärung.

Vor sich gegangen war das so:

Da hatte am Vormittag des 9. einer nichtsahnend an dieser Mauer gelehnt. Und dann hatte der Blitz eingeschlagen. Und im Augenblick war die Mauer eine glühende Fläche, und der Mann Asche gewesen.

Nicht dagegen verglüht war diejenige Mauerfläche, die der Mann im letzten Bruchteil seiner letzten Sekunde zugedeckt hatte. Dieses Stück war durch die Blitzlichtaufnahme festgehalten. Als Negativ. Dieses Stück hatte er gerettet. In diesem Negativ hatte er sich gerettet. Denn es ist die einzige Spur, die von seinen Erdentagen geblieben ist. Und die einzige, die von seinen Erdentagen bleiben wird.

Was also wird bleiben von uns?

Das also wird bleiben vom letzten Menschen: Seine Kontur auf dem Gegenstande, den sein Leib im Augenblicke des Blitzes zufällig schützen wird. Das wird das letzte Bild vom letzten Menschen sein. Wenn man es ein Bild nennen darf. Denn Zeugen, die es finden würden oder die es erkennen könnten, die wird es ja nicht geben. Sondern nur andere Schattenbilder auf anderen Mauern. Aber die werden blind sein und einander nicht erkennen.

Und damit war der Ausstellungsbesuch zu Ende.

Unten aber, in diesem selben Gebäude, nur ein paar Meter von hier entfernt, nur ein paar Welten von hier entfernt – unten sind ›Kulturräume‹ eingerichtet, und sogar einen erfrischenden und innenarchitektonisch erfreulichen Springbrunnen gibt es dort. Und auch wir sind eingeladen, am Abend an einer Vorführung von Volkstänzen und am Absingen von Volksliedern teilzunehmen.

Ich fürchte, ich fürchte: Die nur wenige Meter über uns ausgestellten Objekte, von denen ich nicht begreife, daß sie ihren Kästen noch nicht zu schwer geworden sind und daß sie sich noch nicht durchgeglüht haben durch die Fußböden – ich fürchte, daß sich diese Objekte, die aufgehoben wurden, um das Vergessen zu verhüten, langsam infizieren werden an dem Restaurant oben und an dem Springbrunnen unten; und daß sich die Sammlung allmählich in das verwandeln wird, was Museen gewöhnlich sind: In eine Abladestelle für das, was man nicht unterzubringen weiß, aber fortzuwerfen sich geniert. Dann wird die Verwüstung Nagasakis verwüstet und der Platz frei sein für neue Verwüstung.

Off limits für das Gewissen
Briefwechsel mit dem Hiroshima-Piloten Eatherly

Es war ein großer Gedanke, willig auch die Strafe für ein unvermeidliches Verbrechen zu tragen, um so durch den Verlust seiner Freiheit selbst eben diese Freiheit zu beweisen.

Schelling, Briefe über Dogmatismus und Kritizismus, 1795

*Brief 1. Herrn Claude R. Eatherly**
formerly Major U.S. Air Force
Veterans Administration Hospital Waco, Texas

Lieber Herr Eatherly 3. Juni 1959

Den Schreiber dieser Zeilen kennen Sie nicht. Sie dagegen sind uns, meinen Freunden und mir, bekannt. Wie Sie mit Ihrem Unglück fertig oder nicht fertig werden, das verfolgen wir, gleich ob wir in New York sitzen, in Wien oder Tokyo, klopfenden Herzens. Nicht, weil wir neugierig wären; oder weil Ihr ›Fall‹ uns medizinisch oder psychologisch interessierte. Wir sind weder Mediziner noch Psychologen. Sondern deshalb, weil wir damit beschäftigt sind, voll Angst und brennender Sorge damit beschäftigt sind, uns über diejenigen Moralprobleme klar zu werden, die uns allen heute den Weg verstellen. Die Technisiertheit des Daseins: die Tatsache, daß wir ahnungslos und indirekt, gewissermaßen als Maschinenschrauben, in Handlungen eingefügt werden können, deren Effekte wir nicht übersehen und die wir, wenn wir die Effekte übersähen, nicht bejahen könnten – die

* Claude Eatherly war einer der Superpiloten, die für die ›Hiroshima-Mission‹, das heißt: für die Bebombung Hiroshimas ausgewählt worden waren. Er saß am Steuer des B-29 Straigth Flush, und gab dem ihm folgenden Bombenflugzeug über Hiroshima das ›go ahead‹-Signal. Nach seiner Entlassung aus dem Dienst unternahm Eatherly zweimal Selbstmordversuche und machte sich mehrerer ›normaler‹ Vergehen wie Fälschung, Raub, Hausfriedensbruch etc. schuldig, woraufhin er in einer der für ehemalige Soldaten eingerichteten psychiatrischen Anstalten interniert wurde. Er fühlte sich von den Tausenden von Toten verfolgt – ein Zustand, den die Ärzte als abnorm, und nur durch Ödipuskomplex erklärbar, bezeichneten.

hat unser aller sittliche Situation verändert. Die Technik hat es mit sich gebracht, daß wir auf eine Weise *schuldlos schuldig* werden können, die es früher, in der technisch noch nicht so vorgeschrittenen Zeit unserer Väter, noch nicht gegeben hatte.

Sie verstehen, was *Sie* damit zu tun haben: Schließlich gehören Sie ja zu den ersten, die sich in diese neuartige Schuld, in die sich heute oder morgen jeder von uns verstricken könnte, wirklich verstrickt haben. Ihnen ist es so gegangen, wie es uns allen morgen gehen könnte. Aus diesem Grunde also spielen Sie für uns die große Rolle eines Kronbeispiels, ja die eines *Vorläufers.*

Vermutlich ist das Ihnen gar nicht recht. Sie wollen Ihre Ruhe haben, your life is your business. Wir versichern Ihnen, daß wir Indiskretion genausowenig lieben wie Sie es tun, und wir bitten Sie um Verzeihung. Aber in diesem Falle ist, aus dem Grund, den ich eben genannt habe, Indiskretion leider unvermeidlich, ja sogar geboten: Ihr Leben ist auch unser business geworden. Da der Zufall (oder wie immer wir die unbestreitbare Tatsache nennen) es gewollt hat, Sie, den Privatmann Claude Eatherly, in ein Symbol der Zukunft zu verwandeln, haben Sie kein Recht mehr darauf, sich gegen unsere Indiskretion zu verwahren. Daß gerade Sie, und nicht irgendein anderer unter den Milliarden von Zeitgenossen, zu dieser Symbolfunktion verurteilt worden sind, das ist Ihre Schuld nicht, und es ist gewiß entsetzlich. Aber es ist nun einmal so.

Und dennoch: Glauben Sie nicht, daß Sie der einzige derart Verurteilte sind. Denn wir alle haben ja in dieser Epoche zu leben, in der wir in solche Schuld hineingeraten könnten; und so wenig wie Sie sich Ihre unselige Funktion, so wenig haben wir uns diese unselige Epoche selbst ausgesucht. In diesem Sinne sind wir also, wie Sie als Amerikaner sagen würden, ›in the same boat‹, in einem und demselben Boot, ja wir sind Kinder einer einzigen Familie. Und diese Gemeinsamkeit bestimmt unsere Beziehung zu Ihnen. Wenn wir uns mit Ihrem Leiden beschäftigen, so tun wir das als Geschwister, also so, als wären Sie ein Bruder, dem das Unglück zugestoßen ist, dasjenige wirklich zu tun, was jeder von uns morgen zu tun gezwungen werden könnte; als Geschwister, die hoffen, dieses Unglück vermeiden zu können, so wie Sie heute schrecklich vergeblich hoffen, Sie hätten es damals vermeiden können. Aber damals war das eben nicht möglich gewesen: Die Befehlsmaschinerie hatte lückenlos funktioniert, und sie waren damals noch jung und einsichtslos gewesen. Sie *haben* es also getan. Aber da Sie es getan haben, können wir durch Sie erfahren, und eben nur durch Sie, wie es uns ergehen würde, wenn wir an Ihrer Stelle gestanden hätten, wenn wir an Ihrer Stelle stehen würden. Sie sehen: Sie sind ungeheuer wichtig für uns, geradezu unentbehrlich. Gewissermaßen unser *Lehrer.* Natürlich werden Sie diesen Titel abwehren. ›Nichts weniger als das‹, werden Sie antworten, ›denn ich werde mit meinem Zustande ja gerade *nicht* fertig.‹

Sie werden erstaunt sein, aber gerade dieses ›nicht‹ ist es, was für uns den Ausschlag gibt. Ja, was für uns sogar tröstlich ist. Ich weiß, diese Behauptung klingt erst einmal sinnlos. Darum ein paar Worte der Erklärung:

Ich sage nicht: ›tröstlich für Sie‹. Nichts liegt mir ferner als zu versuchen, *Sie* zu trösten. Die Tröstende spricht ja stets: ›Es ist ja nicht so schlimm‹, versucht also, das Geschehene: Leiden oder Verschuldung, zu verkleinern oder mit Worten aus der Welt zu schaffen. Genau das ist es ja auch, was zum Beispiel Ihre Ärzte versuchen. Warum diese Männer das tun, ist ja nicht schwer zu erraten. Schließlich sind sie Angestellte eines Militärhospitals, denen die moralische Verurteilung einer allgemein anerkannten, ja gepriesenen militärischen Aktion nicht gut bekommen würde, nein, denen die Möglichkeit einer solchen Verdammung gar nicht einfallen *darf*; die also die Untadeligkeit der Tat, die Sie mit Recht als Schuld empfinden, unter allen Umständen verteidigen müssen. Daher behaupten ja Ihre Ärzte: ›Hiroshima in itself is not enough to explain your behaviour‹ – was in unverkünstelter Sprache nichts anderes bedeutet als: ›So schlimm war Hiroshima ja gar nicht‹; daher beschränken sie sich ja darauf, *anstelle der Tat selbst* (oder des Weltzustandes, in dem solche Tat möglich ist), Ihre *Reaktion auf die Tat* zu kritisieren; daher sind sie ja genötigt, Ihr Leiden und Ihre Erwartung von Strafe eine ›Krankheit‹ (classical guilt complex) zu nennen; und deshalb müssen sie ja Ihre Tat als ein *›self-imagined wrong‹*, als eine von Ihnen ausgedachte Untat behandeln. Ist es ein Wunder, daß Männer, die durch ihren Konformismus und durch ihre moralische

Unselbständigkeit dazu gezwungen sind, die Untadeligkeit ihrer Tat zu retten, und die deshalb ihre Gewissensnot als pathologisch bezeichnen müssen, daß mit so lügenhaften Voraussetzungen arbeitende Männer nicht gerade sensationelle Heilerfolge erzielen können? Ich kann mir vorstellen – wenn ich mich irre, korrigieren Sie mich bitte –, wie ungläubig, wie mißtrauisch, wie abweisend Sie diesen Männern gegenüberstehen müssen, weil sie eben lediglich Ihre *Reaktion* ernst nehmen, Ihre *Aktion* dagegen nicht. Hiroshima – self-imagined. Wahrhaftig! *Sie* wissen es besser. Nicht ohne Grund betäuben die Schreie der Verletzten Ihre Tage, und nicht ohne Grund drängen sich die Schatten der Toten in Ihre Träume. Sie wissen, daß, was geschehen ist, geschehen ist und nicht imagined. Sie lassen sich von diesen Männern keine Schwachheiten einreden. Und auch wir lassen uns von Ihnen nichts vormachen. Mit solchen ›Tröstungen‹ wollen also auch wir nichts zu tun haben.

Nein, ich sage: *›für uns‹*. Für uns ist die Tatsache, daß Sie mit dem Geschehenen ›nicht fertig werden‹, tröstlich. Das ist sie für uns deshalb, weil sie beweist, daß Sie den Versuch machen, dem (damals nicht vorgestellten) Effekt Ihrer Tat nun nachträglich doch noch nachzukommen; weil dieser Versuch, auch wenn er scheitert, ein Zeugnis dafür ist, daß Sie Ihr Gewissen haben wachhalten können, obwohl Sie einmal als Maschinenstück in einen technischen Apparat eingeschaltet gewesen und in diesem erfolgreich verwendet worden waren. Und da *Sie* dazu imstande waren, haben Sie damit bewiesen, daß *man* dazu imstande ist, daß *unsereiner* dazu gleichfalls imstande sein muß. Und das zu wissen – und dieses Wissen verdanken wir eben Ihnen –, das ist für uns tröstlich.

›Auch wenn Ihr Versuch scheitert‹, sagte ich. Er *muß* nämlich scheitern. Aus folgendem Grunde:

Schon wenn man einem einzigen Menschen Unrecht angetan hat – ich rede noch gar nicht von Töten –, ist es, obwohl die Tat übersehbar bleibt, keine leichte Aufgabe, damit ›fertig zu werden‹. Aber hier handelt es sich ja um etwas anderes. Sie haben ja das Unglück, zweihunderttausend Tote hinter sich gelassen zu haben. Und wie sollte man einen Schmerz aufbringen können, der 200000 Menschenleben umfaßt? Wie sollte man 200000 bereuen können? Das können nicht nur Sie nicht, das können nicht nur wir nicht, das kann niemand. Wie verzweifelt wir es auch versuchen, Schmerz und Reue bleiben unzulänglich. Die Vergeblichkeit Ihrer Bemühung, die ist also nicht Ihre Schuld, Eatherly. Sie ist die Folge dessen, was ich vorhin als das entscheidend Neue unserer Situation bezeichnet hatte: Daß wir nämlich mehr *herstellen* können, als was wir uns *vorstellen* können; daß die Effekte, die wir mit Hilfe unserer von uns selbst hergestellten Geräte anrichten, so groß sind, daß wir für deren Auffassung nicht mehr eingerichtet sind. Größer also als das, was wir innerlich meistern, womit wir fertig werden können. Machen Sie sich keine Vorwürfe dafür, daß Ihnen Ihre Reue nicht gelingt. Das fehlte noch gerade. Die Reue kann nicht gelingen. Aber das *Scheitern* Ihrer Mühe, das müssen Sie freilich täglich erfahren und durchmachen; denn außer dieser Erfahrung des Scheiterns gibt es nichts, was die Reue ersetzen könnte, was uns davon abhalten könnte, uns noch einmal auf so ungeheuerliche Taten einzulassen. Daß Sie, da Ihre Mühen nicht gelingen können, panisch und unkoordiniert reagieren, ist also durchaus begreiflich. Beinahe darf man sagen: Es ist ein Zeichen Ihrer moralischen Gesundheit. Denn Ihre Reaktion beweist die Lebendigkeit Ihres Gewissens.

Die übliche Methode, mit dem zu Großen fertig zu werden, besteht in einem bloßen Unterschlagungsmanöver: darin, daß man genau so weiterlebt wie vorher; daß man das Geschehene von der Tischplatte des Lebens wischt, daß man die zu große Schuld als gar keine Schuld behandelt. Also darin, daß man, um damit fertig zu werden, keinen Versuch macht, damit fertig zu werden. Wie es zum Beispiel Ihr Kamerad und Landsmann Joe Stiborik tut, der ehemalige Radarmann auf der Enola Gay, den man Ihnen, weil er robust und guter Dinge weiterlebt, und weil er in bester Stimmung erklärt hat, daß es ›damals eben nur eine etwas größere Bombe gewesen‹ sei, als gutes Beispiel vorzuhalten liebt. Noch besser wird diese Methode sogar durch jenen Präsidenten illustriert, der Ihnen sein ›go ahead‹-Zeichen gegeben hat, so wie Sie ihr ›go ahead‹-Zeichen dem Bombenpiloten gegeben haben; der sich also eigentlich in der gleichen Situation wie Sie, wenn nicht sogar in einer noch böseren, befindet. Aber was *Sie* getan haben, das hat *er* eben versäumt. Denn er hat ja vor einigen Jahren – ich weiß nicht, ob Ihnen das damals zu Ohren gekommen ist –, alle Moral aufs naivste verkehrend, in einem für die Öffentlichkeit bestimmten Interview verkündet, er spüre nicht die geringsten ›pangs of conscience‹, womit seine Unschuld ja wohl bewiesen sei; und als er jüngst an seinem 75. Geburtstag ein Fazit seines Lebens zog, da hat er ja als das einzige, seiner Reue würdige Unrecht die Tatsache genannt, daß er erst als Dreißiger geheiratet habe. Es scheint mir unwahrscheinlich, daß Sie dieses ›clean sheet‹ beneiden. Völlig gewiß aber bin ich, daß Sie keinem gewöhnlichen Verbrecher die Erklärung, daß er unter keinen Gewissenbissen leide, als Beweis seiner Unschuld abnehmen würden. Ist nicht ein Mann, der so vor sich selbst Reißaus nimmt, eine lächerliche Figur? *Sie* haben das jedenfalls nicht getan, Eatherly. Sie sind keine lächerliche Figur. Sie tun, auch wenn Sie dabei scheitern, das Menschenmögliche. Sie versuchen, *als der* weiterzuleben, der es getan hat. Und das ist es, was uns tröstet. Auch wenn Sie sich, eben *weil* Sie mit Ihrer Tat identisch geblieben sind, durch diese Ihre Tat verändert haben.

Sie verstehen, daß ich damit auf Ihre Einbrüche, Fälschungen und ich weiß nicht welche anderen kriminellen Taten, die Sie begangen haben, anspiele. Und darauf, daß Sie als demoralisiert gelten. Glauben Sie nicht, daß ich Anarchist sei und für Einbrüche oder Fälschungen eintrete oder sie auf die leichte Schulter nehme. Aber in Ihrem Falle sind diese Vergehen etwas anderes als gewöhnlich. Eben Verzweiflungsschritte. Denn so schuldig zu sein wie Sie es sind, und trotzdem von der Öffentlichkeit als schuldlos klassifiziert, ja auf Grund der Schuld sogar als smiling hero gepriesen zu werden, das muß für einen anständigen Menschen ein unerträglicher Zustand sein; ein Zustand, für dessen Beendigung man eben auch etwas Unanständiges unternimmt. Da das Ungeheure, das auf Ihnen lag und liegt, in der Welt, der Sie angehören, nicht verstanden wurde, nicht verstanden werden durfte, nicht verständlich gemacht werden konnte, mußten Sie eben versuchen, in der dort verständlichen Sprache, in der kleinen Sprache of petty oder big larceny, in den terms der Gesellschaft selbst zu sprechen und zu handeln. Also haben Sie versucht, Ihre Schuld durch Akte zu beweisen, die als Vergehen dort immerhin anerkannt werden. Aber auch das ist Ihnen nicht gelungen. *Weiter bleiben Sie dazu verurteilt, als krank zu gelten, statt als schuldig.* Und deshalb, weil man Ihnen gewissermaßen die Schuld nicht gönnt, bleiben Sie weiter ein unglücklicher Mensch.

Und nun zum Schluß eine Anregung.

Im vorigen Jahr habe ich Hiroshima besucht; und dort habe ich mit denjenigen gesprochen, die nach Ihrem Besuch von Hiroshima übriggeblieben sind. Sie können gewiß sein: Unter diesen Menschen gibt es keinen einzigen, der daran dächte, die Schraube innerhalb einer militärischen Maschine – und das waren Sie ja, als Sie als Sechsundzwanzigjähriger Ihre ›Mission‹ durchführten –, zu verfolgen; keinen einzigen, der Sie haßt.

Aber nun haben Sie ja bewiesen, daß Sie, obwohl Sie einmal als solche Schraube verwendet worden waren, im Unterschiede zu den anderen ein Mensch geblieben oder wieder ein Mensch geworden sind. Und nun mein Vorschlag, den Sie sich vielleicht überlegen.

Am kommenden 6. August feiert die Bevölkerung von Hiroshima, wie jedes Jahr, den Tag, an dem »es« geschehen ist. Diesen Menschen könnten Sie eine Botschaft schicken, die zur Feier zurechtkommen müßte. Wenn Sie diesen Menschen als Mensch mitteilen würden: »Ich wußte damals nicht, was ich tat; nun aber weiß ich es. Und ich weiß, daß Derartiges nicht wieder geschehen darf; und daß kein Mensch einem anderen zumuten darf, Derartiges zu tun.« Und: »Euer Kampf gegen die Wiederholung solcher Aktion ist auch mein Kampf; und euer ›No more Hiroshima‹ ist auch mein ›No more Hiroshima‹«, so oder so ähnlich – Sie können überzeugt davon sein, daß Sie mit solcher Botschaft den Überlebenden von Hiroshima eine ungeheuere Freude bereiten würden; und daß Sie von diesen Menschen als Freund betrachtet werden würden, als einer von ihnen. Und sogar, daß das mit Recht geschähe, da auch Sie, Eatherly, ein Hiroshima-Opfer sind. Und vielleicht wäre das auch für Sie, wenn auch keine Tröstung, so doch eine Freude.

In dem Gefühl, das ich jedem dieser Opfer gegenüber empfinde, grüße ich Sie.

Günther Anders

Brief 2. An Günther Anders

Lieber Herr 12. Juni 1959

Besten Dank für Ihren Brief, den ich am Freitag vergangener Woche erhalten habe.

Nachdem ich Ihren Brief mehrere Male gelesen hatte, beschloß ich, Ihnen zu schreiben, vielleicht sogar in einen Briefwechsel mit Ihnen zu treten, um diejenigen Dinge zu diskutieren, die wir beide, wie ich glaube, verstehen. Ich bekomme viele Briefe, aber die meisten kann ich einfach nicht beantworten. Bei Ihrem Brief dagegen fühlte ich mich genötigt, zu antworten und Sie wissen zu lassen, wie ich den Dingen der heutigen Welt gegenüberstehe.

Während meines ganzen erwachsenen Lebens bin ich immer aufs lebhafteste an dem Problem, wie man handeln und sich verhalten soll (human conduct), interessiert gewesen.

Obgleich ich, wie ich hoffe, in keiner Hinsicht, weder in religiöser noch in politischer, ein Fanatiker bin, bin ich doch seit einiger Zeit davon überzeugt, daß die Krise, in die wir alle verwickelt sind, eine gründliche Neuprüfung unseres ganzen Schemas der Werte und unserer Treueverpflichtungen (loyalities) erfordert. In der Vergangenheit hat es zuweilen Zeitalter gegeben, in denen Menschen durchkommen konnten (coast along), ohne sich selbst zu viele Gewissensfragen über ihre Denkgewohnheiten und Handlungssitten zu stellen. Heute aber ist es nun deutlich genug, daß unser Zeitalter diesen Zeitaltern nicht zugehört. Im Gegenteil, ich glaube, daß wir uns rapide einer Situation nähern, in der wir gezwungen sein werden, neu zu prüfen, wie es mit unserer Bereitschaft steht, die Verantwortung für unsere Gedanken und unsere Taten sozialen Einrichtungen (wie politischen Parteien, Gewerkschaften, der Kirche oder dem Staat) auszuliefern (to surrender). Keine dieser Institutionen ist ausreichend in der Lage, unfehlbaren moralischen Rat zu geben, und deshalb ist es notwendig, deren Anspruch, solchen Rat zu erteilen, anzufechten (to challenge). Die Erfahrung, die ich persönlich gemacht habe, muß, wenn ihre wahre Bedeutung, nicht nur für mich selbst, sondern für jedermann, überall aufgefaßt werden soll, unter diesem Gesichtspunkt studiert werden. Wenn Sie das Gefühl haben, daß dieser Gedanke wichtig ist und mehr oder minder im Einklang mit Ihrem eigenen Denken steht, dann möchte ich gerne vorschlagen, daß wir zusammen versuchen, diesen Zusammenhang aufzuklären, und zwar durch einen Briefwechsel, der unter Umständen lange dauern müßte.

Ich habe das Gefühl, daß Sie mich so verstehen wie niemand sonst, außer vielleicht mein Arzt und Freund.

Meine antisozialen Handlungen waren katastrophal für mein privates Leben, aber ich glaube, wenn ich mich anstrenge, dann wird es mir gelingen, meine wahren Motive, Überzeugungen und meine Philosophie ans Licht zu bringen.

Günther, es macht mir Freude, Ihnen zu schreiben. Vielleicht können wir durch unseren Briefwechsel eine auf Vertrauen und Verständnis gründende Freundschaft schließen. Haben Sie keine Hemmungen, über die Situations- und Handlungsprobleme, mit denen wir konfrontiert sind, zu schreiben. Und ich werde dann meinen Gesichtspunkt darlegen.

Mit nochmaligem Dank für Ihren Brief verbleibe ich Ihr

Claude R. Eatherly*

* Eatherlys Sprache ist alles andere als die eines Schriftstellers, oft ist sie sogar primitiv.

a) Natürlich hat das erst einmal *Generationsgründe:* Wie alle seiner Altersklasse nimmt er an der zeitsparenden Vokabelökonomie teil; und wie diese ist er mit dem Rundfunk aufgewachsen, also in einer ›unilateralen Sprachsituation‹: in einer Situation, in der die Sprache primär nicht mehr als gesprochene Sprache auftritt, sondern als eine gelieferte und gehörte. –

b) *Spezielle Gründe:* Die Sprechsprache taucht zumeist nur situationsgebunden, aber auch situationsgetragen, auf: z. B. als Frage oder als Antwort; dasjenige, worauf sich der Sprechende bezieht: der Zusammenhang, ist vorsprachlich durch die (den miteinander Sprechenden sichtbare) Lage evident; die kleinen Bezugswörter (obwohl, nun, zwar, freilich etc.) erübrigen sich weitgehend. Dem Schreibenden ist dieser vorsprachlich tragende Grund nicht vorgegeben; er hat diesen im Medium der Sprache selbst herzustellen. – Da Eatherly, ohne sich über die Sondergesetze des Schreibens klarzuwerden, also ohne ein Schriftsteller zu sein, zum Schreiben kam, schreibt er so, wie man gewöhnlich spricht: Weitgehend läßt er die kleinen Bezugswörter aus. In der Tat ist diese *›syntaktische Armut‹* und die bloße *Juxtaposition* von Sätzen für seine Sprache charakteristischer als deren Vokabelarmut. –

c) Dazu kommt, daß ihm als jahrelang Internierten das Sprechen selbst wohl ungewohnt geworden ist. Im gewissen Sinne kann man also noch nicht einmal sagen, daß er schreibe wie er spreche, da ihn seine Internierung eben des Sprechens entwöhnt hat. –

d) Die Sprache versagt häufig durch die entsetzliche *Diskrepanz* zwischen der (oft sogar idiomatischen und dialektischen) *Alltagssprache,* die sein Erbteil war, und der *Immensität* des letztlich apokalyptischen *Themas.* An ähnlichen Diskrepanzen sind sogar berufliche Schriftsteller, die über dieses Thema zu schreiben versuchten,

Brief 3. An Günther Anders

Lieber Herr 23. Juni 1959

Ich war froh, wieder von Ihnen zu hören. Und ich wäre glücklich, wenn ich von Ihnen eine Kopie der ›Gebote des Atomzeitalters‹ erhalten könnte.*

Wär ich doch ein so guter Schreiber wie Sie. Aber wenn es Schriftsteller wie Sie gibt, dann wird *einer* eindrucksvoll genug sein, um eine Botschaft zu geben, die der Welt die Richtung auf

gescheitert. Zuweilen wird Eatherly dadurch geradezu zum ›stammelnden Boten‹; zuweilen tritt durch die Kluft zwischen verfügbarer Sprache und dem zu bewältigenden Gegenstand ein unbeabsichtigt surrealistischer Effekt ein.

e) Ob auch Medikationen für die Unangemessenheit der Sprache verantwortlich gemacht werden dürfen, das kann ich nicht beurteilen, denn ›Tranquillizers‹ erwähnt Eatherly nur ein einziges Mal. Ein Vergleich des jeweiligen Sprachniveaus mit der jeweiligen Situation scheint übrigens Koordination zu zeigen, d. h.: Immer wenn seine Freiheitshoffnungen wieder enttäuscht werden, leidet auch seine Sprache darunter. Und umgekehrt: Es ist höchst auffällig, daß die zwei Briefe, die E. nach seiner Flucht, also aus der Freiheit, geschrieben hat, sprachlich nahezu in Ordnung sind und von gewissen früheren erstaunlich abstechen. Das an dieser Stelle Gesagte hätte sich erübrigt, wenn seine aus der Internierung geschriebenen Briefe das Niveau seiner Freiheitsbriefe erreicht hätten. Die Erholung durch die zwei Monate Freiheit war so gründlich, daß sie trotz der Wiederinternierung erst einmal durchhielt: Der einzige nach diesem Tage der schwersten Enttäuschung geschriebene Brief verrät auch sprachlich Gleichgewicht und Selbstkontrolle. Der Verdacht, daß jene Krankheit, mit der seine Internierung begründet wird, durch seine Internierung selbst hergestellt werde, ist nur schwer abzuweisen. –

Zur *Übersetzung:* Die syntaktische Armut im Deutschen nachzuahmen, wäre zwar vielleicht möglich gewesen, aber die Imitation hätte einen läppischen Eindruck gemacht; die Übernahme des idiomatisch Dialekthaften hätte Eatherly sogar in einen Berliner oder in einen Wiener verwandelt. In gewissem Sinne ist die Übersetzung also eine ›Veränderung‹; aber diese besteht ausschließlich in der Beseitigung der Juxtapositionen, in der Einfügung der kleinen Beziehungsworte (und analog: in der Auflockerung der abschnittslos geschriebenen Brieftexte in Abschnitte). Meine Arbeit entsprach etwa der eines Herausgebers von Kompositionen, denen im Original alle dynamischen Bezeichnungen fehlen. Inhaltlich ist dadurch nicht nur nichts verändert, umgekehrt hat sich gerade durch die Veränderung der Inhalt als durchweg zusammenhängend erwiesen. Es hat so gut wie keine Stelle gegeben, in der nicht ein ›zwar‹ oder ein ›allerdings‹ den von Eatherly gemeinten Zusammenhang völlig aufgeklärt hätte. – Trotzdem halte ich es für notwendig, auf diese Artikulierung des Textes hinzuweisen, weil diese das Porträt Eatherlys als eines Briefschreibers etwas modifiziert hat.

* Bezieht sich auf einen verlorengegangenen kurzen Brief, in dem ich Eatherly offenbar von diesem kurzen Kodex (FAZ, 13. Juli 1957) berichtet und ihn um die Ermächtigung gebeten hatte, seinen ersten Brief (Nr. 2) zu verwenden.

Versöhnung und Frieden verleihen wird. Vielleicht sind Sie dieser Mann. Wenn ich Ihnen irgendwie dabei helfen kann, rechnen Sie auf mich. Sie haben meine Erlaubnis, meinen Brief für Veröffentlichungen zu verwenden.

Mir steht nur kurze Zeit zum Briefschreiben zur Verfügung. Aber wenn Sie irgendeine Frage haben, werde ich Ihnen wirklich eine wahrhaftige Antwort geben. Ich dürste (I starve) nach Antworten auf die Gedanken, in die ich verwickelt bin, in die Gedanken, die die Verhinderung weiterer atomarer Aufrüstung und die ständige Kriegsvorbereitung betreffen. Ich habe vor diversen Organisationen gesprochen, um für meine Überzeugungen Unterstützung zu gewinnen. Aber Ansprachen sind so kurzlebig. Bücher aber sind Monumente. Darum machen Sie Ihre so gut wie möglich. Bringen Sie den Menschen die Botschaft, nach der sich alle friedliebenden Menschen sehnen. In der Hoffnung auf Ihren nächsten Brief. Ich verbleibe ergebenst,

Claude R. Eatherly

Brief 4. An Claude Eatherly

Lieber Claude Eatherly 2. Juli 59

Erst einmal, bitte nennen Sie mich nicht ›Sir‹. Zwar war die Art, wie wir einander kennenlernten, höchst unüblich, aber vom ersten Augenblick an sprachen wir zueinander in der vollen Überzeugung, daß wir einander trauen konnten, und daß wir einander verstehen würden: und das ist wirklich der Fall.

Ich war sehr froh darüber, daß Sie mit der Veröffentlichung Ihrer Antwort auf meinen Brief einverstanden waren. Übrigens habe ich sie schon einigen Leuten gezeigt, vor allem Atomphysikern, die wissen, was sie sagen, wenn sie von der möglichen Vernichtung der Menschheit sprechen – und sie alle waren tief beeindruckt durch die Tatsache, daß der eine Mann, der unselig genug war, der erste ›schuldlos Schuldige‹ des Atomzeitalters zu werden, nun zu denen gehört, die das Schlimmste zu verhüten suchen. In einem ihrer Sätze heißt es, Sie hätten wiederholt über unser Problem in der Öffentlichkeit gesprochen. Auch ich habe das getan. Vor Menschen verschiedenster Art: Vor Universitätsleuten, vor Schülern, sogar vor buddhistischen Priestern in Kyoto – kurz: vor jedermann, denn unser Problem betrifft jedermann, und die Bedrohung macht keinen Unterschied zwischen jung oder alt, Militär oder Zivilist, Dunkelhäutigen oder Weißhäutigen, zwischen Christen, Juden oder Mohammedanern. Gern würde ich hören, vor wem Sie gesprochen haben.

Ich lege für Sie den ›Moralkodex im Atomzeitalter‹ bei. Meine Frau hat ihn ins Englische übersetzt (oder richtiger: ins Amerikanische, denn sie ist in Kalifornien geboren). Dieses Mal muß der ›Kodex‹ einen längeren Brief ersetzen, denn gerade gestern habe ich mein Buch über meine Reise nach Japan abgeschlossen – so blieb mir keine Zeit zum Briefeschreiben; und jetzt bin ich im Begriff zu packen, denn in ein paar Tagen müssen wir umziehen. Ich hoffe aber, zwei Wochen Ferien machen zu können, und ich habe die feste Absicht, diese für einen richtigen Brief zu verwenden. – Aufrichtig, Ihr Freund Günther Anders

GEBOTE DES ATOMZEITALTERS

Dein erster Gedanke nach dem Erwachen heiße »Atom«. Denn du sollst deinen Tag nicht mit der Illusion beginnen, was dich umgebe, sei eine stabile Welt. Was dich umgibt, ist vielmehr etwas, was morgen schon ein Gewesenes sein kann, ein Nur-Gewesenes; und wir, du und ich und unsere Mitmenschen, sind vergänglicher als alle, die bis gestern als vergänglich gegolten hatten. Denn unsere Vergänglichkeit bedeutet nicht nur, daß wir sterblich wären; auch nicht nur, daß wir tötbar wären, jeder von uns. Das war auch früher Brauch. Sondern, daß wir im ganzen tötbar sind, als ›Menschheit‹. Und ›Menschheit‹ bedeutet nicht nur die heutige Menschheit, nicht nur diejenige, die sich über die Provinzen unserer Erde verteilt; sondern auch diejenige, die sich über die Provinzen der Zeit verteilt: Ist nämlich die heutige Menschheit tötbar, so erlischt mit ihr auch die gewesene; und die künftige gleichfalls. Das Tor, vor dem wir stehen, trägt daher die Inschrift »Nichts wird gewesen sein«; und von innen die Worte: »Die Zeit war ein Zwischenfall.« Aber zum Zwischenfall wird sie werden nicht zwischen zwei Ewigkeiten, wie unsere Ahnen es erhofft hatten, sondern zwischen zwei Nichtsen: zwischen dem Nichts dessen, was, von niemandem erinnert, so gewesen sein wird, als wäre es nie gewesen; und dem Nichts dessen, was nie sein wird. Und da es niemanden geben wird, die zwei Nichtse zu unterscheiden, werden sie zusammenwachsen zu einem einzigen Nichts. Dies also ist die völlig neue, die apokalyptische Art von Vergänglichkeit, unsere Vergänglichkeit, neben der alles, was bis heute ›Vergänglichkeit‹ geheißen hatte, zur Bagatelle geworden ist. – Damit dir dies nicht entgehe, heiße der erste Gedanke nach deinem Erwachen: »Atom«.

Die Möglichkeit der Apokalypse

Dein zweiter Gedanke nach deinem Erwachen laute: »Die Möglichkeit der Apokalypse ist unser Werk. Aber wir wissen nicht, was wir tun.« Wir wissen es wirklich nicht, und auch diejenigen wissen es nicht, die über die Apokalypse entscheiden; denn auch sie sind ›wir‹, auch sie sind grundsätzlich Inkompetente. Daß auch sie inkompetent sind, ist freilich nicht ihre Schuld. Vielmehr die Folge einer Tatsache, die keinem von ihnen und keinem von uns angerechnet werden kann: nämlich Folge der täglich wachsenden Kluft zwischen zwei unserer Vermögen: zwischen dem, was wir herstellen können, und dem, was wir vorstellen können.

Im Laufe des technischen Zeitalters hat sich nämlich das klassische Verhältnis zwischen Phantasie und Tun umgekehrt: Hatte es unseren Vorfahren als selbstverständlich gegolten, daß die Phantasie ›überschwenglich‹ sei; das heißt: das Wirkliche überschwinge und überbiete; so ist heute die Leistung unserer Phantasie (und die unseres Fühlens und Verantwortens) der unseres Tuns unterlegen; so gilt heute, daß sie unfähig ist, dem Effekt dessen, was wir produzieren, gewachsen zu bleiben. Nicht nur unsere Vernunft hat ihre (Kantischen) ›Grenzen‹, nicht nur sie ist finit, sondern auch unser Vorstellen; und erst recht unser Fühlen. Bereuen können wir zur Not einen einzigen Ermordeten: mehr leistet das Gefühl nicht; vorstellen können wir vielleicht zehn: mehr leistet die Vorstellung nicht; aber hunderttausend Menschen umzubringen, verursacht heute keinerlei Umstände. Und nicht nur aus technischen Gründen keine; und nicht nur, weil sich das Tun in bloßes ›Mit-Tun‹ verwandelt hat und in ein bloßes ›Auslösen‹, das den Effekt unsichtbar bleiben läßt; sondern gerade aus einem moralischen Grunde:

eben weil der Massenmord bereits unendlich weit außerhalb der Sphäre jener Taten liegt, die wir vorstellen und zu denen wir gefühlsmäßig Stellung nehmen können und deren Ausführung durch Vorstellung und Gefühle gehemmt werden könnte. – Darum sollen deine nächsten Einsichten lauten: *»Je maßloser die Taten, desto geringer die Hemmungen.«* Und: *»Wir Menschen sind kleiner als wir selbst.«* – Dieser letzte Satz formuliert unsere heutige Schizophrenie, das heißt: die Tatsache, daß unsere diversen Vermögen unabhängig voneinander arbeiten, wie isolierte und unkoordinierte Wesen, die die Tuchfühlung miteinander verloren haben.

Aber diese Sätze sollst du nicht deshalb aussprechen, um etwas Endgültiges, etwas endgültig Defaitistisches über uns auszusprechen; sondern umgekehrt, um vor der Finitheit zu erschrecken; um in ihr einen Skandal zu sehen; um die ›fest gestellten‹ und erstarrten Grenzen aufzuweichen; um sie in Schranken zu verwandeln; um die Schizophrenie rückgängig zu machen. Natürlich kannst du auch, solange dir weiterzuleben vergönnt ist, deine Hände in den Schoß legen, auf Hoffnung verzichten und dich mit deiner Schizophrenie abfinden. Aber wenn du das nicht willst, dann hast du den Versuch zu wagen, so groß zu werden wie du selbst und dich selbst einzuholen. Und das bedeutet: Dann hast du – darin besteht dein Pensum – die Kluft zwischen deinem Vermögen, dem Herstellen und dem Vorstellen, zu überbrücken; das Gefälle zwischen den beiden zu applanieren; oder, anders ausgedrückt: dann hast du den beschränkten ›Fassungsraum‹ deines Vorstellens (und den noch eingeengteren deines Fühlens) gewaltsam zu erweitern, bis Vorstellung und Gefühl fähig werden, das Ungeheure, was du zu produzieren imstande gewesen, zu fassen und aufzufassen; bis du fähig bist, das Aufgefaßte zu akzeptieren oder zu verwerfen. Kurz: Deine Aufgabe besteht darin, deine moralische Phantasie zu erweitern.

Sei nicht zu feige, Angst zu haben

Deine nächste Aufgabe lautet: »Erweitere dein Zeitgefühl.« Denn entscheidend für unsere heutige Situation ist nicht nur – was die Spatzen und die Lautsprecher bereits von den Dächern pfeifen –, daß das räumliche Stellensystem unserer Erde zusammengeschrumpft ist, daß alle Orte, die noch gestern weit voneinander entfernt gelegen hatten, heute zu Nachbarorten geworden sind; sondern auch, daß die Stellen im System unserer Zeit zusammengerückt sind; daß die Zukünfte, die gestern noch als unerreichbar fern gegolten hatten, nun zu Nachbargegenden unserer Gegenwart geworden sind; daß wir sie zu Nachbargegenden gemacht haben. Das gilt sowohl für die östliche Welt wie für die westliche. Für die östliche, weil dort Zukunft in einem früher niemals geahnten Ausmaß geplant wird; geplante Zukunft aber keine ›kommende‹ Zukunft mehr ist, vielmehr ein Produkt ›in the making‹; das, da es ›vorgesehen‹ ist, bereits als ein Stück desjenigen Raumes gesehen wird, in dem man sich bereits aufhält. In anderen Worten: Da man das, was man tut, ihm zuliebe tut, wirft es bereits einen Schatten auf die Gegenwart, gehört es, pragmatisch gesprochen, zur Gegenwart dazu. – Und das gilt zweitens – dies ist der Fall, der uns angeht – für die Menschen der heutigen westlichen Welt, da diese, obwohl sie es nicht plant, die entferntesten Zukünfte bereits affiziert; also z. B. über die Gesundheit oder Degeneration, vielleicht über das Sein oder das Nichtsein ihrer Enkel befindet. Ob sie, oder richtiger: ob wir das beabsichtigen oder nicht, bleibt gleichgültig, denn was moralisch gilt, ist allein das Faktum. Und da dieses Faktum der nichtgeplanten ›Wirkung in die Ferne‹ uns bekannt ist, begehen wir, wenn wir trotz dieses unseres Wissens fortfahren, so zu handeln, als wäre das Faktum uns unbekannt, ›fahrlässige Grenzverletzung‹.

Dein nächster Gedanke nach deinem Aufwachen laute: »*Sei nicht zu feige, Angst zu haben!* Zwinge dich, denjenigen Ertrag an Angst aufzubringen, der der Größe der apokalyptischen Gefahr entspricht!« – Auch die Angst, gerade sie, gehört zu den Gefühlen, die zu verwirklichen wir unfähig sind oder unwillig; und die Behauptung, wir hätten ohnehin Angst, viel zuviel davon, ja wir lebten sogar im ›Zeitalter der Angst‹, ist eine bloße Redensart, die, sofern sie nicht in betrügerischer Absicht verbreitet wird, mindestens ideal geeignet ist, den Ausbruch einer der Größe der Bedrohung wirklich angemessenen Angst zu unterbinden und uns damit indolent zu machen. – Wahr ist vielmehr das Gegenteil: daß wir nämlich im ›Zeitalter der

Unfähigkeit zur Angst‹ leben und darum passiv der Entwicklung zusehen. Wofür es, abgesehen von der ›Beschränktheit unseres Fühlens‹, eine ganze Reihe von Gründen gibt, die hier aufzuzählen nicht möglich ist.* Ein Grund aber, der durch Ereignisse der jüngsten Vergangenheit ganz besondere Aktualität und eine ganz besondere Würde erworben hat, sollte hier doch angeführt werden: nämlich unser *Ressort-Fimmel;* also unsere, durch die Arbeitsteilung verursachte Überzeugung, daß jedes Problem einem bestimmten Kompetenzfelde zugehöre, in das wir nicht eindringen dürfen. So gehört z. B. das Atomproblem angeblich in das Kompetenzfeld der Politiker und der Militärs. Natürlich wird das ›Nicht-Dürfen (Nicht-Eindringen-Dürfen)‹ sofort und automatisch zum ›Nicht-nötig-Haben‹, zum ›Nicht-Brauchen‹. Das heißt: Die Probleme, um die ich mich nicht sorgen darf, um die brauche ich mich auch nicht zu sorgen. Und die Angst bleibt mir erspart, weil sie in einem anderen Kompetenzfeld ›erledigt‹ wird. Darum sprich nach deinem Aufwachen: ›Nostra res agitur‹. Das bedeutet ein Doppeltes: 1., daß es uns deshalb betrifft, weil es uns treffen kann; und 2., daß der monopolistische Kompetenzanspruch einzelner deshalb ungerechtfertigt ist, weil wir alle als Menschen gleichermaßen inkompetent sind. Zu glauben, wo es sich um das mögliche Weltende handelt, könnte es größere oder kleinere Zuständigkeit geben, und jene Männer, die auf Grund zufälliger Arbeits-, Verantwortungs- und Pflichtteilung Politiker oder Militärs geworden sind und als solche mit der Herstellung oder ›Verwertung‹ des Gegenstandes mehr oder direkter zu tun haben als unsereins, seien deshalb kompetenter als wir, ist einfach Torheit. Die uns das einreden wollen (gleich ob es die angeblich Kompetenteren selbst sind oder Dritte), beweisen damit lediglich ihre – moralische Inkompetenz. Vollends unerträglich aber wird unsere moralische Situation dann, wenn jene angeblich Kompetenteren (die Probleme anders als taktisch zu sehen außerstande sind) uns weismachen wollen, uns komme noch nicht einmal das Recht auf Angst, geschweige denn auf Gewissen zu; und zwar deshalb nicht, weil Gewissen Verantwortung impliziere, Verantwortung aber nur *ihre* Sache sei, eben Sache der Ressortzuständigen; letztlich maße man sich

* s. a. *Die Antiquiertheit des Menschen,* Bd. I, S. 264 ff.

also durch Angst, gar durch Gewissensangst, ein fremdes Ressort an. Einen ›Klerus der Apokalypse‹ darfst du jedenfalls nicht anerkennen; keine Gruppe, die sich das Kompetenzmonopol für den Untergang, der unser aller Untergang wäre, anmaßt. Wenn wir den Rankeschen Ausdruck ›gleich nah zu Gott‹ variieren dürfen: »Jeder steht gleich nah zum möglichen Ende.« Und so hat auch jeder das gleiche Recht und die gleiche Pflicht, seine Stimme warnend zu erheben. Auch du. –

Wider das taktische Diskutieren

Nicht nur nicht vorstellen, nicht nur nicht fühlen, nicht nur nicht verantworten können wir das ›Ding‹; sondern noch nicht einmal denken. Denn in welcher Kategorie immer wir es auch denken würden, wir würden es falsch denken, weil es, einer Klasse von Gegenständen zugeordnet, zu ›einem unter anderen‹ gemacht und dadurch bagatellisiert wäre. Auch wenn es in vielen Exemplaren existieren mag, ist es einzig in seiner Art, keiner Gattung zugehörig; also ein Monstrum. Und da wir nur, was es nicht ist, umschreiben können, haben wir die Kautelen der ›negativen Theologie‹ zu den unsrigen zu machen. – Unseligerweise ist es gerade diese (›monströse‹) Nirgendzugehörigkeit, die es mit sich bringt, daß wir den Gegenstand vernachlässigen oder einfach vergessen. *Was man nicht klassifizieren kann, das sieht man als nicht existierend an.* – Sofern man von dem Gegenstand aber doch spricht (übrigens im Alltag von Mensch zu Mensch immer noch nicht), dann klassifiziert man ihn gewöhnlich, weil das so am bequemsten und am beruhigendsten ist, als eine ›Waffe‹, allgemeiner als ein ›Mittel‹. Ein Mittel aber ist es deshalb nicht, weil es zum Wesen des Mittels gehört, im erreichten Zweck einzugehen und zunichte zu werden wie der Weg im Ziel. Das aber ist bei diesem Ding nicht der Fall. Vielmehr ist sein unvermeidbarer (wenn nicht sogar sein beabsichtigter) Effekt größer als jedes denkbare Ziel; denn dieses geht notwendigerweise im Effekt unter. Es geht mit unter in der Welt, in der es noch ›Mittel und Zwecke‹ gab. Daß ein Ding, das von sich aus das Mittel-Zweck-Schema zerstört, selbst kein Mittel sein kann, das ist ja wohl evident. Darum laute deine nächste Maxime: »Daß die Bombe ein Mittel sei, werde ich mir nicht einreden lassen.« – Da sie kein Mittel ist wie Millionen Mittel, die unsere Welt ausmachen, darfst du es auch nicht dulden, daß sie hergestellt werde, als handele es sich um einen Eisschrank, eine Zahnpasta oder selbst eine Pistole, bei deren Herstellung man uns nicht fragt. – Sowenig du jenen glauben sollst, die es ein ›Mittel‹ nennen, sollst du den schlaueren Verführern glauben, die dir einzureden versuchen, das Ding diene ausschließlich der Abschreckung, werde also lediglich zu dem Zwecke hergestellt, um *nicht* verwendet zu werden. Gegenstände, deren Verwendung sich in ihrer Nichtverwendung erschöpft, hat es noch niemals gegeben; höchstens Gegenstände, die zuweilen, nämlich dann nicht verwendet wurden, wenn die Drohung mit ihrer (oft zuvor verwirklichten) Verwendung bereits ausreichte. Im übrigen dürfen wir natürlich niemals vergessen, daß das Ding bereits effektiv (und mit kaum zulänglicher Begründung) verwendet worden ist: in Hiroshima und Nagasaki. – Schließlich, en marge, sollst du es nicht durchgehen lassen, daß der Gegenstand, dessen Effekt unvorstellbar ist, durch biedere und bagatellisierende Bezeichnungen falsch klassifiziert werde. Die Benennung einer gewissen H-Bomben-Explosion als ›Aktion Opa‹, als ›Aktion Großväterchen‹, war nicht nur abenteuerlich abgeschmackt, sondern bewußter Betrug.

Ferner sollst du dagegen auftreten, daß das Ding, dessen bloßes Vorhandensein bereits eine Art der Verwendung ist, unter rein *»taktischen Gesichtspunkten«* diskutiert werde. Solche Diskussion ist absolut unangemessen, weil der Gedanke, die Atomwaffen könnten taktisch so oder so eingesetzt werden, den Begriff einer politischen Lage voraussetzt, die gewissermaßen unabhängig von der Tatsache der Atomwaffen existiert. Das aber ist ganz unrealistisch, weil sich die politische Lage – der Ausdruck ›atomares Zeitalter‹ ist durchaus gerechtfertigt – durch die Tatsache der Atomwaffen definiert. Nicht die Atomwaffen kommen in der politischen Lage ›auch‹ vor; umgekehrt spielen sich die Einzelgeschehnisse innerhalb der atomaren Situation ab; und die meisten politischen Handlungen sind faktische Schritte innerhalb der atomaren Situation. Die Versuche, die Möglichkeit des Weltunterganges als Stein unter anderen Steinen im Schachspiel der Politik zu verwenden, sind, gleich ob sie schlau sind oder nicht, Zeichen von Verblendung. Die Zeit der Schlauheiten ist vorbei. Darum sei es dein Prinzip: Sabotiere alle Erörterungen, in denen deine Zeitgenossen versuchen, die Tatsache der atomaren Bedrohung aus einem ausschließlich taktischen Gesichtswinkel zu diskutieren; und darum mache es zu deinem Prinzip, die Diskussion auf die Hauptsache zu lenken: auf die Selbstbedrohung der Menschheit durch die selbstgemachte Apokalypse; und tue das auch dann, wenn du dadurch Gefahr läufst, als ›politisch unrealistisch‹ verlacht zu werden. In Wirklichkeit sind es die Nichts-als-Taktiker, die unrealistisch sind, da sie Atomwaffen nur als Mittel sehen, und da sie nicht begreifen, daß die Zwecke, die sie vermittels ihrer Taktik zu erreichen suchen oder zu erreichen vorgeben, durch Verwendung, nein, sogar schon durch die mögliche Verwendung dieser Mittel, alle Bedeutung einbüßen.

Die Entscheidung ist schon gefallen

Von der Behauptung, wir befänden uns (und vielleicht sogar immer) nur im Laboratoriumsstadium, im Stadium des Experimentierens, laß dich nicht verführen. Sie ist reine Redensart. Nicht nur deshalb, weil wir (was erstaunlich viele vergessen) Atombomben bereits geworfen, das Zeitalter des Ernstes also vor mehr als zehn Jahren bereits angetreten haben; sondern weil wir – und das im Prinzip sogar noch wichtiger – von ›Experimenten‹ in diesem Falle gar nicht reden können. Dein letzter Leitsatz laute: *»Wie gut die Experimente auch gelingen mögen, das Experimentieren mißlingt.«* Und zwar mißlingt es deshalb, weil von Experimenten allein dort die Rede sein kann, wo das Experimentalgeschehen den insulierten Raum des Laboratoriums nicht verläßt oder sprengt; und diese Bedingung hier nicht erfüllt ist. Umgekehrt gehört es ja zum Wesen der Sache und zum gewünschten Effekt der Mehrzahl der heutigen Explosionsexperimente, den Brisanzkoeffizienten und den Streuungsradius der Waffe so groß wie möglich zu machen; also, so widerspruchsvoll das auch klingen mag, auszuprobieren, wie weit man jede experimentelle Grenze *überschreiten* kann. Was durch die (angeblichen) Experimente angerichtet wird, gehört daher nicht mehr in die Klasse experimenteller Resultate, sondern in den Raum der Wirklichkeit, in den der Geschichte – in diesen gehören z. B. die verseuchten japanischen Fischer –, sogar in den Raum künftiger Geschichte, da eben die Zukunft, z. B. die Gesundheit künftiger Generationen, bereits affiziert ist; »die Zukunft« also, wie Jungks philosophischer Titel es formuliert, »bereits begonnen« hat. Völlig irreführend ist also die beliebte Beteuerung, über die Verwendung des Dinges sei noch nicht entschieden. – Wahr ist vielmehr, daß die Entscheidung durch die sogenannten ›Versuche‹ bereits gefallen ist. Mithin gehört es zu deinen Pflichten, den Schein, daß wir noch in der ›atomaren Vorzeit‹ leben, zu diskreditieren; und beim Namen zu nennen, was ist.

Wir werden von Geräten behandelt

Alle diese Postulate und Verbote lassen sich aber in einem einzigen Gebot kondensieren; in dem: *»Habe nur solche Dinge, deren Maximen deine eigenen Maximen und damit die einer allgemeinen Gesetzgebung werden könnten.«*

Dieses Postulat mag befremden; der Ausdruck ›Maximen der Dinge‹ klingt provozierend. Aber doch eben nur deshalb, weil das Faktum, das mit dem Ausdruck bezeichnet wird, selbst befremdlich und provokant ist. Was wir meinen, ist allein, daß wir, in der Gerätewelt lebend, nun von Geräten behandelt werden; und zwar immer auf diese oder jene gerätebestimmte Weise. Da wir aber andererseits Verwender dieser Geräte sind, da wir unsere Mitwelt mit Hilfe dieser Geräte behandeln, behandeln wir sie nach eigenen Prinzipien mit Hilfe der Behandlungsmodi der Apparate, also gewissermaßen nach deren Maximen. Was das Postulat verlangt, ist, daß wir uns diese, da sie ja, pragmatisch gesehen, unsere Maximen sind, so klar machen, als wären sie unsere; daß unser Gewissen statt in Prüfung unserer Innerlichkeit (die zum konsequenzenlosen Luxus geworden ist) nun in Prüfung der ›geheimen Regungen‹ und der ›Prinzipien‹ unserer Apparate bestehe. Ein im herkömmlichen Sinne seiner Seele prüfender Atom-Minister würde wahrscheinlich nichts sonderlich Böses finden; durch Prüfung des ›Innenlebens‹ seiner

Geräte dagegen ›Herostratismus‹, und zwar Herostratismus in kosmischem Ausmaß: denn herostratisch ist die Weise, in der die Atomwaffen die Menschheit behandeln.

Erst wenn uns diese neue moralische Aktion: der ›Blick in den Busen der Apparate‹ (molussisch) geläufig geworden ist, werden wir mit mehr Recht darauf hoffen dürfen, daß wir, die wir die Entscheidung über unser Sein oder Nichtsein in der Hand halten, auch unser Sein in der Hand behalten werden.

Wir können nicht nicht-können

Dein nächstes Prinzip laute: Glaube nicht, daß die Gefahr, wenn wir den ersten Schritt: den Abbruch der sogenannten ›Experimente‹, gemacht haben, vorüber sein werde, und daß wir dann dazu berechtigt sein werden, auf unseren Lorbeeren auszuruhen. Das Ende der ›Experimente‹ besagt weder das Ende weiterer Bombenproduktion noch die Zerstörung von denjenigen Bomben und denjenigen Bombentypen, die bereits ausprobiert worden sind und die für die Eventualität bereitliegen. Es gibt verschiedene mögliche Gründe für Teststops: Ein Staat kann sich z. B. deshalb dazu entschließen, weil sich weiteres Experimentieren als überflüssig herausstellt; d. h.: weil entweder die Produktion der ausprobierten Typen oder der bereits hergestellte und gelagerte Vorrat für jeden denkbaren Fall ausreicht – kurz: weil es sinnlos und unwirtschaftlich wäre, die Menschheit ›toter als tot‹ zu machen.

Glaube ebensowenig, daß wir ein Recht auf Sorglosigkeit hätten, wenn es uns gelungen wäre, unseren zweiten Schritt durchzuführen: Nämlich die weitere Produktion von A- und H-Bomben zu stoppen; oder daß wir nach unserem dritten Schritt: Nach der Zerstörung aller gelagerten Bestände die Hände in den Schoß legen dürften. Selbst in einer restlos ›reinen‹ Welt (also in einer, in der es keine A- oder H-Bombe gäbe, in der wir also keine Bomben zu ›haben‹ scheinen) würden wir sie doch noch immer haben, weil wir wissen würden, wie wir sie herstellen können. In unserer Epoche mechanischer Reproduktion gibt es keine Nicht-Existenz irgendeines möglichen Produktes, weil das, was zählt, nicht die wirklichen physischen Objekte sind, sondern deren Typen, bzw. deren blueprints. Selbst nach Eliminierung aller physischen Objekte, die mit der Produktion der A- oder H-Bomben zusammenhängen, könnte die Menschheit noch immer den blueprints zum Opfer fallen. »Dann müßte man eben«, könnte man schließen, »die blueprints zerstören«. Aber auch das ist unmöglich, denn die blueprints sind unzerstörbar wie Platos Ideen; in gewissem Sinne sind sie geradezu deren diabolische Verwirklichung. Kurz: Selbst dann, wenn es uns gelänge, die verhängnisvollen Geräte und deren blueprints zu zerstören und damit unsere Generation zu retten – mehr als eine Frist oder als einen Aufschub würde auch das kaum bedeuten. Die Produktion könnte jeden Tag wieder aufgenommen werden, der Schrecken bleibt, und darum muß auch deine Angst bleiben. Von nun an wird die Menschheit für alle Ewigkeit unter dem dunklen Schatten des Monsters leben. Die apokalyptische Gefahr läßt sich nicht ein für alle Male, nicht durch *einen* Akt abschaffen, sondern nur durch täglich wiederholte Akte. Das bedeutet: Wir haben zu verstehen – und diese Einsicht zeigt uns vollends, wie verhängnisvoll unsere Situation ist –, daß unser Kampf gegen den physischen Bestand der Geräte und deren Konstruktion, deren Tests, deren Lagerung schlechthin unzulänglich bleibt. Denn das Ziel, das wir zu erreichen haben, kann nicht darin bestehen, das ›Ding‹ *nicht* zu haben; sondern allein darin, das ›Ding‹ niemals zu verwenden, obwohl wir nichts dagegen tun können, daß wir es haben; es niemals zu verwenden, obwohl es niemals einen Tag geben wird, an dem wir es nicht verwenden *könnten*.

Dies also ist deine Aufgabe: Der Menschheit beizubringen, daß keine physische Maßnahme, keine Zerstörung physischer Objekte jemals eine restlose Garantie darstellen wird, daß wir vielmehr fest dazu entschlossen sein müssen, den Schritt niemals zu machen, obwohl er immer möglich sein wird. – Wenn es uns: dir, dir, und mir, nicht gelingt, die Menschheit mit dieser Einsicht anzufüllen, dann sind wir verloren.

13. 7. 1957

Visit beautiful Vietnam

ABC der Aggressionen heute, 1968

Nein, heute jemanden zu blamieren, das ist, da es keine Instanzen mehr gibt, vor denen *man ihn blamieren könnte, nicht mehr möglich. Und die blamable Tatsache, daß das nicht mehr möglich ist, die hängt ebenfalls in der Luft, denn wer fühlte sich denn durch diese blamiert, wer könnte sich denn durch sie blamiert fühlen? ›Difficile satyram non scribere‹, hatte es einmal geheißen. Gute Zeiten! Denn heute müßte es leider, da die Hand, die nicht mehr weiß, für wen sie eigentlich schreibt, immer in der Gefahr schwebt, zu erlahmen, heute müßte es nun heißen:* ›Difficile satyram scribere‹.

Die Ärmsten

Wer klagt an?
Wir? Wir, das Russell-Tribunal?

Wir haben das nicht nötig. Wir sammeln, überprüfen und publizieren die Unterlagen.

Das Anklagen überlassen wir den Amerikanern selbst.

Denn es gibt keine Anklage, die furchtbarer wäre, als jener amtliche amerikanische Bericht über die 77000 Tonnen von Bomben, mit denen die Armee Johnsons im Monat März 1967 Vietnam auszurotten, bzw. die Freiheit der freien Welt zu retten, versucht hat. Es gibt keine Bezichtigung, die unwiderlegbarer wäre, als die Selbstbezichtigung der Amerikaner.

77000 Tonnen. Was bedeutet diese Ziffer?

Daß Korea, das monatlich nur den Abwurf von 17000 Tonnen zu erdulden gehabt hat, in seinen schlimmsten Tagen ein glückliches Land gewesen sein muß.

Und daß England in den entsetzlichen Tagen des ›Blitzes‹ sogar ein gesegnetes Land gewesen sein muß, da ja das Tonnage-Quantum, das während der gesamten fünfjährigen Dauer des Zweiten Weltkrieges über dem Lande niedergegangen war, geringer gewesen war als das Quantum, das nun monatlich auf Vietnam niederregnet. Nein, es kann kein Tribunal geben, das fähig wäre, die Amerikaner so niederschmetternd anzuklagen, wie sie sich selbst angeklagt haben.

Voll Angst und voll Mitleid fragt man sich: Wie um Gottes willen wollen sich die Johnsons, die Rusks, die McNamaras und die Westmorelands – wie sollen sich diese Ärmsten gegen diese ihre Bezichtigung verteidigen?

Ideologielosigkeit

Für den Stand dessen, was in den heutigen USA als ›Demokratie‹ bezeichnet wird, ist nichts so charakteristisch wie die dort erlaubte Narrenfreiheit, also die Tatsache, daß die Regierung ihren Nonkonformisten, selbst den Ohnmächtigen unter diesen, sogar gerade diesen, das Recht einräumt, ihr zu widersprechen und Tatbestände zu veröffentlichen, von denen man annehmen sollte, daß sie deren Verbreitung unter allen Umständen zu unterbinden versuchen müßte. Wenn wir es versäumen, uns von diesem grundsätzlichen Zugeständnis Rechenschaft abzulegen; wenn wir auch heute noch behaupten (wie die gestrigen Ideologie-Theoretiker, die gestern damit recht hatten), daß allein solche Thesen, Theorien oder Wahrheiten von der Regierung oder von der herrschenden Klasse für Zirkulation freigegeben werden, die von ihr selbst herstammen, oder die ihr mindestens passen; oder wenn wir glauben, deshalb freie Menschen zu sein, weil man es uns erlaubt, unsere nonkonformistischen Ansichten zu äußern, dann stecken wir nicht nur tief in der Unwahrheit, dann sind wir außerdem sogar doppelt unfrei: Denn die uns diese Erlaubnis erteilen, die vollziehen damit nicht etwa einen demokratischen Akt, keinen Akt der Respektierung einer Minderheit, vielmehr einen als Respekt getarnten Akt der Verachtung. Das heißt: Die Regierungen erlauben uns dasjenige, wovon sie wissen oder zu wissen meinen, daß es unwirksam bleiben, also ihrer eigenen Macht nicht abträglich sein werde. Und mit dieser Erlaubnis gehen sie dann vor allen Türen der Welt hausieren, sogar vor ihrer eigenen Tür.

»Je sicherer«, hieß es in der molussischen Theologie, »ein Gott sich fühlt, um so größere Generosität kann er sich leisten, um so schärfere Kritik darf er lächelnd durchgehen lassen. Da der Gott Bamba – und zumeist mit Recht – die Wahrscheinlichkeit, daß Skepsis ihm schaden könnte, für sehr gering einschätzt, erlaubt er uns fast jede Häresie, selbst die atheistische Behauptung, daß es ihn nicht gebe. Die Freiheit, die er seinen Ableugnern zugesteht, ist also die Freiheit der Impotenz. Sich selbst aber verschafft er durch dieses Zugeständnis zusätzlich noch die Gloriole der Liberalität.«

Die Regierung der USA gewährt uns also Narrenfreiheit, sie erlaubt es uns, die Ideologien, mit denen sie ihre Machenschaften maskiert, beim Namen zu nennen. Das ist eigentlich schon schlimm genug, das macht den Zustand schon zwielichtig genug. Aber noch zwielichtiger wird dieser dadurch, daß die Regierung *sich selbst* Narrenfreiheit einräumt – womit ich meine, daß sie es sich sehr oft erlaubt, aus der Schule zu plaudern, aus der Schule ihrer Infamien. Ich sage ›zu plaudern‹, denn in solchen Fällen von ›Selbstbezichtigungen‹ zu sprechen, wäre wohl fehl am Ort, da sie die Verbrechen, die sie offen vor der Mitwelt ausbreitet, gar nicht als ›Verbrechen‹ erkennt, und weil sie gar nicht auf den Gedanken kommt, sich durch deren Zugeständnis moralisch anrüchig zu machen oder sich gar zu blamieren. Im Gegenteil. Die Blamierten sind *wir*. Denn wenn wir, wie z. B. im Kriegsverbrechertribunal, wochen- und monatelang mit der größten Skrupelhaftigkeit nachprüfen, ob es zutreffe, daß die US Army oder die Air Force diese oder jene völkerrechtlich untersagte oder verurteilte Waffe einsetze, und wenn uns dann, noch ehe wir in altmodischer Akribie das Anklagematerial als komplett ansehen, die US eines schönen Morgens zuvorkommen, der Mitwelt nämlich freiwillig und munter mitteilen, daß sie sich dieser Waffen selbstverständlich bedienen, dann stehen *wir* vor der Mitwelt als die Genasweisten da. In der Tat können Ankläger von niemandem so lächerlich gemacht werden wie von Angeklagten, die unschuldig erklären, daß ihnen nichts ferner liege, als die ihnen nachgesagten sogenannten Infamien zu bestreiten.

Charakteristisch z. B., daß ein so offizieller Mann wie der stellvertretende Außenminister Katzenbach Ende August 67 vor Senatoren, die sich über den völkerrechtlichen Status des Krieges gegen Vietnam erkundigten, *Kriegserklärungen* als völlig überflüssige Aktionen bezeichnete, die (so als handelte es sich dabei um Auto- oder um Bikinimarken) *›aus der Mode gekommen‹* seien; und daß Katzenbachs Vorgänger Ball, ebenfalls vor Senatoren, Kriegserklärungen ebenfalls verhöhnte, und zwar als einen *›rein europäischen Brauch‹*, womit er meinte, daß sich red blooded Americans wahrhaftig nicht nach dem zu richten und durch das einengen zu lassen brauchten, was Europäer einmal als gut oder als böse hingestellt hätten. Und schon im Jahre 51, vor mehr als fünfzehn Jahren also, hatte die Zeitung »Kansas City Star« freimütig, nein ungeniert und ideologielos, in ihrer Wirtschaftsbeilage erklären dürfen, daß ja »selbst dann, wenn es zum Schlimmsten käme: wenn nämlich Frieden in Korea einzöge, noch immer der Trost eines irgendwoanders drohenden Krieges übrigbleibe«. Auch damals galt es also offensichtlich schon als erlaubt und als unanstößig, vom »Trost drohender Kriege« zu sprechen.

Heute gilt: den Kulminationspunkt ihrer Verlogenheit erreicht die Macht nicht mehr dadurch, daß sie eine besonders haarsträubende Lüge erfindet und uns dazu zwingt, diese zu schlucken, sondern umgekehrt dadurch, daß sie es sich nun leistet, *nicht* zu lügen, *nicht* zu simulieren, die Wahrheit *nicht* zu unterschlagen oder zu unterbinden. Die heute so oft ausgesprochene Behauptung, daß wir in einem *›ideologielosen Zeitalter‹* leben, trifft tatsächlich zu, und in einem viel höheren Maße, als es diejenigen, die diese These vertreten oder nachplappern, ahnen. Denn wahr ist nicht allein, daß die Beherrschten bereits in einer durch und durch ideologisch aufbereiteten Umwelt leben, und daß es deshalb überflüssig geworden ist, sie mit speziell zubereiteten Ideologien *über* ihre Welt zu beliefern und zu füttern; wahr ist eben außerdem, daß die Herrschenden aus diesem Grunde zumeist darauf verzichten können, sich selbst und ihre Unternehmungen ideologisch zu verbrämen. – Oder anders: Da sie – darin besteht der Triumph ihrer von ihnen lügenhaft noch als ›Demokratie‹ bezeichneten Konterrevolution – die Majorität der Bevölkerung bereits mitkorrumpiert haben, und da sie wissen, daß die Millionen, selbst die Opfer ihrer Infamien, zu vertrauenswürdigen Komplizen geworden sind, können sie die Wahrheit sprechen, können sie sich die Mühe des Lügens ersparen.

Unter Spießgesellen erübrigt sich gegenseitiger Betrug. – Gute Zeiten waren das gewesen, als die Machthaber noch geglaubt hatten, uns Märchen erzählen zu müssen.

Die Scham- und Ideologielosigkeit ist extrem. Aber das bedeutet nicht etwa, daß diese Schamlosigkeit schamlos, und die Ideologielosigkeit ideologielos eingeräumt werden. Umgekehrt gibt es sogar nichts Ideologischeres als den heute so beliebten Ausdruck ›Ideologielosigkeit‹, da dieser ja vorgibt, Wahrheit zu bedeuten, während er in Wahrheit ja nur Herrschaft bedeutet. – Außerdem wird, wie paradox diese Behauptung auch klingen mag, die Tatsache, daß nichts mehr verhüllt wird, durchaus noch verhüllt; diese Tatsache bleibt, mindestens heute noch, als das letzte ideologisch verbrämte Residuum übrig. Schamlosigkeit? Gut! Aber so schamlos, um seine Schamlosigkeit *als* Schamlosigkeit zuzugeben, ist man nun auch wieder nicht. Die immer neu wiederholte Beteuerung ›we have nothing to hide‹ stellt ja kein verschämtes Zugeständnis von Exhibitionismus dar, sondern umgekehrt die schamlose Ableugnung, daß das, was man da tue, der Klasse jener Taten zugehöre, deren sich zu schämen irgend jemand Ursache haben könnte. Das Verhältnis zwischen Wahrheit und Lüge ist also, wie man sieht, furchtbar kompliziert, sehr viel komplizierter, als es je zuvor gewesen war. Einerseits scheint man zwar zu dem zu stehen, was man tut, die Verwendung von Napalm gibt der Angreifer z. B. zu. Aber das tut er doch nicht so, wie anständige Bösewichter das tun würden, die außer ihren unanständigen Taten auch deren Unanständigkeit zugeben; sondern wie unanständige Bösewichter, die ihre unanständigen Taten zwar zugeben, aber doch nicht, daß diese unanständig sind.

Das versteckte Verstecken

Die Ehrlichkeit und Offenheit der amerikanischen Regierung ist die Negation einer Negation. Im Unterschiede zu früheren Geschlechtern haben die heute Herrschenden nämlich nicht nur gelernt, ihre Untaten zu verbergen, sondern auch, das Verbergen ihrer Untaten zu verbergen. Das verbergen sie z. B. dadurch, daß sie scheinbar, in gewissem Sinne sogar wirklich, ihre blutigen

Aktionen präsentieren. Da sie diese aber nicht anders präsentieren als jene ›fiction‹, nicht anders als jene Greuelszenen, die sie in ihren Filmen und Fernseh-Thrillers täglich präsentieren, können sie damit rechnen, daß das an Filmmord und Filmblut und Filmgrausamkeit gewohnte Publikum die Abbildungen der wirklichen Greuel genauso konsumieren werde, wie die tägliche Greuelkost; daß es gar nicht in der Lage sein werde, sich selbst zuzurufen: ›Dies geschieht wirklich!‹ oder: ›Dies geschieht wirklich jetzt!‹

Wahre Nachrichten können durch die Tatsache, daß sie nicht anders aussehen als Unterhaltungsbilder, ihre Wahrheit verlieren. Auch hier gilt Hegels ›Das Ganze ist das Wahre‹. Einzelne Wahrheiten gibt es nicht, und *wer sich auf die einzelnen Wahrheiten, die er liefert, beruft, um zu beweisen, daß er ehrlich ist, beweist damit nur seine Unehrlichkeit.*

Exploitierte Spieler

In den Analysen von Rundfunk und Fernsehen, die ich vor bald fünfzehn Jahren vorgelegt habe, hatte ich die Tatsache unterstrichen, daß diese Massenmedien darauf abzielen, das Publikum der Fähigkeit zu berauben, zwischen Sein und Schein, zwischen Realität und Fiktion zu unterscheiden. Die täglich servierten plays seien so lebenswahr und realistisch, daß die an diese fiktiven Mordszenen gewohnten Zuschauer durch die Abbildung realer Mordszenen nicht mehr erschreckt oder zur Empörung gebracht werden könnten. Die Schüsse, die von den wirklich kriegführenden Gangstern in den Newsreels abgefeuert würden, klängen nicht lauter und nicht sensationeller als die Schüsse, die von den Gangster spielenden Schauspielern abgefeuert würden. Und auf den Gedanken, gegen die wirklichen Schüsse zu protestieren, kämen die Zuschauer genausowenig wie auf den, gegen die Schüsse in den Gangsterfilmen zu protestieren. Die ohnehin schon in Konsumenten verwandelten Bürger seien es gewohnt, auch Verbrechen zu konsumieren, sogar solche, die in ihrem eigenen Namen begangen würden – und diese Tatsache stelle ein ganz wesentliches Element der heute stattfindenden Konterrevolution dar. –

Wenn ich vor fünfzehn Jahren dieses quid pro quo von Bild und Realität als allein für den Rundfunk und für das Fernsehen typisch behandelt hatte, so war diese Einschränkung unberechtigt gewesen. Denn was von den Massenmedien gilt, wiederholt sich nun aufs überraschendste auf der Ebene der Wirklichkeit selbst. Was heißt das? Das heißt: Auch das wirkliche Geschehen wird nunmehr so manipuliert, daß die an diesem Beteiligten, selbst die aktivst Beteiligten, nicht mehr beurteilen können, ob sie wirklich agieren oder nur scheinbar; wo der Ernst anfängt, und wo das Spiel aufhört.

Und damit sind wir wieder beim Vietnamkrieg. Denn dieser gilt ja, sogar amtlich, z. B. durch die bekannte Erklärung von Außenminister Rusk, als ein bloßer *›test‹*. Und das bedeutet: Obwohl er in den Augen vieler Millionen wie ein entsetzlicher wirklicher Krieg aussehen mag, namentlich in den Augen jener Naivlinge, die ihm zum Opfer fallen und die durch ihn gezwungen werden, ihre Augen für immer zu schließen, ist er in Wahrheit nur ein ›dress rehearsal‹, nur ein Manöver, das die amerikanische Regierung durchspielt, um im Ernstfalle (der in China beginnen kann oder in einem in ein ›Vietnam‹ verwandeltes südamerikanischen Lande) über ausreichende Erfahrungen zu verfügen und um zu wissen, wie sie dann vorzugehen habe. Verglichen mit den dort zu erwartenden, oder vielleicht auch für dort geplanten, Konflagrationen, ist der Vietnamkrieg nur *›Vorbild‹*. Und als Bild eben ein *›Schein‹*.

Am frappierendsten wird freilich dieses quid pro quo von Wirklichkeit und Schein durch jene Ereignisse illustriert, die sich im Frühling 67 in Griechenland abgespielt haben, richtiger: die die Militärs dort haben ›abspielen‹ und spielen lassen. General Pattakos, der Kommandeur der Panzerschule in Athen-Gaudi, erteilte nämlich der Athener Garnison seinen Putschbefehl auf solche Art, daß diese die Anweisungen für Manöveranweisungen halten mußte und die effektive Konterrevolution in dem Glauben durchführte, nur eine Sonderübung durchzuspielen.* Was zur Folge hatte, daß sie den Befehlen ohne den mindesten Widerspruch und ohne alles Zögern nachkam. In anderen Wor-

* »Der Spiegel« 15. 5. 1967, Seite 114

ten: Die politische Wirklichkeit konnte deshalb wirklich verändert, die Militärdiktatur deshalb wirklich eingesetzt werden, weil man in denjenigen Menschen, die man als ausführende Organe verwendete, *den Schein erzeugte, sie erzeugten nur Schein.* Ich fürchte, solche Erzeugung von Schein wird der Prototyp aller künftigen konterrevolutionären Aktionen werden. Es ist durchaus nicht undenkbar, daß jener Arbeiter oder Soldat, der einmal im letzten Gefecht mit Hilfe eines winzigen und gewiß harmlos aussehenden apokalyptischen Hebelgriffes unseren Erdball in die Luft sprengen wird – daß der fest davon überzeugt sein wird, nur an einem Manöver teilzunehmen.

Wenn unsere heutige Lage ernster ist als je zuvor, dann also auch deshalb, weil die Chancen, den Unernst zu exploitieren, größer geworden sind als sie es je zuvor gewesen waren.

Moralistsein heute

Unsere tägliche Information ist global. Und hat das natürlich zu sein. Niemand darf es sich mehr erlauben, sich nicht global auf dem laufenden zu halten. Denjenigen, die sich gehen lassen und provinzlerisch bleiben oder das sogar kultivieren, denen mißtraue ich so, wie Sartre denen mißtraut, die ihren Dialekt nicht ablegen wollen; und nicht nur für borniert halte ich die, sondern für gefährlich. Und trotzdem. Nur erfreulich ist die Tatsache der täglichen Globalinformation durchaus nicht; und nur ›moralisch gesund‹ wahrhaftig auch nicht. Im Gegenteil. Wenn es heute schwerer ist als je zuvor, ein Moralist zu sein (und davon bin ich überzeugt), dann verdanken wir das zum großen Teil unserer Globalinformation: immer wird ja *zuviel* vor uns ausgebreitet, immer zuviel auf einmal, immer mehr als wir auffassen und verarbeiten können; also auch immer zuviel Empörendes auf einmal – was zur Folge hat, daß unser Zorn und unsere Schwermut niemals die Gelegenheit haben, sich auf ein einziges Übel zu konzentrieren oder sich einer einzigen Infamie zu widmen; daß wir also ›moralisch zerstreut‹ bleiben. Wenn wir dann trotzdem versuchen, zu reagieren oder gar zu agieren, und beginnen, gleichzeitig nach rechts und nach links und nach vorn und nach hinten auszuschlagen, dann erreichen wir damit natürlich überhaupt nichts mehr, und vermutlich wirken wir dann so, als führten wir nur einen ›Oppositionstanz‹ auf, und als sei es uns völlig gleich, wogegen wir protestieren. Kein erfreulicher Anblick.

In den drei Minuten, die ich heute für die Lektüre der ersten Seite einer Morgenzeitung benötigte, erfuhr (oder erschloß) ich:

1. daß die amerikanische Eskalation über Nordvietnam und die amerikanische Friedensbeteuerung wie gehabt weitergeht;

2. daß die in Watts mit Recht für Gleichberechtigung kämpfenden Neger eigentlich dafür kämpfen, in der kalifornischen Rüstungsindustrie mitarbeiten zu dürfen, also für das Recht, die Entrechtung und Liquidierung von Hunderttausenden von Asiaten mitvorzubereiten. – Andererseits aber ist es mir natürlich unmöglich, ihrem Kampf um Gleichberechtigung entgegenzutreten, da ich mich damit ja automatisch in die reaktionärste Front miteinreihen würde;

3. daß die in Wien urteilenden Geschworenen einem Gehilfen Eichmanns, der Abertausende von Juden auf seinem Gewissen hat, eine geringere Strafe zusprechen, also eine geringere Schuld zuerkennen als einem normalen Bankeinbrecher.

Drei Meldungen also in drei Minuten. Dreimal hätte ich voll Empörung reagieren müssen oder voll Entsetzen oder voll Verzweiflung. Aber habe ich das getan? Ist es möglich, in diesem kurzen Zeitraum über drei verschiedene Anlässe empört zu sein oder melancholisch zu werden? Höchstens war ich vielleicht darüber entsetzt, daß ich nicht entsetzt war. Aber auch das erschließe ich nur aus der Tatsache dieser Zeilen. Weil ich diese ja sonst nicht niedergeschrieben hätte.

Ach, wenn dieses Versagen noch unsere Schuld wäre! Wenn wir uns selbst noch Vorwürfe machen könnten! Denn dann wäre es ja nicht unmöglich, dann wäre es uns ja vielleicht noch vergönnt, gegen den Defekt anzukämpfen oder diesen sogar abzustellen. Gute Zeiten, als man noch sein ›Pater, peccavi!‹ rufen und an Besserung gehen durfte. Aber das können wir nicht. Reden wir uns doch nichts ein! Wenn wir versagen, so nicht deshalb, weil wir ungewöhnlich fahrlässig oder boshaft wären, sondern ausschließlich deshalb, weil die Portionen, die wir als global Informierte in jedem Augenblick zu schlucken haben, den seelischen Fassungsraum, über den wir als Menschen verfügen, übersteigt. *Selbst die letzte Chance, die Chance der Schuld, haben wir nun verloren.*

Das Land der unbegrenzten Sensationslosigkeiten

Es hat wohl nur wenige sensationellere Tage in der Washington Chronik des Vietnamkrieges gegeben, als den Tag Ende August 67, an dem McNamara höchstselbst vor einem Senatsausschuß eingeräumt hat, daß mit den ursprünglich für die Zerstörung oder Liquidierung höchst industrialisierter Länder konzipierten Bomben ein Gebiet wie Nordvietnam kaum würde besiegt werden können; an dem er also implizite sowohl Mao wie Ho Chi Minh recht gegeben hat. Schließlich widerspricht dieses Zugeständnis der gesamten bisherigen militärischen Taktik in Vietnam, damit natürlich auch den bisherigen Direktiven McNamaras selbst.

Trotzdem glaube ich nicht, daß das Millionenpublikum Amerikas McNamara diese Schwenkung verübeln wird. Das könnte allein dann geschehen, wenn dieses Publikum in den USA mit so etwas wie einem öffentlichen Gedächtnis ausgestattet wäre, bzw. wenn die Massenmedien *›public memory‹** mit der gleichen Methodik und Kontinuierlichkeit erzeugen würden, mit der sie die tägliche *public opinion*** herstellen; nur dann, wenn sich die durchschnittlichen amerikanischen Zeitungsleser oder Fernsehkonsumenten am Samstag noch derjenigen Daten oder Direktiven entsinnen würden, die sie von Montag bis Freitag, weil sie ihnen serviert worden waren, geschluckt und geglaubt hatten. Nichts gibt uns ein Recht darauf, die Millionen von John Does*** für konservativ zu halten – das sind diese genausowenig, wie sie progressiv sind. Um konservativ zu sein, würden sie ja ein Minimum von Gedächtnis benötigen; und dieses Gedächt-

* öffentliches Gedächtnis
** öffentliche Meinung
*** In Amerika wie Fritz Müller

nis besitzen sie nicht nur nicht, vielmehr wird dessen Nichtbesitz systematisch erzeugt und dann so pausenlos in sie hineingepumpt, daß man geradezu behaupten darf, daß es unter den mass media products keines gibt, dessen Bedeutung an die des Produktes ›Vergeßlichkeit‹ heranreichte. Aus diesem Grunde darf es sich jeder Politiker am Samstag erlauben, in eine, seiner Montags- bis Freitagsrichtung diametral entgegengesetzte ›Richtung‹ umzuschwenken; und aus diesem Grunde kann jeder am Samstag von demselben Publikum, das ihm bis eben blindlings in Richtung A gefolgt war, erwarten, daß es ihm in der neuen Woche ebenso blindlings in Richtung Z folgen werde. – Aus diesem sensationellen Grunde hat auch McNamaras sensationelle Erklärung in den USA nicht eigentlich als Sensation eingeschlagen. Wie dick gewöhnlich auch die headlines der Tabloids, wie schrill auch gewöhnlich die Werbestimmen im TV sein mögen, die USA sind nicht etwa das Land der unbegrenzten Sensationen, sondern umgekehrt, da es nichts gibt, was die vergeßlich Gemachten überraschen könnte, das Land der unbegrenzten Sensationslosigkeiten.

It Never Occurred To Me

In einer Pressekonferenz am 11. September 1965 sprach Expräsident Eisenhower die folgenden Worte: »It never occurred to me that the United States should not use atomic weapons if they would best serve the interests of the country«* – dieses ›it never occurred to me‹ (niemals ist mir der Gedanke gekommen) bezieht sich auf die am 4. September 1958 von Eisenhower und Dulles ins Auge gefaßte Verwendung von Atomwaffen, deren Einsatz die Chinesen davon abhalten sollte, eine ›Invasionsaktion‹ gegen ihre eigenen Inseln Matsu und Quemoy durchzuführen.

›It never occurred to me‹ – dies aus dem Munde des Mannes, der damals über Sein oder Nichtsein zu entscheiden gehabt hatte,

* Niemals ist mir der Gedanke gekommen, daß die Vereinigten Staaten Atomwaffen nicht anwenden sollten, wenn sie den Interessen des Landes am besten dienen wollten.

und dazu eines Biedermannes, der gewiß freundlicher gewesen war als diejenigen Männer in Washington, die heute über das ›to be or not to be‹ zu entscheiden haben, und dazu zwanzig Jahre nach Hiroshima – wenn das nicht als Verzweiflungsgrund genügt, dann gibt es heute keine Verzweiflungsgründe.

Politik ohne Bart

Jetzt wissen wir also, mit Hilfe welcher Qualitäten Männer in heutigen Demokratien ihren Wettkampf antreten. In »Newsweek« vom 26. Dezember 1966 können wir das nachlesen. Ganz ungeniert erklären dort nämlich die Hintermänner Nixons, die Chancen ihres Idols, bzw. ihres Werbeprodukts, würden durch die Tatsache, daß im nächsten Jahre die vorsintflutliche Schwarzweiß-Phase des Fernsehens überwunden sein würde, d. h. daß jede zweite amerikanische Familie einen Farbfernseh-Apparat besitzen würde, ungleich besser sein als heutzutage. Und zwar aus folgendem Grunde: Nixon habe ja einen starken Bartwuchs, der im heutigen Schwarzweiß-Fernsehen leider deutlich erkennbar bleibe. Leider: Denn starker Bartwuchs entspreche ja nicht dem rassischen Idealbild der Amerikaner, vielmehr errege der dunkle Schatten die anti-puritanischen Assoziationen ›Italiener‹, ›Balkanese‹, ›Jude‹ oder gar ›Hairy ape‹*. Diese Assoziationen würden sich nun, wenn das Farbfernsehen erst einmal allgemein eingeführt sein würde, nicht mehr einstellen. Denn im Farbfernsehen verschwinde der dunkle Schatten beinahe restlos. – Das heißt: Nicht nur auf das Gesicht des Kandidaten spekuliert man heute – was ja schon schlimm genug ist, wenn es sich um die Wahl eines kompetenten Politikers handelt; auch nicht nur – was ja noch schlimmer ist – auf die millionenfache Verbreitung des Aussehens, sondern nun sogar – was am schlimmsten ist – auf dasjenige, was ausschließlich auf Grund eines technischen Zufalls, also ohne jedes Verdienst der propagierten Person, im vervielfältigten Bilde *nicht* aufscheinen wird. Von der blöden Tatsache, daß im Farbfernsehen Bartwuchs so gut wie unsichtbar

* ›Haariger Affe‹ – ressentimentgeladener Ausdruck gegen stark und dunkel behaarte südliche Minoritäten.

bleibt, wird also die politische Entscheidung, die in den Vereinigten Staaten getroffen werden wird, abhängen. Und damit auch das Schicksal der Welt. Gute Nacht!

Divina Commedia

Aufs furchtbarste bestätigt sich, was ich vor 15 Jahren, damals noch übertreibend, behauptet hatte: daß nämlich, wenn der Schein (z. B. des TV-plays) realistisch auftritt, die Realität als bloßer Schein verstanden, also entsetzlich mißverstanden werden muß. Für den heutigen Fernseher bleiben die ihm im TV gezeigten Filme von den Blutbädern in Vietnam unaufregend, da sie sich stilistisch, und was die Menge des vergossenen Blutes betrifft, in nichts von den mörderischen thrillers, die er täglich zu konsumieren gewohnt ist, unterscheiden.

In diesem Jahre 1967 erfährt die Dialektik von Sein und Schein ihren Umschlag. Während es noch vor ein paar Jahren geheißen hatte, die Chancen eines photogenen Präsidentschaftskandidaten seien größer als die eines nicht photogenen (und tatsächlich hatte Kennedy seinen Sieg über Nixon *auch* seiner Bildqualität zu verdanken), scheint nun bereits die photogene Qualität eines Mannes als ausreichender Befähigungsnachweis für das Amt des Präsidenten akzeptiert zu sein. Jedenfalls diskutiert man bereits ›ernsthaft‹ die Präsidentialchancen des Filmschauspielers *Ronald Reagan,* eines Mannes also, dessen Überzeugungen, sofern er versehentlich solche besitzen sollte, unbekannt geblieben sind, aber unbekannt eben bleiben *dürfen,* da ja sein Gesicht, seine Gestik und sein smiling seinem Zweihundertmillionen-Publikum vertraut sind. Es ist durchaus nicht undenkbar, daß die amerikanische Tragödie, vielleicht sogar die globale Tragödie, ihre Klimax unter der Führung eines Komödianten erreichen wird.

Mein Judentum

Bevor ich beginne, möchte ich ein mögliches Mißverständnis richtigstellen. Manche von Ihnen, die mich vielleicht von meinem Kampf gegen den Faschismus, gegen die Atomdrohung und gegen den Vietnamkrieg kennen, könnten erstaunt gewesen sein, zu erfahren, daß ich Jude bin. Denn mein Name klingt skandinavisch. Aber dieser Name ist ein Pseudonym, das ich vor vielen Jahrzehnten, und wahrhaftig nicht zwecks Aufnordung meiner Person, erfunden habe. Geboren wurde ich mit dem guten jüdischen Namen *Stern.* Und als solcher, also mit offenem Visier, wünsche ich vor Ihnen zu stehen.

Nun, bevor ich über das Judesein dieses Günther Stern schreibe, eine Bemerkung über den geschichtlichen Augenblick, in dem ich dies tue. Was ich meine, ist, daß wir uns heute in einer Situation befinden, in der sich einerseits die Distanzierung von der Hitlerzeit, die mehr oder minder ehrlich (eher minder als mehr) nach 1945 eingesetzt hatte, in Nostalgie verwandelt hat; in der die Zeit der Massenmorde zu einer ›guten alten Zeit‹ geworden ist; und in der sich andererseits der blinde Haß, dem vor 35 Jahren so viele Millionen zum Opfer gefallen sind, von neuem zu regen beginnt. Ich sage: »von neuem«. Denn dieser Haß regt sich nicht sosehr unter altgewordenen Ehemaligen, die *noch* Antisemiten wären – von denen gibt es ja nur noch wenige –, sondern unter jungen Leuten, von denen die meisten niemals einen Juden von Angesicht zu Angesicht gesehen haben. Darum ist dieser Haß noch erschreckender als der wahrhaftig blinde Haß ihrer Väter und Großväter. Wie bekannt ist – oder sollten Sie die Zeitungsmeldung überlesen haben? – sind vor kurzem in Hannover jüdische Gräber beschmiert und aufgerissen, kurz: geschändet worden. Dieser Vandalismus beweist, daß wir Juden selbst dann noch, wenn wir schon längst tot sind, von gewissen Zeitgenossen, die es lieben zu verabscheuen und es verabscheuen zu lieben, als Dorn im Auge empfunden werden. In gewissem Sinne, so fürchte ich, sind wir diesen Bemitleidenswerten sogar unentbehrlich. Da sie keinen lebenden Juden mehr finden, weil diese von ihren Vätern oder Großvätern vertrieben oder liquidiert worden sind, nehmen sie vorlieb mit den Tafeln über den Gräbern der vor 1933 gestorbenen Juden. Was wir, die letzten Juden, und Sie, die Enkel der Judenmörder, daraus zu lernen haben, ist, daß die Existenz von Juden für den Ausbruch von Antisemitismus gar nicht erforderlich ist; daß es einen *Antisemitismus ohne Juden* gibt. Vor diesem Antisemitismus ohne Juden möchte ich Sie warnen. Und zwar deshalb, weil dieser – glauben Sie mir das – ein Omen für eine allgemeine Gehässigkeit ist, für mögliche faschistische oder faschistoide Mentalität. Wer Juden schlagen möchte und keine mehr vorrätig findet, der wird sehr wahrscheinlich bald andere Gruppen zu ›Juden‹ ernennen, heute Studenten, morgen Demonstranten gegen Kernreaktoren. Als zufällig aufgesparter Jude, der ebenfalls zufällig die Chance hat, anstelle der Millionen von Ermordeten zu Ihnen zu sprechen, empfinde ich es als meine Pflicht, Sie, die Söhne und Enkel der Schuldigen, anzurufen und Sie *vor der Ernennung von ›Juden‹ zu warnen.* Ich appelliere daher an Sie, die heute lebenden Eichmannsöhne und -enkel, auch die winzigsten ersten Keime von Wiederholung dessen, was vor 35 Jahren geschehen ist, zu ersticken. Diesen Appell erhebe ich zufällig noch Lebender nicht zu unserem Besten – auf uns, die paar Überbleibsel, kommt es schon nicht mehr an –, sondern zu *Ihrem* Besten: damit Ihnen das erspart bleibe, was einigen Ihrer Väter und Großväter zugestoßen ist: nämlich zu Angestellten von Vernichtungslagern zu werden und dann nach Absolvierung dieses Jobs den Rest des Lebens als ehemalige Massenmörder zu verbringen. Solch ein Leben wäre nicht nur schmachvoll, sondern auch höchst unglücklich – die deutsche Sprache faßt beides zusammen in dem einen Wort ›unselig‹.

So. Und nun zu meinem Judesein.

Wenn Sie mich fragen, wann ich mich zum ersten Male als Jude gefühlt habe, dann erzähle ich den folgenden Vorfall:

Als mir mein evangelischer Freund – wir waren wohl acht, also im Jahre 1910 – auf meine Frage: »Woran glaubst du eigentlich?« die (natürlich ganz kindische) Antwort gab: »Daran, daß wir erlöst sind« –

und als ich, der ich das Wort ›erlöst‹ kaum je gehört hatte und mit ihm genausowenig anfangen konnte, wie ich es noch heute nach siebzig Jahren kann, weiterfragte: »Erlöst wovon? Vom Hunger oder so? Davon bin ich doch auch erlöst«; und er darauf hochmütig, als meinte er ein Monopol oder einen Orden, antwortete: »Wer hat schon Hunger! Sondern natürlich von der Sünde!« –

und als ich ihn weiterfragte: »Warum natürlich? Ich zum Beispiel habe keine. Und was ist das überhaupt?«; und er antwortete: »Blödsinn! Jeder ist sündig. Und das steht ja sogar schon in eurer Bibel! Aber *wir* sind eben erlöst von ihr, und *ihr* eben *nicht*, ätsch!« –

und als ich weiterfragte: »Und warum wir nicht?«; und er antwortete: »Weil ihr unseren Heiland ans Kreuz geschlagen habt!« –

und als ich ihm versicherte: »Ehrenwort! Das habe ich nicht getan. Und Vater und Großvater bestimmt auch nicht! Aber zur Sicherheit werde ich Vater nochmal fragen!«; und als er mich daraufhin besserwisserisch auslachte und mich stehen ließ und auch am nächsten Tage nicht mehr mit mir sprach –

und als ich ihn am dritten Tage fragte: »Warum schneidest du mich eigentlich so gemein?«; und er antwortete: »Als wenn du das nicht ganz allein wüßtest« –

da spürte ich zum ersten Male, daß irgend etwas mit mir nicht ganz in Ordnung war. Und dieses hieß: ein Jude sein.

Und wenn Sie mich fragen, wann ich zum ersten Male das jüdische Schicksal der Verfolgung erfahren habe, dann antworte ich: als Fünfzehnjähriger, im Jahre 1917, hinter der deutsch-französischen Front, in dem Dorf Rimogne, wo wir – »wir« sind zu einem paramilitärischen Verband zusammengeschlossene Hamburger Gymnasiasten – die Aufgabe hatten, die französischen Obstkulturen für Heeresverwendung abzuernten. Da also passierte das jüdische Schicksal: Ich freundete mich nämlich insgeheim mit einem Erzfeind an, mit dem ebenfalls fünfzehnjährigen Sohne eines franc tireurs, den die Deutschen erschossen hatten; und wir schworen einander in den Worten des Psalmisten, *»aus Schwertern Pflugscharen zu schmieden«*, und gründeten deshalb feierlich einen ersten Völkerbund – »unio populorum« nannten wir diesen auf lateinisch, denn das war, da ich nicht französisch und er nicht deutsch sprach, unsere gemeinsame Sprache. Als dieser hochverräterische Verkehr mit dem Erzfeind durchsickerte, da hatte ich das zu erleiden, was später Abertausende unseresgleichen haben erleiden müssen: Ich wurde gefoltert. Jede Nacht wurde ich mit eisigem Wasser übergossen und mit Schmutz eingerieben – das Wort ›Folter‹ kannte ich damals freilich noch nicht. Gleichviel, so war ich mindestens in dem, was ich über mich ergehen lassen mußte, avantgardistisch. So avantgardistisch, daß mich 16 Jahre später die Untaten der Nazis nicht mehr allzusehr überraschen konnten.

Und wenn Sie mich fragen, wann ich mich zum ersten Male getragen gefühlt habe von der jüdischen Vergangenheit oder von dem, was man vielleicht – und ich meine das ohne jeden Hochmut – angesichts der Propheten und Jesu und Marxens eine »jüdische Mission« nennen könnte, dann antworte ich: Das war vierzig Jahre später, im Jahre 58, als ich auf dem Marktplatz von Kyoto einer Gruppe von vor mir auf dem Pflaster kauernden buddhistischen Priestern – es war am Vorabend des sich jährenden Hiroshima-Tages – predigte, daß das universelle Hiroshima nicht nur möglich sei, sondern wahrscheinlich; daß es an uns allen läge, dieses Ende abzuwenden; daß wir, die gleichermaßen Bedrohten, gleich, wo wir lebten, gleich, was wir glaubten oder nicht glaubten, daß wir alle ›proximi‹, ›Nächste‹, geworden seien; daß, was alle treffen könne, auch alle betreffen müsse. Als ich so, obwohl selbst ein Ungläubiger (aber die Leidenschaft gibt nicht acht, ob sie sich in der Seele eines Gläubigen einnistet oder in der eines Ungläubigen) – als ich also dort in der sengenden Augusthitze von Südjapan predigte, da spürte ich, daß ich nicht allein stand, sondern daß mir die Warnungsworte zugeflüstert wurden von den Unglückspropheten des Alten Testaments.

Und wenn Sie mich schließlich fragen, an welchem Tage ich mich am tiefsten geschämt habe – nein: nicht etwa Jude zu sein (denn niemals schäme ich mich tiefer, als wenn ich einem Juden begegne, der sich schämt, Jude zu sein), sondern an welchem Tage ich mich am tiefsten geschämt habe, *als Jude noch dazusein*, dann antworte ich: an jenem Sommertage, sieben Jahre nach Kyoto, als ich in Auschwitz vor den Gebirgen von Schuhen, Brillengestellen, ausgebrochenen Gebissen, abgeschnittenen Haarschöpfen und herrenlos gewordenen Handkoffern stand.

Und unter diesen eigentlich auch *meine* Brille, *meine* Zähne, *meine* Schuhe, *meine* Handkoffer hätten sein müssen. Da fühlte ich mich, da ich kein Auschwitzhäftling gewesen war, da ich durch einen Zufall durchgekommen war, wie ein Deserteur. Und wagte es nicht, zu denken: »Gott sei Dank, daß ich noch da bin« – denn wie dürfte man angesichts der Millionen, die, um nichts schuldiger als man selbst, in Rauch aufgegangen sind, seinen Dank dafür aussprechen, daß ausgerechnet man selbst eine Chance gehabt hatte? Und *wem* hätte man denn danken sollen, da ja die Vernichtung der 6 Millionen von niemandem verhindert worden war?

Lassen Sie mich bei dieser Scham, als Jude heute noch dazusein, also nicht zu den in Auschwitz und Maidanek Vernichteten zu gehören, einen Augenblick verweilen. Denn diese Scham hat eine Vorgeschichte. Sie ist nämlich die äußerste Zuspitzung einer *Verwunderung*, die mein Judesein schon immer ganz wesentlich mit ausgemacht hat: der Verwunderung über die Tatsache, daß ich überhaupt noch als Jude zur Welt gekommen bin. Und diese Verwunderung hat mich wohl seit meiner ersten Begegnung mit der abnormen Geschichte des jüdischen Volkes keinen Tag verlassen. Natürlich betraf sie nicht nur mein eigenes Noch-Dasein, sondern auch die Tatsache, daß es *uns* noch gab: uns, deren Vorgeschichte und Geschichte ja aus einer niemals abreißenden ›Kette von Rissen‹, nämlich von Wanderungen, Verfolgungen, Fluchten und Massakern bestanden hat. Das Beste, was uns, wenn wir einmal ausnahmsweise nicht verfolgt wurden, vergönnt war, war ja, in andere Völker einzugehen – und das war ja, da wir in diesen Fällen *als* Juden verschwanden, in gewissem Sinne ebenfalls ein Untergang. Gewöhnlich macht man es sich nicht klar, daß Untergehen den meisten des Volkes Israel zugestoßen ist, zuerst in Ägypten, dann in Babylon, die weiteren Stationen brauche ich nicht aufzuzählen. Schon in Ägypten, im 13. Jahrhundert vor Christi Geburt, hätten ja meine Ururahnen, wie gewiß die meisten ihresgleichen, zu denen gehören können, die in der dortigen Bevölkerung aufgegangen sind (und deren Ururenkel gestern vielleicht als gute Ägypter im Kampf gegen die Israelis gefallen sind). Aber wir greifen vor: Noch sind wir bei dem Auszug aus Ägypten, an dem verwunderlicherweise auch meine Ururahnen teilgenommen haben, teilgenommen haben müssen, denn wären sie nicht unter den nach vieljährigem Umherirren durch die Wüste im ›gelobten Lande‹ Angekommenen gewesen, dann wäre ich ja nicht *da* und nicht *ich*. Und die Kindeskinder dieser Minorität hätten sich wiederum, wie Abertausende ihresgleichen, wie wohl die meisten, in Babylon, wohin sie umgesiedelt worden waren, assimilieren können, um dort zu bleiben, denn dort haben sie gewiß schon babylonisch (vermutlich sogar ›hochbabylonisch‹) mit der gleichen Selbstverständlichkeit gesprochen, mit der ich zu Ihnen (nicht schon, sondern noch) deutsch spreche. Aber höchst verwunderlicherweise haben meine Ururahnen – sonst wäre ich ja nicht *da* und nicht *ich* – wiederum zu derjenigen Minorität gehört, die aus Babylon nach Palästina zurückgeführt wurde und die während der folgenden Wanderungen weder in Alexandria noch in Toledo noch weiß der Himmel wo endgültig hängengeblieben, sondern immer übriggeblieben ist. Und daß es noch heute diesen *Rest des Restes des Restes* gibt und daß zufällig auch ich zu diesem Rest des Restes des Restes gehöre, das ist die Tatsache, über die ich mich seit Jahrzehnten verwundere und die ich unter keinen Umständen auszulöschen wünsche. Denn der Gedanke, daß die vielen so blutig erkauften Rettungen vergeblich gewesen sein sollten, ist so schwer tragbar, daß ich das gerettete ›Gut‹ (obwohl ich es kaum zu definieren wüßte) unter keinen Umständen aufgebe. Also nenne ich mich einen Juden und bin entschlossen, als ein solcher, wenn gewiß auch ohne Rabbi und an einem ganz zufälligen Platze, begraben zu werden.

Wir, die wir hier zu Ihnen sprechen, sind ›Letzte‹, nämlich letzte Juden, die sich einmal, und zwar mit Recht, *›deutsche Juden‹* genannt haben, die in Symbiose – ein besseres als dieses fragwürdige Wort gibt es nicht – mit den Deutschen gelebt haben. Mit weltgeschichtlichen Maßstäben gemessen, hat diese Symbiose zwar nicht besonders lange gedauert, kaum hundert Jahre, viel kürzer als die mit anderen Völkern. Aber für unsere Eltern und Großeltern war diese Symbiose – was Sie sich, meine Leser, so wahrscheinlich nicht vorgestellt haben – ganz selbstverständlich gewesen, so selbstverständlich, als hätte sie seit Urzeiten bestanden. Es hat sogar einen deutschjüdischen Philosophen gegeben, den Kant-Erneuerer Hermann Cohen, der überzeugt davon war, daß eine gewissermaßen gottgegebene Affinität zwischen den zwei Kulturen bestehe. Und wenn mein Vater betonte – und das hat er immer getan, wenn die Rede auf jüdische Fragen kam –, daß er sich ungleich mehr deutsch als jüdisch fühle, dann hat er ganz gewiß die Wahrheit gesprochen. – Etwas anderes freilich ist es, ob er von den Nichtjuden in erster Linie als Mitdeutscher oder eben als Jude angesehen wurde. Aber darüber hat er sich – und nicht nur *er*, denn viele seiner hochintelligenten Freunde waren in dieser Hinsicht blind, nein dumm – nicht den Kopf zerbrochen. Furchtbar haben die Männer seiner Generation, also die vor hundert Jahren Geborenen, im Jahre 33 umlernen müssen, sofern ihnen überhaupt Zeit dafür vergönnt war, umzulernen. Sie, die naiv ihre Eisernen Kreuze, die sie als Freiwillige im Ersten Weltkriege erworben hatten, mit in die KZ's nahmen, weil sie nicht daran zweifelten, daß solche Beweisstükke ihre Gültigkeit niemals würden verlieren können. Nun, wir, die Söhne, wissen es besser (oder richtiger: schlechter), daß wir die Letzten in einer Reihe von deutschen Juden sind, die Deutschland als ihre Heimat, *die* Heimat, die deutsche Sprache als *die* Sprache, die deutsche Musik als *die* Musik angesehen haben. Als Letzte blicken wir zurück auf unsere Vorfahren: die Mendelssohns und Heines und Marxs und Einsteins, und wissen: Nach uns kommt keiner mehr, der sich als deutscher Jude bezeichnen und fühlen oder gar in die deutsche Geschichte eingehen wird.

Und trotzdem, ungeachtet dieses Abschiedes – deutsche Juden wird es noch eine Zeitlang, vielleicht sogar noch sehr lange, geben. Nämlich außerhalb Deutschlands. Wir werden das Erbe in der Fremde hegen und verwalten. Derartiges haben wir vertriebenen Juden immer getan. Die Kinder und Kindeskinder der in den Balkan verschlagenen spanischen Juden haben noch lange das ›Spaniolische‹, ein altertümliches, im Mutterlande selbst längst verlorenes Spanisch gesprochen. Ich, im 20. Jahrhundert, habe es noch sprechen hören. – Dasselbe gilt von den im Mittelalter aus dem Rheinland in den Osten verschlagenen Juden: Sie haben das damalige Deutsch noch Jahrhunderte lang gesprochen – Jiddisch ist ja ein aufbewahrtes Mittelhochdeutsch, und auch dieses wird noch heute von Tausenden in

Israel, den USA und der UDSSR gesprochen. Und diese Rolle des Bewahrers werden nun auch wir, mindestens viele der 1933 Verjagten, spielen. Die Lehrstühle für Germanistik zwischen Kalifornien und Australien werden von uns verwaltet. Wer zum Beispiel über Novalis arbeiten will, der muß heute nach Melbourne gehen. Und wir sind es, die die klassische und zeitgenössische deutsche Literatur in die fremden Sprachen übersetzen. Immer sind wir – was schon Herder gesehen hat – die geheimen Boten und Botschafter derer gewesen, die uns nach dem Leben getrachtet haben. Und das sind wir auch heute wieder. Wir bitten nicht um Dank für diese Dienste. Aber darum, daß Sie von diesen Kenntnis nehmen.

Nun, es gibt aber noch einen weiteren Grund dafür, daß ich mich als ›Letzten‹ bezeichne. Und dieser Grund ist sehr persönlich, sehr familiär. Ich bin nämlich überhaupt nicht mehr als Jude erzogen worden, habe niemals ein jüdisches Ritual kennengelernt, gehöre ja auch nicht national dem Judentum an, das heißt: ich bin kein Zionist oder Israeli. Daß ich es trotz dieser Tatsache stets strikt abgelehnt habe, mein Judesein abzuleugnen oder gar aufzugeben, ist gewiß, auch für mich selbst, nur schwer verständlich. Diese Situation ist um so merkwürdiger, als ich *nicht der Erste* bin, *der zu den Letzten gehört.* Auch mein Vater gehörte schon zu den ›Letzten‹, sogar schon dessen Vater, nein, sogar schon dessen Vater, also mein Urgroßvater. Denn dieser hat vor 125 Jahren gemeinsam mit Freunden in Berlin die sogenannte ›Reformgemeinde‹ gegründet – eine Gründung, mit der er darauf abzielte, den Anschluß an die nicht-jüdische, die preußisch-evangelische Bevölkerung zu gewinnen; vielleicht freilich auch darauf, diejenigen Juden, die nach Aufgabe ihrer Orthodoxie in die Versuchung gerieten, ihr Judentum ganz und gar aufzugeben, doch noch irgendwie bei der Stange zu halten. Kurz: Mein Urgroßvater und seine Freunde erbauten sich einen Tempel, den sie am Sonntag statt am Freitagabend besuchten; bei dessen Betreten sie, den zweitausendjährigen Bräuchen zuwider, ihr Haupt entblößten; um dann, statt einem hebräischen Gottesdienst, einer deutschsprachigen Predigt zu lauschen; und wo sie, statt den Kantor seinen orientalisch-monodischen Gesang singen zu lassen, vierstimmige (übrigens von dem jungen Meyerbeer komponierte) Choräle anstimmten, die in jeder protestantischen Kirche hätten erklingen können. Nun, aus dieser *Tradition des Antitraditionalismus* stamme ich. Schon mein Urgroßvater wäre beinahe ›auf der Strecke geblieben‹, aber unbegreiflicherweise ist das weder ihm noch seinem Sohne, noch dessen Sohne, noch dessen Sohne (also mir) zugestoßen. Wie paradox es auch klingen mag – die einzigen Stücke, die meinen Vater noch mit dem Judentum verbanden und die er mir als Erbstücke vermachte, waren die ganz unjüdischen, der protestantischen Kirche entlehnten Melodien der Reformgemeinde, also Stücke, die eigentlich nicht Judentum bezeugten, sondern die Verwässerung des Judentums. Und wenn mein Vater stolz war auf einen jüdischen Ahnherrn, so allein und gerade auf denjenigen, der das Judentum zu entjuden begonnen hatte. Aber sein Stolz auf diesen, da der ein ›Gründer‹ war, war doch so groß, daß er mir seinen Vornamen zum Weitertragen mitgab. Und wenn er im Jahre 1911 ein ehrendes Angebot ausschlug, Ordinarius an der Universität Berlin zu werden, sofern er sich nur zu einer (wie es hieß) ›kleinen Formalität‹, also zur Taufe, bequemen würde, so hat er diesen Verzicht aus Pietät gegen den Mann geleistet, der von orthodoxen Juden – die Grätzsche Geschichte der Juden beweist das – nicht mehr als richtiger Jude anerkannt wurde.

So lange also hat es schon ›letzte deutsche Juden‹ gegeben. Aber *ich* bin nun freilich *der ›letzte Letzte‹* meiner Familie. Wenn mein Urgroßvater am Gründungstage seiner Reformgemeinde geahnt hätte, wie die Geschichte weitergehen würde, wie sie unterdessen weitergegangen ist! Denn – und damit kommen wir zur Krönung dieses absonderlichen Schicksalsganges – sein Ururenkel ist nun wieder ein *›erster Jude‹* geworden, da er im Jahre 1947 in Jerusalem geboren wurde. Und da auch dessen Sohn, also der Urururenkel, drüben bereits existiert – ich kann mich mit dem Dreijährigen nicht mehr verständigen, da er ausschließlich hebräisch spricht –, sind alle reformfreudigen Kompromißbemühungen meines Großvaters völlig gegenstandslos geworden.

Wenn wir Letzten, deren auch ich einer bin, auf das Leben, das wir und unsere Eltern und Großeltern seit der Schleifung der Ghettomauern und seit unserer Teilnahme am wirtschaftlichen und geistigen Leben unserer Wirtsvölker geführt haben, zurückblicken, dann stellen wir fest, daß eine unverhältnismäßig große Anzahl von uns zu den *›Ersten‹* gehört hat: nämlich zur Avantgarde in allen Gebieten der Kultur, Wirtschaft und Politik. Damit soll um Gottes willen nicht gesagt sein, daß wir begabter oder gar genialer seien als andere Völker oder daß wir ein Anrecht darauf hätten, uns irgendwelcher Spezialmeriten zu rühmen. Was ich meine, ist vielmehr, daß wir, nachdem wir das jüdische Gesetz hinter uns gelassen, uns aber dagegen gesträubt hatten, uns aus Opportunitätsgründen einem anderen Sitten- oder Glaubensdogma anzuschließen, die Chance gehabt haben, *bindungslos,* das heißt: *frei von Vorurteilen* aufzuwachsen. In der Tat haben wir es leicht gehabt, zu unerwarteten Horizonten und neuen Wahrheiten vorzustoßen; die geistigen und Sittenwiderstände, die wir, um Neues zu entwerfen oder zu entdecken, zu überwinden hatten, waren, nachdem wir einmal die Mauern der jüdischen Orthodoxie durchbrochen hatten, geringer als die Widerstände, die unsere nichtjüdischen Freunde und Mitkämpfer zu durchbrechen hatten. Tatsächlich ist die Zahl von *jüdischen Gründern und Neudenkern,* die Juden gewesen sind – ich brauche ja nur die Namen Marx, Einstein, Freud, Husserl, Schönberg zu nennen –, ganz unverhältnismäßig groß. – Und ebenso unverhältnismäßig groß ist auch die Zahl der Juden, die zu *Revolutionären* wurden, die Revolutionäre werden ›konnten‹ (und die dieses ›Können‹ blutig haben büßen müssen wie Rosa Luxemburg). Oft bin ich gefragt worden (selten arglos, zumeist stupide und bösartig, zum Beispiel von FBI-Investigatoren), warum der Prozentsatz von jüdischen Kommunisten so auffällig hoch sei, worauf ich den Nichtbösartigen, diese Unverhältnismäßigkeit gar nicht abstreitend, zu erklären versuchte, daß deren Schritt in die revolutionären Freiheitsbewegungen nur die natürliche Fortsetzung ihrer Selbstbefreiung aus dem Ghetto darstelle und daß sie in der kapitalistischen Welt, in die sie nun eingetreten seien, ein zweites Ghetto sähen, ein ungeheuer großes Ghetto von Verunrechteten, die es zu befreien gälte. Diese Ansicht war jahrzehntelang auch die meine; und auch ich war darin gewiß sehr jüdisch. – Und noch aus einem anderen Grunde haben wir Juden so viele Revolutionäre gestellt. Deshalb nämlich, weil wir, nicht anders als unsere orthodoxen Ahnen, deren Erbe wir unbewußt weitertrugen und auch heute noch weitertragen, stets davon überzeugt gewesen sind, daß *der Messias noch nicht gekommen* sei, daß dessen Kommen noch ausstehe und daß wir diesem den Weg zu bahnen haben.

Diese Ausrichtung auf die Zukunft schien auch durch den Triumph des bürgerlichen Fortschrittsbegriffes bestätigt, den die Ideologen der Revolution als unbezweifeltes Credo übernahmen. ›*Noch nicht*‹ – diese Kategorie ist ja geradezu zum Leitbegriff eines Philosophen geworden, der sich der Revolution sehr nahe gefühlt hat und der sehr viel jüdischer gewesen ist, als er es wahrhaben wollte: *Ernst Bloch*. Das Hinwarten auf das Noch-nicht-Eingetretene hat sich bei uns, den der Orthodoxie entflohenen Juden, säkularisiert und in revolutionäre Aktivität verwandelt. Schon als Kind war mir, obwohl ich weder etwas von Messianismus noch von Marxismus gehört hatte, nichts so wenig glaubwürdig vorgekommen wie die Behauptung, von der ich hatte läuten hören, daß *der Erlöser bereits dagewesen sei*. Dies zu glauben schien mir angesichts der schreienden Not, die ich schon als Kind, namentlich unter den Webern des Eulengebirges, gesehen hatte, einfach eine Zumutung. Auch ich habe viele Jahre lang – und auch darin war ich eben sehr jüdisch – in der Erwartung des Noch-Nicht, des zu errichtenden messianischen Reichs, gelebt. Bis zum 6. August 1945 – der Tag hieß Hiroshima –, da wie ein Blitz die Einsicht in mich einschlug, daß wir vielleicht, oder sogar wahrscheinlich, einem *Nicht-Mehr* entgegentreiben. Das war das Ende meines Messianismus. Ernst Bloch, dem ich stets, wenn ich ihn sah, Hiroshima ›nahezubringen‹ versucht habe, hat niemals etwas davon wissen wollen, offenbar hatte er nicht die Elastizität oder die Kraft dazu, diese ›kopernikanische Drehung‹ vom Noch-Nicht zum Nicht-Mehr mitzuvollziehen. Er war – und das trennte uns – unfähig dazu, das zu tun, was heute unsere Aufgabe ist: nämlich *ohne Hoffnung zu leben*. Darin war er jüdischer als ich. Und es ist vielleicht kein Zufall, daß unter denjenigen, die meinen seit 1945 niemals unterbrochenen Warnungen vor dem Noch-Nicht ihr Gehör geschenkt haben, außer dem großen Max Born kein Jude gewesen ist. Fixiert an den Gedanken an das kommende oder von uns zu errichtende Reich, sind die meisten unfähig geblieben, den Gedanken einer »Apokalypse ohne Reich« zu denken.

Da ich zu Nichtjuden spreche, möchte ich, nein: muß ich, Ihnen etwas über einen Ausdruck mitteilen, der von Ihnen, ohne daß Sie daran schuld wären, durchwegs mißverstanden wird und dessen Verständnis für das ungestörte Verhältnis zwischen Ihnen und uns von der größten Wichtigkeit ist. Dies zu tun, ist meine jüdische Pflicht, gehört also offensichtlich zu ›meinem Judentum‹. Sie glauben seit Ihrer Kindheit, daß wir Juden glauben, das von Gott *›auserwählte Volk‹* zu sein. Mit diesem Ausdruck hat es – schon Max Weber hat in seiner Religionssoziologie ausführlich darüber gesprochen – die folgende Bewandtnis:

Der Ausdruck stammt, wie es der 105. Psalm, 8–14, in dem er wohl zum ersten Male vorkommt, zeigt, aus der vor-monotheistischen, der sogenannten *›henotheistischen‹ Epoche des Judentums,* in der Jahwe als der Stammesgott der Juden, mit deren Urvater Abraham er einen Monopolvertrag auf Gegenseitigkeit geschlossen hatte, galt; vice versa die Juden sich für *die einzigen Vertragspartner dieses Stammesgottes* hielten. Der Gedanke, daß Jahwe auch der Gott anderer Völker sein könnte, der lag, als der Ausdruck ›auserwählt‹ entstand, unseren Urahnen gewiß ganz ferne, um so ferner, als sie ja kaum Mission trieben, also ihren Gott nicht anderen Völkern zuzuführen versuchten. Nicht nur besaßen damals auch viele andere Völker ihre Stammesgötter, nicht nur waren alle Völker ›auserwählte Völker‹ ihrer Götter; auch die Juden bestritten nicht die Existenz und die Macht dieser Götter, nur daß sie sich eben auf diese fremden Götter nicht einlassen, ›keine anderen Götter neben‹ dem ihrigen *›haben‹* durften. So weit, so gut, bis das weltgeschichtliche Ereignis eintrat, daß nichtjüdische Völker das Alte Testament übernahmen und den Stammesgott der Juden in den Gott aller verwandelten. Da geschah das Unvermeidliche: Die Nichtjuden mußten nun glauben, daß das jüdische Volk glaube, das *Lieblingsvolk dieses universalen Gottes* zu sein. Mit diesem Mißverständnis, daß wir uns als ›auserwählt‹ mißverstehen, sind gewiß auch Sie, meine Leser, aufgewachsen, denn dieses Mißverständnis herrschte bald in der ganzen Christenheit. Unter den Juden dagegen kaum. Ich jedenfalls bin nie einem Juden begegnet, der mit unserer angeblichen ›Auserwähltheit‹ geprahlt hätte. Zum ersten Male habe ich diesen Ausdruck aus dem Munde meiner Klassenkameraden gehört, die mich, als sie mich verprügelten, höhnisch bei jedem Schlag aufforderten: »Nun zeig doch mal, wie auserwählt du bist!« – eine Aufforderung, der ich damals nicht nur nicht nachkommen konnte, sondern die ich überhaupt nicht verstand.

Drei Jahrzehnte später, in den frühen vierziger Jahren, hat es nun allerdings eine ›Auserwählung‹ von Juden gegeben, deren Realität anzuzweifeln unmöglich ist. Diese, von den Nazis aus Scham mit dem akademischen Terminus ›Selektion‹ verfremdete, Auserwählung wurde allerdings nicht von Gott getroffen (von diesem auch nicht verhindert), sondern von Menschen; denn sie spielte sich auf der Eisenbahnrampe von Birkenau ab, wo man die noch Arbeitsfähigen für vorübergehendes kurzes Weiterleben bzw. -arbeiten ›auserwählte‹, während man die anderen sofort den Gasöfen zuführte. Diese ›Auserwählung‹ ist die einzige, an die ich glaube.

Etwas hat mich von früh auf ans Judentum gebunden, und zwar ein Gebot aus dem Dekalog: das Verbot der *Götzenherstellung und Götzenanbetung*. Ungeachtet der Tatsache, daß ich als Kind von früh bis spät gemalt hatte und in den zwanziger Jahren sogar vorübergehend Louvreführer gewesen bin, ist das *Bildverbot* für mich pausenlos gültig geblieben. *Wer* mir den mit diesem Verbot verbundenen Horror vor der Vergottung menschgemachter Dinge eingeflößt hat, ist mir unbekannt. Von meinen Eltern konnte ich ihn kaum haben. Denn sie, die auf Toleranz Angewiesenen, erzogen uns Kinder täglich dazu, den christlichen Religionen – und diese schlossen natürlich auch die in meiner schlesischen Heimat zahlreichen Kruzifixe ein – mit dem größten Respekt und der äußersten Zurückhaltung zu begegnen. Dieser Forderung habe ich zwar niemals entgegengehandelt. Aber wenn ich es konnte, habe ich doch schon als Neun- oder Zehnjähriger Ausreden erfunden, um um Kruzifixe einen Bogen zu machen. Namentlich deshalb, weil ich es schwer mitansehen konnte, daß Menschen, wie es oft geschah, vor dieser menschgemachten Menschenfigur (die überdies unbegreiflicherweise einen der Unseren darstellen sollte) in die Knie sanken. Diese Allergie gegen das, was ich als Kind sehr plump und verständnislos ›Heidentum‹ nannte, blieb in der Tat so tief in mir stecken, daß ich es auch später, als Student der Kunstgeschichte, nur selten über mich brachte, in Kirchen einzutreten, um die (ja schließlich nicht nur bloße Betrachtung und Ergötzung dort aufgestellten) Heiligenfiguren ästhetisch zu genießen. Wie mich denn überhaupt das Kunstinteresse an sakralen Objekten, also die Verwandlung des Religiösen in bloß Kulturelles, stets mit dem tiefsten Argwohn erfüllt hat – was auf das absurdeste mißverstanden wurde: denn es geschah zuweilen, daß christliche Theologiestudenten, mit denen ich befreundet war, in mir, dem Agnostiker, einen Komplizen sahen und mich heimlicher Religiosität verdächtigten. Mit meinem Mißtrauen in Verbindung stand, daß es mir zuwider war, wenn jüdische Musiker wie Bruno Walter oder Klemperer – Mendelssohn und Mahler war ihnen darin vorangegangen – Passionen oder Messen aufführten. Das empfand ich als ungehörig, und derartige ›Konzerte‹ mied ich – sehr im Unterschiede zu meinem viel naiveren Vater, der als Student noch arglos und enthusiastisch im Brucknerschen *Te Deum* mitgesungen hatte.

Aber um zum Bildverbot zurückzukehren: Dieses nahm für mich, den Erwachsenden und Erwachsenen, eine sich immer mehr steigernde Bedeutung ein. Das gilt wohl besonders von dem Zeitpunkt an, da Marx in meinen Gesichtskreis eintrat. Dieser hatte nämlich – davon bin ich auch heute noch überzeugt –, ungeachtet seines Wechsels vom Monotheismus zum Atheismus, den bilderstürmerischen Furor des jüdischen Monotheismus ungeschwächt übernommen. In den von ihm bekämpften *Ideologien,* die er als ›falsches Bewußtsein‹ denunzierte, hat er die klassengemachten und zu stürzenden Götzen seiner Epoche gesehen, die *Idole,* die den Beherrschten aufgezwungen wurden, bis die so Bezwungenen ihr falsches Bewußtsein für ihr eigenes hielten und für dessen Verteidigung sogar ihr Leben zu wagen bereit waren. Ferner glaubte ich und glaube ich auch heute noch, daß Marx, wenn er eine der Philosophie nicht bedürftige, also ideologiefreie, postrevolutionäre Endzeit in Aussicht stellte, damit ein *ideologiefreies* Leben meinte. Wie gesagt, diese jüdische Leidenschaft gegen Idole ist mir geblieben. Ihren Höhepunkt aber erreichte sie während des Nationalsozialismus, dessen Feiern, vom Führerkult zu schweigen, ja auf glatten Götzendienst hinausliefen.

Gewiß werden Sie – und damit komme ich zu den von Auschwitz Geretteten – von mir eine Antwort auf die Gretchenfrage, wie ich zu Israel stehe, erwarten. Darauf habe ich zwei Antworten bereit. Die erste: Ich bin drüben gewesen, ich bin aufs tiefste beeindruckt von der Leistung; ergriffen davon, jüdische Menschen zu sehen, die aufrechten Ganges ihr Leben leben. Ich bin froh, darüber, daß es einen Flecken auf der Welt gibt, auf dem die Gejagten sich zu Hause fühlen. Und der Gedanke, daß dieses Land ein zweites Auschwitz werden könnte, ist mir schlechthin unerträglich. Ich sage also *ja* zu Israel.

Aber – und damit komme ich zur zweiten Antwort – leben könnte ich dort nicht. Und zwar deshalb nicht, weil dieses Land (ich weiß nicht, ob noch oder schon) furchtbar provinziell und nicht up to date ist: nämlich den heutzutage entscheidenden Problemen, wie dem der Technokratie oder der Atomdrohung, die mich seit Jahrzehnten als heutige Pflichten beschäftigen, nicht aufgeschlossen ist; weil es sich ferner bei jedem entscheidenden Weltereignis immer nur fragt: »Ist es gut für uns oder schädlich?« Weil es dort ferner theokratische Reste gibt, die für mich unerträglich wären. Und last not least, weil große Gefahr besteht, daß die ewig Unterdrückten zu Unterdrückern werden könnten, wenn sie das nicht sogar schon ein wenig geworden sind – und das wäre in der Tat moralisch furchtbarer als jeder Pogrom, den sie erlitten haben.

Mein Nein aber hat noch einen weiteren Grund: Ich habe nämlich den Verdacht – auch diese Worte werden mir die Israelis vermutlich verübeln –, daß die Gründung des eigenen Volksstaates auf eigenem Boden, oder angeblich eigenem Boden, die Krönung jenes Assimilierungsbestrebens ist, das die Gründerväter des Zionismus zu überwinden gehofft hatten. Denn was sie erträumt hatten, war ja, *auch* ein Volk, *auch* eine Nation, *auch* ein Staat zu werden. So wie alle ›normalen‹ Völker, Nationen und Staaten. Diese *Gier auf das »Auch«* stammt aus der Zeit der Assimilation. Damit hängt zusammen, daß der zionistische Schritt aus dem Fremd-Dasein ins Eigen-Dasein, der (namentlich aus der Ghettoperspektive gesehen) einen unbestreitbar revolutionären Schritt dargestellt hatte, weltgeschichtlich gesehen sich als ein Schritt zurück ins 19. Jahrhundert, in das Jahrhundert der Nationalismen, herausstellen wird. In der Tat haben ja alle nationalistischen Bewegungen in Asien und Afrika, trotz ihres progressiven anti-imperialistischen Charakters, etwas Reaktionäres an sich; namentlich wenn man sie vergleicht mit dem heutigen, allein schon durch die Technik gebotenen (und weitgehend realisierten) Trend zum Einswerden der Menschheit, zur Aufhebung der Grenzen, zur Relativierung der Souveränitäten. Und zur Erfüllung dieser heute fälligen Aufgaben wird der überall und nirgendwo beheimatete Jude, der sich in Bangkok so gut zu Hause fühlt wie in Mexico oder Rom oder Los Angeles, sehr viel mehr beitragen können als sein Vetter im Staate Israel.

»Ihr seid das Salz der Erde« – diese Worte Jesu bezogen sich zwar nicht auf die Juden als Juden, sondern auf seine Jünger (die freilich Juden waren). Aber *Salz im Mehl, statt selber Mehl,* zu sein, das war die große Rolle, die die Juden in den letzten hundert oder hundertfünfzig Jahren in Europa und in Amerika gespielt haben. Und zu dieser Salz-Rolle bekenne ich mich.

Ich komme zum Schluß. Vor zwei Jahren habe ich vor der Klagemauer in Jerusalem gestanden, vor dem Mauerrest des im Jahre 70 von den Römern demolierten Tempels. An der Stelle also, von wo das ahasverische Schicksal, das auch meines noch gewesen ist, vor etwa 70 Generationen seinen Anfang genommen hatte. Und auch ich bin von diesem Platze ergriffen gewesen. Aber zu behaupten, daß sich für mich der Kreis geschlossen hätte, daß ich mich als Heimgekommener gefühlt hätte, das wäre unwahr. Und das wollte ich mir auch gar nicht einreden. Denn für mich, den Migranten, der an einem nur zufälligen Orte ansässig geworden ist, ist das Unterwegssein zum Zuhause geworden. Dieses Schicksal der Heimatlosigkeit, nicht dieses Stück Mauer, macht mich zum Juden. Sehr im Unterschied zu den zwei Männern, die rechts und links von mir standen. Denn für diese war dieser Ort offensichtlich zum Ort aller Orte geworden, sie waren in Trance, hin- und herschaukelnd murmelten sie Gebete, und immer küßten sie die nichts fühlenden Quadern, um derentwillen sie, wahrscheinlich aus Amerika, an diesen Ort gekommen waren. Der eine, Weißbärtige, war etwa so alt wie ich, also wohl 75; der andere etwa dreißigjährig. Hätte der Ältere nicht ausgesehen wie mein Vater kurz vor seinem Tode, und hätte der Jüngere nicht mein Enkel sein können, ich hätte die beiden, da sie ja, die Mauer küssend, ein menschgemachtes *Ding* vergotteten, als tief unjüdisch empfunden. Die Propheten hätten sich über diese Küsse ereifert – und ich, der Ungläubige, der Abtrünnige, war der Schüler der Propheten und tief betroffen von diesem idolatrischen Benehmen.

Mein ›Enkel‹ ließ sich durch keine Touristen, also auch durch mich nicht, in seiner idolatrischen Beschäftigung stören. Der Alte dagegen, der Bärtige, der mich natürlich sofort als Juden erkannt hatte, warf, ohne sein Murmeln dabei zu unterbrechen, wiederholt flüchtig-prüfende Blicke auf mich, natürlich, weil mein Nichtbeten an diesem Orte ihn skandalisierte. In der Tat – aber wie hätte ich ihm das erklären sollen? – hätte ich gar nicht beten können, wollte ich gar nicht beten können. Denn im Unterschiede zu meinen Eltern und Großeltern, die zu halbherzig gewesen waren, um sich bereits einzubekennen, daß sie kein Bekenntnis mehr hatten, wußte ich ja sehr genau, daß ich nicht mehr wußte, was unter ›Beten‹ zu verstehen ist. Gleichviel, schließlich wandte sich mein ›Bruder‹ mir wirklich zu, schüttelte seinen bärtigen Kopf wie einer, der fassungslos ist über die Torheit seines Nächsten, und sprach, mit seiner Linken auf sein Herz klopfend, im reinsten Brooklyn-Dialekt: »Without us you wouldn't be there«, »ohne uns wärest du nicht mehr da« – um sich nach dieser kurzen Mitteilung seinem Schaukeln und Murmeln, das er, wie er wohl meinte, allen Juden zuliebe, also auch mir zuliebe, betrieb, von neuem hinzugeben. Daß ich ihn sofort richtig verstanden hätte, kann ich, obwohl sein Gedanke mir gar nicht so fremd war, nicht behaupten. Aber ich entfernte mich doch, um ihn in seinem fremdartigen Tun nicht zu stören, auf Zehenspitzen, wovon er aber keine Notiz mehr nahm. Bald freilich verstand ich, was der Alte gemeint hatte, und hier und heute möchte ich ihm nun meinen Dank aussprechen, auch wenn ich es für ausgeschlossen halte, daß dieser ihn jemals erreichen wird. Jawohl, ich der ich stottere, wenn ich gefragt werde, worin mein Judentum bestehe;

ich, der ich meine Jugend ohne Thora verbracht habe;

ich, der ich den Jom Kippur niemals gefeiert habe;

ich, der ich Adam, David und Ezechiel bis zu meinem

dreißigsten Lebensjahre nur mit den Augen Michelangelos gesehen habe;

ich, der ich als einzig jüdische Familienerinnerung die dem Protestantismus entwendeten Melodien der Reformgemeinde aufbewahrt habe;

ich, der ich als Berufsphilosoph jede ungeprüfte Übernahme von Überzeugungen oder Sitten als vorurteilshaft und damit als menschenunwürdig verachte;

ich, der ich nicht nur keinen Gott kenne, sondern – dies ist wahrscheinlich die Klimax der Ketzerei – alle Religionen als sakrilegisch empfinde, weil sie Antworten zu geben wagen auf Fragen, die wir noch nicht einmal zu stellen das Recht haben;

ja, trotz alledem habe ich meinem bärtigen Bruder im Kaftan meinen Dank auszusprechen, und nicht nur ihm, sondern den gewiß siebzig Generationen vor ihm. Und zwar dafür – und damit komme ich auf meine Eingangsgedanken zurück –, daß sie seit der Zerstörung des Tempels ihre Thora und ihr jeden Handgriff des Lebens minütlich regelndes, heute und seit langem schon völlig absurd gewordenes Sittensystem trotz Verhöhnungen, trotz Vertreibungen und trotz Massakern stur mit sich getragen und immer der nächsten Generation weitergereicht und damit, ohne je Boden unter ihren Füßen ihr eigen nennen zu können, ihre Identität durchgehalten haben. Ja, ihnen habe ich meinen Dank auszusprechen, weil ohne ihre Sturheit auch ich irgendwo unterwegs verlorengegangen wäre, in Alexandria oder in Granada oder in Amsterdam oder in Lodz, so wie ungezählte Brüder meiner Ahnen und Urahnen und Ururahnen, ohne irgendwelche Spuren zu hinterlassen, verlorengegangen sind. Ja, er hatte recht, mein bärtiger Bruder im Kaftan: Ohne sie wäre ich nicht da.

Ketzereien

Im Zugabteil

Wie viele ›völlig normale‹ Menschen es gibt, mit denen man vernünftig (zwar nicht über Gott und die Welt, aber doch) über die Welt reden kann und die nichtsdestoweniger fest glauben, sogar zu *wissen glauben, daß sie glauben.* Dies oder jenes; und daß sie *gar nicht nicht-glauben können;* und daß Nichtglauben überhaupt nicht möglich sei.

Mir gegenüber saß ein Geistlicher, wie sich herausstellte: Im Nebenberuf Organist. Als aus dem portable des Mitreisenden eine salondämonische Klaviermusik à la Rachmaninow kam, gerieten wir aufs angenehmste in ein Gespräch darüber, ob diese fünfzig Jahre zu spät komponierte Lisztiade in *cis* oder in *des* stünde oder ob diese Unterscheidung bei Tastenmusik überhaupt noch sinnvoll sei. Leider stritten wir gar nicht, da er wie ich diese Frage verneinte. Danach fragte er übergangslos, und wohl überzeugt davon, daß so völlige Einigkeit über *einen* Punkt Einigkeit in jeder anderen Hinsicht automatisch verbürge, ob ich *glaube.*

Auf diese von ihm wohl nicht einmal indiskret gemeinte Frage – den Begriff der ›Diskretion‹ gibt es vermutlich in keinem Klerus – antwortete ich erst einmal nicht. Dann ausdruckslos mit der Gegenfrage: *»Was verstehen Sie unter Glauben?«*

Er blickte mich ungläubig an. »Das dürfte wohl jeder wissen.«

»Dürfte vielleicht jeder zu wissen glauben. Ich nicht.«

»Das glaube ich Ihnen nicht.«

»Warum nicht? Glauben Sie mir: man kann ausgezeichnet leben ohne Glauben.«

»Ich habe nie in meinem Leben nur angedeutet.«

»Also Sie wollen doch nicht behaupten...«

»Sie wollen doch nicht andeuten...«

»Genau das. Glauben definiert nicht den Menschen. – Obwohl es vielleicht gar keine so abwegige Idee wäre, Leichtgläubigkeit als ein criterium hominis in Betracht zu ziehen.«

Er schüttelte den Kopf.

»Oder sollte es Sie etwa stören, daß etwas, dessen wirkliche oder angebliche Existenz die Grundlage Ihres Lebens ausmacht – ich meine natürlich nicht die materielle –, auf sein ›was‹ abgefragt werden kann? Oder darf?« Die Bosheit meiner Unterstellung schien er entweder zu überhören oder nicht aufzufassen.

»Sie glauben wirklich nichts?« wiederholte er ganz ehrlich.

»So weit kann ich Ihnen nicht entgegenkommen«, erwiderte ich.

»Wie bitte?«

»Wenn ich zugäbe, ich glaubte nichts oder an nichts, dann würde ich ja lediglich die *Gegenstände* des Glaubens in Zweifel ziehen; nicht den *Akt* oder den *Zustand* (oder wie immer Sie das nennen wollen) des Glaubens. Aber gerade *den* bezweifle ich. *Ich glaube nicht, daß es Glauben gibt.«*

»Was meinen Sie damit?« flüsterte er.

»Daß ich nicht weiß (vermutlich genauso wenig wie Sie), was mit dieser Vokabel gemeint ist, gemeint sein könnte – nur eben mit dem Unterschied, daß ich weiß, daß ich das nicht weiß. Sie dagegen nicht die Courage haben, die Courage nicht haben dürfen zu wissen, daß Sie es nicht wissen.« Obwohl wir schon so weit vorgestoßen waren, spürte er doch noch nicht, daß er mit Schablonenwörtern nicht weiterkommen würde.

»Sie sind halt ein *Rationalist!«* meinte er.

Ich schämte mich für ihn.

»Und Sie glauben, daß der Glaube vom Wissen besiegt werden könnte; oder bereits besiegt sei.«

Ich gähnte. »Mit solchen Schablonenwörtern kann ich leider, oder wohl gottlob, nichts anfangen. Aber wenn Sie mich deshalb den ›Rationalisten‹ zuzählen würden, weil ich nicht weiß, was mit dem Wort ›glauben‹ gemeint sein könnte, dann würden Sie sich bei allen denkenden Menschen lächerlich machen.«

Diese so gar nicht klassifizierbare Antwort verwirrte ihn nun heftig. »Ja, *was sind Sie denn dann?«*

»Was verstehen Sie unter ›was‹?«

»Ja, irgendeiner Gruppe oder Denkschule müssen Sie doch zugehören.«

»Warum muß ich? Ich habe Besseres zu tun, als meiner Position einen Namen zu geben.«

Das desorientierte ihn vollends. Unbenanntes und Unbenennbares waren ihm unheimlich.

»Aber wenn Sie mir den Glauben unterstellen, daß das Wissen den Glauben besiegt habe, oder gar, daß ich mich der Gruppe der angeblich sieghaften Wissenden zuzähle, dann sind Sie auf dem Holzwege.«

»Ja, was glauben Sie denn dann?«

»Nicht, daß das Glauben besiegt ist, sondern daß die Trivialalternative ›Glauben oder Wissen‹ besiegt ist. Die Inhalte, gleich ob ›schwarze Löcher‹ oder ›permissive Gesellschaft‹, die uns alle durch die Massenmedien TV oder Illustrierte oder dergleichen erreichen, werden von uns *weder geglaubt noch gewußt.«*

»Sondern?«

»Konsumiert. Bis sie, zumeist völlig unverdaut, wieder ausgeschieden werden. Die Alternative als ganze ist ›überwunden‹, oder wohl richtiger: *›unterwunden‹* – womit ich meine, daß uns die Inhalte als Vorurteile erreichen, die wir ›weder glauben noch wissen‹...«

»Sondern?«

»Dafür fehlt bisher das Wort. Gleichviel: Neunundneunzig Prozent dessen, was wir konsumieren (oder nicht zu konsumieren unfähig sind) und vorübergehend irgendwie ›haben‹, ist weder ›gewußt‹ noch ›geglaubt‹. Die beste Bezeichnung wäre noch das griechische Wort doxa, das Sie ja aus dem Staat von Plato kennen.«

»Aber die *glaubt* man doch«, widersprach er.

»Richtig. Aber ist dieses Glauben, das von denen, die nicht nur glauben, sondern wissen, daß unser Glauben für sie profitabel ist, systematisch hergestellt wird, – ist dieses Glauben etwa identisch mit dem, was Sie anfangs als Glauben verteidigt hatten? Und ohne das wir angeblich nicht leben dürfen oder können? Muß ein professionell Ungläubiger einen Geistlichen an den Unterschied zwischen credere und putare erinnern?«

Da fuhren wir ein.

Gespräch mit F.H.

»Als was hast du eigentlich gewöhnlich gegolten?«, fragte er mich, nachdem er etwas von mir gelesen hatte. »Als sturer Nihilist? Oder als zelotischer Moralist?«

»Das ›Oder‹ ist falsch. Als sturer Nihilist. Und zwar deshalb, weil ich mich als zelotischer Moralist aufführte.
Zuerst hatte man mich als einen *Radikalen* eingestuft. Namentlich zu Beginn der Hitlerzeit, seit 1936 in Amerika, weil ich zu jenen gehörte, die schon vor Amerikas Eintritt in den Krieg gegen Hitler gewesen waren. Da war also Deine Alternative ›Nihilismus oder Moralismus‹ noch nicht aktuell. Vielmehr galt man als ›radical‹, die Klassifizierung war unvorstellbar ungebildet. Noch nicht einmal, ob ich ein Kommunist sei, wurde ich, als ich zum erstenmal von einem FBI-Agenten besucht wurde, gefragt. Sondern – man bedenke: in den frühen vierziger Jahren – ob ich ein Anhänger von Bellamy sei, also des in der Mitte des vorigen Jahrhunderts geborenen amerikanischen und mit Anarchismus identifizierten Sozialreformers. Ich kannte dessen Namen nicht und schlug dann im Lexikon der Public Library nach. Gleichviel, das war alles, was diesem Agenten, der nicht nur festzustellen hatte, ob ich ein gefährlicher Kommunist sei, einfiel, sondern von dessen Urteil es abhing, ob ich jemals Amerikaner würde werden können – das war alles, was diesem Agenten vom ›Radikalismus‹ in den vierziger Jahren bekannt war. Da ich den Namen ›Bellamy‹ nicht kannte, sondern nur Maupassants Roman *Bel ami*, hielt er mich für einen Radikalen, der heuchelte oder ihn in die Irre zu führen versuchte – und ich bekam die notwendigen Dokumente nicht.

Später dann, ab 1945, von Hiroshima an, galt ich als *Nihilist* – als solchen hat mich noch der notorische Torberg in seiner CIA-Zeitschrift »Forum« behandelt –, weil ich gegen Atomrüstung, gegen den Genozid in Vietnam – kurz: gegen *Annihilismus* aufgetreten war. Und als moralisches Stück Dreck, als ›infam‹ hat mich noch die Springerpresse behandelt, weil ich gegen ihre, den ›Angriff‹ noch übergoebbelnde ›Bild-Zeitung‹ aufgetreten war. Und in den Augen der amerikanischen Embassy in Wien war ich noch (als ich längst schon naturalisierter Österreicher war) ein ›fraud‹, weil ich zur Jury des Lord Russelschen War Crime-Tribunals gehörte. Und noch 1978 galt ich in England als Nihilist, weil ich Eatherly, dem ich zu helfen versucht hatte, ›shamelessly exploited‹ hätte. Wenn ich trotz dieser überall einsetzenden Diskriminierung zuweilen doch mit Anerkennungspreisen ausgezeichnet wurde, so allein deshalb, weil die mich Ehrenden erbärmlich informiert waren, weil oft die eine rechte Hand nicht wußte, was die andere rechte tat. –

Kurz: als *Moralist* habe ich immer nur auf Grund von Mißverständnissen gegolten; bei denen dagegen, die mich mehr oder minder argwöhnisch observierten, also bei den moralisch Indiskutablen, immer nur als ›Nihilist‹.

Freilich hat mir, von Amoralisten als ›shameless‹ oder ›infam‹ bezeichnet zu werden, stets das Rückgrat gestärkt, und die Diskriminierungen fresse ich wie direkte Ehrungen. – Was aber meinen wirklichen *Amoralismus* betrifft: also die Tatsache, daß ich Moral nicht für etwas halte, was durch einen Gott...«

»Durch Gott...«

»Was durch einen Gott sanktioniert sei, und daß ich nicht weiß, *ob* sie *überhaupt* sanktioniert ist, also ob *Sollen sein soll,* und die Tatsache, daß ich dieses Nichtwissen oft unverblümt zugegeben habe, nein: mit diesem Zugeständnis sogar mutwillig geprahlt habe – was also meinen wirklichen Amoralismus betrifft, so glaube ich kaum, daß politische Behörden von so akademisch klingenden Formeln überhaupt jemals Notiz genommen oder an diesen gar Anstoß genommen haben; und unwahrscheinlich ist es, daß ein wirklicher Moralist, und wäre er noch so religiös, einen Menschen, der mehr als die Hälfte seines Lebens damit (vermutlich vergeudet) verbracht hat, sich dem Überleben der Menschheit zu widmen, deshalb als amoralisch abtun würde, weil er vor Aller Ohren ausgesprochen hat, daß er die Ansprüche der Moral für basislos und deren Gebote und Verbote für unsanktioniert hält. *In den Augen von wirklich Gläubigen ist ein Moralist ohne Gott immer noch besser angeschrieben als ein Amoralist mit Gott.*

Nicht nur als ein Amoralist habe ich stets gegolten, sondern als ein metaphysischer Nihilist. Und zwar deshalb, weil ich unzweideutig ausgesprochen habe, daß die Philosophie, wenn kein planender und Sinn verleihender Gott mehr unterstellt ist, basislos geworden sei.«

»Du meinst also nicht, daß die Philosophie an die Stelle der Religion getreten sei?«

»Das zu glauben, ist schon aus soziologischen Gründen indiskutabel. Denn die Wenigen, die sich mit Philosophie beschäftigen, die können ja nicht mit den Millionen gestrigen (und auch noch heutigen) Gläubigen verglichen werden. An die Stelle der Religionen getreten sind (abgesehen von den zahllosen Spielarten von Sektenquatsch und dem Drogenkult) nicht philosophische Lehrmeinungen oder ›Weltanschauungen‹, sondern tausend Sorten von totaler Indifferenz, deren ›Vertreter‹ für Philosophie genauso wenig übrighaben wie für Religion. Umgekehrt ist es meine feste Überzeugung – und die spreche ich als professioneller Atheist aus –, daß es atheistische Philosophie nicht geben kann und daß die Rede von einem ›Sinn‹ oder das Zugeständnis eines ›Sinngebers‹ unmöglich sei – was impliziert, daß, was ich treibe, nicht ›Philosophie‹ ist und daß ich meine Klassifizierung als ›Philosoph‹ nur faute de mieux akzeptiere. Wenn ich die Möglichkeit von atheistischer Philosophie bestreite, so tue ich das nicht aus Renegatentum, für das ich ganz unbegabt bin; nicht, um die Möglichkeit von Philosophie aufrechtzuerhalten, woran mir wenig liegt: wo steht es denn geschrieben, daß es Philosophen und Philosophieren geben müsse? Der Welt und uns würde es ohne uns Philosophen um nichts schlechter gehen. Meine Reflexionen, namentlich diese letzte, sind ›philosophisch‹ nur noch in metaphorischem Sinne. Aber weshalb sollte ein Etikett überhaupt erforderlich sein?«

M. fand gestern in München meine philosophische Sprache ›modern‹

Damit mag M. recht haben. Nur ist sie das nicht deshalb, weil sie einige, modernen Phänomenen nach Maß zugeschnittene Neologismen enthält, sondern deshalb – und nun plaudere ich aus der Schule, was nicht folgenlos bleiben wird –, weil ich mich seit Jahrzehnten, genau: seit fünfundvierzig Jahren, systematisch gewisser Wörter, die ich als nicht mehr erlaubt betrachte, enthalten habe. *Vokabelaskese.* Die ist freilich niemandem weiter aufgefallen. Denn das Fehlende bleibt zumeist unsichtbar. Keines der Wörter, die ich gleich vorführen werde, habe ich meines Wissens je in den Mund genommen oder gar niedergeschrieben. Sie alle gehören, weil entweder (im Wittgensteinschen Sinne) sinnleer, oder (im Marxschen Sinne) ideologisch oder (im Goebbelsschen Sinne) absichtlich irreführend, in ein *»negatives Lexikon«*, in eine *»schwarze Liste«*. Obwohl bereits Wortleichen, sind sie aber nicht etwa nur ›noch‹ in Zirkulation; umgekehrt treten sie erst heute, und zwar durch die Massenmedien, namentlich bei Anlässen, in denen Bildung oder Feierlichkeit oder beides zusammen vorgetäuscht werden soll, inflationär auf. Erst dann, wenn sie zu Wortleichen geworden sind (oder erst dadurch, daß...) geraten sie in Massenzirkulation. Niemals ist z. B. von der »Kreativität des Menschen« so viel geschwatzt worden wie heute im Zeitalter der Manipulierung der Menschen und deren Vokabulare. (Wohlgemerkt: *»der«* Menschen, nicht »des« Menschen, denn auch dieser Singularartikel gehört bereits auf die schwarze Liste, da er absichtlich die unter keinen Umständen zu verwischenden politischen Unterschiede zwischen Menschen und Menschen bzw. zwischen Klasse und Klasse unterschlägt. Das »der« gehört bereits zu den lügenhaften Wörtern, die ich niemals in den Mund genommen habe. Wohlgemerkt zu den *›lügenhaften‹*, nicht zu den ›unechten‹: Denn auch das Wörterpaar *›echt-unecht‹* muß proskribiert werden. Aber wir greifen vor.)

Niemandem, der auch nur ein einziges dieser verbotenen Wörter in den Mund nimmt, kann ich Vertrauen entgegenbringen. Und die Unterhaltung stockt. Aber was heißt: »ein einziges«? Denn als einzelne treten diese Vokabeln niemals auf, vielmehr in Rudeln. Wer mit *einem* Worte lügt, der lügt mit allen. Es gibt niemanden, dem man nur eine einzige dieser unlauteren Wörter nachsagen könnte, dessen Sprache aber sonst in Kleingeld ausgezahlt werden könnte. Vermutlich gibt es Hunderte von solchen nicht nur entbehrlichen, sondern demoralisierenden Wörtern. Die Proskriptionsliste zu vervollständigen, würde ein großes propädeutisches Verdienst darstellen. Hier nur ein ganz provisorischer Katalog:

Die schwarze Liste

Wesen – z. B. das des Deutschen oder des Menschen. Stellt die Platonisierung von etwas Empirischem dar. – Aus demselben Grunde: alle mit der Silbe... ›tum‹ endenden Wörter.

Geist – z. B. der Gotik. Aus demselben Grunde.

Sinn – z. B. der Weltgeschichte. Oder des Lebens. Setzt stillschweigend voraus, daß, was ist, auch etwas bedeuten muß. Was wiederum eine Instanz präjudiziert, die »etwas mit etwas im Sinn hat«.

Werte – vor allem: ›Kulturwerte‹. Nicht nur hat kein ›Schöpfer‹ von sog. ›Kulturwerten‹ (von denen zu schweigen, die selbst als solche gelten) das Wort je in den Mund genommen, es gibt auch keinen, der die Sache anerkannt hätte. Keinem wäre es eingefallen, alles, was nicht auf den ersten Blick nützlich oder konsumierbar ist, die E-Musik, Paläste, Religionen, Philosophien, Kruzifixe, Moralkodices *warenhausartig* (genannt: *»pluralistisch«*) und gewissermaßen gleichwertig unter einem einzigen Dachbegriff unterzubringen. In der Tat ist der barbarische Begriff, der aus der Finanzwirtschaft stammt, erst nach 1850 in die Philosophie und erst in den zwanziger Jahren in die Trivialsprache eingedrungen, um durch den amerikanischen Begriff ›cultural value‹ seine Klimax zu erreichen. Wer dieses Wort benutzt, bezeugt nicht nur seine totale Kulturlosigkeit, sondern auch sein gestörtes Verhältnis zur Wahrheit. Denn als ›Kulturwert‹ bezeichnen wir immer nur dasjenige, dessen Wahrheit wir *nicht* anerkennen. Luthers Werke wird kein Protestant als ›Kulturwert‹ bezeichnen, wohl aber die Summe von Thomas. Und umgekehrt. – Sache wie Vokabel entspringen einer Mißinterpretation von ›Toleranz‹. (Der Fall Nietzsche wäre gesondert zu behandeln.)

Wertordnung – (namentlich ›ewige Wertordnung‹) unterstellt unausgesprochen eine unerschütterliche Hierarchie der ›Werte‹. Benutzt wird das Wort ausschließlich von Konservativen, um mit seiner Hilfe die novarum rerum cupidos zu verhindern oder zu diffamieren.

Ewig – wiederum: was unter keinen Umständen verändert werden soll. Aber nichts ist ›unewiger‹ als dieses Wort, da es seit der Vorherrschaft des Progreßbegriffes seine Werbekraft eingebüßt hat.

Wenn, was ich vom frühen Kant weiß, selbst Newton schon vor 300 Jahren die unaufhaltsame Selbstaufbrauchung unseres Sonnensystems behauptet hat – Gott werde sich dann wohl an die Erschaffung neuer Exemplare machen müssen, was Kant verhöhnt –, dann haben wir es uns am Ende des 20. Jahrhunderts beim Blick auf unseren Sternenhimmel, gar auf unsere heimischen Berge, zu verkneifen, das Wörtchen ›ewig‹ in den Mund zu nehmen. Naturlyrikbände, die das Wort enthalten, landen bei mir sofort im Papierkorb. Vokabeldämmerung.

Seine pathetische Kraft hat übrigens das Wort ›Ewigkeit‹ auch dadurch verloren, daß wir nicht nur den Himmel, sondern (gottseidank) auch die Hölle eingebüßt haben. Dem Nietzschesatz »Gott ist tot« entspricht ein *»der Teufel ist tot«* – wenn nicht dieser Tod dem Gottes sogar vorausgegangen ist. Gleichviel, das Wort ›Ewigkeit‹ war nicht nur mit dem Sein Gottes (als unterschieden von der Mortalität seiner Geschöpfe) und nicht nur mit der Hoffnung auf nie endende Seligkeit assoziiert gewesen, sondern auch mit der Angst vor der ›ewigen Höllenqual‹. Dem Worte kam durchaus nicht nur triumphale Feierlichkeit zu, sondern auch, oder zugleich, *Schreckwirkung:* »O Ewigkeit, du Donnerwort!« singt noch Beethoven; und ich erinnere mich, daß in *Onkel Toms Hütte* der greise Tom das Wort ›eternity‹ »dreadful« genannt hat. –

Alle Gründe, die dem Wort Leuchtkraft verliehen hatten, sind, mindestens für mich, ungültig geworden. Der Gedanke an die Ewigkeit Gottes ist mir unnachvollziehbar. Ewige Verdammung fürchte ich so wenig, wie ich ewige Seligkeit erhoffe. Der antike Gedanke an die Ewigkeit des sich gleich bleibenden Kreisens des Firmamentes – der Gedanke, den der junge Kosmologe Kant bereits kühn verneint hatte – ist nunmehr, da wir wissen, daß das Universum sich ständig ausweitet, also nicht in zyklischer Identität perpetuiert, vollends gegenstandslos geworden. Lächerlich klingt uns das Gerede von ›ewigen Werten‹; und was die angebliche ›Ewigkeit‹ eines Kunstkanons betrifft, so erscheint uns diese als ein lächerliches klassizistisches Residuum.

Nichts steht mehr für diese Vokabel. Haben wir den Mut! Werfen wir sie über Bord!

Tiefe – z. B. eines Sinnes, oder eines Menschen, gar der Welt (»Die Welt ist tief«, Nietzsche). Vermetaphysizierung der Dimensionen, in die unsere Erkenntnis nicht hineinreicht. Das Wort ist ein pseudoreligiöses Lobwort; in den positiven Religionen (die vielmehr nur ›Höhe‹ und ›sich erheben‹ gekannt haben) kommt das Wort nicht vor. Existiert erst seit der Romantik, in der man das Transzendente im ›Grund‹ statt im Himmel situierte.

Organisch, Organismus – z. B. Volksorganismus. Verbotenes Wort, wenn es statt von Lebewesen von sozialen Entitäten ausgesagt wird. Benutzt wird es ausschließlich von mehr oder minder bewußten Konservativen, die durch die Beteuerung biologischer Entwicklung veränderndem Tun sein Recht absprechen wollen. Absurd der neulich im Rundfunk verwendete Ausdruck: »organische Entwicklung der Technik«. Aber die Verwendung des Wortes ist unter allen Umständen widerspruchsvoll, da das Wort ›organon‹ ursprünglich ›Werkzeug‹ bedeutete, also gerade keinen biologischen, sondern einen technischen Sinn hatte.

Echt – z. B. »ein echter Deutscher«. Präjudiziert, daß die Herkunft wichtiger ist als das Sein. Ursprünglich Nobilitätsausdruck. Erinnert heute aber an Ariernachweis. – Im übrigen sinnlos geworden im Zeitalter der Reproduktion.

Struktur – z. B. der Persönlichkeit. Präjudiziert das Zusammengebautsein. Unberechtigt in allen Aussagen über lebendige Natur.

Kosmos – statt Universum. Präjudiziert das, durchaus nicht erwiesene, Geordnet- und Endlichsein der Welt.

Unterbau, Überbau – primitivste Aufteilung einer geschichtlichen Totalsituation in Keller und Dachboden.

Unbewußt, bewußt – gleicher Fehlvergleich mit Gebautem.

Ideal – z. B. »Jugend sollte mehr Ideale haben.« ›Idealisten‹ werden deshalb patronisiert, weil sie *Ziele* nicht zu verwirklichen gedenken, sondern *bloß verehren.* Versucht einer wirklich, revolutionär in die Wirklichkeit einzugreifen, dann gilt er nicht mehr als Idealist; oder er wird von Wohlwollenden als »in die Irre gegangen« entschuldigt. Alles in allem ein kaum mehr aufzufindender und auch nicht mehr verstehbarer Typ.

Kreativ, Kreativität – z. B. der Schüler: Anmaßende Inanspruchnahme des göttlichen Attributs zwecks Vertuschung der Verdinglichung des Menschen.

Wissen um – raunende Umschreibung von Vertrautheit mit. Aber das, ›um was‹ man weiß, ist stets ein durch die obigen Vokabeln bezeichnetes Etwas: Man weiß ›um‹ das Echte; oder

›um‹ das ›Wesen‹; oder um die ›ewigen Werte‹ – kurz, um das ›Eigentliche‹.

Das Eigentliche – siehe Adornos »Jargon der Eigentlichkeit«.

Gestalten – statt ›zurechtmachen‹. Mit dem Feiertagswort versucht man, dem einfachsten bürokratischen Tun des Angestellten einen Adelsglanz der Kreativität zu verleihen. ›Gestaltet‹ hat vielleicht Beethoven seine Quartettsätze. Soeben hat es aber im Rundfunk geheißen: *»Dieses Interview mit dem Bob-Weltmeister X (Namen nicht verstanden) ist von Rosi Polaczek (?) gestaltet worden.«* Gestaltet? Rosi P. hat nichts dergleichen getan. Vielmehr hat sie den auch nicht gerade artikulierten Bobfahrer dümmlich ausgefragt, und dann das tape dort kupiert, wo die vorgesehene Sendedauer das erforderte. ›Gestaltung‹ wäre das? Von meinen Büchern würde ich niemals zu behaupten wagen, daß ich sie ›gestaltet‹ hätte. Vielmehr habe ich an ihnen so lange herumgemurkst, bis sie und ihre Aussagen zu stimmen schienen.

Recht auf Arbeitsplatz – gestern behauptete der Gewerkschaftsführer C. aufs einfältigste in einer Rundfunkansprache, jedermann *»habe ein Recht auf einen Arbeitsplatz«*. Wenn ich, der ich schließlich mit Recht als extrem Linker verschrien bin, diesen Satz, der sich leicht hinschwätzt, bezweifle, so wird man mich ja nicht als ›reaktionären Klassenfeind‹ zu bezeichnen wagen. Als Philosophierender frage ich aber: *»Woraufhin haben wir eigentlich diesen Anspruch, dieses ›Recht‹? Was für eine Sorte von Seiendem ist dieses angebliche Recht?«*

Nein, C. hat sogar gesagt: jedermann habe ein *»heiliges Recht«* auf einen Arbeitsplatz. ›Heilig‹? Wie kommt er, der Vulgärmarxist, dazu, dieses angebliche Recht ›heilig‹ zu nennen? Woraufhin ist er dazu legitimiert, sich die sakrale Vokabel für einen völlig weltlichen Anspruch auszuleihen? Und hinter dem, natürlich völlig begreiflichen, von Hunger und Not diktierten, auch mir nicht ganz unbekannten, Verlangen des Arbeitslosen, einen Arbeitsplatz zu finden oder zu ergattern, einen Heiligenschein anzubringen?

Heilig? Ist auch das Recht auf einen Arbeitsplatz, an dem man Vernichtungswaffen oder auch nur dehumanisierende Produkte mitherstellt oder mitherzustellen hat, ein ›heiliges Recht‹? (Oder ist nicht vielleicht umgekehrt das Recht darauf, einen solchen

Platz zu verweigern, ›heilig‹? Freilich wer kann sich das schon leisten?) Aber ganz abgesehen von diesem (wahrhaftig nicht unalltäglichen) Fall – wenn das Recht auf einen Arbeitsplatz ›heilig‹ wäre – *wer hätte dieses Recht denn geheiligt?* Denn ganz von sich aus, einfach ›so‹, kann ja ein Ding oder ein Recht oder ein Anspruch nicht ›heilig‹ sein. Würde sich nicht – diese Überlegungen klingen, obwohl irreligiös, sonderbar religiös – derjenige, der ein Recht ›geheiligt‹ hat (und das könnte ja nur *ein Gott* sein *oder gar Gott)* ipso facto der Heiligung darum kümmern, daß dem von ihm ›geheiligten‹ Anspruche Genüge getan werde? Oder mindestens getan werden *könne?*

Kurz und gut: Die Verwendung des Wortes ›Heiligkeit‹ ist für ernste und unkorrumpierbare Atheisten sinnlos und anstößig geworden. Die mit den ersten Ursprüngen des Tabuismus anerkannte Zerfällung der Welt in Sakrales und Profanes hat ihr Ende gefunden.

Oder doch nicht?

Denn etwas gibt es ja, was ich (und tatsächlich unabdingbar) als ›heilig‹ anerkenne: das Menschenleben. (Und wohl nicht nur das Leben des *Menschen.)*

Sollte meine Anerkennung dieses Tabus eine Inkonsequenz meinerseits sein? Ein Rest, von dem ich mich als Philosophierender eigentlich freimachen müßte? Schließlich hat das Nietzsche, mindestens doktrinär (denn keiner Fliege hätte er ein Bein ausgerissen), getan. Wenn er die vorausgeahnt hätte, die ihn fünfzig Jahre später in Polen ›ernstgenommen‹ haben!

Vielleicht war Nietzsche mit seiner Ablehnung aller Tabus konsequenter als ich. Meine Inkonsequenz nehme ich ruhig in Kauf, ich pfeife auf sie. Hier ist die Grenze meines ›Nihilismus‹ erreicht.

Keines dieser, in den Ohren der meisten leider ganz unschuldig klingenden, Wörter habe ich jemals ausgesprochen, geschweige denn niedergeschrieben – was mich nicht nur nicht daran gehindert hat, philosophische Texte herzustellen, sondern mich umgekehrt erst dazu instand gesetzt hat, meine Texte verstehbar zu machen. Und erstaunlicherweise sind mir diese Auslassungen niemals vorgeworfen worden und nicht nur das nicht. Sie sind auch keinem Leser je aufgefallen. Nun erst, da ich die Karten aufdecke, oder richtiger: da ich erkläre, mit welchen Karten ich *nicht* spiele; und da ich es ausdrücklich anderen nahelege, die gleiche Abstinenz zu üben wie ich – nun erst wird die Entrüstung losbrechen.

Denn solche Warnung gilt als Zeichen von Mißgunst, als ›Rechtseinschränkung der Persönlichkeit‹, sogar als *Sakrileg* gegen die heiligsten Güter. Es gibt wohl kaum eine Empörung, die volkstümlicher wäre und so leicht in Herrgottsakrawut überschnappte wie die Empörung über *Wortkritik*. Noch heute glost die Indignation über das Verbot, nationalsozialistische Vokabeln weiterzuverwenden.

Verboten waren zwar immer nur ausdrückliche Werbungen für nationalsozialistische Meinungen. Aber das lief, da Vokabeln eben bereits Krypto-Meinungen darstellen, indirekt auf Verbot der Vokabeln selbst heraus; und dieses Verbot macht, wie jede Ausgabe der »National- und Soldatenzeitung« beweist, auch heute noch ›böses Blut‹.

Um zu Aussagen oder Meinungen zu führen, bedürfen Vokabeln zumeist keiner Ergänzung durch Prädikate. Wörter wie die in meiner Proskriptionsliste aufgeführten, also wie ›echt‹ oder ›Wesen‹ oder ›tief‹ *sind* bereits Aussagen: sie prädizieren nämlich über diejenigen, die sich ihrer bedienen, daß sich Komplettierung zu syntaktisch vollständigen Sätzen erübrigt. Auch Flüche benötigen ja keine syntaktische Komplettierung. Ob Rezensent X ein Gedicht ›echt‹ oder ›unecht‹ nennt, ist egal: in beiden Fällen sagt er, da er die Alternative für gültig hält, dasselbe über sich selbst aus. Dasselbe Blamable. Viele komplette Sätze sind, da sie aus Wörtern bestehen, die selbst bereits bedeutungsträchtig sind, reine Pleonasmen.

Die Indignation über *Vokabelkritik* ist immer weit heftiger gewesen als die über *Kritik an Glaubenspositionen*. Und zwar deshalb, weil die Zahl derer, die sich mit bestimmten Glaubensartikeln individuell und ausdrücklich identifizieren, sehr gering ist, viel geringer, als man bei der sehr hohen Zahl derer, die sich Glaubensgemeinschaften zuzählen, vermuten sollte. Aber in Wahrheit ist den meisten dasjenige, woran sie zu glauben glauben (z. B. Spiritus Sanctus), fremd und unnachvollziehbar, um nicht zu sagen: total unbekannt – eine Tatsache, die ihnen selbst freilich, da sie sich nicht zu prüfen pflegen, unbekannt bleibt. Ungleich größer ist die Zahl derer, die sich mit religiösen *Bräuchen* identifizieren, das heißt: diese *mitmachen* – und dazu gehört freilich auch der Brauch, zu glauben und anderen und sich selbst zu beweisen, daß man glaube. Nimmt man Menschen ihre Bräuche, dann nimmt man ihnen – denn Bräuche konstituieren die Gemeinschaft – ihre *soziale Identität. Nicht gilt, daß man diese oder jene Bräuche mitmache, weil man diesem oder jenem Glauben mitanhänge* (oder mitanzuhängen glaubt); *sondern umgekehrt, daß man diesem oder jenem Glauben mitanhängt* (oder mitanzuhängen glaubt), *weil man diese oder jene Gruppenbräuche mitvollzieht;* und weil man (sofern man sich nicht radikal abnabeln kann, wie es der sitte-lose, und dadurch vorurteilslose, Philosoph tut) außerstande ist, Gruppenbräuche *nicht* mitzumachen.

Zu diesen Bräuchen gehört nun aber als Hauptbrauch, da täglich und stündlich benötigt und verwendet, die *Sprache* und jedes, diese Sprache mitaufbauende, Wort. In jedem darf man ein Ritualgerät sehen, durch dessen Verwendung der Sprechende sich als zu seiner Gruppe zugehörig ausweist und sich wohlfühlt; und auf Grund dessen er von seiner Gruppe als zugehörig erkannt und anerkannt wird – ein Gerät also, das er, wenn man es ihm (wie ich es tue) madig macht, mit Nägeln und Klauen verteidigt, um nicht sozial verunsichert zu werden, um also weiter mitreden zu dürfen und weiter mitzusein, also weiter zu *sein.*

Wie um Gottes willen sollte ein Festredner reagieren, den man dazu zu nötigen versuchte, auf die vorhin aufgezählten sinnlosen Feiertagswörter wie ›echt‹ und ›Sinn‹ oder ›Werte‹ oder ›Tiefe‹ zu verzichten, also Vokabelabstinenz zu üben? Der Mann wäre zu einer Sprache verurteilt, deren Nacktheit er sich schämen würde, oder zum totalen Verstummen, und das heißt: zum sozialen Nichtsein. Ein Häftling, dem es freistünde, so zu reden, nein, auch nur so zu monologisieren, wie ihm der Schnabel gewachsen (oder sein Leben lang zurechtgestutzt worden) war, der wäre weit weniger frustriert als unser Festredner. Da der Herdentrieb des Menschen erheblich stärker ist als der (höchst selten auftretende, nach Nietzsche sogar krankhafte) Wille zur Wahrheit, würde der Mann, wenn man ihm ›seine‹ Vokabeln verböte, in Wut ausbrechen, also in denjenigen Affekt, in den neunundneunzig Prozent der Normalverbraucher angesichts von Philosophen – Sokrates' Ankläger bleiben die Paradigmata – immer geraten sind, heute geraten und weiter geraten werden. Daß keiner von uns zeitgenössischen Philosophen, außer in Nazideutschland und Sowjetrußland, eines gewaltsamen Todes gestorben ist, das spricht nicht so sehr für die Freiheit der ›freien Welt‹, sondern beweist, daß wir unfrei gewesen sind, nämlich Selbstzensur geübt haben.

Eine Durchforstung des Wortschatzes einiger zeitgenössischer Denker wäre aufschlußreich. Von Jaspers' blutleerem Schwulst will ich schweigen: daß man der Sprache zu mißtrauen hat, hat er nie geahnt, Marxens Ideologiekritik hat er mit lehrerhaft erhobenem Zeigefinger gerügt. Aber – und das trifft einen natürlich weit schmerzlicher – auch Ernst Bloch hat, obwohl mit Marxens Kritik wahrhaftig vertraut, solche Tabu-Angst im Vollzug des eigenen Sprechens und Schreibens offenbar niemals gespürt. Arglos hat er sich im Dickicht, in den Dickichten, längst abgestorbenen Vokabulars herumgetrieben; beim Abpflücken und Weiterreichen von Vokabeln ist er nicht gerade heikel gewesen. Oder (um, ihm gleich, von einer Metaphern-Ebene in eine andere überzuwechseln): die abgegriffensten philosophischen Assignaten = die biologistischen Vokabeln des ersten Jahrhundertjahrzehnts, die expressionistischen der zwanziger Jahre, die theologisierenden der dreißiger Jahre, die stalinistischen Redewendungen, die zwischen 1930 und 1954 parteiobligatorisch waren – spätere Einflüsse oder Eindrücke lassen sich bei Bloch nicht mehr feststellen, er hat sich in der Tat um viele Jahrzehnte überlebt – wahllos hat er die Vokabeln und Vokabelsysteme, die in den Wechselstuben des Geistes schon längst nicht mehr als gültige Valuten gehandelt wurden, so verwandt, als wären sie noch gültige Goldstücke, und zwar alle, selbst einander widersprechende gleichzeitig ..., wodurch er sich, zwar nicht absichtlich, aber doch beinahe ausschließlich, die Gefolgschaft *der* Zeitgenossen verschafft hat, vor deren Applaus man sich als Philosoph zu hüten hat: nämlich die von unorthodoxen geschichtsphilosophischen Theologen, die er als *›progressiv‹* in Schutz nahm – eine Kategorie, die natürlich ebenfalls längst schon obsolet ist. Aber Bloch hat seine Obsoletheit, diese Theorienmischung und diese Theokrasie nicht nur nicht gespürt, in diesem Nichtspüren hat geradezu seine Attraktionskraft bestanden, und seine Theokrasie ist die Erklärung für seinen ungewöhnlich breiten Erfolg. Gleichviel, er hat, alle bisherigen Fortschrittsphilosophen in den Schatten stellend, die Welt, nein, sogar Gott als reifende ›works in progress‹ angesehen und als solche auch noch nach Auschwitz und Hiroshima zu preisen und zu lieben die schwer begreifbare Naivität gehabt.

Nach meiner kurzen Rede sprach mich der führende Gewerkschaftler G. an

G: »Sie sind ja notorisch dafür, lieber Doktor, daß Sie hinter Ihrer Maske eines extrem Linken ein recht konservatives, ja sogar unmodern maschinenstürmerisches Gesicht verbergen.«

A: »Ich habe mein konservatives Gesicht niemals maskiert. Im übrigen sind mir Ihre Verdächte um so amüsanter, als mich ein bei Ihnen beliebter Publizist jahrelang des Gegenteils verdächtigt hat: daß sich nämlich hinter meiner ›maschinenstürmerischen‹ Maske ein Stalinist verberge.«

G: »Nicht die Möglichkeit! Wer war denn das?«

A: »Sie werden staunen! Professor Torberg.«

G: »Der? Der Romancier? Der ist doch hochgeschätzt!«

A: »Von wem?«

G: »Von jedermann. Und weswegen hat er Sie – ich kann das immer noch nicht glauben – so, wie Sie es meinen: ›verdächtigt‹?«

A: »Das ist ganz einfach: Seit Jahren hatte ich die Herstellung und Lagerung atomarer Waffen bekämpft. Da ich das getan hatte, noch ehe die Sowjetrussen die Wasserstoffbombe besaßen, konnte ich das in seinen Augen nur zu deren Gunsten, nein: in deren Auftrag, nur von diesen bezahlt, getan haben, um gegen die USA, bei denen er liebkind war, zu hetzen. Der Gedanke, daß man die Massenvernichtungsmittel auch aus anderen Gründen bekämpfen könnte ...«

G: »Aus welchem zum Beispiel?«

A: »... der ist ihm offenbar ebenso fremd geblieben wie Ihnen. Im günstigsten Falle. Denn alles sprach dafür, daß er im

Interesse von jemandem gesprochen hatte: daß er sein Publikum daran hat hindern wollen, diesen Gedanken zu denken ...«

G: »Das ist eine Unterstellung. Wenn es ein Mundstück der bürgerlichen Freiheit gegeben hat, dann ...«

A: »Aber das hat doch damals jeder Blinde mit dem Stock gesehen.«

G: »Ich bin nicht blind!«

A: »Sie meinen: Sie sehen noch nicht einmal, daß Sie nichts sehen.«

G: »Soll das eine Beleidigung sein?«

A: »Wo denken Sie hin? Bloß eine objektive Feststellung.«

G: »Gottseidank. – Aber wer hatte nun recht? Er, als er Sie des Stalinismus' verdächtigte? Oder ich, als ich Sie ›konservativ‹ nannte?«

A: »Leider Sie. Ich bin tatsächlich ein Konservativer.«

Er strahlte: »Hatt' ich's doch gewußt!«

A: »Nichts hatten Sie gewußt: Denn wenn ich ein Konservativer bin, so allein deshalb, weil es heutzutage nicht genügt, ›die Welt zu verändern‹, vom Interpretieren zu schweigen. Weil wir sie zuallererst einmal bewahren müssen. In diesem Sinne bin ich, sind wir: die Gegner der Atomrüstung und der Kernreaktoren, *Konservative*. Also im Sinne von *Konservatoren*. Dagegen sind jene Produzenten, Förderer, Verwender und Befürworter dieser monströsen Geräte – und zu denen gehören ja auch Sie –, die sich für politisch konservativ oder liberal oder sozialdemokratisch halten, die wahren *terroristischen Revolutionäre von heute*.«

G: »Scherzen Sie nicht über so wichtige Angelegenheiten!«

A: »Ich bin der Allerletzte, der darüber scherzt!«

G: »Und warum sind wir ›terroristische Revolutionäre‹?«

A: »Deshalb, weil Sie – als Ungläubiger nehme ich diesen feierlichen Ausdruck nur sehr ungern in den Mund – *den Schöpfungsplan im Ganzen zu revolutionieren wünschen;* mindestens zu revolutionieren in Kauf nehmen. Im Unterschied zu den altertümlichen, heute hochgespielten Twens, die ›nur‹ – was auch schon entsetzlich ist – Einzelpersonen bedrohen oder gar umbringen, scheuen die heute allein ernst zu nehmenden Terroristen, zu denen auch Sie gehören, nicht vor der Gefährdung der Menschheit, nein: allen künftigen Lebens zurück.«

G: »Diesen Vergleich mit den Terroristen muß ich mir energisch...«

A: »Wenn sich die Terroristen den Vergleich mit Euereins verbitten würden, würde ich das verstehen.«

G: »Sie gehen wirklich zu weit!«

A: »Ich? Sie! Glücklich waren die Zeiten, in denen sich Revolutionäre auf den Versuch beschränkten, Gesellschaftssysteme zu zerstören. Neben den Erfindern der Wasserstoffbombe und den Politikern, die täglich als Vertreter der ›nuklearen Verteidigung‹ mit dieser drohen, sind die Robespierres und die Stalins Waisenknaben gewesen.«

G: (nach langem Schweigen) »So unrecht scheint ja dieser Torberg gar nicht gehabt zu haben.«

A: »Na endlich! Dieser Ausruf war längst schon fällig.«

G: »Und sind Sie nun wirklich ein Maschinenstürmer?«

A: »Aber natürlich bin ich einer.«

G: »Ich habe noch nie einen Linken, von den gebildeten Linken zu schweigen, getroffen, der sich dazu bekannt hätte... Im Ernst, wie meinen Sie das?«

A: »Das Wort war vor hundert Jahren, und mit Recht, ein Hohnwort gewesen. Heute darf es das nicht mehr sein. Die es noch heute als solches verwenden – und phantasie- und gewissenlose Fürsprecher der atomaren Bestückung der Kriegs- und Friedenswelt haben mir dieses Wort, um mich lächerlich zu machen, an den Kopf geworfen –, die heute noch dieses Hohnwort ihren Urgroßvätern nachplappern, die haben sich nicht auf dem laufenden gehalten, die beweisen, daß sie aufs lächerlichste, nein: *aufs entsetzlichste obsolet* sind.«

Er blickte mich höchst verblüfft an.

A: »Jawohl, auch von Ihnen spreche ich. Die Maschinenstürmer vor hundert Jahren hatten das, was die Maschinen schneller und besser leisteten, weiter zu Hause leisten wollen. Sie *waren also nicht gegen die Produkte als solche gewesen, sondern gegen die maschinelle Herstellung der Produkte.* Davon kann heute keine Rede mehr sein. *Wir verlangen nicht, Atombomben oder Reaktoren in Heimarbeit herzustellen.* Was wir verlangen, ist vielmehr die Nichtherstellung von Atombomben. Wer diesen Unterschied nicht auffassen kann, der ist beschränkt. Und zwar aufs gefährlichste!«

G: »Unverschämtheit!«

A: »Diese ist heute Pflicht!«

Er war fassungslos.

A: »Was aber die Hohnwörter ›Maschinenstürmer‹ und ›Konservativer‹ betrifft, so trage ich sie wie Orden. Was wir tun, das tun wir nicht, um die Gewissenlosen zu beschämen, sondern um das Schlimmste zu verhüten. Die Menschheit erhalten zu wollen, ist nicht nur keine Schande, umgekehrt *die* Pflicht. Neben der andere Ziele: etwa die, diese oder jene Parteienmehrheit zu erhalten oder dieser und jener Industrie auf kurze Zeit Auftrieb zu verschaffen oder die Arbeitslosigkeit zu vermeiden, einfach läppisch sind!«

Da sprach er: »Das werden Sie bereuen.« Und stand auf.

Mein Glück. (Nicht gesendeter Teil eines Rundfunkinterviews über mein Leben.)

»Darf ich Sie am Ende fragen – das gehört zu meiner ›Mission‹ –, ob Sie ein glückliches oder ein unglückliches Leben geführt haben?«

»Jetzt weiß ich, was eine ›Mission‹ ist. – Ein außerordentlich glückliches. Mindestens ein ganz ungewöhnlich begünstigtes.«

»Ach!« Nicht nur überrascht klang das, sondern auch etwas enttäuscht.

»Warum ›ach‹?«

»Weil Sie – ich habe sogar von Ihrem Anti-Atom-Buch gehört –«

»Wie belesen Sie sind!«

»... als extremer Schwarzseher gelten.«

»*Wo es schwarz ist, sehe ich schwarz.*«

»Also *doch* unglücklich!« Er schien bestätigt und ermutigt.

»Über mich selbst bin ich das kaum je gewesen. Und wenn mal doch – was jedem zustoßen kann –, dann geht das keinen Hörer etwas an.«

»Wenn ich Sie also fragen würde – auch das gehört zu meinem Auftrag ...«

»Mission«, verbesserte ich.

»... ob Sie gern jemand anderer sein würden oder wären?«

»Dann würde ich Ihnen sofort antworten, daß diese Frage töricht ist. Weil ein anderer sein zu wollen keinem von uns psychologisch freisteht. Sie können nicht wünschen, Richard Wagner zu sein oder gewesen zu sein. Nur *anders* kann man sein wollen. Aber das eben *als man selber.*«

Diese Unterscheidung verstand er nicht.

»Kurios übrigens, daß Sie Ihre Fragen gerade *mir* vorlegen. Denn *ich* bin es gewesen, der, vor genau fünfzig Jahren, den Schrecken darüber, daß man *ausgerechnet man selbst ist*, formuliert hat.«

»Ah! Wo denn?«

»In meiner ›Pathologie de la Liberté‹. ›Kontingenzschock‹ taufte ich diesen Schrecken.« (Die Wörter mußte ich für die Hörer vorbuchstabieren.)

»Und unter diesem Kontingenzschock leiden Sie heute nicht mehr?«

»Man gewöhnt sich.«

»Durch die lange Zeit, die man ›man selbst‹ ist?«

»Schau mal an! Und ›Gewöhnung‹ ist sogar ein zu schwaches Wort. Unterdessen bin ich für diese Kontingenz sogar dankbar.«

»Bitte?«

»Das heißt: *ich bin gerne ich.*«

Er sah aus, als hätte er da einen ganz kapitalen Fisch gefangen. »Die werden ja staunen!« rief er. Unter »die« verstand er vermutlich seine Kollegen im Rundfunk. Um diesen Zwischenruf kümmerte ich mich nicht weiter.

»Begünstigt bin ich vor allem deshalb, weil ich das ziemlich seltene Glück gehabt habe, denjenigen Beitrag, den zu leisten mir – nehmen Sie diesen religiös klingenden Ausdruck bitte nicht wörtlich! – *aufgetragen* worden war, beinahe vollständig zu leisten.«

»So zufrieden sind Sie immer gewesen?«

»Natürlich nicht. Während langer Jahrzehnte, namentlich während der Exilzeit, blieb die Hoffnung, überhaupt je etwas von dem, was ich stur weiterschrieb und was ich nicht nur für nützlich, sondern – reichlich größenwahnsinnig – für erforderlich hielt, zu veröffentlichen, ganz illusorisch. In dieser Zeit war ich gewiß nicht glücklich.«

»Und das ist nun vorbei?«

»Beinahe.«

»Warum nur beinahe?«

»Weil fünfundsiebzig Prozent unveröffentlicht geblieben ist. – Aber lassen wir das. Wenn ich von meiner Begünstigung spreche, ist es nämlich ungerecht, mich auf das Heute zu beschränken und die Zeit *vor* der Frustration in mein Fazit nicht miteinzubeziehen.«

»Womit Sie meinen?«

»Zum Beispiel, daß ich mit Menschen unglaubliches Glück gehabt habe. Obwohl ich zuweilen jahrelang verdüstert und dadurch asozial gelebt habe, ergab es sich doch, ich weiß nicht wie, daß ich von der frühesten Studienzeit an mit sehr vielen von denjenigen Männern und Frauen, namentlich denjenigen Philosophen und Künstlern – ich hasse die Ausdrücke ›bedeutend‹ oder gar ›genial‹ –, die die vorurteilsfreiesten, antizipatorischsten, leidenschaftlichsten Sprecher und Fühler der Epoche waren, in freundschaftlicher oder noch näherer Beziehung stand – was freilich oft nicht vorhielt, weil Starrköpfe einander zwar anziehen, aber auf die Dauer schwer zusammenhalten können. Gleichviel, manche von diesen waren damals noch blutjung, noch nicht einmal Geheimtips, sondern, was Ruhm betrifft, noch ganz unschuldig; sie kamen gar nicht auf den Gedanken, daß sie einmal zu den Berühmtheiten der Epoche zählen würden, während andere, wie Brecht, die Erreichung dieses Ziels von früh auf pausenlos geschäftstüchtig organisierten. Ich hatte – nachträglich kann ich diese Tatsache nur schwer erklären – das ungesuchte Glück, mit diesen außergewöhnlichen Menschen verbunden zu sein; das waren in den zwanziger und dreißiger Jahren freilich kaum mehr als fünfzig, aber diese ›rochen‹ einander und fanden, obwohl in den diversesten Ecken Mitteleuropas lebend, zueinander.«

»Namen?«

»Die Nennung von Namen würde wie Prahlerei klingen. Schließlich konnte ich ja nichts für den außerordentlichen Rang und die ungewöhnlichen Begabungen dieser Menschen. Was allein zählt, ist, daß ich durch den Umgang mit diesen Besten niemals in Versuchung habe geraten können, mich selbst mit mittelmäßigen Zielen oder Leistungen zufriedenzugeben und nicht die höchsten Maßstäbe an Gesinnung, Geschmack, Denkniveau oder Gefühlsintensität zu stellen – kurz: Jahre hindurch hatte ich das Glück, Trivialem kaum zu begegnen, geschweige denn, mich mit solchem zu verbünden. Mißverstehen Sie das nicht dahin, daß ich auch politisch hochnäsig oder gar elitär gewesen sei. Im Gegenteil: *die Sorge der Elite* – und das gilt auch heute noch – *galt ja nicht der Elite, sondern immer der Zukunft der verelendeten Mitmenschheit.*«

»Und wann, würden Sie sagen, begann der Chancenreichtum Ihres Lebens?«

»Ich würde sagen: *von Geburt an.* Natürlich damals nicht aus dem ebengenannten Grunde. Aber die Vergünstigungen, die mir seit der frühesten Kindheit in den Schoß gefallen sind, die sind so unverdient groß und so unverdienbar gehäuft und kontinuierlich gewesen, daß ich mich oft frage, ob ich sie auch wirklich ausgenutzt und mich ihrer würdig und dankbar erwiesen habe.«

»Dankbar wem gegenüber?«

Ich zuckte mit den Schultern. »Unsereinem.«

»Was meinen Sie mit ›unsereinem‹?«

»Die *Ungläubigen.* Darauf werde ich noch zu sprechen kommen. Jedenfalls ist ›unsereinem‹, wenn er Dankbarkeit verspürt, noch nicht einmal vergönnt zu wissen, *wem* er dankbar ist oder sein soll.«

»Welche Vergünstigungen meinen Sie?«

»Da wir schon bei Gott oder Nichtgott sind, muß ich da eigentlich mit etwas anfangen, was in Ihren Ohren abwegig klingen wird, was aber gewiß nicht hoch genug eingeschätzt werden kann.«

»Sie machen mich neugierig. Wovon sprechen Sie?«

»Von einer, wenn Sie wollen, *metaphysischen Tatsache.* Wiederum von einer Kontingenz. Aber diesmal von einer höchst willkommenen.«

Er wartete.

»Anfangen müßte ich nämlich eigentlich mit der Tatsache, daß ich nicht wie andere Wesen, denen nicht mein Glück in den Schoß gefallen ist, *als irgend etwas:* als ein anonymer Regenwurm oder als ein gleichfalls namenloser und unerinnerbarer Kaktus oder als irgendein schwarzes Loch innerhalb einer fremden Galaxie zur Welt gekommen bin. Sondern *als Mensch.*

Ein einziges Mal dazusein und *diesen einmaligen Aufenthalt als Mensch verbringen zu dürfen – wenn das nicht das große Los ist!*«

Er schien nachdenklich. »Das habe ich mir eigentlich niemals klar gemacht.«

»Was nicht nur Gedankenlosigkeit beweist, sondern Undankbarkeit. Sie sind nicht besser als die Mücken oder Frösche.«

»Bitte?«

»Vermutlich wundert sich keine Mücke und kein Frosch darüber, als Mücke oder als Frosch oder gerade als *diese* Mücke und *dieser* Frosch zur Welt gekommen zu sein. Es gibt nichts Tierischeres und nichts philosophisch Verwunderlicheres als diesen Mangel an Verwunderung.«

Darauf antwortete er nicht. Wer weiß schon, wie er reagieren soll, wenn er mit Mücken oder Fröschen verglichen wird?

»Und darüber hinaus«, fuhr ich fort, »bin ich ja nicht nur als Mensch zur Welt gekommen.«

»Sondern?«

»Sondern als einer, der durch das blutige und brandige Zeitalter, in das er hineingeboren worden ist, *heil durchgekommen* ist. Wenn *das* keine Vergünstigung ist! Als einer, der sich durch Zufall weder vor Verdun noch vor Stalingrad noch in Korea noch in Vietnam als sekündlicher Mörder und als sekündlich Ermordeter hat bewähren müssen. Als einer, dem die Auschwitzs und die Gulags erspart geblieben sind. Als einer, der das bißchen Misere, das auch er vorübergehend hat in Kauf nehmen müssen, nachträglich in Erfahrungen hat umfunktionieren und als Lehren hat verwerten können. Als einer, der nie dazu gezwungen war, Jahre als Heeres- oder Partei-, oder als Fabrik- oder Bürosklave zu vergeuden, und es niemals nötig gehabt hat, sich trivialisieren zu lassen wie seine TV- oder Bildzeitungs-Zeitgenossen oder zum Zwecke des schieren Überlebens auch nur einen Zipfel seiner Menschenwürde abzuschneiden – wenn das alles zusammen nicht Glück war – welches Leben würden Sie denn dann glücklich nennen?«

Ich hielt es für möglich, daß er fragen würde, ob dieser Mangel an Erniedrigung nicht vielleicht einen Mangel an Erfahrung darstelle. Aber diese heikle Frage kam nicht, und ich hatte keine Ursache, sie ihm unter die Nase zu reiben. Statt dessen murmelte er zögernd:

»So habe ich mir freilich die Lebensbilanz eines notorischen Schwarzsehers nicht vorgestellt.«

Dazu konnte ich nur mit den Schultern zucken.

»Und so begünstigt ist Ihr Leben von früh an gewesen?«

»Das habe ich ja bereits bejaht. Denn ich stamme aus einem Elternhaus, das gewiß das liebevollste, vernünftigste, glücklichste und chancenreichste gewesen ist, in dem ein Kind hatte aufwachsen können. Wenn aus mir, dem von früh an einfach alles geboten wurde, was zum Menschwerden beitragen konnte: Liebe, Spielfreiheit, Natur und Achtung vor allen Mitmenschen, allem Lebendigen und Mozartmusik, Rembrandtradierungen, selbst musizieren, selbst malen dürfen und alles fragen dürfen (sogar solche Tabufragen wie: ›Wer hat den lieben Gott gemacht?‹), der geduldige Antworten erwarten durfte (wenn auch nicht immer restlos zufriedenstellende) und der niemals ein zorniges oder gar wütendes Wort gehört hat und niemals geschlagen worden ist – also wenn aus einem Knaben nach solcher glücklichen und reichen Kindheit *irgend etwas* geworden ist, dann ist das gewiß *nicht sein* Verdienst. Und wenn nichts aus ihm geworden wäre, so wäre das nicht nur unbegreiflich, sondern die schwärzeste Undankbarkeit gewesen. Mehr über meine ungewöhnlichen und von mir heißgeliebten Eltern (die mir nun, da sie mein Alter nicht erreicht haben, wie junge Leute vorkommen) zu berichten, halte ich für überflüssig; nicht nur, weil ich schon zweimal über sie geschrieben habe (im Geleitwort zur 7. Auflage der ›Psychologie der frühen Kindheit‹ und im ›Bild meines Vaters‹, Vorwort zur 2. Auflage der ›Allgemeinen Psychologie‹), sondern weil sie über ihre Erziehungsprinzipien und damit indirekt auch über sich selbst, freilich ohne die mindeste Selbstgefälligkeit, ausführlich in der ›Psychologie der frühen Kindheit‹ berichtet haben.«

»Erstaunlich!«

»Das kann man wohl sagen. Und unverdient und beneidenswert. Wenn das möglich wäre: ich könnte mich selbst beneiden.«

Pause. – Dann, zögernd: »Wenn man Sie hört, würde man eigentlich einen – entschuldigen Sie diesen Ausdruck; ich weiß, wie tief Sie ihn verabscheuen – außerordentlich *positiven* und wohlmeinenden, sanften Menschen erwarten.«

»Aber?«

»Aber Sie gelten doch als zelotisch, als ein Verdüsterer, als ein Intoleranter, nein: sogar als einer, der Intoleranz geradezu gepredigt hat.«

»Gepredigt habe ich wohl niemals. Außer vielleicht in meinen Manifesten gegen die Atomrüstung. Und wenn ich Intoleranz bewiesen oder verlangt habe, so zumeist *Intoleranz gegen Intoleranz*. Was schließlich mein ›Zelotentum‹ betrifft, so ist dieser Ausdruck denkbar schief: denn Zelotismus erfordert Glauben und Enge – und beides ist mir gleichermaßen unnachvollziehbar. – ›Verdüstert‹: – ja, das gebe ich zu. Aber ich würde doch analog zu dem berühmten dictum Lessings: ›wer nicht zuweilen seinen Verstand verliert, der hat keinen, den er verlieren könnte‹ sagen: ›Wer nicht zuweilen oder gar endgültig seine Hoffnung verliert, der hat keine Hoffnung, die er hätte verlieren können.‹ Meine ›Verdüsterung‹, die mit dem Beginn des Nationalsozialismus einsetzte, etwa im Jahre 1927, nachdem ich Hitlers Buch gelesen hatte, und die in der Tat viele meiner menschlichen Beziehungen total vergiftet hat, auch die mit dem mir damals am allernächsten stehenden und allerwichtigsten Menschen. *Diese Verdüsterung* ist nicht nur keine Krankheit gewesen, sondern die angemessene, um nicht zu sagen: *die gesunde Reaktion auf das deutliche Näherkommen und dann das Eintreten des Nationalsozialismus.* Daß ich im Glück Geborener auf dieses Geschehen mit größerem Entsetzen reagiert habe als andere, das ist ja kein Wunder gewesen.«

»Und Sie waren damals durch die Verdüsterung gelähmt? Verstummt wie Karl Kraus?«

»Davon kann überhaupt keine Rede sein. In diesen Jahren vor und während der Emigration habe ich mich theoretisch, didaktisch und belletristisch ununterbrochen nur mit diesem einen Thema des Nationalsozialismus beschäftigt; zuerst mit dem, was eintreten *würde*, dann mit dem, was eingetreten *war*. Das Geschriebene bestand nicht nur aus einer Aufklärung der Fehler derer, die falsch prognostiziert hatten, sondern aus einer Schilderung des Apparates des Faschismus, namentlich aus einer Schilderung des *Lügenmechanismus*. Nicht grundlos hieß der Untertitel des Buches ›Lehrbuch der Lüge‹. Die Form des Wälzers – denn zu einem solchen wuchs sich das Manuskript aus – war aber nicht akademisch, sondern *swiftisch*. An dem Buch, das ich schon 1931 begonnen hatte, arbeitete ich noch im Jahr 1938 in Amerika. Also von ›Lähmung‹ keine Rede. Wohl aber von Verdüsterung. Denn ich – und nicht nur ich – schrieb ja ins Leere, noch nicht einmal für die Schublade, denn wer von uns Emigranten hätte schon über eine Schublade verfügt? Eine Veröffentlichung war natürlich unmöglich, und sie wäre auch sinnlos gewesen, da das Geschriebene ja für ›drüben‹ bestimmt war: für das Deutschland *nach* Hitler. Daß jahrelang in eine ohrenlose Welt hineinzuschreien die Stimmung nicht gerade hebt, also die Verdüsterung steigert, das liegt ja auf der Hand.«

Pause.

»Ich habe noch einige Fragen. Aber zuvor muß ich mich bei Ihnen entschuldigen, daß ich Sie an diese falsche Küste gelotst habe.«

»Warum falsch?«

»Weil wir ja eigentlich über Ihre Kindheit gesprochen hatten. Was ich Sie vor dieser Exkursion hatte fragen wollen, ist nicht ohne Zusammenhang mit Ihren Erinnerungen an die Zeit vor fünfzig Jahren. Hat nicht der Hitler-Schrecken schon in Ihrer *Kindheit* begonnen? Der Vorbote des Nationalsozialismus hat sich ja in Form von Antisemitismus schon Jahrzehnte vor 1933 gemeldet. Sie sind ja als jüdischer Knabe ...«

»Sagen Sie ruhig ›als Judenjunge‹!«

»... aufgewachsen. Haben Sie darunter nicht zu leiden gehabt? Oder gehört auch das noch in das Kapitel ›Begünstigungen‹?«

»Beides. Ich bin in der Tat – das war schon 1917 – als Jude nicht nur gehänselt, sondern mißhandelt worden. Aber trotzdem und trotz der unsäglichen und selbst heute, nach vierzig Jahren, noch unglaubbaren Dinge, die danach geschehen sind – trotzdem halte ich *die Tatsache, daß ich als Jude geboren worden bin, für eine der größten Begünstigungen meines Lebens.*«

Er blickte mich entgeistert an. »*Sie* glauben an die *Auserwähltheit* Ihres Volkes? *Sie?*«

Ich schüttelte heftig meinen Kopf. »Wie es zu dieser Wahnidee hat kommen können, das habe ich anderswo zu erklären versucht (in dem Sammelband *Mein Judentum*, Stuttgart 1978, S. 70). Was ich meine, würde im Gegenteil jeden orthodoxen

Juden in Rage versetzen. Würde: denn als Ketzer werde ich von diesen nicht zur Kenntnis genommen.«

»Und was meinen Sie?«

»Daß ich es als eine unüberbietbare *große Chance und Begünstigung* betrachte, *als Sohn von ganz und gar ungläubigen und traditionslosen Juden großgeworden zu sein.«*

»Ihre Eltern waren bereits Atheisten?«

»Ungläubige. Aber weder dieses Wort, noch das ›Atheismus‹ ist jemals über ihre Lippen gekommen. Auch über die meines Vaters nicht, obwohl der ja Naturwissenschaften studiert und Nietzsche gelesen hatte. Aber er hielt sich lieber an das pseudoreligiöse Pathos des Zarathustra als an die Spätschriften Nietzsches. Die Zivilcourage, das Wort zu verwenden, hat er begreiflicherweise, vielleicht sogar verzeihlicherweise ...«

»Dieses letzte Wort glaube ich Ihnen nicht.«

»Weiß ich, wie *ich*, wenn ich zu *seiner* Generation gehört hätte, geworden wäre? Gleichviel; den Mut, diese Wörter zu verwenden, hat er jedenfalls nicht aufgebracht. Das wäre auffällig gewesen und zu riskant in seiner schwer errungenen Professur. Also ›anstößig‹. Wohl auch in seinen eigenen Augen.«

»Und trotzdem behaupten Sie, dieses Milieu sei für Sie eine Chance gewesen?«

»Ja. Sie haben eine Zwischenposition zwischen Religiosität und Irreligiosität bezogen, die mir dann den *Absprung ins Nichts erleichtert* hat. ›Monisten‹ waren sie eher als Atheisten. So nannten sie z. B., um nicht als Materialisten zu gelten, den Wald ihr ›Gotteshaus‹ – eine Redensart, deren Abgeschmacktheit heute nicht mehr erträglich ist. Gleichviel; was zählt, war, daß dieses Religionssurrogat mich nicht, wie das jede positive Religion mit ihren Dogmen und Riten getan hätte, festgelegt hat; daß ich *die Freiheit* genoß – ein Vorsprung, der von keinem aus einer bestimmten positiven Religion oder einem festgelegten Sitte-System Herkommenden eingeholt werden konnte: nicht zu wissen und nicht zu verstehen, was mit dem wunderlichen Wort ›Glauben‹ gemeint sein könnte.

(Daß ich das stets, bis heute vergebens, aus Interesse an meinen Mitmenschen zu verstehen *versucht* habe, steht auf einem anderen Blatte.) *Die Tatsache der totalen Vorurteilsfreiheit unterstreiche ich aber deshalb so stark, weil sie die größte*

Chance des Philosophwerdens darstellt. Und vor allem aus diesem Grunde habe ich von ›*Begünstigung*‹ gesprochen.«

»Sie leugnen im Ernst, bis heute zu wissen, was mit dem Wort ›Glauben‹ gemeint ist?«

»Ja. Das leugne ich. Obwohl ich seit Jahrzehnten immer wieder die großen religiösen Dokumente und viel Theologie und Religionsphilosophie gelesen habe. Vermutlich viel mehr als Sie. Jeder Atheismus muß sich mehr mit Gott abgeben als der Theismus.«

»Ist das Ihr Ernst?«

»Es ist nicht mein Wort.« (Heidegger in seinem Nietzschebuch, Band II, S. 78)

»Und Sie wissen trotzdem nicht, was Glauben ist?«

»Als wenn *Sie* das wüßten. Nur glauben Sie, daß Sie es wissen. Weil Sie Angst davor haben, an Ihre Unwissenheit zu glauben.«

Er verstand nichts. »Solchen Unglauben habe ich höchstens bei sturen Naturwissenschaftlern gefunden. Und wohl nicht einmal derart radikal.«

»Weil auch *die* Angst vor der eigenen Courage haben. – *Im übrigen gehört es zur Unbildung der Gläubigen zu glauben, daß Unglaube mit Glaube an die Fähigkeit der Naturwissenschaft, die sogenannten ›letzten Fragen‹ zu beantworten, irgend etwas zu tun habe.* Oder mit sogenanntem ›Materialismus‹. Es gibt niemanden, der ein blutigerer Laie in den Naturwissenschaften wäre, als ich es bin. Und die Worte ›Materialismus‹ oder ›Materie‹ habe ich in den sechzig Jahren meines philosophischen Nachdenkens wohl niemals in den Mund genommen. Mein Unglaube, der ja nicht nur ein Unglaube an Gott, sondern an den Glauben ist, stammt also nicht aus einer Begegnung mit den Naturwissenschaften. Eine solche hat niemals stattgefunden. Und glauben Sie vielleicht, daß die zwei Denker, die am unverblümtesten Atheisten gewesen sind ...«

»Marx?«

»Nein, Nietzsche und Sartre – glauben Sie vielleicht, die hätten eine nähere Beziehung zu den Naturwissenschaften gehabt? Und seien daraufhin Atheisten geworden? Nietzsche war Altphilologe, und Sartre ging von Husserl aus.«

»Ja, wenn nicht aus Glaube an die Naturwissenschaften, warum dann der Furor Ihres Nichtglaubens?«

»Furor? Ich habe Besseres zu tun, als die Verteidigung des Nicht zu meinem full-time-job zu machen. Die Beweislast liegt nicht bei unsereinem, sondern bei denen, die glauben.«

(Pause.)

»Ist das alles nicht«, fragte er schließlich – und zwar flüsternd, denn er fürchtete, mich zu beleidigen – *»reiner Nihilismus?«*

»Gewiß!« bestätigte ich fröhlich. »Warum die Flüsterei? Was haben Sie dagegen? Warum haben Sie Angst vor dem Wort? Ich habe nie gehört (aber ich weiß ja nicht Bescheid über Ihr Leben), daß Sie jemals protestiert hätten gegen etwas, das viel schlimmer ist als Nihilismus.«

»Gegen was meinen Sie?«

»Gegen den *Annihilismus*. Nämlich gegen diejenigen Aktivitäten, die nicht nur verneinen, sondern die *Vernichtung* vorbereiten oder in Kauf nehmen.«

»Mein Gebiet ist nicht Politik!« antwortete er. Die Worte klangen gequält.

»Schämen Sie sich nicht, die erbärmlichste Antwort der Kernphysiker nachzuplappern?«

Darauf antwortete er nicht.

»Gleichviel. Was meine Position betrifft, so ist sie jedenfalls und selbstverständlich nihilistisch. – In einem speziellen, vielleicht neuen Sinne nihilistisch.«

»Inwiefern neu?«

»Weil es sich – und damit kommen wir wieder auf meine Kindheit und Jugend und auf deren Chancen zurück – weil es sich in meinem Falle nicht darum handelt, daß ich etwas, was ich zuvor geglaubt hätte, hätte verneinen oder über Bord werfen müssen. Wenn das keine Chance ist!«

(Pause.)

»Und wie haben Sie als Knabe zu den drei positiven Religionen gestanden, denen zu begegnen Sie doch auf der Schule nicht haben vermeiden können?«

»Erschrecken Sie nicht! Denn auch die Antwort auf diese Frage muß in Ihren Ohren ketzerisch klingen.«

»Warum?«

»Weil mir diese positiven Religionen, die überdies durch die Religionslehrer sehr kümmerlich vertreten waren, unbegreifliche, exotische und absurde Zumutungen zu sein schienen, versteinerte Systeme von unbewiesenen und unbeweisbaren Vorurteilen, Verboten, Drohungen und Versprechungen, die widerspruchslos zu akzeptieren in meinen Augen einen beschämenden *Mangel an Menschenwürde* bewies. Kein Kunde in keinem Geschäft, so fand ich, würde sich etwas so ungeprüft aufschwatzen lassen, wie sich meine Kameraden, nein: überhaupt alle, die einem Glauben deshalb anhingen, weil sie in diesen zufälligerweise hineingeboren waren, ihre Religion aufschwatzen ließen.«

Er biß sich auf die Lippen. »Das formulieren Sie so, als meinten Sie das heute noch so.«

»Damals war ich vielleicht zwölf oder dreizehn. Unterdessen habe ich gelernt, daß, was neunundneunzig Prozent übernehmen, gar nicht, mindestens nicht primär, ein Glauben ist, sondern ein Sittensystem, das nicht mitzumachen, sie unfähig sind. Sie halten nicht diese oder jene Sitten ein, weil sie dieses oder jenes glaubten; umgekehrt glauben sie (oder glauben zu glauben) deshalb, weil sie dem unentrinnbaren Sittensystem, dessen Überbau der Glaube ist, zugehören. Aber als Dreizehnjähriger besaß ich diese Einsicht natürlich noch nicht. In einer Hinsicht bin ich freilich doch der Alte, oder richtiger: der Junge geblieben.«

»Nun?«

»Nun werden Sie nicht schockiert sein, sondern perplex.«

»Warum?«

»Weil meine Allergie gegen positive Religionen auch darin gründete, daß sie mir *sakrilegisch* vorkamen.«

»Sakrilegisch? Ihnen?«

Ich nickte amüsiert. »Was, da staunen Sie! – Nun, dieser theologische Terminus war mir als Dreizehnjährigem natürlich noch unbekannt. Aber was mich empörte und was mir eben eine Art von Entheiligung der Welt, deren Rätselhaftigkeit mich nicht losließ, zu sein schien, war die Tatsache, daß die positiven Religionen es sich herausnahmen, vorgekochte Antworten auf Fragen zu erteilen, die wir eigentlich zu stellen gar nicht fähig waren, vielleicht zu stellen gar kein Recht hatten; jedenfalls, die keiner meiner Mitschüler zu stellen das Interesse oder den Ernst oder die Lust gehabt hatte oder hätte. Höchstens ich. Was mich aufregte oder sogar empörte, war die Umkehrung der Reihenfolge von Frage und Antwort. Die Antwortlieferung ohne vorausgegangene Fragen schien mir eine Zumutung. Und die Annahme des Gelieferten demütigend.«

»Das alles«, fand er staunend, »ist für einen Knaben dieses Alters...«

Ich schüttelte meinen Kopf. »Zur Bewunderung liegt gar keine Ursache vor. Vielmehr verdankte ich das alles – und damit kehre ich zum Anfang unserer Unterhaltung zurück – meiner ›Begünstigung‹. Von persönlichem Verdienst kann überhaupt keine Rede sein. Ebensowenig hatte das, und hat es noch heute, irgend etwas mit einem speziellen ›philosophischen Talent‹ zu tun – wenn es so etwas überhaupt gibt. Sondern eben mit der Vernunft meines Vaters, der mich, obwohl selbst in vielen Hinsichten philiströs befangen, in kein religiöses oder ›weltanschauliches‹ Korsett hineinzwang. Und der kulturgeschichtlichen Situation, in der ich *leer* bleiben konnte.«

»Leer?«

»Ja, eben leer von religiösen oder anderen Vorurteilen. Natürlich ist das Wort irreführend. Denn andererseits war ja mein Knabenleben gefüllt (heute nennt man das programmatisch ›kulturellen Pluralismus‹), ja geradezu vollgestopft mit allem, was mich, und nicht nur künstlerisch, hatte ›bilden‹ können. Auch mit Inhalten, die einander widersprachen. Aber entscheidend für mein Leben war eben nicht nur die Fülle, an der ich mir den seelischen Magen nicht verdorben habe, sondern diese *›Leere‹*. Und, um mit einem Goethewort zu schließen: Ihr verdanke ich, was ich bin.«

Bad Ischl. Sechs Uhr abends.
Allein im Park

Sehr zufrieden. Habe wohl das, was ich zu sagen habe, was vielleicht nur ich habe sagen können, im großen Ganzen gesagt. Könnte mich nun im hohen Alter nach vielen Stürmen beinahe glücklich nennen und abtreten, wenn nicht, ja wenn nicht die Weltsituation weiter so desperat wäre.

Morgenübel

Es ist wohl so weit. Soll also, was Millionen von Wesen zugestoßen ist und momentan zustößt, auch mir zustoßen. Bitte schön.

Bin weder ängstlich noch, wie Bloch kokett meinte, »neugierig«. Es wird nichts als nichts sein. –

Dazusein ist quite an adventure gewesen. Und Welt und Leben sind schon erstaunliche Erfindungen, unvorhersehbare, unverdiente. Wenn der Erfinder wohl auch ein génie malice gewesen ist. Gleichviel: gelohnt *hat* es sich.

Die Stimmung des nahenden Endes ist keine wie andere; sie ist nicht gegenstandslos wie Melancholie. Die Evidenz des: *›Dies ist es‹* gehört dazu.

Foppte ihn wieder

Wieder stand er ohne Klopfen im Zimmer. Einen Moment lang wurde es mir schwarz vor den Augen. Dann sah ich, wie er mich am Schreibtisch entdeckte, sich die Augen rieb, ungläubig auf das nicht berührte Bett blickte, seinen Kopf schüttelte. »Entschuldigen Sie bitte«, sprach er schließlich, »ich muß mich schon wieder in der Türnummer geirrt haben.« Und ging.

Wie oft werde ich ihn wohl so noch foppen können?

Gespräch
mit
Günther Anders

»Wenn ich verzweifelt bin, was geht's mich an?«

Günther Anders im Gespräch
mit Mathias Greffrath, 1979

Sie haben Deutschland schon im März 1933 verlassen. Die Bürokraten haben sich später die makabre Unterscheidung in rassisch oder politisch Verfolgte einfallen lassen ...

Diese Unterscheidung ist zwar gang und gäbe, aber ich verwende sie nur ungern. Zwar hat es natürlich Hunderttausende von jüdischen Flüchtlingen gegeben, die sich vorher niemals für Politik interessiert, geschweige denn politisch betätigt hatten. Aber die Politik hatte sich eben für sie interessiert. Und insofern sind auch sie, wenn auch nur modo passivo – aber was heißt hier: ›nur‹? – politische Flüchtlinge gewesen. Jeder Jude, der Deutschland verließ, hat das also aus politischen Gründen getan.

Es war ein politisches Prinzip der nationalsozialistischen Führer, jede Spur von Klassenbewußtsein zu vertilgen. Das taten sie, und zwar entsetzlich erfolgreich, dadurch, daß sie den Millionen von Elenden, den Opfern des ›Systems‹, den arbeitslosen Proletariern und den proletarisierten Kleinbürgern, eine Menschengruppe schenkten, der sie sich – ich meine die Proletarier – als überlegen empfinden durften, nein sollten; die sie, um ihren aufgespeicherten Haß abzuladen, verabscheuen durften, nein sollten; die sie ihrerseits als Opfer behandeln durften, nein sollten. In der Sprache der Politik bedeutet ›dürfen‹ stets ›sollen‹ oder ›müssen‹. In meinem Buch *Die molussische Katakombe* lautet das Prinzip der Diktatur: »Wünschst du einen treuen Sklaven, schenk ihm einen Untersklaven!« Mehr als das: Da man den Elenden das den Juden versagte Etikett ›Arier‹ zugestand, machte man sie ja geradezu zu Adligen. Und da sie als angebliche Mitglieder der ›Herrenrasse‹ Herren zu sein schienen, vergaßen sie, daß sie weiter Knechte waren. Um ihnen das Adelsgefühl zu verschaffen, benötigte man also eine Folie, Untermenschen, also uns. Hitler hätte uns erfunden, wenn es uns nicht gegeben hätte. So war sein Antisemitismus nicht ein Attribut des Nationalsozialismus unter anderen, sondern *das* Mittel, um den Kampf gegen

Klassenbewußtsein und Klassenkampf zu gewinnen. Und vor dieser Verwendung, die schließlich in der Liquidierung kulminierte, hatten wir Juden zu fliehen. Und darum waren wir alle politische Flüchtlinge.

Aber wie war das vorher gewesen? Wenn man Ihr Erinnerungsbuch Die Schrift an der Wand *liest, hat man den Eindruck, daß Sie, um es überspitzt auszudrücken, erst durch Auschwitz Ihre jüdische Identität erworben haben. Ihre Eltern sind ja offenbar, namentlich 1914, naiv patriotische Deutsche gewesen. Sie stammen also aus einer Schicht, die zu Beginn des Jahrhunderts in keiner Distanz von den nichtjüdischen Mitbürgern zu leben vermeinte?*

Ja, das glaubten meine Eltern. Ob zu Recht, ob ihr Glaube auf Gegenseitigkeit beruhte, ist eine andere Frage. Aber daß sie das glaubten, ist sehr begreiflich. Denn schon mein Urgroßvater hat umfangreiche Bücher über deutsche Geschichte geschrieben.

Und Sie übernahmen diesen Glauben?

Etwa bis zum 15. Lebensjahre. Damals hatte ich einen Freund, einen hochbegabten ukrainischen Juden, der in russischer, deutscher, englischer und jüdischer Literatur gleich beschlagen war, und mich bei meinen ersten Schreibversuchen beriet. Ebenso hörte ich von ihm zum erstenmal etwas vom Zionismus: seine Familie hatte bereits – sein Vater war Hydrologe – in Palästina gelebt. Durch ihn lernte ich, der ich ausschließlich mit deutschem Kulturgut ernährt worden war, Flaubert, Hamsun, Tolstoi kennen; durch ihn also wurde ich zum guten Europäer. – Mein Vater, der besorgt war, er könnte mit Ostjuden in Verbindung gebracht werden, war nicht nur unglücklich über diese meine Freundschaft mit diesem jungen Manne (ohne den ich niemals Schriftsteller geworden wäre), er war darüber indigniert. Und es kam zu Szenen, sogar zu einer langen Entfremdung zwischen ihm und mir. So geschah das Paradoxe, daß meine persönliche Emanzipation vom Vater und meine Solidarisierung mit dem Ursprung: mit dem Judentum, zusammenfielen.

Aber Ihr Vater hat sich nicht taufen lassen?

Diese Frage ist sehr berechtigt. Das ist nicht nur für Sie, den Nichtjuden, schwer verständlich, sondern auch für mich. Denn er ist, trotz seiner Distanzierung vom Ostjudentum, niemals auf den Gedanken gekommen, niemals in die Versuchung geraten, sein Judentum – worin immer das bestanden haben mag – aufzugeben. Das wäre ihm als ein unwürdiger Preis für mögliche Ehrenstellen vorgekommen. In der Tat hat er das Angebot, das Ordinariat für Psychologie an der Universität Berlin zu bekommen, sofern er ›eine kleine Formalität‹ erledigte, schroff abgelehnt. Und das hat er mir oft nicht traurig, sondern stolz erzählt. Sie sehen: die Rechnungen gehen nicht auf. Ein Minimum hielt er aufrecht. Aber eben nur ein Minimum. Sich Einsichten in die Situation zu verschaffen, das durfte er sich nicht leisten, das durfte er nicht wagen. Sein Weltbild (das dann 1933 zusammenbrach) konnte er nicht aufs Spiel setzen. Das Kommen des Nationalsozialismus hat er nicht nur nicht geahnt, sondern positiv verdrängt.

Und Sie?

Daß ich nicht so blind war wie er, ist nicht mein Verdienst. Ich hatte keine Position aufs Spiel zu setzen. Riskierte nichts durch Erkenntnis. Vorurteilsfreiheit hängt weitgehend davon ab, ob man durch Einsicht sich und andere gefährdet oder nicht. Es ist kein Zufall, daß so viele ungewöhnliche Gedanken riskierende Denker familienlos geblieben sind. Ich war ein junger Intellektueller, der für niemanden Verantwortung trug und sich deshalb Kühnheit erlauben konnte. Aber auch die war nicht so groß. Jedenfalls kam die erst später, erst nach der Universitätszeit. Während dieser Zeit war trotz der Erlebnisse, die ich schon als Schüler im Ersten Weltkrieg gehabt hatte, die politische Wirklichkeit in den Hintergrund getreten. Zwar betrachtete ich den Mann, der schon damals offen und öffentlich für Menschenentwürdigung und -ausschaltung eintrat, nicht einfach als einen brüllenden Clown. Aber ich, oder unsereins – ich meine die geistig und moralisch lebendige akademische Jugend meiner Generation –, wir haben doch an dieser Figur und dieser Bewegung beinahe vorbeistudiert; und nicht erkannt, daß nichts, keine Heideggersche ›Geworfenheit‹ und keine Renaissance der mittelalterlichen Musik (dies waren die Sensationen der Uni Freiburg) so wichtig waren, wie es die Entmachtung des Mannes Hitler und seiner Bewegung gewesen wäre. Diese Blindheit ist mir heute, nach 55 Jahren, und mit Auschwitz, das ich nicht auslöschen kann oder will oder darf, vor Augen – doch unbegreiflich. Um nicht zu sagen: beschämend.

Sie haben Philosophie bei Husserl und Heidegger studiert. Es gab für die linke Intelligenz in der zweiten Hälfte der zwanziger Jahre merkwürdigerweise, wenn ich das richtig sehe, zwei theoretische Zentren an den Universitäten in Deutschland. Das eine war und wurde immer mehr Frankfurt, nicht nur mit dem Institut für Sozialwissenschaft, sondern mit Mannheim, mit Tillich; und das andere war Freiburg mit Husserl und Heidegger...

Aber die hatten wenig miteinander zu tun. Heidegger verachtete Mannheim und vice versa.

Ja, ich will das erläutern. Das Merkwürdige ist ja, daß sowohl Marcuse als auch Sie doch über eine geraume Zeit von Heidegger oder der Heideggerschen Ontologie beeinflußt waren, auch wenn Sie Heidegger später sehr scharf kritisiert haben. Worin bestand in dieser sozialen Situation der Mitte der ersten deutschen Republik die Anziehungskraft, die von der Heideggerschen Ontologie ausging? Ist es falsch, wenn man sagt, da war doch irgendeine Art – wenn man den Gehalt der Philosophie ins Soziale übersetzt – von Antikapitalismus?

Was mich – und vermutlich gilt das von Marcuse ebenfalls – fasziniert hat, und was von Heidegger ganz gewiß bleiben wird, ist der Durchbruch, nicht nur zur Metaphysik, sondern zur Ontologie, die ihm nach mehr als zweitausend Jahren wieder gelungen zu sein scheint. In der Tat – Sie haben da ganz recht – stand auch ich drei, vier Jahre unter seinem dämonischen ›spell‹, selbst meine in den fünfziger Jahren verfaßte *Kosmologische Humoreske* kann Heideggers Einfluß nicht verhehlen, wenn ich auch Heideggers unerträglich tierischen Ernst in eine ›Fröhliche Wissenschaft‹ verwandelt habe. Daß aber Heidegger eine Art von ›Antikapitalismus‹ vertreten habe, der Marcuse oder mich hätte anziehen können, davon kann gar keine Rede sein. Seine

›Zeugwelt‹ ist eine des dörflichen Handwerkers, eine Werkstattwelt. Scheler nannte seine Philosophie zu Recht eine ›Schuster-Ontologie‹. Fabriken gibt es in *Sein und Zeit* noch nicht, die Analysen sind nicht nur un- oder anti-, sondern vormarxistisch, nein sogar vorkapitalistisch. Sofern er in den frühen zwanziger Jahren irgendwelche politische Neigungen gehabt hat, so waren diese, abgesehen von seinem Sympathisieren mit seiner Frontgeneration – noch während der Ruhrbesetzung nannte er Gewehre nostalgisch »Knarren« –, eigentlich nur Abneigungen, so gegen die Großstadt und gegen die Demokratie, die er mit der ›doxa‹ identifizierte. Im Reichstag eine »Quatschbude« zu sehen, war ihm nicht weniger natürlich als Hitler. Aber neben diesem wirkte er ganz unmodern; und daß er auf Hitler hereinfallen konnte wie alle Kleinbürger, beweist, daß er auch einer war. – Noch einmal: von einer Affinität zu sozialistischem Gedankengut oder auch nur sozialen Gefühlen konnte bei ihm gar nicht die Rede sein – und in der Beziehung hat er also Marcuse so wenig wie mich beeinflußt.

Sie sprechen von ›spell‹, von der Faszination des Heideggerschen Denkens. War das nicht das Versprechen größerer Konkretheit des Philosophierens?

Wirklich? Wo er Menschen noch nicht einmal Menschen genannt hat, sondern in einen ontologischen Singular: das ›Dasein‹ verwandelt hat? Aber wie unkonkret er tatsächlich war, das habe ich erst zwanzig Jahre später in meinem Aufsatz ›*On the Pseudo-Concreteness of Heidegger's Philosophy*‹* darstellen können. – Übrigens wenn Sie mein Verhältnis zu Heidegger interessiert, ich erinnere mich da an eine etwas ungestüm verlaufene Unterhaltung mit ihm im Jahre 1926 oder 1927. Indirekt ging es dabei schon um Politisches. Wir schienen zwar vom Reisen zu sprechen, in Wahrheit aber sprachen wir über Nationalismus. Ich befand mich auf der Fahrt von Hamburg nach Freiburg, wo ich meinen alten Lehrer Husserl noch einmal sehen wollte. In Marburg unterbrach ich die Fahrt und übernachtete bei Heidegger. Wie es zu dieser Übernachtung kam, könnte ich nicht mehr erklären, denn er behandelte mich stets sehr verächtlich. Gleich-

* In: *Philosophy and Phenomenological Research*, Vol. III, Nr. 3, S. 337 ff.

viel, es ging um folgendes: Ich warf ihm vor, daß er eigentlich nur die Zeit, aber nicht den Raum als ›Existenzial‹ behandelt habe. Zwar komme der ›Umraum‹ bei ihm vor. Aber nicht zufällig heißt ja auch sein opus magnum nicht ›Sein und Raum‹. Ich litt nun damals sehr unter Wandertrieb, darunter, daß ich immer nur gerade hier und nicht dort war, und in der Tat bin ich damals viel herumgewandert, bin als angeblicher Schiffsarzt nach England gefahren, durch Südfrankreich gewandert – kurz: ich machte ihm den Vorwurf, daß er den Menschen als Nomaden, als Reisenden, als Internationalen ausgelassen, daß er die menschliche Existenz eigentlich als pflanzlich dargestellt habe, als die Existenz eines Wesens, das eingewurzelt sei an einer Stelle und diese Stelle nicht verlasse. Was ja biographisch auch wirklich auf ihn zutrifft, denn er hat mit einer Zähigkeit an der Gegend seiner Geburt gehangen, die mir bei anderen Zeitgenossen unseres Flug-Zeitalters niemals begegnet ist. Als seine Marburger Zeit vorüber war und er wieder in seinen Schwarzwald zurückkehren durfte, da war er erlöst: erlöst aus dem Wegsein, aus dem Nicht-Gefängnis. Ich machte ihm also damals den Vorwurf, daß er dem Menschen noch nicht einmal die Beweglichkeit des Tieres zugestehe, diese jedenfalls nicht als Existenzial behandle, nein, daß er ihn eigentlich als ein Wurzelwesen, also als eine Pflanze betrachte, und daß eine solche Wurzel-Anthropologie die ominösesten politischen Folgen nach sich ziehen könne. Tatsächlich ist ja Heidegger früh anfällig gewesen für politisch reaktionäre Tendenzen.

Da wir bei Heidegger sind: Ich war übrigens dabei, als er seine berühmte Hütte in Todtnauberg einweihte. Damals hatte er seine Schüler eingeladen. Unter den Vergnügungen, die wir uns in dieser Nacht erlaubten (oder die er uns erlaubte) war auch ein sonderbarer Wettkampf: wer am längsten auf dem Kopf stehen könnte. Ich war nun ein vorzüglicher Kopfsteher, ich konnte das ohne Schwierigkeiten fünf Minuten lang, was Heidegger sprachlos machte. Nein, er schien geradezu gekränkt darüber, denn das widersprach dem negativen Bilde, das er sich von mir machte, dem Bilde des Asphaltliteraten. Daß ein solcher auf dem Kopf stehen konnte, und sogar länger als seine großen blonden Lieblingsschüler, das störte bereits seine vom Blubo nicht sehr weit entfernte Mentalität. – Am Morgen nach dieser Nacht sind wir dann alle ausgelassen nach Freiburg hinunter gewandert, nein: gerannt; und ich rannte – das werde ich nie vergessen, denn das bewies die unvorstellbare Instinktlosigkeit der Nationalsozialisten – Hand in Hand mit Frau Heidegger, die damals wie ein jugendbewegtes Mädchen aussah und das wohl auch war. Da sie keine Ahnung hatte, wie Juden aussehen (und ich sah wahrhaftig nicht unjüdisch aus) begann sie, während wir so bergab liefen, vom Nationalsozialismus zu sprechen, und ob ich mich dieser Bewegung nicht auch anschließen wolle. »Schauen Sie mich an!« erwiderte ich, »dann werden Sie erkennen, daß ich zu denen gehöre, die Sie auszuschließen wünschen.« Ich sagte nur »auszuschließen«, denn von »erniedrigen« geschweige denn »liquidieren« konnte natürlich noch keine Rede sein.

Heißt das, daß Heidegger zu der Zeit Parteimitglied war?

Nein, gewiß nicht. Er war, ehe der Nationalsozialismus siegte, viel zu selbstbewußt, um irgendwo dazuzugehören. Und nach seinem Sündenfall ist er ja auch sehr bald wieder abgesprungen. – Ausgegangen ist alles ohne Frage von seiner Frau, die eben aus der Weltanschauung der bündischen Jugend in die des Trommlers hineingerutscht war. Aber daß die vorübergehende Identifizierung mit der Partei nicht von ihm ausgegangen ist, das kann ihn nicht im mindesten absolvieren. Denn viele, die nur ein Tausendstel seiner einzigartigen Denkkraft besaßen und nicht, wie er, die Maßstäbe Platon und Aristoteles kannten, haben ja den blutigen Schwulst und das Vulgäre des angeblich Sakralen sofort durchschaut und verabscheut. Ich liebe es nicht sehr, Jaspers zu loben, aber in der Beziehung hat er nicht wie Heidegger versagt.

Welche Rolle hat denn in diesen Jahren Hegel, der Hegelianismus für Sie gespielt? War es eine große Rolle?

Nein, der junge Marx fing an – aber das war schon nach meiner Promotion – eine Rolle zu spielen. Den habe ich vor Hegel kennengelernt. An Hegel bin ich eigentlich während meiner Studienjahre vorbeigesegelt. Wer bei Husserl studiert hat, hat kaum etwas über die Geschichte der Philosophie erfahren, außer Berkeley, Hume, Descartes oder Locke. Offen gesagt, er war der philosophiegeschichtlich ungebildetste Philosoph, den ich je getroffen habe. Dazu werde ich Ihnen gleich noch eine kleine Anekdote erzählen. Und was Heidegger betraf, so kannte er, als ich bei ihm studierte, den deutschen Idealismus noch nicht – denn er kam ja aus einer streng katholischen Tradition. Marcuse hat dann später freilich über Hegel bei ihm promoviert. Was Heidegger damals kannte – und dieses Kennen war nun allerdings gründlich, um nicht zu sagen abgründig – waren Platon, Aristoteles, die Vorsokratiker und die Patristik. Auch seine Seminare reichten nur bis Thomas. Aber ich nahm nicht an allen teil. Rezeption ist mir stets außerordentlich schwergefallen, jedenfalls in der Philosophie, nicht die Rezeption von Kunst, nicht von Musik – gleichviel, ich habe sehr früh, als Fünfundzwanzigjähriger, begonnen, wie ich es albern nannte, »meine eigene Philosophie« zu produzieren. Aber diese angebliche Kreativität war letztlich eben wohl nur eine Variante von Ignoranz.

Jetzt sind Sie aber zu bescheiden. Ich glaube, jeder der selbst produzieren will, muß irgendwann einmal mit dem Lesen und dem Rezipieren aufhören...

Ja, aber ich hatte ja nie angefangen damit...

Aber, Husserls Ungebildetheit...

Ja. Im Jahre 1924, ich war also ein 22jähriger Bub, habe ich bei Husserl promoviert. Wir standen sehr gut miteinander, wir gingen vor der Promotion jede Woche einmal zusammen spazieren; er war ein alter, sehr schlecht sehender Mann, und es war ihm wohl angenehm, wenn jemand neben ihm ging. Peripathetisch machten wir zusammen phänomenologische Analysen, zumeist der Sinne, die er, da er unbewußt das Sehen als das Modell der ›Wahrnehmung überhaupt‹ unterstellt hatte, vernachlässigt hatte: der nicht-optischen Sinne, also des Hörens, des Riechens und namentlich der Körperempfindungen – was ihn in große Verlegenheit versetzte, weil bei diesen seine angeblich schlechthin gültige Unterscheidung zwischen ›intentionalem Akt‹ und ›intentionalem Gegenstand‹ dubios wurde. Da wir im phänomenologischen Symphilosophein gut aufeinander eingespielt waren (später fragte er mich sogar, ob ich nicht sein Sekretär werden wollte, was ich höflich verneinte), versprach er mir beruhigend vor der Doktorprüfung, daß er mir nicht philosophiegeschichtlich auf den Zahn fühlen werde: »Wir sind ja beide über den Windelband kaum hinausgekommen.« – Woraufhin ich leichtesten Herzens zur Prüfung ging, die sonderbarerweise in seiner Wohnung in der Lorettostraße stattfand. Tableau: er fragte mich zuerst über Cusanus aus, von dem er vermutlich nicht sehr viel mehr wußte als ich; dann über Fichte, der ihm und mir ein bißchen mehr vertraut war, und dann erst fuhr er in die versprochene Fahrrinne hinein. – Als ich, in Schweiß gebadet, mehr schlecht als recht bestanden hatte, fragte ich ihn, ob er sich denn nicht an unsere Verabredung erinnere? Worauf er antwortete: »Da fragen Sie lieber Frau Geheimrat.« Ich ging also in die Küche, wo die höhere Instanz die Suppe rührte, und stellte die Frage. Da antwortete sie, sonderbarerweise ohne die mindeste Scham: »Gestern abend habe ich Herrn Geheimrat gefragt: ›Worin willst du denn den Günther Stern morgen prüfen?‹ Da hat er geantwortet: ›Wir werden so miteinander reden, wie wir es seit eh und je gewöhnt sind.‹ Da habe ich ihm gesagt: ›Daß der Stern phänomenologische Analysen aus dem Handgelenk kann, das wissen wir ja. Aber von Geschichte hat er, glaube ich, keine Ahnung.‹ Da hat mein Mann geantwortet, er könne die Verabredung nicht brechen. Aber ich hab nicht lockergelassen und ihm gesagt: ›Ich lasse dich nicht schlafen, ehe du es mir versprichst.‹ Eine Stunde lang hat er sich gewehrt. Aber dann ist er halt müde geworden.« – Wovon man so abhängt im Leben!

Vielleicht zu diesem Komplex der philosophischen Ausbildung noch eine Frage: Sie haben, glaube ich, nie den Makel, den es in der philosophischen Profession gemeinhin bedeutet, wenn man ›Moralist‹ genannt wird, bestritten, sondern haben ihn sich als Ehrentitel angeheftet. Nun bleibt ja doch eine Frage, die, wenn ich das richtig gelesen habe, auch Brecht Ihnen häufig gestellt haben wird, und die man, wenn man aus der Hegelschen Tradition kommt, an einen Menschen, der sich so schamlos Moralist nennt, stellen muß. Woher kommt die Moral und wie wird die Moral selbst begründet, oder bleibt der Moralist da negativ?

Etwas zuviel gefragt. Ich könnte hier höchstens ein paar Hinweise über meine Entwicklung zum ›Moralisten‹ geben. Wenn man die Dinge durchgemacht oder gesehen hat, die ich schon als Knabe durchgemacht und gesehen habe, dann ist es schwer, nicht zum Moralisten zu werden. – Also, ich war ein Jahr vor Ende des Ersten Weltkrieges als zwangsweises Mitglied eines paramilitärischen Schülerverbandes nach Frankreich gebracht worden, wo ich fassungslos die ersten verstümmelten Soldaten gesehen habe und zähneknirschend zum Zeugen der erniedrigenden Behandlung der Zivilbevölkerung wurde. Daß man unter solchen Umständen zum ›Moralisten‹ wird, das ist wahrhaftig kein Wunder. Gleichviel, ich werde Ihnen von meinem ersten ›moralischen‹ Erlebnis erzählen – ich sage ›Erlebnis‹, nicht ›Tat‹, denn von einem Verdienst meinerseits kann kaum dabei die Rede sein. Dieses Erlebnis ereignete sich in Rimogne, nahe Charleville, wohin wir, angeblich um das Obst abzuernten, in Wahrheit, um die Obstkulturen zu vernichten, gebracht worden waren. Ich war der einzige ›Nichtarier‹ in dieser Gruppe, und das war schon damals auch bei den ›Halbstarken‹ Grund genug, um mich zu entwürdigen. Tatsächlich wurde ich jede Nacht gequält, nein: gefoltert; vieles, was 16 Jahre später Hunderttausenden angetan wurde, wurde damals schon mir angetan. Ich war ein ›Avantgardist des Leidens‹. Kein Wunder, daß ich erkrankte und im Militärhospital landete. Bei meiner Einlieferung verwarnte man mich: »Wenn du in den Garten gehst, wirst du dort einen französischen Jungen treffen. Mit dem darfst du nicht sprechen. Denn der ist der Sohn eines franc tireurs, den wir erschossen haben, und so was ist tabu!« Dieses ›so was‹ und diese Warnung war für mich natürlich nichts weniger als eine Aufforderung, nein: eine Pflicht, so bald wie möglich mit dem Jungen in Verbindung zu treten. In der Tat sah ich ihn im Garten sofort. Er war, wie ich, etwa 15, und als wir aneinander vorbeigingen, fragte ich ihn rasch flüsternd auf Deutsch, ob er Deutsch verstünde. Er schüttelte seinen Kopf. Als wir uns bei unserem Rundgang zum zweitenmal begegneten, fragte er mich etwas auf Französisch – woraufhin nun ich den Kopf schüttelte. Bei unserer dritten Begegnung kam ich auf die Idee, ihn auf lateinisch anzusprechen, denn Latein hatte er wahrscheinlich ebenso auf der Schule gehabt wie ich. Latein war noch immer, oder in diesem Falle wieder, die Lingua Franca.

Und das klappte sofort. Sofort haben wir uns aufgeregt verstanden. Bevor ich ging, flüsterte er mir zu, ich sollte, wenn die Lichter des Lazaretts gelöscht seien, noch einmal heimlich in den Garten hinunterkommen, wir würden etwas feiern. Und tatsächlich bin ich dann heimlich noch einmal in den Spitalgarten gehuscht, wo er schon wartete und mich sofort in eine Baracke führte. Er hatte auf einer Kiste einen Atlas aufgeschlagen, es war die Karte von Europa, rechts und links je eine Stearinkerze aufgestellt und auf dem Boden einen Marmelade-Eimer mit weißer Ölfarbe vorbereitet. »Wir gründen nun EUROPAM UNITAM«, erklärte er feierlich, und das taten wir, indem wir abwechselnd die Länder Europas weiß übermalten, so daß keine Grenzen mehr zu sehen waren. Dann haben wir uns, um die feierliche und symbolische Handlung noch feierlicher und symbolischer zu machen, mit einem gewiß nicht sauberen Taschenmesser Buchstaben in unsere Handflächen geschnitten, ich glaube E.U., was Europa Unita bedeutete. Da wir bluteten wie die Schweine, rannten wir zur Krankenschwester, die eine Elsässerin war und den Krieg verabscheute. Als sie uns besah, fragte sie: »Was habt ihr denn da angestellt?« »Das ist kein ›Anstellen‹«, antworteten wir. »Denn wir haben den ersten Völkerbund gegründet.« Sie verstand sofort und wurde das dritte Mitglied. Vermutlich war dieser Dreierbund der erste Völkerbund, der in diesem Jahrhundert existiert hat. Durch dieses Erlebnis bin ich zum Moralisten gemacht worden. Sechzig Jahre ist das nun her. Sehr verändert habe ich mich nicht.

Also die Frage nach dem fundamentum in re der Moral...

Ja, die Frage ist nicht: Wie wird man Moralist? Vielmehr hat die Frage zu lauten: »Wie kann es einem passieren, das nicht zu werden?« Und wenn man sieht, was Krieg bedeutet, und ich habe das als 15jähriger Junge gesehen... Ich erinnere mich, als ich nach Frankreich fuhr, sah ich auf einem Bahnhof, wohl in Liège, eine Reihe von Männern, die sonderbarerweise ›an den Hüften anfingen‹. Das waren Soldaten, denen man die Oberschenkel amputiert und die man einfach auf ihre Stümpfe gestellt hatte. So warteten sie auf den Zug in die Heimat. Das war mein erster Eindruck vom Ersten Weltkrieg. Wenn man, aus einer friedlichen Familie kommend, so etwas sieht, dann ist es einfach unmöglich, kein Moralist zu werden.

Sie haben auf die theoretisch gemeinte Frage nach der Moral eine biographische Antwort gegeben. Und in Ihrer Brecht-Schrift sagen Sie, glaube ich, Brecht und Sie waren in einer Sache einig, daß man sich über die Begründung des Seinsollenden keine Gedanken zu machen habe, daß das als selbstverständlich vorausgesetzt war. – Wenn man Ihr Philosophieren charakterisieren will, könnte man ja sagen, Sie sind nie aufs System gegangen, sondern immer ausgegangen von den Forderungen des Tages, von konkreten Fragen und Problemen ...

Wenn ich Sie da unterbrechen darf: Ursprünglich war ich außerordentlich ›systematisch angelegt‹, und in der Zeit, in der ich meine *Pathologie de la Liberté* schrieb – ich nenne diese Schrift auf Französisch, weil sie nur so überliefert ist, das deutsche Exemplar ist in der Emigration verlorengegangen –, hatte ich eigentlich vor, eine systematische philosophische Anthropologie zu verfassen. Sehr viele Stücke davon existieren, und diese waren in eine Naturphilosophie eingebaut. Ich hatte nicht einfach, wie Heidegger, die Tatsache, daß es Tiere und Pflanzen gibt, und daß wir umgeben von einer tierischen und pflanzlichen Welt leben, ausgelassen. Ebensowenig ausgelassen hatte ich die Tatsache, daß es Maschinen gibt – bei Heidegger gab es ja nur mittelalterliche Hämmer und Sägen, aber keine Elektromotoren, höchstens gibt es die beim ganz späten Heidegger ... Das alles war systematisch vorbereitet, vom Jahre 1929 an, und sehr viele dieser Materialien werden, in dem sehr unwahrscheinlichen Falle, daß sich jemand dafür einmal interessieren sollte, gefunden werden. Aber dann kam Hitler bzw. die Vor-Hitler-Zeit, und die Forderung des Tages, die zu einer ›Forderung der Jahre‹ wurde, nahm mich von morgens bis abends in Anspruch. So habe ich das System, das ich eigentlich habe schreiben wollen, nicht geschrieben. Weder die Anthropologie noch die Kunstphilosophie, die freilich fragmentarisch auf Englisch vorliegt – darüber hielt ich an der New School in New York eine Vorlesung.

Sie sehen, ursprünglich hatte ich mich – freilich stets mit der Hoffnung auf systematische Zusammenfassung – in den diversesten Gebieten herumgetrieben. So existiert zum Beispiel eine Musikphilosophie aus dem Jahre 1929, die ich aber nicht mehr veröffentlichen würde. – Aber alle diese Dinge habe ich liegengelassen, als Hitler nicht nur am Horizont, sondern ominös innerhalb unseres Horizontes auftauchte. Da schien es mir, daß die Wendung, die Sokrates vollzogen hatte – denn Sokrates war ja ursprünglich Naturphilosoph gewesen – auch von uns vollzogen werden mußte. Ich wurde also ›Moralphilosoph‹. An die Stelle der Breite der philosophischen Thematik ist dann freilich die Breite der literarischen Genres getreten – womit ich meine, daß ich nun nicht mehr, jedenfalls kaum mehr, philosophisch-diskursive Prosa schrieb, sondern mich je nach Anlaß der verschiedensten literarischen Genres bediente: der Fabel, der Swiftiade, der Dichtung. Inhalt war zwischen 1931 und 1945 ausschließlich der Nationalsozialismus und der Krieg. Mir schien, über Moral Texte zu schreiben, die nur akademische Kollegen lesen und verstehen würden, sei unsinnig, komisch, wenn nicht sogar unmoralisch. So unsinnig, wie wenn ein Bäcker seine Brötchen nur für Bäcker büke. Kurz: Ich habe versucht, Moral so zu formulieren, daß die Botschaft auch ankommt. Wobei ich bis 1945 als Empfänger die durch den Nationalsozialismus seelisch und geistig ruinierten Deutschen im Auge hatte. Später, als das atomare Problem in den Vordergrund rückte, versuchte ich dagegen, das Ohr derer zu erreichen, deren Tun und Unterlassen über das Schicksal der Menschheit entscheidet, die aber nicht wissen, nicht wissen wollen, nicht wissen dürfen, was sie tun. Also vor allem das Ohr der Physiker und der von Technokraten dirigierten Politiker.

Ihre publizistische Tätigkeit begann mit Ihrer Arbeit für die »Vossische Zeitung« und den »Börsen-Courier«?

Ja. Aber diese Arbeiten waren kaum mehr als vielleicht begabt. So wie meine Kompositionen und Malereien. Ich hatte zu viele Begabungen und hatte der Versuchung, auf allen Gebieten herumzudilettieren, lange Zeit nicht ausreichend Widerstand geleistet. Bis ich mir, wie schon erzählt – das war vor ungefähr einem halben Jahrhundert, als die politische Situation für Spiele, selbst für ernste Spiele, zu ernst wurde – den Ruck gab, alles moralisch Irrelevante von der Tischplatte zu fegen, um mich auf das, und zwar didaktische, Schreiben zu konzentrieren. Wie gesagt: das Unterrichten nahm die verschiedensten Formen an, ich schrieb Fabeln, utopische Erzählungen, Gedichte – ausnahmslos bezogen sie sich auf Faschismus und Krieg – und wenn man mich gefragt hätte, was ist dein Beruf, dann hätte ich wohl geantwortet: Lehrer.

In der Zeit Ihrer Arbeit für den »Börsen-Courier« begannen Sie, unter dem Namen Günther Anders zu publizieren?

Der Name ›Anders‹ kam auf folgende Weise zustande. Im Jahre 1930 hatte ich mich in Frankfurt mit meiner Musikphilosophie habilitieren wollen. Aber Wertheimer, Tillich und Mannheim baten mich darum, etwas Geduld zu haben. »Jetzt kommen erst einmal die Nazis dran für ein Jahr oder so. Wenn die dann abgewirtschaftet haben, werden wir Sie habilitieren.« Diesen – milde gesagt kindlichen – Optimismus teilte ich durchaus nicht. Ich fuhr sofort nach Berlin – ich war damals mit einem unterdessen mit Recht als Philosophin berühmt gewordenen Mädchen* verheiratet – und machte mich auf Stellungssuche. Nun hatte ich gerade über den kaum mehr als dreißigjährigen Brecht im Hessischen Rundfunk einen Vortrag gehalten, dessen Titel gelautet hatte: *Bert Brecht als Denker* – was damals absonderlich klang, denn Brecht war natürlich nur als der Autor der *Dreigroschenoper* berühmt. Gleichviel, mit meinem Funktext ging ich stracks zu Brecht und bat ihn, sich diesen anzusehen. »Ab morgen«, erklärte ich ihm, »muß ich Geld verdienen. Meinen Sie, Sie können mir helfen?« Bereits am nächsten Tag rief er in meiner Gegenwart den damaligen Kulturpapst am *»Börsen-Courier«*, Ihering, an: da sitze jemand neben ihm, erklärte er in dem ihm schon damals eigenen ›dixi-Ton‹, der ab morgen regelmäßig im *»Börsen-Courier«* schreiben werde, er habe nichts, aber er scheine etwas zu können. (Letzteres hat Brecht später bestritten.) So wurde ich – so dominierend war Brecht schon damals – von einem Tag zum anderen zum Knaben für alles im *Börsen-Courier*, schrieb über alles, was andere nicht übernahmen, über vergewaltigte Kinder ebenso wie über einen Hegelkongreß oder eine Kriminalnovelle. Jeden Tag mußte eben etwas da sein, damit

* Hannah Arendt

wir leben konnten, bis Ihering mich eines Tages mit dem Ruf: »Halt! So geht das nicht weiter!« empfing. »Wir können nicht die Hälfte unserer Artikel mit der Unterschrift Günther Stern bringen!« – »Dann nennen Sie mich doch irgendwie anders«, schlug ich vor. »Gut«, sprach er, »nun heißen Sie also außerdem Anders.« Seit diesem Tage habe ich alle nichtphilosophischen Texte, wie Gedichte oder Stories, mit dem Namen »Anders« gezeichnet. Und als ich im dritten Jahr der Emigration ein Story-Preisausschreiben gewann, erwarb ich, mindestens im engen Emigrantenkreis, eine gewisse Reputation als Günther Anders. Die preisgekrönte Geschichte *Der Hungermarsch* erscheint übrigens demnächst, vierzig Jahre zu spät, bei Suhrkamp.

Obwohl Sie ja mit Geschichten und Fabeln sogar in Lesebücher aufgenommen sind, sind Sie im Nachkriegsdeutschland vor allem als der Essayist und Anti-Atom-Philosoph bekannt geworden. Welchen Raum nimmt die literarische Produktion ein?

Mehr als die Hälfte dessen, was ich geschrieben habe, ist ›Belletristik‹; freilich eben politische und philosophische Belletristik. Das begann kurz vor Hitler mit einem Buch, das ich *Die molussische Katakombe* nannte. ›Molussien‹ ist ein erfundenes Land. Das Buch bestand aus vielen, wohl hundert Geschichten, die wie die aus ›Tausendundeine Nacht‹ ineinanderhingen. Inhalt des Buches war die Mechanik des Faschismus. Erzählt wurden die Geschichten von Gefangenen, die von der ›molussischen‹ Gestapo in einem unterirdischen Gefängniskeller festgehalten wurden. Die Fabeln, Geschichten und Maximen wurden von den Gefangenen der alten Generation denen der jüngeren weitergereicht, von diesen wiederum denen der übernächsten – bis der ›corpus der Lehren‹ nach dem Zusammenbruch der Terrorherrschaft wieder ans Licht kam. Dieses antifaschistische Buch war in seiner ersten Version bereits vor Hitlers Machtantritt fertig; ich bat damals Brecht darum, es bei seinem Verleger Kiepenheuer einzureichen, was er tat. Und Kiepenheuer hat es schlauerweise weiter getarnt, nämlich in eine alte Landkarte von Indonesien eingebunden, auf die er eine Insel namens ›Molussia‹ einzeichnen ließ. Kaum hatte Kiepenheuer das getan, da kam die Gestapo zu ihm und nahm alle Manuskripte mit sich. Unter anderen auch meines. Die Zensoren sahen sich aber das Skript nur flüchtig an, sie fielen prompt auf Kiepenheuers Trick hinein und schickten die, wie sie meinten, ›Südsee-Märchen‹ dem Verlag zurück. Der seinerseits gab es Brecht zurück, und der mir. Dann – es waren die Tage kurz vor meiner Flucht aus Nazideutschland – erfuhr das Skript ein eigenartiges Schicksal. Da ich es nicht wagte, es mit über die Grenze zu schmuggeln, überließ ich das Exemplar Freunden, die es in Pergamentpapier einpackten und neben Dauerwürsten und Schinken in ihren Rauchfang hängten. Dort hat das Manuskript monatelang gehangen, um gewissermaßen zu »reifen«, denn es nahm den guten Geruch seiner Nachbarn an. Ich war allein nach Paris geflohen. Als dann meine damalige Frau zu mir kam, brachte sie das Manuskript in meine Quartier-Latin-Bude, wo ich es nicht nur noch einmal ganz umschrieb und seinen Umfang verdreifachte, sondern auch für einen anderen Zweck benutzte: Da wir nämlich zuweilen nicht gerade ganz satt wurden, benutzte ich das Manuskript gewissermaßen als ›Duftsauce‹. Ich roch an ihm, wenn ich meine baguette aß. Unter diesen Umständen entstand das 600 Seiten lange Manuskript über die Prinzipien des Nationalsozialismus, das nun heute, nach beinahe vierzig Jahren, seine Funktion, die es zu erfüllen niemals die Gelegenheit gehabt hat, vollends eingebüßt hat.

Man kann ja vielleicht sagen, daß es für Intellektuelle Ihrer Herkunft, also aus dem jüdischen Bildungsbürgertum, die in den zwanziger Jahren nach der Revolution ihre intellektuelle Prägung erfahren haben, zwei typische politische Wege gegeben hat. Der eine Weg führte zum Zionismus und der andere zum Marxismus. Wie hat sich nun Ihre eigene intellektuelle Ausbildung in diesem Spannungsfeld vollzogen?

Nun, ich kann nicht sagen, daß das eine Problem das andere ausgelöscht hätte. Meine von Brechts Fabeln nicht unbeeinflußte schon erwähnte *Molussische Katakombe* war durch ihre Vokabeldemontage und Ideologiekritik – nicht grundlos lautete der Untertitel des Buches »Unterricht im Lügen« – extrem antifaschistisch und stand, wie ich glaubte, dem Marxismus sehr nahe. Nicht freilich dem Parteimarxismus: In der Tat hat ein von Parteimarxisten geleiteter Pariser Verlag, das einzige deutschsprachige Verlagshaus, das für solche didaktisch-politische

Prosa in Betracht zu kommen schien, dieses Produkt vieler Jahre, meinen eigentlichen Beitrag zum antifaschistischen Kampf, mit der Sechswörterfrage: »Und das halten Sie für linientreu?« refüsiert; worauf ich dem (heute als fescher Antikommunist hochberühmten) Lektor nicht minder höhnisch replizierte: »Und von diesem Treuebegriff glauben Sie, er sei eines Philosophen würdig?« – Übrigens habe ich während der Niederschrift der *Katakombe* daraus regelmäßig meiner Frau vorgelesen, die mir ihrerseits aus ihrem damals entstehenden, unterdessen mit Recht berühmt gewordenen Buche über den Totalitarismus* vorgelesen hat. Da meine Analysen dem Marxismus ungleich näher standen als ihre, waren Spannungen bald unvermeidlich. Aber wie gesagt: meine Nähe zum Marxismus hat mich niemals daran gehindert, das Judenproblem in seiner ganzen Nacktheit zu erkennen. Niemals habe ich die von der Bourgeoisie kritiklos übernommene Illusion der Marxisten geteilt, daß das Judenproblem durch totale Assimilierung, die ich nicht nur für nicht möglich, sondern auch für nicht wünschenswert hielt, bzw. durch den Sozialismus aus der Welt geschafft werden könne. Frucht dieser Beschäftigung mit der outsider-Situation des Juden war die lange Erzählung *Learsi*, die neben der *Molussischen Katakombe* in den ersten Monaten von 1933 in Paris entstand. Daß die Lösung des Judenproblems im Sozialismus, sofern eine solche überhaupt beabsichtigt worden ist, nicht gelingt, beweist ja, und bewies ja schon in den dreißiger Jahren, der Antisemitismus in der Sowjetunion, der nicht einfach ein Überbleibsel aus zaristischen Zeiten war, sondern ad hoc hergestellt wurde. Die Illusion der Sozialisten muß wohl begraben werden. Daß diese Aussicht freilich auf eine rückhaltlose Bejahung des Zionismus hinausläuft, glaube ich nicht. Ich halte, wie ich es gerade in einer Rundfunkrede formuliert habe, die ›Salz-der-Erde-Rolle‹, die auch ich zu spielen versuchte, für wichtiger als die ›Mehlfunktion‹, für die sich der Zionismus entschieden hat. – Übrigens habe ich über diese Probleme zusammen mit meiner damaligen Frau, die in Judaicis ungleich beschlagener gewesen ist als ich, schon im Herbst 1932 diskutiert.

* Hannah Arendt, *Elemente und Ursprünge totaler Herrschaft,* Frankfurt a. M. 1955

In was für einem Kreise?

In einem zu Hause in Berlin abgehaltenen Seminar. Dessen eigentlicher Gegenstand Hitlers *Mein Kampf* war. Dieses Seminar zusammenzubringen war gar nicht so einfach. Denn die Intellektuellen, die ich dazu bat, weigerten sich zuerst, einen »solchen Bockmist« ernst zu nehmen. Und ihnen klarzumachen, daß nichts gefährlicher sei als rhetorisch gut gemachter ›Bockmist‹, das dauerte eine Weile. Ein Seminar über Hegel hätte ich leichter zusammentrommeln können.

Geschah die damalige antifaschistische Tätigkeit im Zusammenhang mit einer politischen Gruppe?

Nein, wie gesagt, ich gehörte keiner Partei an, kannte aber viele Linke. Und da ich im Kontakt mit Brecht und Eisler stand, der seinerseits ein musiksoziologisches Seminar leitete, war ich mit den Problemen ›Intelligenzia und Politik‹ eng vertraut. Aber Partei? Ich hatte, was von Parteimitgliedern niemals verstanden worden ist, niemals hat verstanden werden dürfen, den Grundsatz, daß mit dem Munde einer Machtgruppe zu sprechen dem Philosophsein diametral widerspreche. – Aber behandelt worden bin ich durch Jahrzehnte, namentlich in Amerika, als ein ganz Wüster, als einer, der wahrscheinlich auf den speziellen Wunsch der Kommunistischen Partei hin dieser nicht angehören sollte. Und auf Grund dieser schlechten Reputation habe ich in der Tat in den USA statt drei Jahre vierzehn Jahre warten müssen, ehe ich meine (für den Aufenthalt erforderlichen) ›citizen papers‹ erhielt. Aber Amerika zu betreten, ist mir auch heute noch (oder nach meinen Anti-Vietnam-Kriegs-Aktivitäten heute wieder) verwehrt. Zu erwähnen, daß ich mich um dieses Verbot nicht geschert habe, das erübrigt sich.

Sie sind mit amerikanischen Papieren nach Europa zurückgekehrt?

Ja. Aber sofort nach meiner Heimkehr habe ich dem Wiener Botschafter der Vereinigten Staaten schriftlich und sehr ausführlich zu erklären versucht, daß meine Arbeit während der vierzehnjährigen Exilszeit ausschließlich darin bestanden habe, didaktische Literatur für die durch die Hitlerzeit und den Krieg seelisch und geistig Ruinierten vorzubereiten. Ich bediente mich sogar, um mich verständlich zu machen, des amerikanischen Wortes »re-education«. Es wäre, so fuhr ich fort, sinnlos, wenn ich (wie es damals für amerikanische citizens nötig war) nach einem Jahr wieder nach Amerika zurückkehrte. Die Antwort des Ambassadors lautete schlicht und verständlich, daß ich ein »fraud«, das heißt: ein Schwindler sei; daß ich mich, kaum außerhalb Amerikas, der Ehre, ein Bürger zu sein, unwürdig benähme, und daß ich mich schön davor hüten solle, noch einmal meinen Fuß auf amerikanischen Boden zu setzen.

Gab es 1933 einen unmittelbaren Anlaß für Ihre Emigration?

Ich habe noch gerade ein, zwei meiner ›molussischen‹ Fabeln in Berlin veröffentlichen können, dann wurde weiter zu schreiben unmöglich. Die Tatsache, daß ich prominente Linke frequentiert hatte, machte mich verdächtig, von Tag zu Tag wurde die Lage unhaltbarer, und so reiste ich schon im März 1933 nach Paris ab.

Und Sie haben dann in Paris vor allem an dem Katakombenbuch weitergeschrieben?

Ja. Und ich war wahrhaftig nicht der einzige, der über einem solchen Manuskript gesessen hat. In der Tat wurde außerordentlich viel geschrieben. Denn man wollte ja »nach ein, zwei Jahren« mit neu formulierten Einsichten heimkehren. Die Tatsache der totalen Niederlage der Linksparteien mußte erklärt werden. Manche schrieben auch deshalb, weil ihnen jede andere Aktivität versagt blieb, denn es herrschte Arbeitsverbot. Wovon man leben sollte, blieb unklar. Und wovon man gelebt hat, ist auch nachträglich kaum rekonstruierbar. Gleichviel, die Literatur, die damals zu entstehen begann, ist unterdessen ja in der Bundesrepublik und in der DDR ›entdeckt‹ worden.

Sehr viele Ihrer Manuskripte aus diesen Jahren haben ja das traurige Schicksal gehabt, nicht veröffentlicht zu werden. Gab es denn in diesen Jahren in Paris und später in Amerika, bei allem, was man schrieb, vor allem bei Belletristik, überhaupt Aussichten, einen Verlag zu finden? Und wie wirkte das auf die Produktion zurück, daß man ständig für die Schublade schrieb?

Leute, die bereits mit einem anerkannten Namen ankamen, wie

Thomas Mann, Heinrich Mann, Toller, Feuchtwanger, Arnold Zweig, Döblin, die konnten selbstverständlich im Ausland, in Frankreich, England und Amerika publizieren. Aber ich kam in die Fremde als jemand, der zwar bereits vor Jahren promoviert, aber sich literarisch noch nicht etabliert hatte. Man kannte mich nicht. Dazu kommt, daß ich nicht nur nicht fähig, sondern nicht willens war, in der fremden Sprache zu schreiben, daß mir in der fremden Sprache auch nichts einfiel – diese Erfahrung habe ich bei der Vorbereitung meiner New Yorker Vorlesungen gemacht, deren geistiges Niveau das meiner Englischkenntnisse nicht übersteigen konnte. Mein Denken steckte sich gewissermaßen an meinem Sprechen an. Während der vierzehn Jahre meiner Emigration habe ich immer nur deutsch weitergeschrieben. Kam ich nach einem englisch verbrachten Tag nach Hause, dann zog ich mir gewissermaßen mein sauberes deutsches Sprachhemd an und schrieb in meiner Muttersprache, was um so berechtigter schien, als ich ja glaubte, für das Deutschland nach Hitler zu schreiben. Diese Texte: die didaktisch-politischen, die politischen Gedichte, die Erklärungen des Faschismus, die Deutung der Niederlage der Linken, die Ratschläge, wie man einer neuen Faschistisierung Widerstand leisten könne – alle diese Texte waren ja nicht für Frankreich oder Amerika gemeint, sondern eben für ›übermorgen‹ – dieses Wort spielte für uns eine beinahe magische Rolle. Nein, für die Schublade schrieben wir nicht, sondern, wie wir glaubten, für den Handkoffer, den wir bald in Deutschland würden öffnen können. De facto freilich – da haben Sie recht – für die ›Schubladen‹, sofern wir solche hatten, denn welcher Emigrant hätte über Schreibtisch mit Schubladen verfügt? Benjamin hat manche seiner Essays auf dem Bettrand sitzend, also auf seinen Knien, geschrieben.

Dazu kam, daß diejenigen Schriftsteller, die sich ihren eigenen Stil erarbeitet hatten, wie Thomas Mann, Döblin, Brecht oder Oskar Maria Graf – und zu diesen rechnete ich heimlich auch mich selber –, viel größere Schwierigkeiten hatten, sich in fremden Sprachen auszudrücken, als gewisse andere, die durchaus nicht unbedeutend waren. Feuchtwanger zum Beispiel, dessen Werke ich nicht unterschätze, ließ sich, da er kein ›Eigensprachler‹ war, viel leichter in fremde Sprachen übersetzen, ohne daß dabei so viel Nuancen verlorengingen wie bei den

Übersetzungen des *Dr. Faustus* oder von Brecht-Gedichten. Dann gab es ein paar Autoren, die es fertiggebracht haben, sich aufs Englische umzustellen. So ist es zum Beispiel Marcuse gelungen, die amerikanische Jugend in deren Sprache zu erreichen. In der Tat hat es nur zwei Emigranten gegeben, die sich als amerikanische Autoren haben etablieren wollen und können: er und Hannah Arendt... Diejenigen meiner Freunde aber, die sich von vornherein und bis zum Schluß nicht als Immigranten, sondern als Emigranten gefühlt haben, die haben gar nicht erst den Versuch unternommen, die neue Sprache zu meistern – warum hätten sie auch Bücher, die für Europa nach Hitler gemeint waren, in der Sprache ihrer Wirte schreiben sollen? Wirklich sind die meisten Kollegen, sofern sie nicht in der Fremde gestorben sind, nach Europa zurückgekehrt. Nicht heimgekehrt ist, aus Gründen, die mir unbekannt sind (denn in den USA hatte er die Rückkehr stets als selbstverständlich unterstellt), Feuchtwanger; und – ein ganz besonders tragischer Fall – der ›oberbayerische Gorki‹ Oskar Maria Graf, der in den vielen Jahren, die er in Amerika gelebt hat, keine drei Worte Englisch gelernt hatte, und der immer weiter in der Fremde in einem Deutsch, das in die Lesebücher eingehen wird, Bücher über sein Zuhause geschrieben hat. Auch er hat mit dem Gedanken der Heimkehr gespielt; als er sich für einige Wochen hier in Europa aufhielt, hat er mir das erzählt. Aber, und das ist sehr tröstlich, mindestens seine Bücher sind nun heimgekehrt. Es scheint nun sogar etwas wie eine Graf-Renaissance einzusetzen.

Mit wem hatten Sie Umgang in der Emigration?

Nahezu mit allen. Manche habe ich wohl schon erwähnt. In Frankreich Zweig und Döblin und Benjamin. Erzählenswert aber ist es vielleicht, daß es in Kalifornien eine Gruppe gegeben hat, die gewiß einmal als ›das andere Deutschland‹ in die deutsche Geistesgeschichte eingehen wird... wenn das nicht sogar heute schon der Fall ist. Nahe dem Hause Marcuses, in dem ich während meines Kalifornienaufenthaltes wohnte, lebte Brecht. Ein paar Straßen weiter Eisler. Nicht weit entfernt Thomas Mann, und (nicht bei seinem Bruder) Heinrich Mann. Schönberg lebte, wenn ich mich nicht irre, in Westwood. In vornehmer Gegend Horkheimer. In Hollywood Döblin. Und

Adorno. Und und und. Zuweilen versammelte man sich, um zu philosophieren. Ist es nicht absurd, daß es am Stillen Ozean eine solche Politisches, Soziologisches und Philosophisches diskutierende Gruppe gegeben hat, während in Europa Hitler wütete und in Auschwitz die Millionen zu Asche verbrannten?

Sie haben während dieser ganzen Zeit in Frankreich und Amerika wenig veröffentlicht?

In der Frankreichzeit außer der schon erwähnten Novelle *Der Hungermarsch* nur die philosophisch-anthropologische Studie über *Die Weltfremdheit des Menschen,* einen Vortrag, den ich in der Kantgesellschaft von Frankfurt im Jahre 1929 gehalten hatte, und der nun in den *Recherches Philosophiques* unter dem Titel *Pathologie de la Liberté* erschienen ist. Sartre hat mir dreißig Jahre danach – ich lernte ihn erst auf den Sitzungen des Vietnam-Tribunals kennen – erzählt, daß dieser Text bei der Entstehung seines Existentialismus nicht ganz unschuldig gewesen sei. – Und in Amerika habe ich zahllose Gedichte in »Aufbau«, der Wochenzeitung der deutschjüdischen Immigranten, veröffentlicht – in der Tat galt ich während meiner Amerikajahre bei meinen jüdischen Mit-Emigranten ausschließlich als ›Dichter‹. Ferner veröffentlichte ich meinen einzigen englisch geschriebenen Text, meine Polemik gegen Heidegger. Schließlich erschien, im Jahre 1943 wohl, ein Kapitel aus meinem später in Deutschland erschienenen Kafka-Büchlein. – Mit dieser sehr kurzen Aufzählung ist die Liste meiner Veröffentlichungen während der vierzehnjährigen Exilszeit schon an ihrem Ende.

Und wo war das Leben für den Emigranten schwieriger? In Frankreich oder in Amerika?

Ungleich schwieriger in Frankreich. Als Emigrant durfte man ja, da das Arbeitslosenheer von Tag zu Tag stärker anschwoll, nicht arbeiten. Und das bedeutete für uns, daß wir uns in einer kafkaesken Lage befanden: Wer den erforderlichen Betrag für die Aufenthaltserlaubnisse: das sogenannte ›récipissé‹ und die ›carte d'identité‹ zahlen konnte, den fragte man argwöhnisch: »Wo haben Sie denn das Geld her? Arbeiten Sie etwa heimlich?« Und wenn man die erforderliche Summe nicht vorlegen konnte, dann lautete die Frage: »Ja, woraufhin glauben Sie denn, daß wir

Sie hier in Frankreich weiterdulden können?« In der Tat hat man zahlreiche Emigranten nach Deutschland abgeschoben. Und das hieß: in den sicheren Tod.

Wann verließen Sie Frankreich? Und wovon lebten Sie in Amerika?

1936. Ich ging allein nach Amerika. Hannah Arendt und ich trennten uns. – Während der ersten Monate konnte ich bescheiden durchkommen, denn mein Vater, der eine Professur in North Carolina gefunden hatte, half mir. Was bestimmt schwer für ihn war. Dann lebte ich von odd jobs, war zum Beispiel der Hauslehrer der sechsjährigen Tochter Irving Berlins. In einem Palast. Immer wieder versuchte ich einen richtigen, ›typisch amerikanischen‹ Durchbruch, so zum Beispiel mit einem Text für einen ›One man Film‹ für Chaplin (der natürlich nie etwas davon erfahren hat), das Manuskript verschwand im Papierkorb irgendeines Agenten in Hollywood, sehr begreiflicherweise, denn der Text war eine Dramatisierung der erwähnten philosophischen Erzählung *Learsi*, und Philosophie reimte sich nicht auf Hollywood. Wieviel Zeit und Kraft ich aus Naivität in Unsinniges investiert habe, ist nicht auszudenken. – Dann arbeitete ich in Los Angeles' Fabriken – eine Erfahrung, die ich wahrhaftig nicht missen möchte – wie denn überhaupt die falschen Jobs die richtigsten sind, weil sie uns Erfahrungen einbringen, die man in einem nach Maß geschneiderten Beruf niemals sammeln kann: Ohne meine Fabrikzeit wäre ich in der Tat niemals fähig gewesen, meine Kritik des technischen Zeitalters, also mein Buch *Die Antiquiertheit des Menschen* zu schreiben. Und noch heute, da ich den zweiten Band dieses Buches vorbereite, zehre ich von diesen Erfahrungen. Wenn ich mir einen bescheidenen Namen habe erwerben können, so durch die Erkenntnisse, die ich mir als total Anonymer hatte erwerben – dürfen. – Aus Kalifornien wurde ich dann nach New York zurückgerufen, um im ›Office for War Information‹ mitzuarbeiten. Das war eine Regierungsstelle, in der, in vielen Sprachen, diejenigen Nachrichten zusammen- und hergestellt wurden, die an die Deutschen und an die von Hitler überwältigten Völker ausgestrahlt wurden. Den Ruf nahm ich sofort an, gab aber den Job schon nach mehreren Monaten auf, da der politische Wind, der dort wehte, bereits eisig wurde. So erinnere ich mich, daß ich beauftragt wurde, ein amerikanisches Buch über die Japaner (die in diesem immer nur »japs« hießen) ins Deutsche zu übersetzen. Zweck der Übersetzung war es, die deutsche Version dieses durchaus faschistoiden Buches nach der Niederlage Deutschlands dort zu veröffentlichen. Ich habe selten eine solche Überraschung hervorgerufen, wie, als ich meinem Boss erklärte, daß ich nicht deshalb vor dem Faschismus geflohen und nach Amerika gekommen sei, um nun amerikanische faschistische Broschüren für Deutschland herzustellen. Da die Emigranten, sehr begreiflicherweise, Schlange standen nach Positionen im OWI, konnte man es nicht begreifen, daß einer, der dort gelandet war, kündigte. Als verdächtig galten viele, die versuchten, in dieser offiziellen Nachrichtenfabrik einen Job zu bekommen; aber noch verdächtiger war einer, der freiwillig diese Nachrichten- und Geldquelle verließ. Man entließ mich als feeble minded.

Sie sagten vorhin, obwohl Sie nie ein Parteikommunist gewesen seien, habe man Sie oft so behandelt. Hängt damit auch die Tatsache Ihrer relativ langen nicht-akademischen Arbeitszeit in Amerika zusammen? Sie haben ja erst nach dem Krieg eine Lehrstelle bekommen?

Ja und nein. Ich fühlte mich stets als Schriftsteller, der auch philosophisch arbeitete. Ich könnte nicht behaupten, daß ich während meines Aufenthaltes in Kalifornien je an eine Professur gedacht hätte. Und als ich nach New York zurückgekehrt war, das war im Jahre 1942, begann bereits die McCarthy-Zeit heraufzudämmern, und die machte es vielen Leuten sehr schwer, in Universitäten hineinzukommen. Ich habe dann aber doch an der New School for Social Research Vorlesungen gehalten, aber nicht als Ordinarius, sondern nur als lecturer. Freilich, bevor ich die venia erhielt, über Kunstphilosophie zu lesen – die galt als mein ›field‹ –, hat man mich unbeschreiblich gründlich und schamlos ausgefragt, um festzustellen, wie gut ich Brecht kenne und wie gut Eisler, ob ich mit Eislers kunstphilosophischen Thesen einverstanden sei... Aber ich rutschte da gerade noch durch und habe dann kunstphilosophische Vorlesungen gehalten, die wohl erstmalig in Amerika waren, da ich sowohl Platten mitbrachte – ich analysierte mit den Studenten Schubertlieder –

als auch Reproduktionen von Bildern – ich habe mit ihnen Rembrandts *Segen Jakobs* interpretiert. Beides in derselben Vorlesungsreihe – was im klassischen Lande der Arbeitsteilung natürlich als sensationell, aber auch als suspekt galt. Als solide anerkannt wurde man dort nur dann, wenn man außer einer einzigen winzigen Spezialität nichts wußte. Das Fehlen der Allgemeinbildung war Kriterium der Solidität. Europäische Fachidioten sind daneben geradezu Universalisten. Außerdem war diese Gegenstandsbreite für manche Studenten deshalb irritierend, weil sie genau wissen wollten, woran sie waren, worauf sie sich für ihre sehr häufigen Examina vorbereiten sollten. Und andere waren deshalb unzufrieden mit mir, weil sie Sex büffelten, nämlich Psychoanalyse belegt hatten, sie waren mit Freuds Vokabular vertraut, noch ehe sie auch nur ein einziges Liebeswort geflüstert hatten. Die erste Studentin, die sich nach meiner Rembrandtdeutung zu Wort meldete – zu diesem Behuf mußte sie ihren chewing gum aus dem Mund nehmen und an ihr Pult kleben –, fragte mich vorwurfsvoll, warum ich denn nicht über den Ödipus-Komplex von Rembrandt spräche? Und als ich über Schubert sprach, kam dieselbe Frage. Ich wurde dann ungeduldig und erklärte, daß ich, wenn bei jedem, gleich ob er Rembrandt oder Schubert heiße, die Art seiner Produkte durch die ihnen angeblich gemeinsame Tatsache des Ödipus-Komplexes erklärt werden könne, ich den Vorlesungssaal verlassen könnte, da man ja dann einen Dietrich für alles habe.

Die amerikanische Beschäftigung mit der Psychoanalyse, über die Sie dann auch geschrieben haben, ist ja vielleicht neben großen Verwüstungen des Jahrhunderts auch eine Erscheinung der Verwüstung, der Zerstörung der eigenen Psyche, der eigenen Spontaneität durch eine falsch verstandene Aufklärung. Also die Tatsache, daß die Individuen ihre eigenen Gefühle, ihre Liebe, ihren Haß, bevor sie ihn überhaupt haben können, schon durch Kategorien verdinglichen und dadurch in harmlose Kanäle lenken.

So ähnlich würde ich das auch formulieren, so daß ich dem nur wenig hinzuzufügen habe. Ich würde, wie gesagt, betonen, daß die damalige Jugend, ehe sie auch nur versucht hatte, von der

Liebe zu naschen, bereits beim ›Magenarzt‹ war, um sich untersuchen zu lassen, ob sie auch naschen könne, und ob sie alles naschen dürfe, und wie sie naschen solle. Und leider Gottes hat es sich ja, wo man über die Psychoanalyse hinausging, wirklich meistens nur um ›Naschen‹ gehandelt. Einige meiner Studenten habe ich ganz gut gekannt: Die Zahl der Liebespaare unter ihnen war lächerlich klein, wo es Beziehungen gab, waren es Zufallsbeziehungen, man begriff nicht recht, warum gerade der mit der, oder die mit dem und nicht mit anderen. Ich habe wenig leidenschaftlich Liebende gesehen unter den Studenten damals... Aber was soll das – das war vor 28 Jahren. Und unterdessen hat sich das ja, wohl weitgehend durch den Einfluß Herbert Marcuses, geändert. – Übrigens habe ich ein Tagebuch über das Lieben in Amerika geführt. Als ich es schrieb, hatte es *Lieben heute* geheißen. Nun habe ich es umgetauft in *Lieben gestern.* Und wenn es einmal erscheinen wird, dann wird es wohl *Lieben vorgestern* heißen müssen.

Sie sind, als Sie Ende der vierziger Jahre nach Europa zurückkamen, nicht nach Deutschland, sondern nach Österreich, nach Wien, gegangen. Und Sie sind auch dort geblieben...

Und von Wien aus habe ich herumgeschnuppert, um zu erfahren, was sich in West- und Ostdeutschland tat. Adenauer reizte mich ebensowenig wie Ulbricht. Und es war sehr bald klar, daß das Ordinariat für Philosophie, das mir Bloch, wie er sagte, in Halle »reserviert« hatte, nicht in Frage kam; daß ich, der ich ans selbständige Philosophieren gewöhnt war und schon seit den Tagen in Freiburg unter Allergie gegen stereotype philosophische Schulausdrücke litt, dort gar nicht meinen Mund würde aufmachen können. So beschloß ich, im Weder-noch: in Wien zu bleiben und zu versuchen, mein Brot – nein: unser, denn unterdessen hatte ich wieder geheiratet – als ›free lancer‹, namentlich als Rundfunkautor zu verdienen. Das ging nur sosolala, obwohl der Rundfunk zurückgekehrte Emigranten willkommen hieß, teils als Alibi, teils deshalb, weil diese noch wußten, wo man ein Komma setzt, gar ein Semikolon – denn die deutsche Sprache war ja damals verwildert, verarmt und versaut. Da ich im Ausland zum sprachlichen Puristen geworden war – kein Wunder, denn fünfzehn Jahre lang hatten wir ja kein anderes Zuhause gehabt als die Sprache, und dieses Zuhause hatten wir rein gehalten –, hatten wir nur wenig Schwierigkeiten, Texte im Rundfunk und in Zeitschriften unterzubringen. Damit, und mit zahllosen Bühnenstück-Übersetzungen, die ich mit meiner theaterversierten zweiten Frau Elisabeth Freundlich verfertigte, habe ich mich, haben wir uns dann in den nächsten Jahren über Wasser gehalten. In Österreich freilich, wo ich nun seit dreißig Jahren lebe, habe ich noch keinen einzigen Groschen verdient, meine Existenz ist hier total unbekannt, aber diese Unbekanntheit gewährleistet die schönste Arbeitsruhe, für die ich hiermit meinen Dank ausspreche.

Aber wir sollten jetzt doch auf ein Thema kommen, das den Hauptteil Ihres Schaffens und Ihrer politischen Tätigkeit bestimmt hat. Dieser Schwerpunkt liegt nach dem August 1945. Da hat es ja eine Zäsur gegeben, die Sie auch daran gehindert hat, Ihre Analysen von Kunst und Liebe und Natur weiter fortzuführen. Ich vermute, daß Sie das viel lieber getan hätten.

Und ob! – Ja, daß der 6. August 45, also Hiroshima, einen Einschnitt bedeutet hat, ist unbestreitbar. Diese Zäsur war wohl die schärfste in meinem Leben, aber durchaus nicht die erste. Schon als 15jähriger habe ich ja, wie Sie wissen, den Schrecken des Ersten Weltkrieges miterlebt. – Der zweite Schnitt war Hitlers Machtantritt: Denn ich wußte schon vor diesem, daß Hitler den Weltkrieg bedeuten würde (in Frankreich habe ich mich vor 1933 lächerlich mit dieser Voraussage gemacht). Subjektiv äußerte sich dieser Schnitt dadurch, daß ich mich in einen verdüsterten und für Mitmenschen, namentlich für meine damalige Frau, schwer erträglichen Kauz verwandelte, der nicht nur – was er erst lernen mußte – Tag für Tag kontinuierlich und konzentriert haßte, sondern der sich (als hätte das irgendwie irgendwann nutzen können) zum Hassen verpflichtet fühlte. – Der dritte Schnitt war die Meldung von der Einrichtung der Konzentrationslager (vom grauenhaften ›Archipel Gulag‹ kann ich in dieser Chronologie nicht sprechen, denn von dort erfuhren wir erst sehr viel später) – also die Nachricht, daß der Mensch des Zeitalters der Massenindustrie nun auch Leichen in Millionen industriell herstellte – kurz: Auschwitz. Die zweite und dritte Zäsur haben mich zum politischen Schriftsteller gemacht. Auf die vierte, Hiroshima, habe ich dagegen erst einmal, und zwar jahrelang, als Schriftsteller nicht reagieren können, ich blieb erst einmal stumm – aber das nicht deshalb, weil ich die Ungeheuerlichkeit des Ereignisses nicht verstanden hätte, sondern umgekehrt deshalb, weil mein Vorstellen, Denken, mein Mund und meine Haut vor der Ungeheuerlichkeit der Ereignisse streikte.

Meine richtige Einschätzung des Ereignisses verdankte ich dem Zufall, daß ich Jahre vorher einen jungen Kernphysiker gekannt hatte, der mir, freilich ganz akademisch und beiläufig, etwas von der Möglichkeit der Sprengung der Erde erzählt hatte. Aber daß in den Vereinigten Staaten daran bereits gearbeitet wurde, diese apokalyptischen Monstren herzustellen, davon hatte ich keine Ahnung, man war ja auch Tag und Nacht mit den Blutbädern beschäftigt, die mit Hilfe von technisch noch weniger ›progressiven‹ Waffen hergestellt wurden. Ich begriff sofort, wohl schon am 7. August, einen Tag nach Hiroshima und zwei Tage vor dem absolut unverzeihlichen zweiten Atomangriff, dem auf Nagasaki, daß der 6. August den Tag Null einer neuen Zeitrechnung darstellte: den Tag, von dem an die Menschheit unrevozierbar fähig war, sich selbst auszurotten. Gleichviel, es hat Jahre gedauert, ehe ich gewagt habe, mich vor einen Bogen Papier zu setzen, um die Aufgabe zu erfüllen, das, was wir – unter ›wir‹ verstand ich die Menschheit – herstellen konnten, nun auch vorstellbar zu machen. Ich erinnere mich: Es war in New England, irgendwo beim Mount Washington, wo ich es zum erstenmal versuchte, wo ich stundenlang würgend unter einem Nußbaum vor einem Blatt Papier saß, ohne ein einziges Wort von mir geben zu können. Das zweite Mal – das war schon in Europa, wohl im Jahre 1950 oder 51 – ist es mir, glaube ich, gelungen. Was da zustande kam, war das Kapitel in der *Antiquiertheit des Menschen* über die »Wurzeln unserer Apokalypseblindheit«, und über die Diskrepanz zwischen dem, was wir herstellen und was wir vorstellen können. In der Tat glaube ich auch heute noch, daß ich mit der Betonung dieser Diskrepanz die conditio humana unseres Zeitalters und aller folgenden Zeitalter, sofern uns solche noch vergönnt sein sollten, charakterisiert habe; und daß Unmoralität oder Schuld heute nicht in Sinnlichkeit oder in Untreue oder Unehrlichkeit oder Sittenlosigkeit, noch nicht einmal in Ausbeutung besteht, sondern in Phantasielosigkeit. Und daß, umgekehrt, das erste heutige Postulat lautet: Erweitere deine Vorstellungskraft, damit du weißt, was du tust. Das ist übrigens um so nötiger, als die Wahrnehmung dem, was wir herstellen, auch nicht gewachsen ist – wie harmlos sehen doch die Zyklon-B-Gasbehälter aus – ich sah sie in Auschwitz –, mit denen Millionen vertilgt wurden! Und wie gemütlich schaut ein Atomreaktor mit seinem Kuppeldach aus! Obwohl selbst unzulänglich, nimmt die bewußt gedrillte Phantasie ungleich mehr ›wahr‹ als die Wahrnehmung. Gerade um der Empirie gewachsen zu bleiben, haben wir, wie paradox das auch klingen mag, Phantasie aufzubringen. Diese ist die ›Wahrnehmung‹ von heute.

Das Unheil wäre also weniger ein moralischer als ein kognitiver Defekt?

Wissen und Gewissen haben immer zusammengehangen. Und heute ist diese Unterscheidung vollends obsolet. Wie dem auch sei, es scheint mir durch nichts bewiesen, daß die Menschen von heute, die derartig ungeheuerliche genozidale Untaten anrichten, schlechter sind als Menschen früherer Generationen. Die moralischen Qualitäten der Durchschnittsmenschen, zum Beispiel meines Nachbarn, der ein sehr hilfreicher Mann ist, sind gewiß, sofern es sich um Handeln im übersehbaren Kreis von Mitmenschen handelt, genauso groß wie die Qualitäten ihrer Väter oder Großväter. Die Folgen dessen, was Menschen heute mit Hilfe unserer höchstperfektionierten Technik anrichten können, sind in gewissem Sinne nicht unsere Schuld. In meinem Briefwechsel mit dem Hiroshima-Piloten Eatherly habe ich den Begriff des ›schuldlos Schuldigen‹ geprägt. Ich behaupte also nicht, daß ›der Mensch‹ heute schlechter sei, als er es früher gewesen ist, sondern daß seine Taten, durch die Enormität seiner Geräte selbst, enorm geworden sind.

Und seit dem 6. August 1945 hat sich da nichts geändert?

O doch. Etwas sehr Sonderbares ist eingetreten. Wir befinden uns bereits in einem neuen Stadium. Da der Mensch sah, welcher Enormitäten seine Geräte fähig waren und daß diese ihre enormen Verbrechen erlaubt waren, hat er verlangt, nun das, was seine Geräte durften, ebenfalls zu dürfen. Ich denke da an erster

Stelle an die Grausamkeiten, die in Vietnam begangen worden sind. Sie erinnern sich gewiß an den Fall des Leutnant Calley und seiner Kompanie. Da diese Soldaten täglich gesehen hatten, welche Massenschlächtereien ihre Maschinen, zumeist aus Helikoptern, begehen konnten und begehen durften, wünschten sie das, was jene durften, ebenfalls zu dürfen, also mit eigenen Händen zu massakrieren. ›Menschlich‹ zu massakrieren, statt maschinell. Wir haben also bereits ein drittes Stadium erreicht, ein Stadium jenseits des zweiten, des indirekten Mordens. Gedemütigt durch die Potenz unserer Geräte und durch deren Aktionsfreiheit, versuchen ›wir‹ nun, diesen nachzueifern. Das entspricht genau der ›do it yourself‹-Bewegung in den Vereinigten Staaten. Was wir indirekt tun können und dürfen – tun wir es endlich auch einmal direkt: Und das ist es, was in My Lai geschehen ist: They did it themselves. Durch eine Zeitung, die mich darum bat, in einem Interview die moralische oder unmoralische Mentalität Calleys zu erforschen, hatte ich Einblick in die Unterlagen des Falles. Zum Interview ist es zwar nicht gekommen. Aber das Material, das ich durchgearbeitet habe, die Aussagen vor Gericht, beweisen, daß die Situation, in der wir uns befinden, nicht mehr die des Zweiten Weltkrieges ist, in dem man von oben gebombt hat, ohne zu sehen, was man tat; sondern eine dritte, in der wir unsere Geräte nachahmen, um endlich einmal das zu sehen, was wir tun.

Sie haben in Ihren Schriften zur Atomsituation eigentlich immer eher angesetzt an der Sphäre der Politik und der Moral und haben, wenn ich das richtig sehe, nie die marxistischen Versuche unterschrieben, diese Eskalation, diese ständige Neueinführung von Waffensystemen, dieser ›Generationen‹, wie es ja auch zynischerweise heißt, monokausal zurückzuführen auf die Bedürfnisse der Rüstungsindustrie.

Nein, da haben Sie nicht recht. Das habe ich sogar ganz ausdrücklich getan, und zwar in meinem Vietnambuch *Visit Beautiful Vietnam,* in dem ich explizit dargestellt habe, daß die Industrie nicht Waffen für die Kriege, sondern Kriege für die Waffen herstellt. Daß sie den Krieg braucht, um die Verwendung ihrer Produkte zu gewährleisten, daß sie »ohne zu töten nicht leben« kann, daß sie den Verschleiß benötigen, um weiterzuproduzieren. Waffen sind ideale Waren – darüber hat der Marxismus bisher wenig ausgesagt –, Produkte nämlich, die ebenso wie Konsumgüter durch einmaliges Gebrauchen verbraucht werden. So gesehen, sind Geschosse und Semmeln Produkte ein und desselben Typs. Eine einmal abgeschossene atomare Rakete ist nicht wiederverwendbar. Aus diesem Grunde liebt die Industrie die Waffen so innig.

Das ist natürlich genau der Punkt, wo es gefährlich wird für den Moralisten. Solange er das ›Apokalyptische‹ der atomaren Situation beschreibt und analysiert ...

So lange ist er noch gerade, weil die Ausdrücke solenn klingen, geduldet.

Ihr Wort ist ja inzwischen auch in den Wortschatz aller Feuilletonisten und Parteiredner eingegangen ...

Richtig. Alle Welt, selbst ÖVP-Leute, reden heute von der ›Apokalypse‹. Wenn ich das Wort aus deren Munde höre, glaube ich selbst schon nicht mehr daran. Ich kann das Wort schon nicht mehr hören. – Aber sobald man nachweist, daß Waffen ideale Produkte sind, weil sie nach Verwendung sofort ersetzt werden müssen, wird die Sache brenzlig. So was wünschen die Zeitungen nicht ...

Und das sind auch die Erfahrungen, die Sie gemacht haben ...

Ja.

Nun geht ja von der Allgemeinheit des Problems, von der ›Überschwelligkeit‹, wie Sie sagen ...

Ich glaube, wir müssen diesen Terminus erläutern. Diesen Ausdruck habe ich ebenso wie die Ausdrücke ›Verharmlosung‹ und ›Verniedlichung‹ angesichts der neuen Phänomene unseres Zeitalters prägen müssen, aber das Wort ›Überschwelligkeit‹ ist noch nicht wie die anderen in den allgemeinen Medien- und damit Sprachgebrauch eingegangen. ›Überschwelligkeit‹ nenne ich diejenigen Ereignisse und Aktionen, die zu groß sind, als daß sie von Menschen noch aufgefaßt: also wahrgenommen und erinnert werden könnten. Allgemein bekannt in der Psychologie war ja bis heute nur das ›Unterschwellige‹. Fechner und Weber nannten diejenigen Reize ›unterschwellig‹, die zu klein sind, als daß sie von Menschen noch registriert werden können. Heute sind die ›Reize‹ (wenn wir die immensen Ereignisse mit dem akademischen Wort belegen dürfen) zu groß geworden, als daß sie noch bei uns ›Eingang fänden‹. Das geht soweit, daß, als ich versuchte, mit den Opfern von Hiroshima über den Atomblitz zu sprechen, diese einfach stumm blieben. Und nicht etwa deshalb, weil ihr Englisch nicht ausgereicht hätte (sie verstummten auf japanisch, aber auch der Dolmetscher blieb stumm). Das Ereignis war zu groß, als daß sie sich dessen hätten erinnern können, ja als daß sie es hätten wahrnehmen können. Was von den Produzierenden und Verwendenden gilt: daß sie der Übergröße der von ihnen erzeugten Effekte geistig nicht mehr gewachsen sind, das gilt ebenso von den Opfern: Während die Produzenten nicht voraussehen konnten, was sie anrichteten, konnten die Opfer sich nicht an das erinnern, was ihnen angetan worden war. – Sie sehen: Ich falle immer wieder auf dieselben Füße, immer wieder auf meine idée fixe: daß wir als Vorstellende kleiner sind als wir selbst, daß wir nicht vorstellen können (auch nicht können wollen) und darum nicht wissen, was wir tun und was uns angetan wird. Nur weil das der Fall ist, können ja so unglaubliche, so unglaublich gewissenlose Aktionen durchgeführt werden wie der Export nuklearer Aufbereitungsinstallationen aus der Bundesrepublik nach Brasilien.

Ich glaube in der Tat, daß wenn man mich fragte: »Was sind die wesentlichen Funde gewesen, die du in den vielen Jahren deines Philosophierens zum Licht gebracht hast?«, daß ich dann antworten würde: »Die zwei Funde sind das ›Überschwellige‹ und die Diskrepanz zwischen Vorstellen und Herstellen.« Dadurch ist mit erklärt, daß meine philosophischen Texte mit dem vorliegenden ungeheuren corpus vergangener Philosophie so wenig zu tun haben. Mein Philosophieren ist anderer Art gewesen. Während der 75 Jahre meines Lebens hat sich die Welt und die Stellung des Menschen in der Welt so radikal verändert, daß ich gezwungen war, von der Wirklichkeit selbst zu starten. Der Umweg über die Meinungen der Philosophen der letzten 2500 Jahre wäre nicht nur überflüssig gewesen, sondern auch sinnlos, um nicht zu sagen unmoralisch: denn ich hätte zuviel Zeit verloren, ehe ich dazu gekommen wäre, auf die Mitwelt Einfluß auszuüben. Wenn atomare Sprengköpfe lagern, kann man sich nicht damit aufhalten, die Nikomachische Ethik zu deuten. Die Komik von 90 Prozent der heutigen Philosophie ist unüberbietbar. Die Vorwürfe, die man mir gemacht hat, weil ich so »daraufloslphilosophiert« habe, als wenn es die zehntausend Bücher meiner Ahnen nicht gäbe, und weil ich diese Schätze nicht ausbeute, berühren mich wenig. Ich verwende die Welt selbst als Buch, das ich, weil es in einer fast unverständlichen Sprache ›geschrieben‹ ist, in eine verständliche und laute Sprache zu übersetzen versuche.

Es ist ja nicht nur so, daß die Kategorien der Philosophie nicht mehr treffen, sondern ganze philosophische Sparten sind ja in ein neues und anderes Verhältnis zueinander gerückt. Ist nicht mit der Atombombe die klassische Trennung zwischen Ontologie und Moral mit-explodiert?

Ganz richtig. Und wie sollten wir uns heute hinsetzen und Ontologie betreiben? Als junger Mann habe ich, nicht unbeeinflußt von Heidegger, sehr viel Ontologie getrieben. Und zuweilen habe ich, ganz rasch meine eigentliche Tätigkeit unterbrechend, gewissermaßen hinter meinem eigenen Rücken, denn auch ich bin halt unverbesserlich, Ontologisches verfaßt. Aber so etwas wird rasch und mit schlechtem Gewissen erledigt. Denn wie könnten wir unser Leben mit Ontologie, also der Seinsfrage, verbringen, wenn wir nicht wissen, ob wir morgen noch sein werden oder nicht. Die Frage »Sein oder Nichtsein«, Herr Hamlet, die hat heute erst Sinn bekommen. – Aber Sie haben vollkommen recht. Die Differenz zwischen Ontologie und Ethik ist gelöscht durch die heutige Situation, und ich würde durchaus sagen, daß ein Buch wie *Endzeit und Zeitenende* gleichzeitig ein ontologisches und ein moralistisches Buch ist.

Das heißt, die Ontologie wird, wenn sie nicht in der Gleichgültigkeit enden will, zu einer Parteinahme fürs Sein und zwar für das Sein in seiner ganzen Allgemeinheit, die Natur eingeschlossen.

Das geht soweit, daß ich sagen würde, daß ich ein ›ontologisch Konservativer‹ bin, denn worauf es heutzutage ankommt, ist ja erst einmal, die Welt zu erhalten, ganz gleich wie sie ist. Dann erst können wir sehen, ob wir sie verbessern können. – Es gibt den berühmten Ausspruch von Marx: »Die Philosophen haben die Welt nur verschieden interpretiert, es kommt darauf an, sie zu verändern.« Aber das reicht nicht mehr. Heute genügt es nicht, die Welt zu verändern, es kommt darauf an, sie erst einmal zu bewahren. Dann wollen wir sie verändern, und sehr, sogar revolutionär. Aber erst einmal müssen wir in einem echten Sinne konservativ sein, in einem Sinne konservativ, wie kein sich konservativ nennender Mann es zugeben würde.

Da ist noch ein Problem, das man vielleicht im Zusammenhang mit den Problemen des Widerstandes gegen die Bedrohung diskutieren sollte. Denn mit dem Allgemeinerwerden der Bedrohung ist ja paradoxerweise der Widerstand schwieriger und nicht leichter geworden. Und die Analysen des Zustands unterscheiden sich ja oft weniger in der Diagnose als in der Frage der Therapie. Ich denke daran, daß die »Antiquiertheit des Menschen« und Gehlens Buch über die Seele im technischen Zeitalter, die ja auch in zwei benachbarten Jahren 1956 und 1957, erschienen sind...

...aber, die Vorrede zur Antiquiertheit war gegen Gehlen geschrieben...

Ja, dennoch, es gibt ja streckenweise eine auffällige Koinzidenz der Analysen. Nur die Konsequenzen aus der Analyse sind entgegengesetzt. Gehlen, wenn man ihn mal nicht politisch werten will, verzweifelt ja da, wo Sie noch Möglichkeiten sehen. Er sagt, so etwas wie eine globale »Fernemoral« zu entwickeln, sei unmöglich, weil es die Kapazitäten des Menschen überfordert. Demgegenüber haben Sie ja immer betont, es sei die Aufgabe, eine »Kritik der menschlichen Fähigkeiten« zu erarbeiten. Sie haben an dem Versuch einer Erweiterung der Phantasie und der Gefühlswelt der Menschen gearbeitet, zum Teil mit Formulierungen, geradezu auch mit Forderungen, die sehr viel Ähnlichkeit hatten mit Denkweisen, Verhaltensweisen, die früher von der Religion verwaltet wurden.

Also ich würde sagen, die Behauptung von Gehlen, daß Fernstenliebe unmöglich sei, ist schwärzester Provinzialismus. Wenn man in Tokyo mit jungen Japanern zusammensitzt, und es sind noch ein paar Neger dabei und ferner ein Südafrikaner, und man spricht über dasjenige Problem, das, weil es jeden treffen kann, jeden betrifft, dann herrscht eine Solidarität, die genauso stark ist wie die Solidarität innerhalb der kleinen Gruppe der Familie. Und das auch nur Fernstenliebe zu nennen, ist einfach absurd. Die Tatsache, daß unsere Gesichter verschiedene Farben haben und verschieden geschnitten sind, spielt dann gar keine Rolle mehr. Die Freundlichkeit ist dann von solcher Spontaneität, daß es einfach lächerlich wäre, zu glauben, der Mensch sei der sogenannten Fernstenliebe unfähig. In meiner Kinderzeit vor dem Ersten Weltkrieg hat es noch als unmöglich, weil unpatriotisch gegolten, wenn ein Deutscher eine Französin heiraten wollte. Unter Europäern ist dieses Tabu wohl beinahe gefallen, aber die Tabus gegen Menschen anderer Hautfarbe sind wahrhaftig noch nicht gelöscht. Das christliche Postulat, jeden Menschen als Menschen anzuerkennen und zu lieben, muß heute endlich eingelöst werden. Nur weil auch ich das für geboten halte (bzw. kaum nachfühlen kann, was dem psychologisch im Wege stehen kann) ist es möglich gewesen, daß ich, der Agnostiker, so oft in freundschaftlichen Kontakt mit christlichen Geistlichen geriet und daß auch sie mich oft als wenn auch furchtbar in die Irre geführten Bruder anerkannt haben; und das sogar, obwohl ich ihnen gegenüber nie ein Hehl daraus gemacht habe, daß sich mein Verhältnis zur Gewalt von dem ihrigen radikal unterscheiden müsse. Und wenn ich ihnen, und sogar in beschwörendem Tone, klarzumachen suche, daß sie sich da nicht nur auf einen Agnostiker einließen, sondern auf einen ausgepichten Atheisten, dann antworteten sie gewöhnlich: »Lassen Sie uns damit in Frieden, Sie sind kein Agnostiker und erst recht kein Atheist, das ist einfach lächerlich, wir wissen besser, wer Sie sind, als Sie selber!« Sie sehen, der Fall ist hoffnungslos. Niemals werden sie mich als Ketzer anerkennen, geschweige denn verbrennen – sehr im Unterschied zu gewissen anderen Institutionen, für die ich immer schon ein Ketzer gewesen bin, noch ehe ich auch nur meinen Mund aufgemacht hatte.

Ich will das Argument noch einen Punkt weitertreiben und den Advokaten des Teufels spielen. Sie haben sicher nicht mit Gehlen gesprochen ...

Doch. Einmal habe ich mit ihm gesprochen. Das geschah, bevor ich wußte, wo er in der Hitlerzeit gestanden hatte. Im Jahr 1950 oder 51 hielt er in Wien einen Vortrag, der – das muß ich leider zugeben – eine ungewöhnliche philosophische Subtilität verriet. In der Tat ähnelten einige seiner Formulierungen aufs frappierendste solchen, die ich aus dem Mund Benjamins gehört hatte. Ich trat daher an ihn heran und fragte ihn, ob er Benjamin gekannt habe, aber der Name sagte ihm nichts. – Später einmal habe ich, nachdem ich von dem tadellosen Löwith erfahren hatte, wo Gehlen politisch gestanden hatte, mich geweigert, ihm die Hand zu reichen – was mir übrigens Adorno, der gerade mit ihm sprach, lange verübelt hat. Das ist also die Geschichte meiner Beziehung zu Gehlen, dem ich angeblich so ähnele.

Ich habe eben nur ein Streitgespräch zwischen Ihnen und Gehlen zu imaginieren versucht über diesen Punkt, ich meine den der Veränderbarkeit der moralischen Kapazität des Menschen. Und meine Vermutung wäre, daß Gehlen nicht den moralischen Anspruch kritisieren würde, sondern sagen würde: »Wenn du ...«

Jetzt duzt er mich sogar schon...

Also gut: »Wenn Sie die Welt verändern wollen mit Moral, d'accord. Aber Sie scheuen sich, eine Kirche zu gründen, oder Sie können das gar nicht, weil die Verhältnisse es nicht zulassen. Sie haben keine Institution, ob die nun ›Kirche‹ heißt oder anders. Ihr Protest bleibt so allgemein, daß er nicht wirksam zu organisieren ist.« Und das ist in der Tat das Problem.

Ob die Bekämpfung der Atomgefahr glücken wird, ist nicht vorauszusagen. Ich bin da wahrhaftig nicht optimistisch. Eine Zeitlang war ich der Ansicht gewesen. Als ich im Jahre 1958 in der Prozession, die von Kyoto nach Hiroshima zog, ein Stück mitmarschierte, hatte ich in der Tat das Gefühl, an der Geburt einer neuen Religion teilzunehmen. Seitdem bin ich nicht wieder in Japan gewesen, ich weiß nicht, ob sich der damalige Enthusiasmus aufrechterhalten hat. Während der Kampf-dem-Atomtod-Bewegung hatte ich freilich weder in der Bundesrepublik noch hier in Österreich das Gefühl des Neuentstehens einer Sekte. Die Bewegung ist völlig versandet, vieles spricht sogar dafür, daß sie absichtlich und systematisch, vermutlich durch Finanzierungsverweigerung, zum Versanden gebracht worden ist. In der Tat ist das Wissen, daß es Atombomben gibt – was heißt: ›gibt‹, daß ein paar Kilometer von überall entfernt Atomsprengköpfe gelagert sind –, völlig ausgewischt. Dazu kommt, daß der Kampf gegen die Atom-Reaktoren nun völlig im Vordergrund steht, und der Protest gegen den Export von Wiederaufbereitungs-Installationen. Eine Entsetzlichkeit hat die andere zugedeckt. What a mess!

Man kann ja nicht einmal sagen, wie es in den Fünfzigern hieß, die Menschen hätten gelernt, »mit der Bombe zu leben«. Sie haben die Bombe schlicht vergessen. Die Erinnerung funktioniert nicht.

Wenn ich diese Weizsäckersche Devise höre, die die Tatsache einfach in ein Postulat verwandelt, sehe ich rot. – Aber auch in Japan vor zwanzig Jahren war die Attitüde gegenüber dem Atomkrieg durchaus nicht nur erfreulich. So hat man ja Hiroshima (bis auf die berühmte, überall abgebildete Kuppel, die sie nicht repariert hatten, oder richtiger: deren Zerstörtheit sie in einer absurden Aktion mumifiziert, also haltbar gemacht hatten) wieder total aufgebaut. Das Positivum, das sie durch ihren Aufbau herstellten, war eine doppelte Negation. Ich habe damals dem Bürgermeister von Hiroshima vorgeworfen: »Sie haben die Zerstörung zerstört. Muß man doppelt zerstören? Kein heutiges Kind weiß mehr, wie die Verwüstung ausgesehen hat. Das Erinnerungsbild haben Sie mitverwüstet!« Aber da war es schon zu spät. Tatsächlich habe ich niemals in meinem Leben so etwas von (nicht nur psychologischer, sondern physischer) ›Verdrängung‹ gesehen. Das ging so weit, daß die Einwohner, die den ›Blitz‹ ja nicht miterlebt hatten, mit den wenigen noch lebenden und an den furchtbaren Tag mahnenden Opfern möglichst wenig zu tun haben wollten. Daß Menschen, weil sie Opfer waren, zu Stigmatisierten werden – die Ärmsten leben nun in Heimen zusammen und meiden die Außenwelt –, das gehört zu den furchtbarsten Ereignissen der Nachkriegszeit. Man sagt: Wer hat, der kriegt. Das gilt aber auch negativ: Wer leidet, wird dafür gestraft.

Sie sagten vorhin, daß mit den Reaktoren die Tatsache der Bombe in den Hintergrund getreten ist. Aber hat sich nicht vielleicht dadurch die Möglichkeit der Organisierung des Widerstands eher verbessert als verschlechtert? Denn, während die Bombe mit ihren verheerenden konkreten Resultaten, solange sie Drohung bleibt, ja doch zusehends in die Abstraktion rückt und in die Hinterköpfe der Leute – und selbst die Neutronenbombe, die jetzt gekommen ist, ist eigentlich kaum noch ein Schlagzeilenthema –, ist demgegenüber doch das Reaktoren- und das ganze Umweltproblem eines, das eine ähnliche Allgemeinheitsdimension hat, das aber nicht als Drohung in so starkem Maße latent und deshalb vergeßbar bleibt, sondern das ständig, von Tag zu Tag die Lebens-, Arbeits-, Verdienstsituation der Leute verändert und bedroht. Eine Situation mit dem strategischen Vorteil, daß sich das Interesse allgemeiner Veränderung mit den partikularen Interessen vieler einzelner verbinden kann.

Da mögen Sie recht haben. Vielleicht gibt es hier eine ganz neue Chance, eine Chance, die es beim Kampf gegen die atomare Rüstung nicht gegeben hat. Aber ich zweifle, ob wir fähig sein werden – ich bin zu alt, um noch soviel zu leisten –, eine Generalnenner-Sprache zu finden oder zu erfinden, eine Sprache, die sowohl von uns theoretisch durchgebildeten Linken als auch zum Beispiel von den Weinbauern im Kaiserstuhl gemeinsam verwendet werden könnte. Daß uns dieses notwendige ›Generalnenner-Idiom‹ gelingen werde, wage ich nicht vorauszusagen. Vor einem Jahr habe ich versucht, der Melodie der Hiroshima-Hymne einen deutschen Anti-Reaktor-Text unterzulegen, habe aber diesen Text zurückgehalten, weil ich das Gefühl hatte, daß er nur von Studenten und wissenschaftlich gebildeten Umweltschützern wie etwa von meinem Freunde Manstein verstanden werden würde; nicht aber von Leuten, die von Natur aus eigentlich Konservative sind, und die einzig darauf abzielen, daß ihr guter Kaiserstühler auch morgen noch unverdorben den Trinker erreiche. Nein, ich glaube nicht, daß ich ein Idiom gefunden habe, das die sehr verschiedenen Gegner der Reaktoren verbinden könnte. Und dieses Problem stellt sich natürlich nicht nur hier, sondern in allen anderen hochindustrialisierten Ländern.

Es gab ja mal eine Phase in Ihrem Schreiben – ich denke an Passagen aus Ihrem Vietnam-Buch –, wo Sie gerade vor diesem sprachlichen Problem, wie es scheint, ein bißchen verzweifelt sind. Und Sie haben sich ja wahrscheinlich aus einer gewissen Resignation aus dem öffentlichen Geschäft zurückgezogen in der zweiten Hälfte der sechziger Jahre?

Nein.

Ist das nicht richtig?

Ich war nicht untätig, sondern nur vorübergehend unhörbar. Daß ich in diesen stummen Jahren zuweilen nicht gerade strahlend vergnügt war, das will ich nicht leugnen, aber wer in dieser unserer Welt kontinuierlich strahlt, der ist nicht ernst zu nehmen. Gleichviel, in die sechziger Jahre fiel ja meine Anti-Vietnamkrieg-Aktivität und meine Tätigkeit als Juror im Russell-Tribunal. Und diese Zeit war durchaus nicht nur eine des Mißvergnügens. Im Gegenteil, ich muß sagen, daß die Erfahrungen des Vietnamkrieges zu den wenigen erfreulichen politischen Erfahrungen meines Lebens gehören. Denn daß ein kleines, vorindustrielles Land gegen das industriell tausendfach überlegene Amerika einen Krieg würde siegreich durchhalten können, das hatte ich nicht vorausgesehen. In der Tat habe ich immer stumm gelächelt, wenn die Vietnamesen, die ich bei den Tribunalsitzungen kennenlernte, behaupteten: »Wir haben bereits gesiegt.« Und selten habe ich in meinem Leben so gerne unrecht gehabt, wie an dem Tage, da die Amerikaner sich zurückzogen. Hoffentlich haben die Vietnamesen nicht nur den Krieg gewonnen, sondern auch den Frieden. Und hoffentlich können sie sich von ihrem Krieg erholen, während Amerika es sich wird leisten können, eine Niederlage »weit hinten in der Türkei« erlitten zu haben.

Nein, ich bezog die Resignation – das habe ich vielleicht nicht ganz deutlich gemacht – eher auf das Problem, eine öffentliche Sprache zu finden, ein Problem, das ja auch in Ihrem Eatherly-Buch eine gewisse Rolle spielt. In diesem Buch taucht für Sie ja das Problem auf – Benjamin hätte es das Problem der ›verrufenen Gestalt‹ genannt –, das Problem eines Mißverhältnisses zwischen dieser Art von Veröffentlichung und Behandlung des Problems, die naturgemäß oder besser: kulturgemäß doch nur eine bestimmte Schicht anspricht, und der kulturindustriellen Verwur-

stung des Problems in den großen Illustrierten. Sie haben ja dort eine sehr deutliche Grenze gezogen zwischen der kulturindustriellen Verwertung und ihrer Art der Behandlung. Ist die Bedrohung nicht so groß, daß man alle vom Kapitalismus gegebenen Möglichkeiten ausnutzen sollte?

Sollte man durch die Bank ausnutzen. Wenn man jemanden findet, der einem, vielleicht sogar, ohne sich dessen bewußt zu sein, dabei helfen kann, der Wahrheit zum Licht zu verhelfen, und wäre er der größte Lump, so soll man diesen Lump akzeptieren und verwenden.

Da soll man also in Zweifelsfällen auf Differenzierungen und Feinheiten verzichten . . .

Man soll so differenziert bleiben, wie es möglich ist. Wenn man aber vor der Alternative steht: undifferenzierte Wahrheit oder keine Wahrheit, dann bin ich ungern aber doch dafür, daß man undifferenziert die Wahrheit sprechen soll.

In Ihrer Vietnam-Schrift reflektieren Sie über die Form des Protests, mokieren sich ein bißchen über die Hippies, die mit ›Liebe‹ gegen den Krieg ankämpfen und gebrauchen dann für den intellektuellen Protest den Ausdruck ›theoretische happenings‹, und Sie schließen damit, daß Sie sagen: Unser Widerstand muß als allgemeiner anfangen, aber er muß dann politisch werden. Auch die denkenden Statthalter des Allgemeinen müssen zu politisch Widerständigen werden. – Wie würden Sie in diesem Zusammenhange die Arbeitsteilung unter den Intellektuellen beschreiben oder bewerten? Es ist ja doch die Zahl derer, die . . .

Entschuldigen Sie, wenn ich Sie unterbreche. Leider reden Sie nur von Arbeitsteilung bei den Intellektuellen. Aber es sind ja nicht nur die Physiker, die die atomare Lage mitverschulden und die wissen müßten, was sie tun. Im vorletzten Jahre des Ersten Weltkrieges waren es nicht Intellektuelle, die den Mut hatten, etwas gegen den Krieg zu tun, sondern Arbeiter, ein paar tausend deutsche Munitionsarbeiter. Die weigerten sich, weiter Munition zu erzeugen. Sie haben damals gestreikt. Nicht um Lohn- oder Brotkartenzulagen zu erzwingen, sondern um den Krieg abzukürzen. Daß es heute in der Kernwaffenindustrie Arbeiter gäbe, die sich weigern würden, diese Katastrophengeräte mitherzustellen, das bezweifle ich freilich. Nicht nur deshalb, weil den meisten Arbeitern – und das gilt ganz genauso von den höchstrangigen Intellektuellen: den Physikern und Ingenieuren – ganz egal ist, was sie arbeiten – alle sind, wie ich das nenne, ›telosblind‹, sondern auch deshalb, weil jeder Arbeiter und Wissenschaftler die schöne Ausrede hat: Wenn ich's nicht tue, dann tut das eben ein anderer. – Übrigens habe ich die Möglichkeit eines Nuklear-Arbeiterstreiks einmal öffentlich ventiliert. Das war auf einem internationalen Friedenskongreß, in Warschau, zu dem man mich als Gast gebeten hatte. Ich gelte als Humanist. Das ist der Ausdruck, mit dem ich dort belegt werde. – Eisiges Schweigen folgte meinen Worten, während alle anderen Redner, die ihre obligaten Schlagwörter herunterrasselten, Applaus einheimsten. Difficile tragoediam non scribere.

Wie sehen Sie die Erfolge bzw. den Mißerfolg der Anti-Atombewegung heute?

Völlig vergeblich ist die Bewegung wohl doch nicht gewesen. Es gibt eine ganze Reihe von Männern und Frauen, die gehört worden sind. Abzuschätzen, ob es zum Beispiel ohne die internationale Bewegung zu den SALT-Gesprächen gekommen wäre, ist unmöglich. Aber daß heute über Nuklear-Reaktoren, ja oder nein, so viel diskutiert wird, und auch an höchsten politischen Stellen, ist vermutlich die Folge davon, daß es in jedem Lande ein paar Leute gegeben hat, die auf die moralisch unmögliche Situation unermüdlich aufmerksam gemacht haben, und denen es gelungen ist, ein paar Millionen Menschen wirklich zu ängstigen. ›Panikmacher‹ werden wir genannt. Ja, das versuchen wir zu sein. Das Wort ist ein Ehrenwort. In der Tat besteht heute die wichtigste moralische Aufgabe darin, den Menschen klarzumachen, daß sie sich zu ängstigen und daß sie ihre legitime Angst offen zu proklamieren haben. Vor dieser unserer Panikmache zu warnen, ist verbrecherisch. Von sich aus sind ja die meisten nicht imstande, alleine diejenige Angst aufzubringen, die zu haben man heute verpflichtet ist. Wir haben also zu helfen.

Das klingt mehr resigniert als begeistert.

Begeistert? Ja, glauben Sie, es sei ein Vergnügen, Tag für Tag,

Jahr für Jahr ein Anti-Atom-Rufer zu sein? Nichts ist langweiliger als das. Wie schön wäre es, wenn ich mich einmal hinsetzen dürfte, wie es Philosophen vor fünfzig Jahren noch gedurft haben ... wenn ich mich hinsetzen dürfte, um zum Beispiel eine Interpretation von Tintoretto oder von Berlioz zu machen. Es juckt mir in den Fingern, so etwas noch einmal zu tun. Wie reich und wie bunt ist doch das Themenfeld gewesen, das Philosophen hatten beackern dürfen! Und wie einseitig und öde ist die Situation für uns geworden, die wir Tag für Tag nichts anderes tun dürfen, als dieses »Ihr dürft nicht!« auszusprechen oder zu rufen. Aber was hilft's? Es gehört zu den moralischen Postulaten von heute, diese Langeweile auf sich zu nehmen. Jedes Zeitalter hat seine Askese. Und ich bin wahrhaftig nicht der einzige, der so denkt. So hat zum Beispiel Max Born, mindestens in seinen letzten Briefen, von nichts anderem mehr gesprochen.

Sie haben einmal das Gebot formuliert: »Ängstige deinen Nachbarn wie dich selbst!« Sie haben andere Postulate aufgestellt. Ein programmatisches Vorhaben war Ihr Vorschlag eines »erweiterten Hippokratischen Eids« für Techniker und Naturwissenschaftler. Nun sind das Forderungen, die auf verwandelte Weise, schon in der Formulierung, an die christliche Tradition anknüpfen, an die Aufklärung, aber auch an das alte Motto der Arbeiterbewegung: »Alle Räder stehen still, wenn dein starker Arm es will.« Das ist eine Forderung, die ist älter als ich und Sie, und Tausende von Menschen haben diese Forderung im Laufe der letzten 100, 200 Jahre erhoben. Wenn einen dann angesichts der Erfolglosigkeit des Rufens die Verzweiflung überfällt – woraus speist sich dann die Hoffnung, und woraus gewinnt man Trost und den Mut, weiterzumachen?

Mut? Davon weiß ich nichts. Der ist für mein Tun kaum erforderlich. Und Trost? Den benötige ich nicht. Und Hoffnung? Da kann ich nur antworten: Kenne ich prinzipiell nicht. Denn mein Prinzip ist: Wenn auch nur die winzigste Chance besteht, in dieser entsetzlichen Situation, in die wir uns gebracht haben, helfend eingreifen zu können, dann soll man es tun. Meine von Ihnen erwähnten *Gebote des Atomzeitalters* schließen mit meinem Prinzip. Das lautet: »Wenn ich verzweifelt bin, was geht's mich an?«

Anhang

Nachweise

Gelegenheitsphilosophie

Über prometheische Scham. Aus: »Die Antiquiertheit des Menschen«. Erster Band. § 8 Die zweite Inferiorität des Menschen: Er ist leicht verderblich und von der ›industriellen Re-inkarnation‹ ausgeschlossen – Seine ›Malaise der Einzigkeit‹; § 9 Der Mensch versucht, der zweiten Kalamität zu entgehen, und zwar durch ›Ikonomanie‹, S. 50 ff. © C. H. Beck'sche Verlagsbuchhandlung, München 1956

Die Antiquiertheit der Menschenwelt. Aus: »Die Antiquiertheit des Menschen«. Zweiter Band. Desiderat Dingpsychologie; Das Trauma des Industriezeitalters; Effectus transcendit causam; Tun = Machen, Machen = Tun. Das Bedienen; Das geköpfte Machen; Der Abend der Rache, S. 58 ff. © C. H. Beck'sche Verlagsbuchhandlung, München 1980

Über Verbiederung. Aus: »Die Antiquiertheit des Menschen«. Erster Band. § 7 Die ins Haus gelieferte Welt wird ›verbiedert‹, S. 116 ff. © C. H. Beck'sche Verlagsbuchhandlung, München 1956

Das Phantom. Aus: »Die Antiquiertheit des Menschen«. Erster Band. Das Phantom; § 11 Die Beziehung Mensch-Welt wird unilateral, die Welt, weder gegenwärtig noch abwesend, zum Phantom; § 12 Bild und Abgebildetes im TV sind synchron. Synchronie ist die Verkümmerungsform der Gegenwart, S. 129 ff. © C. H. Beck'sche Verlagsbuchhandlung, München 1956

Die Wurzeln der Apokalypse – Blindheit. Aus: »Die atomare Drohung«. S. 106 ff. © C. H. Beck'sche Verlagsbuchhandlung, München 1981

Thesen zum Atomzeitalter. Aus: »Die atomare Drohung«. S. 93 ff. © C. H. Beck'sche Verlagsbuchhandlung, München 1981

Fabeln

Fabeln. Aus: »Der Blick vom Turm«. © C. H. Beck'sche Verlagsbuchhandlung, München 1968

Erzählung

Der Hungermarsch. Aus: »Kosmologische Humoreske«. Erzählungen. S. 190 ff. © Suhrkamp Verlag, Frankfurt am Main 1978

Tagebücher, Briefe

Warnbilder. Aus: »Das Tagebuch und der moderne Autor«. S. 71 ff. © 1965 by Günther Anders.

Leichenwäscher der Geschichte. Aus: »Die Schrift an der Wand«. Tagebücher 1941–1966. S. 1 ff. © C. H. Beck'sche Verlagsbuchhandlung, München 1967

Lieben gestern. Aus: »Merkur«, Nr. 7, 1977, S. 673–683. © 1977 by Günther Anders

Wiedersehen und Vergessen. Aus: »Die Schrift an der Wand«. Philister der Apokalypse. S. 172 ff.; Mitleid mit Dingen, S. 111 f.; Beim Besiegten treffen sich die Sieger, ›Entschlafen als Luxus‹, Negativer Don Quijote, S. 121 ff.; Wien, August, S. 134 f.; Die Hände des Feindes in Unschuld waschen, Angst davor, recht zu haben, S. 144 ff.; Sind Sie verändert?, S. 192 f. © C. H. Beck'sche Verlagsbuchhandlung, München 1967

Hiroshima ist überall. Aus: »Hiroshima ist überall«. S. 60 ff. © C. H. Beck'sche Verlagsbuchhandlung, München 1982

Off limits für das Gewissen. Der Briefwechsel zwischen dem Hiroshima-Piloten Claude Eatherly und Günther Anders. Aus: »Hiroshima ist überall«, S. 207 ff. © C.H. Beck'sche Verlagsbuchhandlung, München 1982

Visit Beautiful Vietnam. Aus: »Visit Beautiful Vietnam«. ABC der Aggressionen heute. Die Ärmsten, S. 18 f.; Ideologielosigkeit, S. 83 ff.; Das Versteckte Verstecken, S. 188 f.; Exploitierte Spieler, S. 45 ff.; Moralistsein heute, S. 118 ff.; Das Land der unbegrenzten Sensationslosigkeiten, S. 158 f.; It Never Occurred To Me, S. 131; Politik ohne Bart, S. 141 f.; Divina Commedia, S. 32 f. © 1968 by Pahl-Rugenstein Verlag GmbH, Köln

Mein Judentum. Aus: »Mein Judentum«, S. 58–74. © 1978 by Günther Anders

Ketzereien. Aus: »Ketzereien«. Im Zugabteil, S. 8 ff.; Gespräch mit F. H., S. 121 ff.; M. fand gestern in München meine philosophische Sprache ›modern‹, S. 129 f.; Die schwarze Liste, S. 130 ff.; Nach meiner kurzen Rede sprach mich der führende Gewerkschaftler G. an, S. 296 ff.; Mein Glück (Nichtgesendeter Teil eines Rundfunkinterviews über mein Leben), S. 320 ff.; Bad Ischl. Sechs Uhr abends. Allein im Park, S. 339; Morgenübel, S. 339 f.; Foppte ihn wieder, S. 340. © C. H. Beck'sche Verlagsbuchhandlung, München 1982

Gespräch mit Günther Anders

»Wenn ich verzweifelt bin, was geht's mich an?«. Aus: »Die Zerstörung einer Zukunft«. Gespräche mit emigrierten Sozialwissenschaftlern, S. 19 ff. © 1979 by Rowohlt Taschenbuch Verlag GmbH, Reinbek bei Hamburg

Bibliographie

Über das Haben. Sieben Kapitel zur Ontologie der Erkenntnis. Bonn 1928, Cohen (Unter: Günther Stern)

Une Interprétation de l'a Posteriori. In: »Recherches Philosophiques«, 1935 (Unter: Günther Stern)

Pathologie de la Liberté. In: »Recherches Philosophiques«, 1936 (Unter Günther Stern):

On the Pseudo-Concreteness of Heidegger's Philosophy. In: »Philosophy and Phenomenological Research« (Vol. VIII, No. 3), 1948 (Unter: Günther Stern-Anders)

The Acoustic Stereoscope. In: »Philosophy and Phenomenological Research« (Vol. X, No. 4), 1949

Emotion and Reality. In: »Philosophy and Phenomenological Research« (Vol. x, No. 4), 1950

Bild meines Vaters. In: William Stern: »Allgemeine Psychologie«, 2. Auflage, The Hague 1950, Martinus Nijhoff Verlag (Unter: Günther Stern-Anders)

Kafka pro und contra. München 1951, C. H. Beck

Philosophie – für wen? In: »Die Sammlung«. Zeitschrift für Kultur und Erziehung. Nr. 11, 1952
Auch unter dem Titel: *Über die Esoterik der philosophischen Sprache.* In: »Merkur«, Nr. 322, 1975; und in: »Das Argument«, Nr. 128, 1981

Geleitwort zur 7. Auflage von William Stern: »Psychologie der frühen Kindheit«. Heidelberg 1952, Quelle & Meyer (Unter: Günther Stern-Anders)

Über die Nachhut der Geschichte. In: »Neue Schweizer Rundschau«, Dezember 1954

Die Antiquiertheit des Menschen. Erster Band. Über die Seele im Zeitalter der zweiten industriellen Revolution. München 1956, C. H. Beck
Durch ein Vorwort erweiterte 5. Auflage, 1980

Gebote des Atomzeitalters. In: »Frankfurter Allgemeine Zeitung«, 13. 7. 1957
Enthalten im Briefwechsel mit dem Hiroshima-Piloten Eatherly, in: *Hiroshima ist überall*

Der Mann auf der Brücke. Tagebuch aus Hiroshima und Nagasaki. München 1959, C. H. Beck
Wiederveröffentlicht in: *Hiroshima ist überall*

Faule Arbeit und pausenloser Konsum. In: »Homo ludens«, Januar 1959

Die Komplizen. In: »Das Argument«, Nr. 18, 1961

Ein Reprint der »Argument«-Hefte 1–17 und 18–21 enthält von Günther Anders: »Brief an Claude Eatherly«, »Thesen zum Atomzeitalter«, »Offener Brief an Präsident Kennedy über die Affäre Eatherly«, »Der schleichende Atomkrieg. Erklärung«. Berlin 1974, Argument Verlag

Off limits für das Gewissen. Der Briefwechsel zwischen dem Hiroshima-Piloten Claude Eatherly und Günther Anders. Herausgegeben und eingeleitet von Robert Jungk. Reinbek bei Hamburg 1961, Rowohlt

Wiederveröffentlicht in: *Hiroshima ist überall*
George Grosz. Zürich 1961, Arche
Bert Brecht. Gespräche und Erinnerungen. Zürich 1962, Arche
Siamo tutti come Eichmann? In: »Mondo Nuovo«, 6. 1. 1963
Wir Eichmannsöhne. Offener Brief an Klaus Eichmann. München 1964, C. H. Beck
Der verwüstete Mensch. Über Welt- und Sprachlosigkeit in Döblins ›Berlin Alexanderplatz‹. In: F. Benseler (Hg.): »Festschrift zum achtzigsten Geburtstag von George Lukács«, Neuwied Berlin 1965, Luchterhand
Philosophische Stenogramme. München 1965, C. H. Beck
Warnbilder. In: Uwe Schultz (Hg.): »Das Tagebuch und der moderne Autor«. München 1965, Carl Hanser
Wiederveröffentlicht Frankfurt Berlin Wien 1982, Ullstein
Brechts Leben des Galilei. In: »Programmheft des Wiener Burgtheaters«, 30. 10. 1966
Die Toten. Rede über die drei Weltkriege. Köln 1965, Pahl-Rugenstein
Wiederveröffentlicht in: *Hiroshima ist überall*
Vorwort zu Georg Grosz: »Ecce Homo«, Reinbek bei Hamburg 1966, Rowohlt
Die Schrift an der Wand. Tagebücher 1941–1966. München 1967, C. H. Beck
Teilweise wiederveröffentlicht in: *Besuch im Hades*
Visit Beautiful Vietnam. ABC der Aggressionen heute. Köln 1968, Pahl-Rugenstein
Der Blick vom Turm. Fabeln. München 1968, C. H. Beck
Der Blick vom Mond. Reflexionen über Weltraumflüge. München 1970, C. H. Beck
Endzeit und Zeitenende. Gedanken zur atomaren Situation. München 1972, C. H. Beck
Zweite durch ein Vorwort erweiterte Auflage unter dem Titel: *Die atomare Drohung*
Die Konsequenzen der Konsequenzen der Konsequenzen. Jedes Kraftwerk ist eine Bombe. In: »Neues Forum Wien« April/Mai, 1977
Lieben gestern. In: »Merkur«, Nr. 7, 1977
Kosmologische Humoreske. Erzählungen. Frankfurt 1978, Suhrkamp

Enthält: »Kosmologische Humoreske«, 1954; »Learsi«, 1933; »Der Hungermarsch«, 1935; »Rigonia«, 1966; »Der Ahnenmord«, 1951; »Zirkus Xaret«, 1964; »Politische Humoreske«, 1973. Neu erschienen unter dem Titel: *Erzählungen.* Frankfurt 1984, Suhrkamp

Mein Judentum. In: Hans Jürgen Schultz (Hg.): »Mein Judentum«. Stuttgart 1978, Kreuz

Bertolt Brechts Geschichten vom Herrn Keuner. In: »Merkur«, Nr. 376, 1979

Besuch im Hades. Auschwitz und Breslau 1966. Nach ›Holocaust‹ 1979. München 1979, C. H. Beck

Wenn ich verzweifelt bin, was geht's mich an? Gespräch mit Günther Anders. In: Mathias Greffrath (Hg.): »Die Zerstörung einer Zukunft. Gespräch mit emigrierten Sozialwissenschaftlern«. Reinbek bei Hamburg, 1979, Rowohlt

Die Antiquiertheit des Menschen. Zweiter Band. Über die Zerstörung des Lebens im Zeitalter der dritten industriellen Revolution. München 1980, C. H. Beck

Die atomare Drohung. Radikale Überlegungen. München 1981, C. H. Beck

Ketzereien. München 1982, C. H. Beck

Hiroshima ist überall. München 1982, C. H. Beck

Die Tröstung. In: »Tintenfisch 21«, 1982

Broschüre zum Theodor-W.-Adorno-Preis 1983 der Stadt Frankfurt am Main. Herausgegeben vom Dezernat Kultur und Freizeit, Amt für Wissenschaft und Kunst, Frankfurt 1983

Der Schrecken. Gedichte aus den Jahren 1933–1948. In: Wilhelm Raimund Beyer (Hg.): »Homo Homini Homo«. Festschrift für Joseph Drexel. München o. J., C. H. Beck

Mensch ohne Welt. Schriften zur Kunst und Literatur. In Vorbereitung, München, C. H. Beck

Blick ins Jahr. Ins Unabsehbare. Neujahrsrede zum Jahr 1984. Gesendet am 31. 12. 83 im Südwestfunk, danach abgedruckt in der »Frankfurter Rundschau«.

»Aber bitte fallen Sie nicht auf das banalisierende Plagiat von Schell herein. Er hat nur alles, was ich seit 30 Jahre erarbeitet habe, schamlos geplündert.« Günther Anders in einem Brief an den Herausgeber, über: Jonathan Schell: »Das Schicksal der Erde«. Gefahr und Folgen eines Atomkrieges. München 1982